北京市社会科学基金重点项目
"近二十年西方史学理论研究与历史书写"的最终成果
项目编号:15LSA002

近二十年西方
史学理论与历史书写
WESTERN HISTORICAL THEORY AND
WRITING IN RECENT 20 YEARS

邓京力 等◎著

中国社会科学出版社

图书在版编目（CIP）数据

近二十年西方史学理论与历史书写 / 邓京力等著 . —北京：中国社会科学出版社，2018.12（2020.4 重印）

ISBN 978 - 7 - 5203 - 3613 - 0

Ⅰ.①近… Ⅱ.①邓… Ⅲ.①史学理论—研究—西方国家 Ⅳ.①K0

中国版本图书馆 CIP 数据核字（2018）第 273235 号

出 版 人	赵剑英
责任编辑	耿晓明
责任校对	万文华
责任印制	李寡寡

出　　版	中国社会科学出版社
社　　址	北京鼓楼西大街甲 158 号
邮　　编	100720
网　　址	http://www.csspw.cn
发 行 部	010 - 84083685
门 市 部	010 - 84029450
经　　销	新华书店及其他书店
印　　刷	北京明恒达印务有限公司
装　　订	廊坊市广阳区广增装订厂
版　　次	2018 年 12 月第 1 版
印　　次	2020 年 4 月第 2 次印刷
开　　本	710×1000　1/16
印　　张	23
字　　数	331 千字
定　　价	98.00 元

凡购买中国社会科学出版社图书，如有质量问题请与本社营销中心联系调换
电话：010 - 84083683
版权所有　侵权必究

目 录

绪论 ·· (1)
  一 近二十年西方史学理论的发展趋向 ······················· (2)
  二 对当代西方史学理论家的个体研究 ······················· (4)
  三 理论与历史书写之间 ·· (7)

上篇 理论趋向

第一章 "接受"与"拒斥"之间
      ——对后现代主义挑战的回应 ································ (15)
  一 对后现代主义挑战的态度与立场分析 ··················· (16)
  二 对后现代主义挑战的利弊分析 ································ (21)
  三 后现代主义在"小写历史"层面所引发的争议 ········ (27)

第二章 "挑战"与"捍卫"之间
      ——对"史学危机"与"终结论"的回应 ··················· (31)
  一 "史学危机" ·· (31)
  二 "历史学终结" ·· (34)
  三 捍卫与发展 ·· (38)
  四 碰撞与转变 ·· (45)

第三章 重构、建构与解构之间
      ——从文学形式论史学类型与史学性质问题 ········· (47)
  一 变迁性视角:西方史学发展中史学类型的转换 ···· (48)
  二 史学性质的定位:制造历史知识的文学形式 ········ (50)

三　对经验主义的信仰：重构主义史学类型 …………（52）
四　事实与理论的结合：建构主义史学类型 …………（54）
五　话语或修辞的美学：解构主义史学类型 …………（57）
六　对史学性质的反思 …………………………………（59）

第四章　语境与历史之间
　　——作为解释模式与方法论前提的历史语境理论 ………（62）
一　作为解释模式的历史语境理论 ……………………（62）
二　作为方法论前提的历史语境理论 …………………（64）
三　语境论与思想史研究 ………………………………（70）
四　语境化的两种趋势 …………………………………（78）

中篇　史学理论家

第五章　对现代西方史学理论基础的挑战
　　——凯斯·詹金斯之《再思历史》 …………………（83）
一　"历史话语"与"各种历史" ………………………（84）
二　历史＝史学——认识论、方法论与意识形态的结合 …（85）
三　"真实""客观""偏见""移情"与历史学性质 ……（89）
四　后现代方法与历史写作 ……………………………（94）
五　激进的后现代派 ……………………………………（95）

第六章　历史时间与厄尔玛斯"节奏时间"观念 ………（98）
一　现代性与历史时间观念的形成 ……………………（99）
二　历史时间观念与现代史学的发展 …………………（103）
三　对历史时间观念的批判性反思 ……………………（107）
四　节奏时间与后现代史学 ……………………………（111）
五　时间观念与历史学 …………………………………（118）

第七章　安克斯密特的历史经验理论 …………………（120）
一　历史经验的类型分析 ………………………………（121）
二　历史经验和情绪、情感及语言的关系 ……………（130）

三　历史经验理论批判 …………………………………………（139）

第八章　弥合现代与后现代史学理论
　　　　——以约恩·吕森的学科范型论为中心 ……………（146）
　　一　现代史学研究的特征 ……………………………………（146）
　　二　对后现代史学研究的认知 ………………………………（148）
　　三　学科范型论的提出及其思想背景 ………………………（150）
　　四　学科范型论的基本内涵 …………………………………（157）
　　五　一个发展性诠释：由"时间"到"历史" ………………（166）
　　六　重提理性与理论不满 ……………………………………（170）

下篇　历史书写

第九章　历史表现与历史书写的实验
　　　　——以《再思历史》杂志的相关讨论为中心 ………（175）
　　一　问题的提出与动因 ………………………………………（175）
　　二　主体主动参与之下的历史表现方式 ……………………（178）
　　三　影视史学与人物传记 ……………………………………（181）
　　四　实验背后的理论争议 ……………………………………（183）
　　五　从再现历史到表现历史 …………………………………（186）

第十章　后现代方法在中国史领域的适用性 ………………（187）
　　一　对进步史观和现代化模式的质疑：
　　　　复原前现代状态 …………………………………………（188）
　　二　对民族国家观念的质疑：建构"复线历史" …………（191）
　　三　对历史真实指涉的质疑：解构历史事件的文本化过程 …（193）
　　四　"话语"分析：重新书写中国思想文化史 ……………（197）
　　五　价值与限度：作为中国史研究资源的后现代主义 ……（200）

第十一章　微观史学的理论视野 ……………………………（205）
　　一　微观史学的兴起：对抗简单真理与质疑"宏大叙事" …（205）
　　二　微观史学的特征：小历史中的宏大目标 ………………（209）

    三　微观史家的显微镜与历史表现 …………………… (212)
    四　微观史学的困惑和发展趋向 ………………………… (217)

第十二章　"杂交"观念与彼得·伯克的文化史研究 ………… (222)
    一　"杂交"观念的内涵及发展 ………………………… (223)
    二　彼得·伯克的"文化杂交"观念 …………………… (226)
    三　文化杂交视野下的文艺复兴研究 …………………… (232)
    四　杂交观念与跨文化研究 ……………………………… (239)

第十三章　史学史研究的当代趋向
        ——史学比较与全球视角 ………………………… (243)
    一　后现代主义与全球化的影响 ………………………… (243)
    二　史学比较：西方历史思想的独特性 ………………… (245)
    三　从史学交流中看西方与非西方史学的关系 ………… (248)

第十四章　从西方史学史到全球史学史
        ——评沃尔夫著《全球历史的历史》 …………… (250)
    一　历史产生之根源：一个全球性话语的世界 ………… (252)
    二　"历史"之义：大小写历史之间 …………………… (253)
    三　"历史编纂"：通往过去的路径 …………………… (254)
    四　现代历史学科之形成：西方史学史的塑造 ………… (256)
    五　二元分析范畴的运用：西方与东方（非西方） …… (257)
    六　全球史观与史学史研究的转向 ……………………… (258)

第十五章　历史知识、历史记忆与民族创伤
        ——读柯文《历史的言说：越王勾践故事在20世纪的
        中国》 ……………………………………………… (263)
    一　一种"内文化"现象 ………………………………… (264)
    二　勾践故事所包含的隐喻 ……………………………… (265)
    三　近代以来勾践故事所引发的民族共鸣 ……………… (267)
    四　跨文化视角的审视 …………………………………… (269)

附录　对话当代历史学家

附录一　历史叙事、历史研究与历史伦理
　　——访约恩·吕森教授 …… (275)
　一　对史学理论基本概念的跨文化思考 …… (276)
　二　二战后的一代德国学者 …… (283)
　三　历史学家的伦理和信仰 …… (292)

附录二　德国与欧洲的当代历史书写
　　——斯特凡·贝尔格教授访谈录 …… (294)
　一　欧洲与德国的民族史书写 …… (294)
　二　宏大叙事与跨民族史书写 …… (299)
　三　德国史学传统与前辈史家 …… (303)

附录三　跨文化视角、马克思主义与当代史学主要趋势
　　——对话王晴佳教授 …… (306)
　一　近二十年来的史学发展趋势 …… (307)
　二　从跨文化的角度看马克思主义史学 …… (313)
　三　跨文化的历史研究 …… (318)
　四　中外史学的跨文化交流 …… (325)

主要参考文献 …… (328)

索引 …… (350)

后记 …… (359)

绪　论

20世纪六七十年代以来，西方史学受到来自其内部和外部力量的双重挑战，一方面是历史学对以社会史和社会科学化为特征的新史学所暴露出问题的自省，西方史学出现了由经济—社会史向新文化史、微观史的转变，历史写作则表现出从分析向叙事的转向；另一方面历史学也受到以"语言学转向"与"文化转向"为标志的人文学科领域的学术思潮的影响，特别是后现代主义对历史学的挑战，使得90年代以后的西方史学界不得不正面应对这种变化。因此，我们看到近20年来，西方史学理论研究表现得相当活跃，越来越多的史学理论家、历史哲学家、经验历史学家以各自不同的方式加入到讨论中来。西方史学界比以往任何时候都更加关注历史学自身的理论及其对历史书写的影响，更加积极地对历史研究的性质、原则和方法做出新的反思。这些讨论的重要性在于，直接触及现代西方史学长期建立起来的历史观念、研究范式，以及历史书写传统。可以说，近20年西方史学理论研究发生了整体性变化，其中孕育着21世纪新的史学理论体系的构建。

本书的主旨在于从整体上揭示近20年来西方史学理论所发生的重大变化和提出的新问题，并通过把握其间所涉及的关键因素综合分析其对于重建历史学的理论基础与历史书写的新趋向所具有的价值意义。尝试从中国史学理论的立场审视近20年来西方史学理论研究及其对历史书写所产生的影响，同时结合当代中西方史学的发展对后现

 绪　论

代史学理论在史学实践层面的有效性进行考察。力求从中国史学的发展需要出发，对当前西方史学理论试图克服现代与后现代的局限、融合双方有利于推进历史书写的因素进行综合研究，尤其重视那些有利于构建21世纪历史学科发展正当性的理论与实践成果。

本书内容分为三大部分，共十五章。具体从史学理论的发展趋向、对史学理论家的个体研究，以及理论与历史书写关系的不同角度，深入梳理和展现近20年来西方史学理论与历史书写的不同侧面。

一　近二十年西方史学理论的发展趋向

本书的上篇以全面展现20世纪90年代以来西方史学理论在后现代挑战之后所发生的趋势性变化为中心，系统探讨后现代主义在理论层面上所造成的主要影响及其提出的新问题，并进一步讨论由此所引发的有关"史学危机"与"终结论"、史学类型与史学性质、历史语境理论的方法论意义。这部分的四章重点突出了西方史学理论在四个方面的发展趋向，兼及元叙述与历史书写之间不同方向的关联性。

其一，西方史学界对后现代主义挑战的回应趋向，包括从激进派到传统派的不同观点及其所表达的对于后现代主义的接受、拒斥与调和性的多种立场，问题集中于他们对待"大小写历史"的基本态度。本书在第一章针对后现代主义对于历史哲学与史学理论的影响进行利弊分析，表明其在历史叙事、历史表现、历史解释、客观性与真理观、史学功能等方面所造成的多种方向的复杂效应。并且，还注意到从新文化史、微观史等"小写历史"层面的回应，说明西方经验历史学家以防御性机制抵抗后现代主义的种种极端做法，他们在新的思想视域下对理论与历史写作、"宏大叙事"与微观研究的关系问题进行了批判性反思。因此，西方史学表现出强烈地汲取后现代主义挑战的积极方面，并力求克服其史学观念的局限性，探寻可能容纳多种视角与方式的、更具综合性的史学发展道路。

其二，后现代主义对历史学的挑战是否预示着新一轮"史学危

机"的来临,是否又意味着历史学的终结。当代西方史学界从历史学的多重特性、客观性的限度、历史事实的建构途径等几个相互联系的方面展开了与后现代主义的争论,在回应挑战中谋求捍卫与发展历史学的新途径。本书在第二章针对史学界当前存在的相关误解,特别强调后现代主义提出的所谓"终结论"基本上可以理解为两个层面的含义:从狭义而言,应当是指元叙述的崩塌,抑或说是"大写历史"(元叙述)的终结;从广义而言,可以归结为在现代主义观念主导下的历史写作的终结,这显然涉及"小写历史"(职业历史学)的领域,其结果必然导致在后现代状态下重塑历史的开始。因此在一定意义上,所谓"终结论"本质上并不意味着历史学的消亡,而只意味着一场由后现代主义引发的史学理论与历史书写的革命。

其三,针对后现代主义史学理论提出的以文学形式探讨史学类型的路径,将当代西方史学界对于历史学性质问题的立场划分为重构主义、建构主义、解构主义三种分野。本书在第三章结合西方史学史的发展变化,重点分析了这三种史学类型所具有的本质特征。特别指出重构主义史学秉持经验主义的传统,强调历史知识与过去实在相符合的客观性与真理性,相信史家具有以历史叙事的方式重建过去的技能,拒斥任何理论模式在历史中的应用。建构主义史学主张历史在根本层面上依旧是对过去的摹写,但在经验事实之外需要借助其他学科的理论和方法,以期实现对总体历史的建构,并达到宏观与微观的结合。而解构主义史学则指出了过去与历史之间、真实与叙述之间、实在与语言之间联结的脆弱性,全面质疑过去能否通过重构或建构的方式转变为真实的历史,主张以解构历史编纂学的方式透析过去如何被编制为各种历史。这一史学类型的划分标准本身即蕴含了后现代主义的基本理论立场与实际指涉,即反对经验主义和认识论的理论预设,主张从文学形式或审美化、修辞化的角度来认识历史学的学科性质,因而将其定位于制造历史知识的文学形式。这虽然从一个侧面揭示了历史学与文学之间的深刻联系,却也从本质上彻底否定了历史学的科学属性,不免有将问题重新简单化的倾向。相对于其他学科而言,历

绪　论

史学是一个性质非常复杂的学科。当下如何将历史学作为一套科学的知识体系、一门艺术或文学形式，及其所独有的学科技艺与规范等多重属性有机地结合起来，超越所谓重构、建构与解构主义的类型束缚，在史学实践中开拓新的融会贯通之路，这也许恰好是当前历史学回应后现代主义挑战、确立自身学科合法性的正当途径。

其四，后现代主义在方法论层面造成了文本主义、语境主义、话语分析的风行，使得历史学家不得不重新思考历史研究的基本途径。本书在第四章从方法论范畴，专门探讨了作为解释模式和方法论前提的历史语境理论，并结合当代西方思想史研究的范式讨论其可能蕴涵的实践意义。语境论是专业史学通常所采用的解释模式，原因在于它以历时性的叙事结构编排材料，体现了历史主义的精神，同时又提示出理解某种共时性关系的可能性。而从传统史学、语境主义、文本主义三种不同的方法论前提出发，对语境问题的理解则展现出不同的预设方案和语境化历史的差异性选择。当代西方思想史研究中，昆廷·斯金纳开创性地运用了"跨文本的语境论"研究范式，拉卡普拉则提出思想史研究中的六种基本语境问题。这其中包含了在思想史研究中应用语境理论的尝试，在语境化思想的过程中又表现出将语境历史化的取向。同时，也不免让人体味到某些暗含的、将历史彻底语境化与文本化的极端倾向，语境这一曾助益于历史理解的观念似乎也在悄然从处于底色的后台走向前台。

二　对当代西方史学理论家的个体研究

本书的中篇以剖析当代西方著名史学理论家凯斯·詹金斯、伊丽莎白·厄尔玛斯、弗兰克·安克斯密特、约恩·吕森所提出的重大理论问题和史学思想为中心，从个体层面深入探讨后现代主义在史学理论层面上的主要指涉、立论逻辑、思想纠葛，以及叙事主义历史哲学之后可能发展出的新的理论范畴。

英国后现代史学理论家凯斯·詹金斯在其成名作《再思历史》

中，对现代西方史学理论基础进行了较为全面的批判，并试图建构一套后现代史学理论体系。本书在第五章就其思想理路指出，詹金斯从理论与实践的双重层面合成了一个后现代式的史学观念，并由此对真理、事实、客观、偏见、移情、科学等现代史学中的常识性观念进行了辩驳，最终渲染出"在后现代世界做历史的方法"。其观点吸纳了利奥塔、福柯、罗蒂、怀特等人的思想，但同时又带有自身更为犀利、尖锐、激进的后现代思想特点。这些恰好有助于我们清晰地窥见后现代主义挑战历史学的基本脉络，辨识其背后所隐喻的真实目的，进而才有可能探究回应后现代挑战的基本途径。

时间之于历史是一种基础性因素，而历史学是一门关于时间的科学。但是，历史学家是以何种时间观念借以历史化过去和进行历史书写的，这在以往似乎不成其为问题。因为自编年史传统形成以来，历史时间不言而喻地变成了一个同质性、单向度、线性发展、客观中立的空置之物，历史学家只需要向其间不断填充内容就大功告成了。然而在后现代主义挑战之下，时间问题渐趋成为近年史学理论研究中一个较为集中的热点。美国后现代理论家伊丽莎白·厄尔玛斯就是在此背景下提出了"节奏时间"观念，旨在对于现代史学的历史时间观念进行批判性反思，同时也是对自文艺复兴以来所形成的现代文化价值观念的一种反省。本书在第六章集中讨论了历史时间和厄尔玛斯的"节奏时间"观念，指出西方历史时间观念的形成与现代性密不可分，在一定程度上是现代化的结果之一。历史时间经过理性化、科学化、全球化的过程逐步被规制成具有同质性、无限性、单一性、线性、中立性特征的时间体系。历史时间观念也成为现代西方历史认识和历史书写范式形成的基础，并最终促成了现代史学专业化的完成。在以往对一元论历史时间的反思和有关多元时间理论的影响之下，厄尔玛斯提出了"节奏时间"观念，强调任何事物都有其自身运行的节奏性，历史也随即表现出多维度、异质性、多线并存的状态。这或许为我们重新思考历史书写中的时间问题和建构新的时间观念提供了一种可能的路径。

绪　论

安克斯密特是叙事主义历史哲学的主要代表人物之一，也是当代最具原创性的史学理论家之一。但在20世纪90年代之后，他却逐步从叙事主义转向历史经验理论，并系统阐述了这一新理论范畴的主要内容及其与史学实践的关系，意在以此超越"语言学转向"以来的理论旨趣。本书在第七章着重指出，安克斯密特称自己的历史文本理论为表现主义，以区别于海登·怀特的文学理论式的文本主义。其历史表现的目标是实现与过去的直接接触，而历史经验的作用就在于可以超越文本中介达成过去的再度呈现。其中，他所提出的主客观性之间的复杂关联、超越科学之上的情感体验的作用、经验与语言的关系，以及创伤、崇高和历史意识、历史记忆的关系等问题，独辟蹊径地展现出史学理论在当下的一种新视角。

德国历史哲学家吕森在当代国际史学理论界和历史教育界是很具代表性的人物之一，也是当今世界被阅读最为广泛的史学理论家之一。在有关现代主义和后现代主义史学的取舍上，他主张走一条中间路线。其原因在于，一方面历史学需要现代主义基础上的科学诉求和确定性为导向；另一方面，又必须认识到后现代主义理论在历史思考方面所作出的新的拓展与深化。本书在第八章深入讨论了吕森提出的学科范型概念，这是一个多维度、多层次且内涵丰富的概念系统，是其对历史学科构成和历史思维结构的理论构建。在学科范型论中，吕森处理了现代主义和后现代主义史学理论之间的差异性与价值取向的矛盾性，并将二者共同融汇到人类历史意识和历史学科的发展进程中。吕森之所以能将现代与后现代的历史思考恰当地归并到学科范型的概念系统之中，很大程度上是缘于他对理性的坚持。在吕森对人文关怀和伦理思考的总体诉求中，理性始终作为一个贯穿其间的决定性因素。重提理性这个被后现代主义所鞭笞的现代性因素正是吕森史学理论的特征，但在此理性绝不再是我们通常意义上的普遍性、统一性以及与宏大叙事相关的、凝聚了本质主义特点的思想观念，而是作为一种认识论和方法论维度的再现。

三 理论与历史书写之间

后现代主义挑战历史学的重要后果之一就是对元叙述的解构及其所带来的"大写历史"的崩塌。从目前西方史学界的回应中也可发现，虽然经验历史学家对后现代史学理论的很多观点仍持怀疑或批判态度，但在有关"大写历史"的问题上却表现出较多赞同的趋向。究其原因，这恐怕与西方社会在经济与政治上所处的普遍的后现代状态有关，这似乎也已经成为西方知识分子的基本生存状态和既有的历史命运。因而从某种程度上说，身处后现代世界的西方史家在新的历史条件下重新书写历史具有一定的必然性。很多西方史学理论家对这个问题的分析恰恰透露出唯物史观和马克思主义对其思想理路的影响，从一个侧面反映了后现代历史观与唯物史观的关联性。而对元叙述的解构渐趋导致历史书写放弃以现代性为中心的目的论和线性发展观，传统的思辨历史哲学和以西方为中心的世界历史日益受到批判。然而，宏大叙事却并未因此而终结，全球史、环境史、科技史等跨区域、跨文化研究的兴起似乎预示着新的宏观历史的产生，其间也孕育着一种非人类中心、非西方中心、非线性的多元文化历史观。微观史、区域史、女性史、少数族裔史、公众史、底层研究、新文化史的研究也表现出"他者"化、空间化、性别化、非中心化、非同质化的历史书写趋势，在史学研究的实践层面建构着多重意义、多元视角的历史观。这种历史观传递出多元文化之间的复杂性、矛盾性、交叉性。与此同时，近年西方史学界还出现了大量运用各种社会理论、文化理论、政治理论等理论工具重新书写有关社会的、文化的、民族的、权力的、性别的历史，在理论与历史书写之间呈现出更为复杂的双向互动。

本书的下篇则从上述历史书写的趋向性变化中择取了在当前史学界影响最为重大的几个方面问题，即历史表现理论与历史书写、后现代方法与中国史研究、微观史学、全球史、新文化史、跨文化研究、

 绪 论

历史记忆等，分别进行了个案和综合的交互性探讨。

其一，关于历史表现与历史书写的实验。本书在第九章针对历史表现理论在史学实践中的具体表征，结合《再思历史》杂志的相关讨论进行了综合分析。一方面，这类实验突出了史家主体积极主动参与到历史表现之中，使得情节设置与历史内容交织在一起，历史表现似乎在逐步演变为一场新的历史表演，现实与过去之间也在一种新的时空中相交融合，所创造出的在场感、历史体验往往超出了传统意义上的主观性或虚构性。另一方面，被传统史家视作非专业、非正规的历史书写方式——影视史学与人物传记，在实验中被重新加以珍视。同时，实验背后始终伴随着有关历史叙事理论和历史学性质问题的争论。总体而言，有关历史表现和历史书写的实验性研究，从理论到实践层面提出了创造新形式、展现新历史的问题与诉求。这其中蕴含着一种企图，即将史家工作的中心从再现历史推向表现历史，而在这种历史表现中，打破过去与现在、主体与客体、真实与虚构、形式与内容、语言与图像、自我与他者的界限，似乎也在成为一种有意为之的目标。

其二，关于后现代方法与中国史研究。本书第十章以美国中国学中带有明显后现代倾向的几部著作为例探讨了后现代主义在中国史领域所具有的问题意识、研究视角，以及应用的界限与限度。该章指出，在后现代主义挑战之下，中国史领域对线性进步史观、西方现代化模式、以现代民族国家兴起为中心的历史、历史真实、现代史学研究的范式等问题进行了批判性反思。后现代视角也给中国史研究带来了多种研究旨趣的变化，诸如从以西方现代性为标准的中国史走向以全球史为背景的多元现代性的中国史，从宏大叙事的中国通史走向建构地方性与总体性、边缘与中心关系的中国史，从以主体民族为中心的中国史走向包括其他民族在内的多民族交流的中国史，从以男性活动为中心的中国史走向包括妇女史在内的性别视角的中国史，从以上层精英活动为中心的中国史走向包括下层民众在内的多种群体互动的中国史，从以反映人的理性活动为中心的中国史走向包括非理性的情

感世界在内的复杂心态变化的中国史等。但同时，我们也需特别注意到，在利用后现代主义作为中国史研究的思想资源时，必须确定自身要坚守的限度和边界。

其三，关于微观史学。近年国内史学界出现了有关"碎片化"的种种忧虑，似乎微观研究必然导致史学的碎化。同时，我们又发现以全球史为代表的宏大历史的日益兴起，这就形成了大历史与小历史两种截然相反的史学潮流平行发展的趋向。但从实际研究来看，以个体化、事件性、区域性、叙事化为特征的微观史学与宏观历史之间并非具有本质上的矛盾，相反成功的微观史学研究似乎总可以从不同规模、多种维度或层次、各类语境中建立起微观与宏观之间千丝万缕的联系，大小历史之间常常是相互交融在一起的。本书第十一章结合西方史学界有关微观史学的理论与方法的讨论，探讨在历史领域微观研究所应具备的宏观视野，而基于现代性的"宏大叙事"所应思考的微观维度。这其中可能将社会史与文化史相互融合，将结构性、长时段与全球化过程具体化。对于微观史家而言，寻找到蕴含着某种普遍性、整体性、全球性的理想个案，又避免微观分析与历史叙事陷于模式化、简单化的目的论陷阱，从而达到使看似单独的、特殊的历史事物在显微镜下呈现出宏观历史的结晶状态。这应该是一条探索过去世界的、充满风险与挑战的、创制新知的道路。

其四，关于全球史观与史学史的书写。在全球化时代进行历史书写，这是当前历史学家面临的最为重大的课题。本书的第十三、十四章专门探讨了"全球转向"如何使传统的西方史学史研究走向全球史学史的书写。一方面，后现代主义对西方文明优越性的质疑，及其对西方标准的普适性的批判，直接导致了对以西方史学传统为核心的史学史体系的反思，以及对非西方史学传统的态度的转变——史学史的撰述不能只以西方史学为研究对象，还应当注意到非西方史学的成就与经验；不能单纯地以西方史学模式为标准体系，来衡量非西方史学的价值及其发展水平。另一方面，全球化进程的加快使得西方的文化和生活方式迅速传播到全球，一个普遍的、理性化的西方似乎在这

绪 论

一过程中起到支配和统领的作用，它戏剧性地改变了非西方国家人们的精神与物质世界，同时也迫使他们重新思考如何保持自身文化传统的特点——民族性。西方与非西方文化在更高的程度上展开了一种相互的冲突、交融和理解。历史学家在其中既担负着维护本民族文化认同感的使命（建构民族史），也面临着兼顾全球性视野的责任（建构普遍史）。对于史学史的写作而言，不同民族文化的史学传统与历史思想的全球化之间似乎存在着一种张力，而解决的最佳途径是进行史学比较研究，在超越自身文化界限的相互理解中促成一种跨文化的交流，其最终意味着全球史学史的书写。从跨文化的视角考察近现代史学在全球范围内的变化，揭示各个文明的历史意识所经历的变化及其相互关系，这成为全球史学史的最终学术目的。从当前史学史家所进行的实践来看，试图以一种新的全球性视角讲述一个多元、多线、多样的史学发展，从中我们可以发现历史话语的全球性本质，以及通往过去的不同路径与解释过去的不同信念，它们具体反映在不同的历史表现形式中，又同时在人们的纪念与交流中传递，在广阔的社会与政治、思想与文化的多重语境中再造。

其五，关于新文化史、跨文化研究及历史记忆问题。在"文化转向"与"全球转向"的双重影响下，专注于文化间互动与关系问题的跨文化研究在近二十年的历史书写中扮演了非常重要的角色。其实，在上述全球史学史的研究中也有一部分包含了跨文化的视角。本书第十二章集中讨论了文化研究领域提出的"杂交"观念对新文化史家的影响，强调杂交观念不仅展现了全球化时代的文化交流模式，而且揭示出新的文化形态的衍生逻辑。这其中既反映了各种文化理论对历史书写的影响，也体现了西方史学对"自我"与"他者"之间文化关系的深刻反思。第十五章则谈到一个以跨文化的视角审视历史记忆的案例，通过中国古老的历史故事在20世纪的流播展现出历史知识、历史记忆如何形成文化认同与民族认同的过程。

作为对当代西方史学理论与历史书写前沿性问题的专门研究，本书在史学方法上还特别注意收集和利用了史家的口述材料，并在附录

绪 论

里集中呈现了与三位代表性的西方史家的学术对谈。其间,直接论及历史叙事、历史伦理、宏大叙事、民族史书写、马克思主义史学、西方与非西方的史学传统、跨文化研究、全球史等中外史学理论研究与历史书写的重大问题,有力地补充了单纯的文本分析和思想阐释可能存在的不足或缺失。作者希望以多重主体的直接参与方式,创造出一种带有在场感的研究氛围,对学术史的研究方法与表现形式进行初步探索。

上 篇
理论趋向

第一章

"接受"与"拒斥"之间
——对后现代主义挑战的回应

后现代主义的产生有其客观的社会历史条件,这恰恰是当代西方史学界无法逃避的思想前提。正如英国史学理论家凯斯·詹金斯曾断言的那样:"今天我们生活在一个社会—经济和政治的普遍的后现代状态之中","后现代性不是我们可以选择赞同或反对的意识形态与立场,它恰恰概括的是我们所生存的条件:是当前我们所经历的历史命运。"① 对西方史学界而言,后现代主义似乎不仅是一种可以简单接受或拒斥的哲学理论,它更像是一个描述当代西方思想气候的术语②。

我们尤其发现,作为西方学术界传统气息最为浓厚的历史学领域,在20世纪六七十年代受到来自其内部和外部力量的挑战,一方面是历史学自身对发端于50年代的新史学(以社会史和社会科学化的历史学为特征)所暴露出的问题的自省,西方史学出现了由经济—社会史向新文化史的转变,出现了从分析向叙事的转向;另一方面又受到以"语言学转向"或"文化转向"为标志的人文学科领域的学术思潮的影响,特别是后现代主义对历史学的挑战,使得20世纪90

---

① Keith Jenkins, ed., *The Postmodern History Reader*, London and New York: Routledge, 1997, p. 3.
② Ewa Domańska, *Encounters: Philosophy of History after Postmodernism*, Charlottesville and London: University Press of Virginia, 1998, p. 90,安克斯密特语。

年代以后的西方史学界也不得不正面应对这种变化。在后现代学者看来，后现代主义历史观念直接造成了"大写历史的崩塌"，同时也间接触及"小写历史"的基本前提和工作原则①。因此，西方大部分历史哲学家、史学理论家、经验历史学家都在不同程度上涉足于这场讨论中，形成了对后现代主义挑战的多种回应。这在一定程度上代表了当代西方史学界近年来对后现代主义思考的深层发展，以及对其思想在知识建构方向上的有效性与实际后果的估价。

一 对后现代主义挑战的态度与立场分析

凯斯·詹金斯在其所编著的那部被称为"后现代史学速成读本"的书中，根据20世纪90年代以来西方史学界有关后现代主义历史观念的讨论，较早提出了可以将西方哲学理论家与历史学家的回应态度概括为三派五类②。据此，我们大体可以把握激进派、传统派、中间派对于后现代主义历史观念的接受、拒斥与调和的多种立场，并从中发现他们所着重讨论的中心议题——在遭遇到后现代主义挑战之后的大写历史与小写历史（专业历史写作）受到怎样不同程度的影响。

（一）激进派

该派的总体特点是全盘接受后现代主义的观点，虽然他们对后现代主义在大小写历史层面的影响上各有侧重，但其基本态度可等同于一般所理解的后现代派，对此国内学术界已多有研究，兹不赘述③。具体而言，这一派又大体可分为以下两类态度。

---

① Keith Jenkins, ed., *The Postmodern History Reader*, pp. 7–21.
② 以下分类参照 Keith Jenkins, ed., *The Postmodern History Reader*, pp. 21–29，但其中对每一类别要旨的分析和例证则加入了笔者自己的理解。
③ 代表性研究可参见韩震、董立河《历史学研究的语言学转向——西方后现代历史哲学研究》，北京师范大学出版社2008年版。

第一章 "接受"与"拒斥"之间

第一类指那些积极推进瓦解元叙述、推进大写历史崩塌的激进的理论家和历史哲学家。例如德里达（Jacques Derrida）、拉康（Jaques Lacan）、利奥塔（Lyotard）、鲍德里亚（Jean Baudrillard）、佳亚特里·斯皮瓦克（Gayatri Spivak）、拉克劳（Laclau）、吉罗克斯（Giroux）、罗伯特·扬（Robert Young）、伊安·钱伯斯（Iain Chambers）等人。他们都积极评价了后现代主义对现代西方学术思想的冲击，尤其看重大写历史的崩溃。因为在他们看来，这使得那些被理性或男权为中心的元叙述所否定、排斥、忽视的人们获得了建构其自身历史、知识和权力的机会。这些学者承认大小写历史的非神秘化，并公开唤起人们对于这类知识与权力体系产生过程的注意，指出其编制历史的前提假设，明确强调其研究对象的被建构而非被发现的性质，即他们所称的"历史化过去"。

第二类指那些超越大写历史层面、积极展开对小写历史领域一系列批判的哲学家、史学理论家与历史学家。例如罗兰·巴尔特（Barthes）、福柯（Foucault）、安克斯密特（F. Ankersmit）、海登·怀特（Hayden White）、琼·斯科特（Joan Scott）、戴安·伊拉姆（Diane Elam）、大卫·哈兰（David Harlan）、多米尼克·拉卡普拉（Dominick LaCapra）等人。他们的基本立场是既乐于看到大写历史的崩塌，同时更加希望就此也打破小写历史或专业历史写作的神话。因此，他们趋于更为集中地解构小写历史，在理论上也表现得比前一类更为激进。凯斯·詹金斯自己理应也属于这一类中的代表人物。

（二）传统派

这一派的总体特点是对后现代主义抱有谨慎态度，或在不同程度上对其持批评、怀疑，甚至敌视态度。但他们也并非完全拒斥后现代主义对现代西方历史观念的全部指涉，或在某些特定范围内可以理解后现代主义的观点。他们所主要反对的是后现代主义对西方真理观的解构（代表传统的"确定论者"的观点）和对小写历史的解构（代表传统的专业历史学家的观点）。因此也可将该派细分为以下两类观点。

一类主要指那些来自"左派"或以"左派"面目出现的西方学者,例如克里斯托福·诺里斯（Christopher Norris）、特里·伊格尔顿（Terry Eagleton）、詹明信（Fredric Jameson）、佩里·安德森（Perry Anderson）、戴维·哈维（David Harvey）、艾里克斯·凯利尼克斯（Alex Callinicos）、伊丽莎白·吉诺维斯（Elizabeth Fox-Genovese）、诺曼·吉拉斯（Norman Geras）等人。他们一方面既乐于看到怀特、安克斯密特等人对小写历史的解构,同时一般也能承认（虽然有些不情愿）对元叙述的激烈批判——将其归于隐喻或讽喻的延伸;但另一方面却仍旧较为强烈地坚持要求保留实在性、真理、公正等作为解放思想、知识体系和历史的基础。他们在后现代主义中看到一种潜在的危险——相对主义,抑或说是一种极端的虚无主义。虽然他们可以赞同后现代主义在文学领域的发展,及其对语言再现主义的天真想象的批驳;他们能够接受反本质主义的哲学,这使得他们对于进入文本的组织叙述方式、情节设置和隐喻有了新的意识;他们也可以接受对于历史学而言,现在比以往应该更多地意识到历史知识体系中存在的建构历史的手段。但尽管如此,这类理论家仍然认为没有必要赞同后现代主义彻底的相对主义观点,因为尚存在着比较哪种认识、思想、知识和历史写作更有效的方法。他们在经过种种思想的纷扰和涤荡之后仍然相信,在我们认识的世界中存在着保有"事实"和认识真理的方法,这足以抵御无休止的伪装和迁延。

显然,这一类学者在后现代主义对差异和变化的赞美及其反本体论的、反认识论的、反方法论的姿态中,看到一种思考方法——它可以瓦解其"左派"的激进立场,而这恰恰被视为后现代主义产生的根源及其主旨所在,即对当代消费资本主义的总体批判和修正。比如,吉拉斯（Norman Geras）典型地指出了他们所看到的问题:"如果没有真理,也就没有任何公正可言……如果真理完全相对化或内在化为某种特殊的话语或语言游戏……或最终的词语、有助于成功的框架、信仰体系的文化特性或司法实践,那么也就无所谓不公正……任

第一章 "接受"与"拒斥"之间

何假定受到不公正待遇的受害者和抗议者被剥夺了他们最后的也是最好的武器,即讲述真实发生的事情。他们只能讲述他们自己的故事,这对于真实发生的一切而言是另外一回事了。因此,在道德上和政治上,任何事情皆可如此。"① 于是,后现代主义对于真理的原则性基础的削弱最终使其无力反抗资本主义的实践和其他道路的选择,抑或说绝对的相对主义是为资本主义不公正现象开脱责任的右派策略。

另一类则专指那些对后现代主义挑战小写历史、专业历史写作持批评、否定立场的历史学家和理论家。这类学者属于捍卫小写历史的传统主义者,他们以学院派专业历史学家的名义表达了对于后现代主义的基本看法。其中最具代表性的人物有劳伦斯·斯通(Lawrence Stone)、佩雷斯·扎戈林(Perez Zagorin)、格特鲁德·希梅尔法布(Gertrude Himmelfarb)、杰弗里·埃尔顿(Geoffrey Elton)、卡洛·金兹伯格(Carlo Ginzburg)等人。他们对利奥塔关于大写历史的激烈批判并无异议,但却对后现代主义解构小写历史的做法持敌视态度。他们指出,后现代史学在安克斯密特和怀特这样的激进分子手中,剥夺了小写历史的合法地位;而如果没有行之有效的大小写历史保留下来,那么历史就会在后现代主义的气氛下灰飞烟灭。比如,英国家庭史研究的代表人物劳伦斯·斯通就提醒人们,在泼掉大写历史的这盆脏水时,不要连同正规的小写历史这个婴儿也一起丢掉。在他们看来,后现代主义从根本上取消了历史学作为一门学科而存在的基础和依据,其结果就是致使历史学——尤其是在法国和美国——日益陷入一种自我信任的危机之中②;他们抱怨越来越多的史学家正在放弃对真理的追求、对客观性的信仰和运用科学方法认识过去的努力③。

英国著名传统史家杰弗里·埃尔顿是反对后现代主义理论的典型

---

① N. Geras, "Language, Truth and Justice", *New Left Review*, I/209, (January-February, 1995), p. 110, p. 125.

② Lawrence Stone, "History and Postmodernism", in Keith Jenkins, ed., *The Postmodern History Reader*, p. 242. 斯通在该文中甚至说,他怀疑历史学正朝着一个可能会灭绝的学科道路上发展(p. 243)。

③ Richard J. Evans, *In Defence of History*, New York and London: Norton, 2000, p. 4.

代表。他坚信后现代主义会转瞬即逝而很快为另一种极端的流行思潮所取代，历史学家应当学有所本，不能随波逐流；他呼吁年轻的历史学者应当抵御来自德里达、福柯、怀特等人的那些带有"威胁性的""破坏性的""荒谬的""无意义的""完全相对主义的""虚无主义的"思想诱惑①。英国剑桥大学的现代史学家理查德·艾文斯也是比较有代表性的后现代主义的批评者之一。他认为历史学正遭受来自后现代主义的严峻挑战，整个历史学专业处于危机之中；后现代主义者好似站在历史学大门前的"智慧的野蛮人"，他们消除了历史与虚构、历史与历史学、历史写作与历史理论之间的边界，消除了一手材料与二手材料之间的意义界限，动摇了历史学赖以存在的科学基础②。澳大利亚学者凯斯·温德斯舒特甚至专门撰写了一本题为《谋杀历史》的书，意指文学批评和社会理论，包括语言学、解释学、后历史主义、结构主义、后结构主义、现代主义、后现代主义、后殖民主义等等各种流行理论是如何消解历史、如何对历史学科的规范和史学研究造成破坏的；他认为历史研究的目的就是对真实的寻求，而这些理论是以牺牲"事实"和歪曲历史来迎合理论为代价的；如果历史学家继续陷入后现代主义的无底洞中，"他们将使他们自身及其学科归于灭绝"③。另一些史学家则认为后现代主义对历史学的挑战并没有多少新鲜之处，多数都是历史学发展中早已了解和素有的观点。例如，英国史家约翰·托什在《历史学家论历史》的序言中认为，当前的争论明显触及历史学科的基本原则，而且某些来自哲学、文学和文化研究的学者也热衷于后现代主义和历史学的结合，但是他们所提出的观点"并不像其表现得那样具有创新性"；对于历史学所具有的文化功能及其学科地位问题，长久以来历史学家就抱有各种不同的、

---

① Geoffrey Elton, *Return to Essentials*, Cambridge: Cambridge University Press, 1991, pp. 27-73.

② Richard J. Evans, *In Defence of History*, p. 87, p. 7.

③ Keith Windschuttles, *The Killing of History: How Literary Critics and Social Theorists are Murdering Our Past*, New York: Free Press, 1997, p. 2, p. 36.

甚至相互矛盾的态度，这是历史话语自身建构的结果①。

（三）中间派②

这一派的总体特点是在一定意义上尝试将后现代主义理论与旧有的某些传统思想或实践相互结合起来，表现出一种在新旧历史观念之间的游离或调和性立场。他们既看到后现代主义观念所带来的有利之处，又同时注意到其自身具有的严重缺陷。他们一方面欣赏后现代主义对现代西方社会体系、权力结构、知识系统和历史传统的去神秘化的做法，但又无法放弃现代科学的基本理念和追求确定性的方法，更不愿看到思想、学术、历史领域沦落到没有标准而恣意妄为的境地。他们希望可以通过对后现代主义观念的某种取舍达到摒除各种偏见和极端作法的目的，而得到更大范围的共识。

持这类态度的比如乔伊斯·阿普尔比（Joyce Appleby）、林恩·亨特（Lynn Hunt）、玛格丽特·雅各布（Margaret Jacob）、托尼·班尼特（Tony Bennett）、拉斐尔·塞缪尔（Raphael Samuel）等人。下文所论及的一些历史哲学家和史学理论家的观点中也透露出某种类似于该派立场的倾向。

二 对后现代主义挑战的利弊分析

就如同后现代主义本身的含混多义、头绪众多、难以界定一样，西方史学界在反思和回应其历史观念对现代思想与历史知识体系挑战时的态度和立场也是纷繁各异的。当我们具体分析其中某些具有代表性的历史哲学家、史学理论家、史学史家对后现代主义在其各自学术

---

① John Tosh, ed., *Historians on History*, New York: Pearson Education Limited, 2000, p. 2.

② 詹金斯将其称为"模糊或不确定派"，见 Keith Jenkins, ed., *The Postmodern History Reader*, p. 24. 但笔者认为该派对于后现代主义的立场并非真正意义上的模糊或不确定，他们所选择的在现代与后现代之间的批判性或超越式的做法恰恰是有明确取舍目的的。

脉络上所造成的实际影响时,就会发现他们的评价和兴奋点远比上述所归纳的三派五类态度要复杂得多。从总体上看,他们当中的大多数人都明显采取的是积极应对、批判性汲取的理性态度,并且表现出较为强烈地超越后现代主义历史观念的局限性,以期在更高层次上探寻一条综合性发展道路的趋向。而这一立场和路径的选择是建立在对后现代主义挑战的学术价值做出较为客观的利弊分析的基础之上的。

(一) 弥合科学主义与叙事主义哲学之间的鸿沟

德国历史哲学家约恩·吕森（Jörn Rüsen）指出,由于后现代主义的含混之义使得它在哲学和历史领域造成了多种不同的影响。作为极其激进的后现代主义,其特征是完全缺乏方法上的合理性,在现在与过去之间进行武断任意的联系;于是历史学只不过是文学,只具有审美和娱乐的功能;由于完全放弃真理和合理性的追求,使得后现代主义在面对大屠杀这类历史经验的时候就显现出其局限性。但作为更好意义上的后现代主义,它指的则是"对于传统的、'现代的'历史思维概念所进行的富有成效而让人信服的批判";它所带来的一个重要影响是在"根本上对于各种视角的强调",那就意味着"没有一个单一、完整的历史",对于实际发生的事情不只存在某种真实可靠的认识;这就为历史学"开辟了多重视角的前景","使得历史研究更具活力",它同时还带来了有关历史经验的新范畴概念化的理解①。

关于历史哲学向叙事主义的转向问题,吕森认为"叙事主义在史学理论上是一个重要推进。它对人文学科中历史学科的特性带来了新的见解。历史意识通过叙事的心理程序将实在概念化"。但他同时批评叙事主义忽视了方法上的合理性和真理标准,认为应该维系关注合理性和理性的史学方法论和史学理论传统。他表明自身的立场是,试图综合相互对立的科学主义与叙事主义两种哲学,弥合二者之间的鸿沟,寻求这两种视角的融合,"而不是将它们之间久已存在的对立

---

① Ewa Domańska, *Encounters: Philosophy of History after Postmodernism*, pp. 156-157.

第一章 "接受"与"拒斥"之间

延续下去"①。他特别强调:"只要历史研究还是一门学术性学科,我们就得谈论真理,我们就得对意味着客观性和真理的认识策略进行反思和强化。"在以往科学化的过程中,历史学家们忘记了历史学的语言和修辞策略,代之以对研究方法上的技巧和程式的认识;而目前的情况恰好相反,怀特及其叙事主义历史哲学使我们日益加强了对修辞和语言策略的认识,而对于合理性、方法和意味着真理的考古学程式的认识却日渐衰微②。这种情形使我们似乎感到"当前的史学理论中有一种精神分裂症",即对历史学中接近于文学的语言、修辞、叙事的程式保持着敏锐的意识和反思,而在理论层面对历史研究的技巧、量化、统计学等有助于历史学家从史料中获取信息的辅助手段缺乏重视。这可以说是当前叙事主义历史哲学的谬误所在,它所蕴藏的最大危险是"可能会丧失掉我们对于历史研究作为一门学科在文化生活、主要是在政治生活中所发挥的传统功用的了解"。它可能使人们片面地将历史研究看作以文学和语言策略创造意义的方式,这就忽略了历史研究在科学化过程中所发展出来的批判能量③。

(二)寻求客观性信念与相对主义之间的中间性道路

德裔美国史学史家格奥尔格·伊格尔斯(Georg G. Iggers)在谈到后现代主义对于历史编纂学的挑战时说,他非常认真地看待后现代主义的批判,因为它对于过去两百多年的历史写作方式"提出了各种各样合情合理的问题"④。在他所写的关于20世纪西方史学整体发展的专著中,还特别指出后现代主义已经对史学思想与实践提出了重要修正,同时也使得历史研究的主题日益转移到"广义的日常生活的文化上面来",使史学家更积极地投身于下层研究、文化研究、性别研

---

① Ewa Domańska, *Encounters: Philosophy of History after Postmodernism*, p. 140, p. 155.
② Ibid., pp. 152 – 153.
③ Ibid., pp. 155 – 156.
④ Ibid., p. 100, p. 107.

究等更广阔的领域①。

伊格尔斯赞同后现代历史叙述学所提出的隐喻在历史理解中的重要作用，在一定意义上可以说一切历史思想中都含有某种隐喻性的成分，但他不相信一切历史都可以被化约为纯粹的隐喻②。关于所谓隐喻性的真理，伊格尔斯指出，"问题在于隐喻究竟是纯粹的虚构，还是一种把握实在的努力"。有时我们发现，"伟大的小说往往会比之历史文本，更加贴近一个社会或者一个文化的现实"。因此，"在某种程度上，历史文本置身于事实与虚构之间"③。在这个意义上，他赞同怀特的观点，因为怀特表明历史作为叙事在多大程度上要被理解为文学文本，但伊格尔斯对于将史学著作完全等同于纯粹的文学文本表示怀疑④。

关于客观性问题，伊格尔斯既不能接受兰克或德罗伊森的客观主义路线——史料可以使我们获得对过去不偏不倚的理解，也不能完全接受怀特的相对主义路线，尽管其正确指出了叙事所包含的意识形态因素。伊格尔斯认为，在兰克的客观性信念与怀特的相对主义之间可能存在着一条中间道路，虽然对于过去的重构都反映了某种视角，因而没有最终的历史和最终的解释，但仍然可以"有并非纯粹武断的对于过去的逼近"。因此，他将自己的立场定位在介于后现代主义与某种更保守的立场之间⑤。

安克斯密特、福柯、德里达、罗兰·巴特等人认为不存在真理和认识真理的可能性，这基本上就意味着我们无法完全重建过去。但伊格尔斯认为，存在着一个过去，尽管意识形态和权力的操控表现于历史著作中，但我们仍然看到了客观性的成分，可以趋近它。他对怀

---

① ［美］格奥尔格·伊格尔斯：《二十世纪的历史学——从科学的客观性到后现代的挑战》，何兆武译，辽宁教育出版社2003年版，第19、115、16页，其具体分析可参见该书第三部分"历史学与后现代主义的挑战"。
② Ewa Domańska, *Encounters: Philosophy of History after Postmodernism*, p. 101.
③ Ibid., p. 106.
④ Ibid., p. 101.
⑤ Ibid., p. 102, p. 100.

特、安克斯密特的立场有点担忧，因为"倘若我们拆除了事实与虚构之间的界限，将历史等同于虚构，面对大屠杀从未发生的断言，我们还如何能够为自己辩护呢？"作为一个从大屠杀中侥幸逃生的犹太人，伊格尔斯对这其中的内涵保持着极高的敏感性①。

（三）建立综合的历史哲学和各种历史写作方式并存

波兰著名史学理论家托波尔斯基（Jerzy Topolski）认为，不能因为后现代主义的某种极端思想就低估它的影响，他甚至提出后现代主义所带来的灵感具有"重新点燃生机的作用"。在他看来，后现代主义代表了某种理论趋向，其对传统思想基础的挑战"可以用激进程度不同的各种方式来加以解释"。源自后现代主义的启示，"有助于我们抛弃掉某些根深蒂固的看法"，引起一场思想震荡，因此后现代主义的很多观念"将会成为人类思想成就的组成部分"②。

从历史哲学的发展来看，托波尔斯基认为后现代主义"在历史哲学领域比之在历史学领域本身走得更远"。因为在其影响之下，经典形式的分析历史哲学实际上已经不复存在了，一种新的历史哲学（叙事主义或后叙事主义）正当其时。如果说历史叙事包含三个层面的内容——提供知识与逻辑的、修辞的理论和意识形态，那么分析的历史哲学着重于第一个层面——主要涉及解释模式，但他们脱离了历史学家的实践，造成了某些片面的视角，同时其弱点还表现在相信所发现模式的解释能力。而新的叙事主义历史哲学的重要成就在于，"对于那些模式在认知方面的价值提出了疑问"，指出了模式背后所蕴含的意识形态神话和修辞性的东西。因此，后现代主义转向的重要性"首先就在于怀疑主义的加强，对那种天真的认知的确定性提出了质疑。在某种意义上，那就意味着解构"③。这也预示着"在历史哲学中我

---

① Ewa Domańska, *Encounters: Philosophy of History after Postmodernism*, pp. 105 – 106, p. 112.
② Ibid., pp. 121 – 122.
③ Ibid., pp. 122 – 124.

上篇　理论趋向

们将会达到某种综合。后现代主义给了我们改变自己心态的机会"①。

托波尔斯基针对波兰史学界说，历史学家们到目前为止对于吸纳后现代主义并不热切，或者说"后现代主义只是与他们擦肩而过"。这种情形表明，历史学似乎"要以特定的防御机制来抵抗后现代主义的种种极端"，史学家们意识到了"采纳后现代主义最激进的主张，其结果就会是多少世纪以来占据了主导地位的那种历史学的毁灭"。历史学家不会接受后现代主义者关于历史写作的终结、历史学中时间轴的取消、历史叙事与文学叙事之间边界的消除等极端的观点，因为这意味着从一种教条主义（只有唯一的真理）转到了另一种教条主义（相对主义和完全没有支撑点的教条主义）②。

关于真理观，托波尔斯基强调，当下我们不可能再回到古典的真理观，也不可能再回到古典的分析的历史哲学去，但这也并不意味着要相信后现代主义对于真理标准在历史叙事领域的适用性进行限制的企图。虽然他在很大程度上赞同后现代主义取消主导性观念和追求选择自由的观点，但是他并没有放弃认识论和对真理的追求。因此，他将自己定位于当代史学理论家中接近左翼的，但不那么激进的左派③。我们看到，这里托波尔斯基一方面肯定了后现代主义所带来的思想震动，另一方面又指出了它在认识论和道德方面可能带来的更大危险。正如他所说："源于后现代主义的走得太远的相对化，让人们失去了支点"，特别是他们抛弃了真理观念，而"真理范畴也是一个道德范畴"，它是人们生活所必需的支点之一④。

最后，托波尔斯基并不认为后现代主义的挑战使当前的历史学处于危机之中，他甚至不认为传统史学处于危机之中；后现代主义的出现只不过使历史学家认识到，"在历史学的基本假设和新历史哲学的基本假设之间存在着冲突"，而将会呈现的趋势是"各种各样写作历

---

① Ewa Domańska, *Encounters: Philosophy of History after Postmodernism*, p. 136.
② Ibid., pp. 121 – 122.
③ Ibid., pp. 124 – 126, p. 135.
④ Ibid., pp. 136 – 137.

· 26 ·

史的方式并存共处，包括后现代主义的"①。

三 后现代主义在"小写历史"层面所引发的争议

从后现代主义理论家安克斯密特的角度看，在小写历史层面，后现代所选择的研究对象不再是历史这棵大树的树干，而是那些附着于其上的树叶；其研究目标不再是综合历史整体，而是揭示历史碎片本身。这也就意味着向本质主义的传统告别，向"宏大叙事"（grand narrative）告别。正是在这个意义上，他认为微观史学和新文化史所具有的微观分析和叙事方式为抵御"宏大叙事"提供了可能性。因此，娜塔莉·戴维斯（Natalie Zemon Davis）的《马丁·盖尔归来》、勒华拉杜里（Emmanuel Le Roy Ladurie）的《蒙塔尤》和卡洛·金兹伯格的《奶酪和蛆虫》②被其归为后现代历史编纂学的代表作③。尽管后现代主义思想家之间存在很多分歧，但其最大的共性在于对"宏大叙事"或称"元叙述"（meta-narratives）的反动，如利奥塔就曾将后现代直接定义为"对元叙述的怀疑"④。因此，放弃或解构"元叙述"在他们看来似乎也就成为判定小写历史著作是否具有后现代性质的最重要指标。

然而，正是被后现代理论家所推崇的新文化史，其代表人物却对后现代主义与其历史写作之间的关系表现出一种疏离态度。美国新文化史家娜塔莉·戴维斯在对上述归类的正面回应中强调："我不认为

---

① Ewa Domańska, *Encounters: Philosophy of History after Postmodernism*, p. 135.

② [美]娜塔莉·泽蒙·戴维斯：《马丁·盖尔归来》，刘永华译，北京大学出版社 2009 年版；[法]埃曼纽尔·勒华拉杜里：《蒙塔尤：1294—1324 年奥克西坦尼的一个山村》，许明龙、马胜利译，商务印书馆 1997 年版；Carlo Ginzburg, *The Cheese and The Worms: The Cosmos of a Sixteenth-Century Miller*, Baltimore: The Johns Hopkins University Press, 1992.

③ F. R. Ankersmit, "Historiography and Postmodernism", *History and Theory*, Vol. 28, No. 2 (May, 1989), p. 149.

④ J. F. Lyotard, *The Postmodern Condition*, Manchester: Manchester University Press, 1984, p. xxiv.

后现代主义对于实际上有着不同目标的这三本书是个最有用的范畴……当我想起后现代时,我想到的是专注于文化和语言的重要性……我还会想到,后现代的路数抵制普世化,更爱谈论碎片而不是融贯的整体。这三本书全都认真地对待地方性文化,然而,它们也关注经验和长时段的传统以及思想结构。我不觉得后现代的标签在这里能够说明多少问题。对于那种认为这几本书是后现代的,因为它们拒绝得出普遍性结论的看法,我的回答是:虽然各有不同,但这三本书全都希望对于超出它们所研究的个案之外的过程能够得出某些洞识。它们全都得出了对于其他案例的看法,不仅是通过可能的类比,而且还通过交往网络的权力体系。"① 戴维斯的意蕴似乎是在怀疑小写历史层面的历史写作与后现代主义是否具有某种直接密切的关联,而且她坚信历史的枝枝叶叶虽然与历史之树的联系是松散的,但历史学家的工作仍是力求将这些枝叶还原于作为整体而存在的历史之树上。

美国新文化史的代表人物林恩·亨特(Lynn Hunt)也认为,很难在专业历史写作领域找到以后现代精神来撰写的历史著作的例证。上述三本书或许体现了对"元叙述"的怀疑及其对地方性知识的强调,它们坚持用那些看似微不足道的东西来说明有关过去的更加广泛的问题,但在大多数方面它们确实无法满足后现代的那些指标;它们所显示的恰恰是历史学家寻求、捕捉、讲述过去真相的信心,它们根本不代表对于历史的放弃或理性信念的丧失。"在很多方面,勒华拉杜里、戴维斯和金兹伯格属于历史学家中最为坚决的'现代主义者'之列。"②

事实上,在某些方面确如亨特所言,意大利微观史学的代表人物卡洛·金兹伯格就对后现代主义表现出明显的不屑态度。他认为安克斯密特等人完全误读了他的著作,将他归为后现代主义史学家是很奇

---

① Maria Lúcia G. Pallares-Burke, *The New History: Confessions and Conversations*, Cambridges: Polity Press, 2002, p. 67.

② Ewa Domańska, *Encounters: Philosophy of History after Postmodernism*, p. 273.

怪的；他觉得自己似乎"被实证主义者视为后现代主义者，而反过来又被后现代主义者视为实证主义者"，但这并不说明他的立场处于中间地带；在他看来，中间立场是不可能的，因为"真理并不处在中间地带，问题的解决方法也并不在于将实证主义和怀疑主义各占一半地加以妥协"①。

尽管金兹伯格和戴维斯都坚决地否认其著作的后现代性质，但在局外人看来他们确实代表了20世纪七八十年代西方思想潮流的一部分，这可以从新文化史的理论来源中清晰地辨识出来。在林恩·亨特参加组织编写的新文化史论文集《超越文化转向：社会与文化研究的新方向》的导论中，回顾新文化史的产生背景时说："到20世纪80年代初新的分析模式开始取代社会史，这宣告了所谓语言学或文化转向的开始。"而在其后罗列的对美国学术界产生重大影响的理论著作和理论家中，我们发现后现代主义及叙事主义历史哲学占据了重要地位②。正如英国新文化史家彼得·伯克（Peter Burke）所说："'新文化史'或'社会文化史'的兴起，它常被视为更广义的'文化转向'的一部分。"③

其实，后现代主义在小写历史层面所引发的争议可以看作是西方史学界对于事实与理论、历史与哲学的关系问题和"宏大叙事"与微观研究、大小写历史的关系问题在新的思想视域下的深入反思。后现代主义成功地使得经验历史学家受到一次强烈震动，尽管他们当中的很多人在其实践中仍竭力保持一种与理论的疏离态度，但这又触动他们重新思考在经验事实和理论洞见之间如何建立某种结构性关联，

---

① Maria Lúcia G. Pallares-Burke, *The New History: Confessions and Conversations*, p. 205.

② Victoria E. Bonnell, Lynn Hunt, eds., *Beyond the Cultural Turn: New Directions in the Study of Society and Culture*, Berkeley, Los Angels & London: University of California Press, 1999, p. 2。该书的两位主编在共同撰写的导论中，首先提到的是出版于1973年的两部著作，即海登·怀特的《元史学》和克利福德·吉尔茨的《文化的解释》，之后还列举了德里达、罗兰·巴特、福柯等人的著作与观点。

③ ［英］彼得·伯克：《西方新社会文化史》，刘华译，《历史教学问题》2000年第4期。

重新认识在学科边界发现新知和保持开放性心态的能力。在后现代主义炙热的骚动消歇之后，其合理和积极的成分在一定范围内被融贯于新一轮的思想发展中，被内化于小写历史的实际书写中，我们从中所获得的是新的理论自觉意识和对滥用历史的警醒。

第二章

"挑战"与"捍卫"之间
——对"史学危机"与"终结论"的回应

20世纪90年代以来,由于后现代主义的挑战使得西方史学界对于史学理论问题的研究表现得异常活跃,越来越多的史学理论家、历史哲学家、史学史家,甚至不少经验历史学家纷纷以各自不同的方式加入到这场讨论中来。西方史学界比以往任何时候都更加关注历史学自身的理论、方法和学科发展问题,更加积极地对历史研究的性质与原则做出新的反思。这些讨论的重要性在于,它直接触及了现代西方史学长期建立起来的核心观念和主流范式,影响到历史研究中那些既有的史学规范和传统;似乎也预示着新一轮"史学危机"的到来,抑或让史学家们隐约听到了自己学科的丧钟。

一 "史学危机"

至20世纪末,大部分西方史学家已不能再像20世纪60年代爱德华·卡尔和杰弗里·埃尔顿当年那样保有对历史学和历史知识不断进步的乐观情绪[①],他们中的一些人已敏锐地感觉到"史学危机"的到来。早在20世纪80年代末,美国史家彼得·诺维克就曾指出:

---

① E. H. Carr, *What Is History?* London: Penguin, 1963; G. Elton, *The Practice of History*, London: Fontana, 1969.

"历史学科作为一个广泛的话语共同体,作为一个依靠共同目的、标准和共同追求的目标联合而成的学者共同体,已不复存在了。"[1] 思想史家大卫·哈兰也认为,历史研究正经历着"一场大范围的认识论危机"[2]。至20世纪90年代,美国女史学家乔伊斯·阿普尔比、林恩·亨特和玛格丽特·雅各布在合著中指出:"历史学的科学性与文化基础业已动摇。"[3] 格奥尔格·伊格尔斯则在其《二十世纪的历史学》一书中特辟专题讨论后现代主义对历史学的挑战,其下又设专章题为"语言学转向:历史学作为学术的终结?"[4]。英国新文化史家彼得·伯克则从史学史的角度系统指出,历史意识在现代经历了17世纪和如今后现代主义思潮影响的两次危机,其间历史学作为获得真理性知识的学科地位都受到了动摇和冲击[5]。

世纪之交,英国《观念史》杂志编审贝弗利·索斯盖特在其出版的《为何烦扰历史——古代、现代和后现代主义的动机》一书中分析说,历史学正受到来自不同方向的威胁,从外部的现实而言,政治的"现代主义者"意欲摧毁所谓"传统的陷阱",从而消除过去对新时代的影响;从历史学内部而言,在其心脏地区,历史学家正被迫承受着后现代的挑战,他们不仅质疑其学科以往实践的合法性,而且质疑整个历史研究的最后防线;在这个危机时刻,我们更加需要重新反思"为何研究历史"这样的老问题,追问从历史学科产生之日起就为那些富有自觉意识的研究者所思考的问题[6]。作者以历史的视角考察了

---

[1] Peter Novick, *That Noble Dream: The "Objectivity Question" and the American Historical Profession*, Cambridge: Cambridge University Press, 1988, p. 628.

[2] David Harlan, "Intellectual History and the Return of Literature", *American Historical Review*, Vol. 94, No. 3 (Jun., 1989).

[3] Joyce Appleby, Lynn Hunt, Margaret Jacob, *Telling the Truth about History*, New York & London: W. W. Norton & Company, 1994, p. 1.

[4] Georg Iggers, *Historiography in the Twentieth Century: From Scientific Objectivity to the Postmodern Challenge*, Middletown: Wesleyan University Press, 1997, Chapter 10.

[5] Peter Burke, "Two Crises of Historical Consciousness", *Storia Della Storiagrafia*, Vol. 33, 1998/1, p. 33.

[6] Beverley Southgate, *Why Bother with History: Ancient, Modern and Postmodern Motivations*, New York: Pearson Education Limited, 2000, Preface, pp. ix - xi.

不同时期人们涉足历史、研究历史的动机问题,并将其归纳为"无目的"论、示范目的、心理因素、政治动机、宗教(神学)目的、职业教育等方面,希望以这种方式探究后现代主义挑战之后史学危机发生的根源。

21世纪初,西方史学史研究者发现历史学在此前经历的两次世纪之交的发展表现出某种相似性。19世纪末,卡尔·贝克尔和亨利·贝尔等人也曾为历史学在社会科学的急速现代化中的生存权而担忧。随后出现的新史学为20世纪的历史学提供了取代传统史学的新范式,它以深层、大众、结构的历史超越了表层、精英、事件的历史,以可计量的、社会科学的普遍性方法超越了单纯定性的、个别性的分析方法,以广阔的社会生活视域超越了政治、外交、战争的狭隘性。最终新史学以社会史的形式在不同国家发展出多个变种,诸如美国的进步史学、社会科学化的史学,法国年鉴学派的史学,英国的马克思主义史学,德国的社会史等。至20世纪的最后30年,新崛起的后现代主义理论呼吁抵制现代主义的史学方法。他们主张偶然的、断裂的、边缘化的、被压制的、独特的、视角性的、不可言说的历史,拒绝现代主义的历史进步观和真理观,力求解构现代化的一切结果。美国著名史学史家恩斯特·布雷萨赫认为,后现代主义的历史思想及其引发的在实践中的变化将不仅否定现代主义的史学,而且也将否定大量长期建立起来的"做历史"的理论框架;所产生的影响不仅涉及作为学术领域的历史学,而且也涉及作为人类生活重要实践领域的历史活动[①]。

后现代主义对历史学的影响真的如此深远?它真的会威胁到现代西方史学的思想体系,瓦解历史写作的基本原则吗?虽然后现代主义所引发的有关历史、真理和客观性的辩论早已蔚然大观,任何人都无法漠视,但在很多经验历史学家看来,历史学还远未因此走到山穷水

[①] Ernst Breisach, *On the Future of History: The Postmodernist Challenge and Its Aftermath*, Chicago & London: The University of Chicago Press, 2003, pp. 3–4.

尽的地步。不少知名历史学家对后现代主义的挑战表现出泰然处之的态度，尽管有学者指责其为"僵化的自满"①。显然这里涉及的要害问题是，如何看待后现代主义对历史学的质疑及以何种态度应对这种挑战。对此，英国史学家理查德·艾文斯强调说："对历史学家而言，收起通往自己学科堡垒的吊桥，并非明智之举。数百年来，由于相邻学科的渗透，历史学家从中可谓受益匪浅。"从 19 到 20 世纪，历史学分别吸纳了文献学、地理学、经济学、统计学、社会学、人类学、心理学等各类学科的影响，那为何不能同样将来自语言学、后结构主义、新历史主义等方面的影响化作良师益友，并将后现代主义提出的种种困惑和问题转化为促使历史学家重新审视自己学科的理论与实践，使历史学超越学术边界、成为追求更广泛意义的动力呢？②

从总体上看，后现代主义对历史学的挑战在某种程度上确实构成了对现代西方史学体系的一种冲击，尽管史学界目前对这种冲击的程度是否足以构成全面的"史学危机"估价不同，但无论如何它确实引起了当代西方史学思想的一次新的震荡，并由此波及历史写作的实践领域，其影响甚至远远超出学术范畴，直达人们对社会历史的普遍认识和现实活动的选择。

二 "历史学终结"

在英国后现代主义史学理论家凯斯·詹金斯和艾伦·穆斯洛合编的《历史学性质文选》中提出，在后现代降临的时刻，"我们所知的历史"似乎在某种程度上已失去了存在的理由，历史学家抑或应该自觉意识到"历史学的终结"③。作为职业历史学家中的一分子，詹金

---

① Allan Megill, "Recounting the Past: 'Description', Explanation, and Narrative in Historiography", *American Historical Review*, Vol. 94, No. 3 (Jun., 1989).

② Richard J. Evans, *In Defense of History*, New York and London: W. W. Norton & Company, 2000, pp. 8 – 9.

③ Keith Jenkins, Alun Munslow, eds., *The Nature of History Reader*, London & New York: Routledge, 2004, Introduction, p. 5.

斯却主张以开放而乐观的态度看待这一明显带有悲剧性的结局。难怪有学者讥讽说:"奇怪的是,竟然会有少数人热情地欢迎自己学科的死亡。"① 从表面上看,这确乎令人费解,但从其后现代主义的理论立场分析即可深入洞察这种主张的思想实质。

詹金斯的主要依据是,现代西方主流的历史观念正处于危机之中。自19世纪以来,西方的历史观念一直强调历史(过去)本身所固有的内在价值、目的意义,并表现为某些物质结果,这种意义投射为进步的目的论模式,即历史是一个有起点与终点、有固定目标方向的过程(这种观念源自西方的宗教哲学,但在18世纪以后世俗化为进步理论)。这种目的论如同其他所有的目的论一样,都以某种终结的形式实现其自身的目标。比如,历史最终使人权共同体以两个基本形式获得解放,资产阶级的自由资本主义形式或无产阶级的社会主义与共产主义形式,社会结构被理解为不平等的各阶级之间利益的对抗,这导致了敌对、革命、战争和所谓"理性的方式",最终酿成20世纪的大灾难。西方民族国家作为平息对抗状态、追求和谐共存的人权共同体最终却反讽性地成为地球上最高效的杀人机器。而后现代主义的实质就在于,从社会的普遍存在状态到思想文化等各个层面颠覆现代性,因此它应该被理解成一个"困惑自觉的时代、难以决断的时代、质疑元叙述与形而上学的时代",这同样适用于职业历史学。由此所带来的是,现代西方历史编纂的至上法则——真理观、客观性信念、科学等观念也都走到了终结的时候②。在詹金斯看来,正是在上述后现代主义的破坏性力量之下,孕育着新的史学产生的潜能。

我们还应注意到后现代主义的时间观念,他们常常将过去、现在与未来视作一个混沌,完全放弃编年史观念。因而,很多"终结论"者在不同程度上都主张放弃历史,其中比较典型的是美国后现代理论家伊丽莎白·厄尔玛斯(Elizabeth Deeds Ermarth)对传统时间观念的

---

① John Tosh, ed., *Historians on History*, New York: Pearson Education Limited, 2000, Introduction, p. 13.

② Keith Jenkins, Alun Munslow, eds., *The Nature of History Reader*, pp. 15–16.

激进反思。其主旨强调，应当抓住事物存在的自身状态，而不再关注历史是否还能延续下去。她同样认为，伴随现代性产生所形成的元叙述和现代史学，在后现代性之下将走向终结；此时应该选择忘记以往"我们所知的历史"，而去讨论更急需解决的东西，讨论我们对时间的想象，思考"我们生活的时代"，以不再受到正统史学影响的方式去思考现在。如同20世纪尼采宣布"上帝之死"一样，厄尔玛斯以这样的方式宣布了"历史之死"①。

总体而言，后现代主义提出的所谓"终结论"基本上可以理解为两个层面的含义：从狭义而言，当是指元叙述的崩塌，抑或说是大写历史的终结；从广义而言，则可归结为在现代主义观念主导下的历史写作的终结，这显然涉及小写历史（职业历史学）的领域，其结果必然导致在后现代状态下重塑历史的开始②。因此在一定意义上说，所谓"终结论"本质上并不意味着历史学的彻底消亡，而只意味着一场由后现代主义引发的史学思想的革命。

对于这种"终结论"的主张，西方史学界的反响是比较强烈的。杰弗里·埃尔顿以"回归本质"为题，较早提出为历史学的生存权而战，再次强调以过去为中心、以历史学家的专业技能为手段来发展历史学，反对"终结论"的论调③。澳大利亚学者凯斯·温德斯舒特以"谋杀历史"为题，归纳出语言学、解释学、后历史主义、结构主义、后结构主义、后现代主义、后殖民主义等各种理论是如何消解历史、对历史学科的规范和史学研究造成破坏的④。

---

① Elizabeth Deeds Ermarth, "Beyond the 'Subject'", *New Literary History*, Vol. 31, No. 3 (Jul., 2000), pp. 195-200.

② 关于在后现代世界如何重塑历史的问题可参见 Keith Jenkins, *Refiguring History: New Thoughts on an Old Discipline*, London and New York: Routledge, 2002; Keith Jenkins, *Rethinking History*, London and New York: Routledge, 2003, Chapter 3 "Doing History in the Post-modern World".

③ Geoffrey R. Elton, *Return to Essentials: Some Reflections on the Present State of Historical Study*, Cambridge: Cambridge University Press, 1991.

④ Keith Windschuttle, *The Killing of History: How Literary Critics and Social Theorists Are Murdering Our Past*, New York: The Free Press, 1997.

第二章 "挑战"与"捍卫"之间

美国宗教学会、教会史学会主席伊丽莎白·克拉克也出版专著《历史、理论和文本——历史学家和语言学转向》,探讨了后结构主义、叙事主义、文本主义等理论对历史研究的影响,尤其是对前现代思想史、基督教史研究的影响。与前两位学者不同的是,她断言哲学家和理论家对历史学的挑战反而预示着思想史研究的"复兴",尤其对以文本为中心的前现代研究而言,唱响所谓"终结论"的悲歌是毫无根据的,事实上这会更加激起人文学科内部大范围的新一轮争论,以及思想史家之间的重新对话。但同时她也指出,对于那些漠视理论转向的研究者而言,也许"终结论"本身也揭示出为何某些研究取向将被抛弃①。

在这类回应后现代主义挑战、捍卫历史学立场的研究中,十分引人注目的是理查德·艾文斯撰写的《捍卫历史》。该书从理论上较为全面地讨论了后现代主义提出的多方面质疑,包括历史学的科学性、客观性,以及有关历史事实、史料性质、知识与权力、历史中的因果关系等若干重要问题。在艾文斯看来,近年立场各异的历史学家不约而同地感到笼罩整个史学行业的危机正在呈现出来,对此他的基本态度是,直面那些极端相对主义者和怀疑论者对历史学的质疑,并与之进行有效的辩论,反对无视他们的存在和粗暴地遮蔽他们的声音。此书的显著特点是,一位长期埋头于实际历史研究工作的史学家在后现代主义引发的激烈论争的喧嚣声中猛醒,意识到必须对此做出来自历史学实践领域的回应。他的研究表明,经验历史学家对待后现代主义与史学理论的应有态度——不应将问题拱手让于理论家去解决,历史学家所具备的实际研究的经验使其能够做出自己特有的贡献,并足以引起理论家的重视与对话,甚至修正原有的理论观点②。

---

① Elizabeth A. Clark, *History*, *Theory*, *Text*: *Historians and the Linguistic Turn*, Boston: Harvard University Press, 2004, pp. 1 - 2.

② Richard J. Evans, *In Defense of History*, p. 14, pp. 255 - 256.

三 捍卫与发展

20世纪90年代以来,当代西方史学界在与后现代主义的论争过程中,试图从历史学的多重特性、客观性的限度、历史事实的建构途径等几个相互联系的方面,系统且深入地反思历史研究的基本原则和立场,在回应挑战中谋求捍卫与发展历史学的新途径。

(一)历史学的多重特性

随着后现代主义挑战的深入发展,尤其是"史学危机"与"终结论"的提出,我们发现历史学的科学性正在遭到新一轮的、持续性攻击。海登·怀特宣称:"历史在当今意义上不是,也永不可能是一门科学。"[①]他提出历史学是一门技艺,而不是"运用技术语言、受试验方法控制的假设—推理论断,以及具有业内人士共同遵循的试验程序的科学";它"更像一门类似手艺的学科,抑或说更倾向于服从成规惯例而非方法论与理论,它所使用的语言是日常或自然的"[②]。

艾文斯针对怀特的观点反驳说,首先我们已经了解了实验方法和实验室的程序并不是以观测为主的科学(如天文学)的必要因素,不少科学学科的训练相当一部分也是在于学习材料和掌握辅助技术中完成的,历史学的职业训练也即如此;另外,历史研究也有自身形成的共识性程序,因此在本质上历史学与科学之间的差异并非如此巨大[③]。格奥尔格·伊格尔斯也曾指出怀特科学观念中的问题,即怀特在《元史学》中毫无批判性地接受了一种已经过时了的19世纪的科学观念,对历史学与科学之间做出了截然区分,这表明他过分忠实于

[①] Hayden White, "An Old Question Raised Again: Is Historiography Art or Science?" *Rethinking History*, Vol. 4, No. 3 (Dec., 2000).

[②] Hayden White, "Response to Arthur Marwick", *Journal of Contemporary History*, Vol. 30, No. 2 (Apr., 1995).

[③] Richard J. Evans, *In Defense of History*, p. 67.

英美的科学观,而在欧陆的传统中还存在着对于文化和历史研究更为开放的科学观;怀特的矛盾之处在于,"他一方面拒绝了历史学是一门科学的观点,另一方面又以一种带有浓厚科学主义色彩的图示来对历史话语进行分析"。伊格尔斯强调,历史学不是物理学意义上的科学,而且"物理学并非科学的唯一样板";历史学可以是一门科学,但它是比经典的自然科学更加难以捉摸的科学①。之后他又撰文补充说,历史学的性质在整体上介于学术与诗歌之间,兼有科学与艺术的成分②。

历史学与文学、艺术之间的区别是什么?历史写作与小说、诗歌的创作有何不同?对此怀特曾反复论证,历史研究保有修辞性和文学性,历史学家运用的比喻性虚构不仅是某种叙述的形式、修饰或风格,而且还是构成事实与意义的重要组成部分③。不过,怀特并不认为历史学家应该摒弃历史写作中的文学形式或诗性特征,相反比较推崇他们运用充满想象力的、生动的叙述方式来表现历史,并试图弥合历史与文学之间的界限。但正如有的论者已经注意到的,如果细阅怀特自己的修辞就会发现"那种咄咄逼人的科学语言和口吻",同样另一位后现代主义史学理论家拉卡普拉也表现出一种对"没有技术含量的文体"的蔑视④。这在一定程度上会令人觉得有点诧异,似乎在反对历史学科学性的很多后现代主义者的作品中却严重泛滥着众多的科学术语,以及颇为严格的逻辑性科学分析。

正如德国历史哲学家吕森所指出的:"当前的史学理论中有一种精神分裂症",即对历史学中接近于文学的语言、修辞、叙事的程式

---

① Ewa Domańska, *Encounters: Philosophy of History after Postmodernism*, Charlottesville and London: University Press of Virginia, 1998, pp. 103 – 104.

② Georg G. Iggers, "Historiography between Scholarship and Poetry: Reflections on Hayden White's Approach to Historiography", *Rethinking History*, Vol. 4, No. 3 (Dec., 2000).

③ Hayden White, "An Old Question Raised Again: Is Historiography Art or Science?", *Rethinking History*, Vol. 4, No. 3 (Dec., 2000).

④ Russell Jacoby, "A New Intellectual History", *American Historical Review*, Vol. 97, No. 2 (Apr., 1992).

保持着敏锐的意识和反思,而在理论层面对历史研究的技巧、量化、统计学等有助于历史学家从史料中获取有效信息的辅助手段却缺乏重视,"这两方面之间没有令人信服的关联";这种情况可能会导致历史研究丧失作为一门学科在文化生活、主要是在政治生活中所发挥的传统批判功能,它可能使人们片面地将历史研究理解为以文学和语言策略创造意义的方式,这就忽略了历史研究在其科学化过程中所发展出来的批判潜能①。

对此,艾文斯认为,史学著作没有理由拒斥文学和语言学的分析,因为这样可以使人更敏锐地了解历史学家的想法;历史写作的风格多种多样,但无论历史作品的语言学、文学价值有多高,归根结底衡量它的最重要标准还是其作为历史研究的价值大小;历史之诗意是历史学最富吸引力的地方,然而这种诗意却并非由漫无边际的想象力构成,它必须要接受事实的规训。最后,艾文斯总结出历史学具有的多重特性。其一,它在很大程度上应被视作一种科学,但它可能是最微弱意义上的科学——它是一套有序的知识体系;其二,历史学不只是一种最低限度的科学,它还是一门艺术——可以运用文学形式与语言来表现历史;其三,历史学还是一项技艺,史学工作者掌握了一套如何处理材料及其利用它们的工具②。

历史学之所以具有如此复杂的性质,不仅由于它是一门无所不包的、以人类社会为研究对象的学科,更在于它永远身处社会生活的流转与变化之中,况且实际上不同历史学家的研究取向又往往带有强烈的个性差异。如何将历史学作为一套知识体系、一门艺术与技艺的多重特性有机地结合起来,这也许恰好是当前历史学回应后现代主义挑战、摆脱自身危机的正当途径。

(二) 客观性的限度

历史学科的客观性问题一直是史学理论领域争论的中心议题,也

---

① Ewa Domańska, *Encounters: Philosophy of History after Postmodernism*, pp. 155 – 156.
② Richard J. Evans, *In Defense of History*, p. 70, pp. 250 – 251, pp. 73 – 74.

是和历史学科的发展紧密相连的敏感问题①。20世纪60年代，爱德华·卡尔在讨论该问题时就曾指出，所有关于过去的认识并不都同样正确，真正的危险在于因"过度诠释"而"蹂躏事实"。他强调，客观的历史学家不是只能找到事实的人，这里的客观性还应包含两个方面的内容——其一，意味着他不为所处的社会及历史情势所囿，在一定程度上可以超越这种限制；其二，意味着他所具有的宽宏视野和贯通性思考远超同时代的历史学家②。因此，实际上卡尔所讲的客观性既包含了历史认知层面的事实的客观性，也包含了超越时代、社会以及个体局限达成的真理性认识，更包含了从过去、现在、未来的广阔视域中发现的某种目的论，抑或元叙述层面的意义的客观性。

后现代主义在历史学领域产生的巨大理论效应之一即是严重冲击了上述客观性信念与原则。后现代主义者一般视自身为政治上的左派，他们认为将历史学从客观事实的羁绊中解放出来，会让历史变得更加民主、更具质疑性、更加宽容。他们所主张的相对主义与多元文化主义并行，这使得他们将为弱势群体争得诠释历史的同等权力视作己任。但事实上，如果历史研究彻底沦为关于现实政治或社会权利的争论，后现代主义是否就会为歪曲、隐匿、压制过去的人打开了潘多拉盒子，而最终丧失掉历史学自身的立场和存在的正当性。艾文斯举出保罗·德曼（Paul de Man）事件的例证，指出德曼通过解构主义的文学理论暗含否认自身在德国占领时期为纳粹写作的通敌卖国行为③。问题的关键似乎还并不在于德曼的支持者如何瓦解其卖国行为与其文学理论间的关系，并为其卖国的事实进行辩护；争论的真正意义在于，包括后现代主义者在内的辩论双方是如何诉诸客观实在性和证据的一般标准，他们是如何就一系列文献进行推论和解释的实际操作过程。

---

① 近年这方面的相关研究可参照彭刚《叙事的转向：当代西方史学理论的考察》，北京大学出版社2009年版，第五章"相对主义、叙事主义与历史学客观性问题"。
② E. H. Carr, *What is History?* p. 30.
③ Richard J. Evans, *In Defense of History*, pp. 233–238.

艾文斯又举出关于大屠杀问题的讨论，认为从20世纪70年代中期以来，大屠杀否认者活动的广度与强度日趋加剧，"这反映了后现代主义思想气候的猖獗"①。更为重要的是，大屠杀否认者通过学术伪装制造出一种虚假的"真实效果"，向人们不断发出历史中没有真实、没有固定的意义和内容、任何事实和真理都可以被重构的信号。这就预示着某种危险的出现，它不是只针对个别现象和某些具体的历史事实，"它对所有相信知识与记忆是我们文明基石的人们造成了威胁，甚至对所有相信理性的终极力量的人们造成了威胁"②。从中我们可以清晰地看到，极端相对主义可能会制造出某种"令人瞠目结舌的虚假共识，其获得是通过误读或操弄证据、隐匿关键事实，以及在那些可能尚存自主记忆的人身上制造一种趋利避害的健忘症"③。

正如托马斯·哈斯克尔所强调的，我们不将客观性同中立性（neutrality）、冷漠（indifference）或缺乏热情混为一谈，历史研究要求实践者尽可能地克制和自律，要求做到诸如放弃想当然的思考、抛弃不良信息、放弃那些无法证实却合乎自己意愿的解释等；更重要的是，需暂时搁置自己的认识，怀着同情之心进入那些可能令你生厌的对手的观点中；因此，历史学的客观性确实意味着历史学家不得不发展出一种不带偏见的认识方式、一种自我批判的能力、一种理解他人立场的能力④。

无论如何，在后现代主义挑战之后，我们应该以更加谨慎的态度来理解历史学的客观性，尤其需要明晰其达成的限度与条件。从学界目前的讨论看，其中比较重要的支撑点应当包括历史学家学术共同体

---

① Richard J. Evans, *In Defense of History*, p. 241.

② Deborah E. Lipstadt, *Denying the Holocaust: The Growing Assault on Truth and Memory*, New York: Penguin Group, 1994, pp. 19–20.

③ Christopher Norris, *Deconstruction and Interests of Theory*, Norman: University of Oklahoma Press, 1989, p. 16.

④ Thomas L. Haskell, "Objectivity is not Neutrality: Rhetoric and Practice in Peter Novick's 'That Noble Dream'", *History and Theory*, Vol. 29, No. 2 (May, 1990).

内部的共识性、认知层面的史实的融贯性、历史解释效力的最大化、结果的原创性等几个方面内容①，这些也许可以作为我们考量历史研究所具备的学科客观性的基本要素。

（三）历史事实的建构途径

海登·怀特提出，一个事件是以前发生过的，而一个"事实"则是由历史学家建构出来的；因此"事实"是不稳固的，是语言学意义上的存在体；对于过去的任何事件历史学家都难以达成普遍性共识，历史事实是处于一种开放状态的、描述之下的事件，它要接受来自各种立场的修正和进一步解释②。拉卡普拉也认为，历史学家在分析文本时，往往会过分简单化地理解其语言与意义，而忽视文本所包含的思想意蕴，这会导致一种对文本和档案的极端简化的使用方式③。

问题之一在于，历史学家在何种程度上利用史料，并借此建构事实。他只是为了建构某些具体单个的事实，还是将其作为一种依据进一步去建立一个更加宏大而又普遍联系的解释模式。历史学家常常会从文献叙述中辨析出记载者自身的视角与好恶，也有可能会解构出某种潜藏的权力意志或文化疆界，但这些就足以使历史事实的建构完全成为不可能吗？实际上，很多历史学家已经充分意识到在处理原始文献时的重重困难，意识到历史事实远比预想的要复杂得多，真实世界远比史料所能揭示的"事实"要广泛得多。例如，意大利微观史学家卡罗·金兹伯格就曾提示说，我们无法保证所知的历史就是重要的部分，"大部分世界上真正重要的事可能从未传递下来，也从未被记

---

① Mark Bevir, "Objectivity in History", *History and Theory*, Vol. 33, No. 3 (Oct., 1994); J. L. Gorman, "Objectivity and Truth in History", in Brian Fay, Philip Pomper, Richard T. Vann, eds., *History and Theory: Contemporary Readings*, Malden: Blackwell Publishers, 1998; Allan Megill, ed., *Rethinking Objectivity*, Durham and London: Duke University Press, 1994.

② Hayden White, "Response to Arthur Marwick", *Journal of Contemporary History*, Vol. 30, No. 2 (Apr., 1995).

③ Dominick LaCapra, *History and Criticism*, Ithaca & London: Cornell University Press, 1985, p. 47.

得过"①。

问题之二在于，历史学家以何种主观意图去解读史料、建构事实。无疑历史学家一般都带有其自身的政治、伦理、意识形态的各种意图，其所处时代或社会的知识、观念与理论将会在事实的建构中起到重要的影响作用，而历史知识和历史理解的进步恰恰也是由于历史学家对新材料的主动发现及其对史料的创造性诠释才获得的。因此，问题显然并不在于史学家是否应该带有某种主观动机去认识历史，而在于他带有怎样的主观意图（内容与方向），及其对历史事实的建构产生何种影响。当然后现代主义者论述历史的主观意图是显而易见的，在整体上它既是当代西方社会发展阶段的产物，也体现了某种现实政治的变化或权力中心的转换。

问题之三在于，历史学家运用怎样的语言形式或结构来表达事实。在大多数情况下，历史学家是依靠日常语言呈现事实的，但语言本身并非可以完全透明地反映事实，它也发挥着自身潜在的隐喻性功能。那么经这种语言处理过的事实是否就失去了真实的意义，而将历史写作直接降格为一种文学文本。后现代主义从"语言学转向"中汲取灵感，以叙事主义历史哲学向历史学家工作的终极阶段——历史表达提出了挑战，令我们深思表现历史的各种语言形式中可能蕴含的实质性内容。但这些是否就足以使历史学家完全失去了表达事实的恰当途径，以及在话语、文本与事实之间谋求多种合理性安排与解释的空间。

艾文斯在检视后现代主义关于历史事实的观点后指出，后现代主义令所谓历史事实的概念已经在我们的视野中消失了，一手与二手材料之间的区分也被消除了，历史与小说之间的鸿沟被弥合；尽管打破这些传统的界限，可能会给历史学带来一些有益的机遇，但这类观点在多大程度上经得起严格检验，尚待进一步证实②。

---

① 陈建守主编：《史家的诞生：探访西方史学殿堂的十扇窗》，戴丽娟、谢柏辉译，台北：时英出版社2008年版，第280—281页。
② Richard J. Evans, *In Defense of History*, pp. 80–86, pp. 101–102.

历史学的发展是否仍然需要以历史事实为基础，这是一个非常值得我们思考的问题。一方面，某些极端的后现代主义者将历史研究和历史学家的工作简单化为意识形态的产物；另一方面，他们又力倡彻底抛弃束缚历史学家的那些"清规戒律"，这可能出于解放史学的美好初衷，但也很有可能会引发肆无忌惮地歪曲或误读史料情况的大量涌现。这就要求历史学家更加严格地审视自我，批判性地去面对史料，并敢于从事实出发，修正原本崇信的常识性知识、理论体系、政治观念、伦理道德、宗教艺术等主体意识形态。毕竟历史学家工作的重心并非其政治、伦理、审美目标的现实实现程度，而在于他们所做出的历史论断与史料之间的契合程度，以及所依托的事实如何，这些是最终决定历史学家个人和历史学科整体成败的基础。

四　碰撞与转变

后现代主义对于历史学的挑战，促发了当代西方史学界关于"史学危机"与"终结论"的热议。从表象而言，这似乎只是一场在激进的理论界与保守的历史学界之间进行的、屡见不鲜的论战，可以简单归为历史学的内部与外部关于史学自身的学科属性和基本原则的一场思想交锋。但事实上，这其中透露出西方史学已经发生或正在发生的某种悄然而又巨大的变化，后现代主义的挑战其实仅仅是这种变化的契机。

尽管从表面的喧嚣程度上看，后现代主义似乎已离我们渐行渐远，但这也许恰好表明现代与后现代之间从水火不容走向并存共处的趋向。正如英国社会文化史家帕特里克·乔伊斯（Patrick Joyce）所言，史学实践中"已部分且务实地接受了后现代主义的思想因素"[①]；波兰史学理论家托波尔斯基也指出，后现代主义挑战之后将会呈现的

---

① Patrick Joyce, "A Quiet Victory: The Growing Influence of Postmodernism in History", *Times Literary Supplement*, 26 October, 2001, p. 15.

发展趋势是"各种各样的历史写作方式的共存,其中包括后现代主义的"①。尽管在传统史学、现代史学与后现代主义之间仍然存在着深刻的理论分野,但它们之间可能以某种方式共存。从中我们大体可以窥见此次西方史学思想变化的主流趋向是,融合现代主义与后现代主义的历史视角,即运用后现代主义的理论锋芒消解现代史学的顽疾或弊端,同时又试图以现代史学的成熟体系规训后现代思想的割裂、叛逆、非理性等极端特征。其间激烈碰撞或彼此互动的张力逐步演化为史学思想转变的某种动力,也预示着未来史学发展的可能性选择。

从更广泛的意义而言,后现代主义并非只是一种单纯的思想运动——批判与超越现代性的禁锢,它很有可能是西方社会和历史正在经历的一个新的现实阶段——后现代状态。因而,它不仅会在一定程度上改变历史学科原本的发展轨迹,而且会在更大范围内对人类生活的历史理解产生整体上的深远影响。当然它自身所包含的一切也会随着条件的不断变化而逐步散发和融入新的现实中去,构成西方社会、文化和史学未来创造的资源之一。

---

① Ewa Domańska ed., *Encounters: Philosophy of History after Postmodernism*, p. 135.

第三章

重构、建构与解构之间
——从文学形式论史学类型与史学性质问题

当下对于"历史学是什么"这类关乎其学科本质属性问题的研究很有可能衍生为一系列的次生问题,即"社会史是什么""文化史是什么""妇女史是什么""思想史是什么""城市史是什么"等等。有西方学者乐观地认为,这标志着"新生多元主义"发展的契机[①],但更多的人却流露出对历史学"碎片化"、甚或解体危机的忧虑。这似乎从一定程度上显示出,历史研究领域在不断扩张的同时,其自身也愈来愈难以全部统合于一个同质性的学科之内。诚如美国史家彼得·诺维克所言:"历史学科作为一个广泛的话语共同体,作为一个由共同目标、共同标准和目的联合起来的学者共同体,已不复存在了。"[②] 但另一方面,这种情形又为从不同的史学类型、史学流派、史学分支学科出发,在不同层面与范畴中继续深化历史学性质的探讨提供了新的思考空间。

当然我们对于史学类型或流派的划分是多种多样的,从意识形态而言,可有马克思主义、自由主义的;从理论来源而言,可有结构主义、女性主义、后现代主义的;从研究范畴而言,可有社会史、经济

---

① Juliet Gardiner, ed., *What is History Today?* London: Macmillan Education, 1988, pp. 1-2.

② Peter Novick, *That Noble Dream: The "Objectivity Question" and the American Historical Profession*, Cambridge: Cambridge University Press, 1988, p. 628.

史、政治史、文化史的等等。英国后现代主义史学理论家凯斯·詹金斯和艾伦·穆斯洛提出以文学形式为标准讨论史学类型的思路，并由此将当代西方史学界对于历史学性质问题的立场划分为重构主义、建构主义、解构主义三种分野①。这种划分所蕴含的理论立场与实际指涉是本章旨在详加探讨的方面，从中我们可以更加清晰地辨识出后现代主义对于历史学性质挑战的核心地带与思想取向②。

一 变迁性视角：西方史学发展中史学类型的转换

首先我们发现，在凯斯·詹金斯和艾伦·穆斯洛对于史学类型的划分中呈现出从19世纪后期以来西方史学变迁的主要轨迹。即第一个阶段（19世纪后期至20世纪中期），从兰克学派的重构主义风格（传统史学）向一个更加多元的、视角主义的、建构主义学派（新史学）的转变；第二个阶段（20世纪60—90年代以来），是解构主义方法对传统史学和新史学的挑战，预示着现代主义史学终结的可能性和后现代主义"历史化过去"的开始③。这一变迁性视角反映出论者对西方史学发展方向的普遍性认识，也与目前西方史学史研究中的主流意见大体相吻合，所不同的是他们更加强调了从重构主义→建构主义→解构主义的三种史学类型的转换。这种变迁在史学思想上主要体现为，史学家的历史写作从始终坚持对过去的虔诚态度、排斥或否定其所具有的对事实的解释权，到逐步直面与调和过去与现在、事实与

---

① Keith Jenkins, Alun Munslow, eds., *The Nature of History Reader*, London & New York: Routledge, 2004; Alun Munslow, *Deconstructing History*, London & New York: Routledge, 1997.

② 此处所讨论的重构、建构与解构主义三种史学类型，彭刚曾在《叙事的转向：当代西方史学理论的考察》一书的第四章和《什么是历史？——彭刚教授在中国人民大学的讲演》（《文汇报》2011年4月4日）一文中也有过类似的专门研究，但显然作者并非从凯斯·詹金斯与艾伦·穆斯洛所提出观点的原意出发，而只是借用这种概括，试图从更普遍或更广泛的意义上来阐发自己对20世纪西方史学理论发展中有关历史学家工作性质与路向问题的理解。

③ Keith Jenkins, Alun Munslow, eds., *The Nature of History Reader*, p. 2.

第三章 重构、建构与解构之间

解释（理论）、叙述与分析之间的关系，以致发展到目前可以开放地坦言其各自的理论立场、特殊方法，以及进一步将主体与对象、表达与实体、文本与语境之间的关系去神秘化，从而深刻揭示出历史编纂学形成与演变的实际过程。

同时，我们还注意到詹金斯和穆斯洛从西方史学发展的变迁中梳理出了其立场的一个基本点，即反对后经验主义（post-empiricist）和后认识论（post-epistemological）的基本预设，赞同解构主义和美学的观点①。他们反对后经验主义的原因在于，认为对过去的历史化所采用的方法就如同语言学所使用的方法（叙事化、审美化等修辞），但并非以叙述的形式转变所比喻的事物，转变发生在这之前，而后才进入叙述（包括语言学的惯例、结构化或类型化的文学模式）；促成过去转变为历史的恰恰是一种想象的行动，想象与建构性的要素赋予过去以作为历史而存在的不可避免的虚构身份。因而，在他们那里，一篇虚构的文学作品不是由于其中需要想象才能将故事进行到底，而是由于其中有虚构的意味；换言之，它是被编造、塑造、创作、制作、描绘出来的。如此，我们拿来读的历史也是审美化、修辞化的产物，其间所包含的可能被称为事实的东西（指通过语言表述的媒介间接所反映的曾经真实存在的痕迹），却总是比实际发生的或可感知部分的总和要多出来一些东西，我们所知历史的全部从不可能是真实的全部。从这个意义上可以说，历史是无法复归过去的，于是历史事实成为历史知识的终结，而其中已加入了创造性的想象；这也就意味着历史永远不可能终结，因为想象不会终结。他们反对后认识论的原因在于，认为所有试图通过复原过去发生的"情境"来实现某种终结历史的尝试在认识论上也是不可能达到的，因为"情境"是无法完全穷尽的，总可以找到新的"情境"融入背景中去。所以，历史总是变动的，它在这个意义上是永生的。

对于詹金斯和穆斯洛而言，历史领域中是不存在盖棺定论的权威

---

① Keith Jenkins, Alun Munslow, eds., *The Nature of History Reader*, pp. 2-3.

性解释的，尤其当多元主义时代的来临之际，这在学术和思想上更是不可能的，而且在政治和伦理道德上也并非人们所期许的；任何人包括职业历史学都不可能再将历史据为己有，而是要保持历史的开放性和无限性，因为每个人都有权创造自身思想与道德的谱系和身份认同，而不屈从于任何权威性或独裁性的历史①。从积极方面看，他们的这种观点有可能祛除某些狭隘认识论置于历史之上的枷锁，展开创造性想象的无限远景；从消极方面看，也可能会在解放历史的同时导致肆无忌惮地歪曲、滥用历史的现象大量涌现，造成误导读者或新的历史误区。

二 史学性质的定位：制造历史知识的文学形式

后现代主义史学理论是在西方社会所处的"后现代状态"之下，希图在总体上全面质疑"我们所知的历史"，包括"大写历史"（元叙述）和"小写历史"（专业史学）。因而，在其对于史学类型的划分中也同样隐喻着后现代主义的基本理论观念，这令我们可以摆脱单纯的抽象逻辑，从具体问题的分析层面更加明确其讨论的出发点。

与现代西方史学的主流观念不同的是，很多后现代主义史学理论家相信历史是审美的、修辞的、立场化的、想象的人造物，或说是一种文学制品。例如艾伦·穆斯洛就提出，从历史写作的审美或叙事结构而言，历史学在认识论上最好被视作一种制造历史知识的文学形式②。正是基于这一对历史学性质的基本定位，詹金斯等人才将当前所有历史写作的特征归纳为重构、建构和解构主义三种类型来加以描述，并认为这是表达当今历史学转向的最好方法③。换言之，无论历史文本是由经济史家、社会史家、文化史家书写的，也无论他们所研

---

① Keith Jenkins, Alun Munslow, eds., *The Nature of History Reader*, pp. 3 – 4.
② Alun Munslow, *Deconstructing History*, p. 5.
③ Keith Jenkins, Alun Munslow, eds., *The Nature of History Reader*, pp. 4 – 5.

究的时段或专业范围具体是什么，无论作者的理论立场是马克思主义的、自由主义的、女性主义的、保守主义的，也无论他们是否公开表明其研究路向，都可以通过这种划分方法对历史学家的著作特征进行探究，确立其历史写作的类型属性。从重构、建构到解构主义史学的演变，所反映的是历史学从经验主义、认识论向美学的、修辞的历史转向，从追求本质的真实性转向求证形式的真实性。显然这是受到海登·怀特后现代主义史学理论的指引，从形式上将历史学视作叙述的诗性话语，其内容是想象的（转义模式、情节化模式、论证模式）与发现的（"事实"）同等重要[1]。

这种史学类型的划分落实到具体的史家与史学的分析上，其衡量的主要标准是看历史学家对于经验主义的态度，看他们是如何认知与描述事实的，看他们如何展现其情节设置、转义理论、意识形态的解释策略，看他们如何对待语言作为其思考的媒介，这些内容将导致其特定史学类型的选择。在詹金斯的思想中，此种操作的明显意图是把原本模糊的历史学家与历史之间、历史与过去发生的实际之间的界限清晰化，并着重提醒历史学家能够在其间把握自己思维的方向、选择书写历史的类型。而历史学家的选择一般是由其使用的实证性资料和语言两方面构成的，詹金斯所特别强调的是语言方面，认为这是区分三种史学类型对于过去知识如何进行编制的主要取向[2]。在文学研究中，通常习惯于将所讲述的东西称为"内容"，将讲述的方式称为"形式"。在很大程度上，文学作品中的内容与形式是不可分割的；换言之，可以说不存在没有表现手法（形式）的表现对象（内容）。那么，如果将这条原则应用于历史学，历史学家认识过去时就不仅可以按照传统的实证—分析的策略去做，或者按照认识论的方式去批判史料，也完全可以选择制造历史的类型，而这取决于他们所选取的创

---

[1] Hayden White, *Tropics of Discourse: Essays in Cultural Criticism*, Baltimore, MD: The Johns Hopkins University Press, 1978; *The Content of the Form: Narrative Discourse and Historical Representation*, Baltimore, MD: The Johns Hopkins University Press, 1987.

[2] Keith Jenkins, Alun Munslow, eds., *The Nature of History Reader*, p. 5.

造知识的方法类型——重构主义的、建构主义的或解构主义的。

由此，这三种史学类型具有很多通常与文学类型相联系的共同特征，它们之所以被詹金斯等定义为史学类型，其中部分原因还在于历史本身就孕育了其作为文学创作的类型模式，而这也可能成为某种历史风格或种类的创新性方法。以往的历史学家、历史哲学家、文学家曾经对人物传记等专门领域的文学形式进行过长期思考，而后现代主义史学理论家则将其扩展至整个历史学的专业范围，主张把历史写作的所有类型降至文学类型的范畴中去考察。这就要求在将历史写作视为叙述形式的同时，承认历史文本的类型学问题。当然，这种类型的划分只是相对而言的，詹金斯也意识到史学家的工作有时很难完全与某种模式相符，或者不同类型之间的界限是可以穿越的。但他们仍然相信，就如同文学有诗歌、戏剧和小说的分类一样，历史学也有重构主义、建构主义和解构主义的类型差异[①]。

因此从总体上看，詹金斯等人对史学类型的划分是基于其对历史学性质的文学化、修辞化、叙述化的基本定位，是基于历史写作的文学类型分析。在其视域中，这是将历史学性质的"去神秘化"的考察路径，而事实上是希望借此剥除掉"大写历史"附着于专业史学、职业历史学家身上的光环，透析建构过去、获得历史知识、生成历史意义的实际过程。当然其片面性也是显而易见的，历史学之科学性、客观性的一面似乎已荡然无存，这也可能会使我们以丧失历史的实质性内容为代价而捡拾到某些表面的、形式化的、夺人眼球的亮点。尽管这些"亮点"也可能反映了历史学某方面的特质，但却仍无法涵盖历史学的全部属性。

三 对经验主义的信仰：重构主义史学类型

詹金斯等人界定重构主义史学类型的特征是基于这类史家对经验

---

① Keith Jenkins, Alun Munslow, eds., *The Nature of History Reader*, p. 6.

主义的纯粹信仰,即相信认识主体完全具备按照过去(主要指个别事件)真实发生的本来面目来记录历史的叙事能力。他们普遍赞同有所谓"共识",崇信实在论,认为过去的"真理"能够以某种方式被发现;他们还特别强调可以通过考辨史料和准确地加以叙述达成对过去真实的认识,于是指涉性、推论、真实的陈述,以及充分而准确地对人类行为和动机的描写,连同事件居于社会过程和结构之上的首要地位,均是这种认识论立场的标准。詹金斯指出,实质上,"过去事件的真实性只有当历史学家的本体论存在与其认识论相分离的时候才能呈现出来"。亦言之,对过去真实的认识只能在历史学家的博学与一丝不苟的治学态度的严格监控下,而且仅当其居于自身存在或所处条件之外时才能获得①。在西方史学发展中,这种传统的历史写作观念与实在论为认识基础的知识理论保持着一致性和连贯性。

按照上述标准,重构主义史学的代表人物包括英国史家杰弗里·埃尔顿(Geoffrey Elton)与阿瑟·马维克(Arthur Marwick)、爱尔兰史家杰弗里·罗伯茨(Geoffrey Roberts)、美国史家格特鲁德·希梅尔法布(Gertrude Himmelfarb)等人。诸如埃尔顿曾说,由身处远方的观察者——历史学家,通过理性的、独立的、不偏不倚的对证据的研究,就可以从史料中发现过去真实的故事和真理性解释;之后,将其忠实地表达出来,使人们了解和认识,从而做出正确的选择②。罗伯茨也指出,历史学家之所以能够辨析过去人们的行为动机,其原因主要在于过去与现在的人类存在的同质性,因此对史家而言,"讲述故事、解释行为和重构人们过去所经历的一切,并不比处理昨天刚刚发生的事情更加困难",所不同的是,"史家需要特别运用其专门性技巧、阅历与学识来处理证据的问题、暂时性和文化背景"③。

---

① Keith Jenkins, Alun Munslow, eds., *The Nature of History Reader*, p. 7.
② Geoffrey Elton, *Return to Essentials: Some Reflections on the Present State of Historical Study*, Cambridge: Cambridge University Press, 1991, p. 6, pp. 77 - 98.
③ Geoffrey Roberts, "Postmodernism versus the Standpoint of Action: Review of On 'What is History' by Keith Jenkins", *History and Theory*, Vol. 36, No. 2 (May, 1997), pp. 249 - 260.

总体而言，经验主义是重构主义史学的理论来源和认识论基础，尽管表面上此类史家普遍表现出某种"反理论"的倾向。但自20世纪初以来，西方史学的发展态势已经表明理论与历史之间的互动——不再是要不要理论化历史的问题，而是运用哪种理论的问题。这恰恰是重构主义和建构主义两种史学类型在认识论上相互区别的关键，重构主义所主张的经验主义是去除概念、论证、意识形态意味的、纯粹的实在论，而建构主义却与此不同。因而詹金斯断言，重构主义所具有的"反理论"立场、对真理与精确表达的信仰，恰好是其他两种史学类型（建构主义和解构主义）在认识论上与之相背离的起点[①]。

四　事实与理论的结合：建构主义史学类型

从20世纪20年代末起，在欧美出现的建构主义史学至今仍在国际史坛占据着举足轻重的地位，但其产生是否是为回应重构主义史学自身的问题而出现的呢？詹金斯等指出，建构主义史学是新型"实践的实在论"之先驱，其理论来源是19世纪的实证主义，本身即是经验主义在思想上最初的实际延伸[②]。实证主义以客观性为基础、延伸经验主义的观察方法，提出了类似科学的、通过发现社会力学和人类行为规律来解释人类社会的可能性。对于历史学而言，这就预示着以发现人类行为的规律性模式来说明人类经历的可行性。至20世纪中期，以历史哲学家卡尔·亨佩尔（Carl Hempel）提出的"覆盖律"为代表，显示出对人类行为规律的认同可以使历史学家更精确地描述和解释过去。

可以说，实证主义一方面强调了某些重构主义的基本原则，即过去曾经真实存在过、其痕迹仍保留至今，并由此推演出"发现"证据的机制，以及"讲述过去真实"的可能性；强调事实与虚构之间

---

① Keith Jenkins, Alun Munslow, eds., *The Nature of History Reader*, p. 9.
② Ibid..

的截然不同。历史和历史学家所处的不同时空。另一方面，实证主义在追寻人类行为和社会发展的趋向或规律性上显然超越了重构主义，其结果是历史学家对社会群体行为、长期发展状况的研究日渐增长。这就形成了对20世纪以来的"事件史"（包括民族国家的历史、政治史、外交史）遗产的挑战，西方史学由此出现了"从底层向上看的历史"。代表性人物早期的有英国史家乔治·屈威廉（George Trevelyan）及其著作《英国社会史》，从20世纪50—90年代以来的如英国史家维克多·基尔南（Victor Kiernan）[①]、E. P. 汤普森、美国史家菲利普·方达（Philip Fonder）[②] 等。伴随英美社会史的发展，法国在1929年出现的年鉴学派则代表了另一种强调以经验主义为基础的结构史学方法。它借用社会科学（特别是社会学、人类学和地理学），注重大范围主题的和比较的结构性变化（相对于较小规模的、事件性历史变化），试图理解"总体的"历史，这尤以布罗代尔的《地中海和菲利普二世时代的地中海世界》为代表。建构主义史学在20世纪后期的发展使历史学科展现出更为广阔的研究空间，至20世纪70年代产生了许多与之并行发展的史学方法论，诸如计量史学（Cliometrics）、新文化史、微观史学、庶民研究（subaltern studies）、社会记忆、公共史学等。

总体来看，建构主义史学是经验主义和各种层面的社会科学理论相互结合的产物；简言之，是经验主义加上概念解释的复杂形式[③]。这类史家承认知识理论与历史真实之间的符合性是有瑕疵的，但是他们仍然保有对经验主义的信仰，并表现在其历史叙事中。建构主义和

---

① Victor Gordon Kiernan（1913 – 2009），英国马克思主义史家，著有 *From Conquest to Collapse*: *European Empires from 1815 to 1960*; *The Lords of Human Kind*: *Black Man*, *Yellow Man*, *and White Man in an Age of Empire*; *Marxism and Imperialism*: *Studies*; *The Duel in European History*: *Honour and the Reign of Aristocracy*; *British Diplomacy in China*, *1880 – 1885*; *State and Society in Europe*, *1550 – 1650*; *The Revolution of 1854 in Spanish History*, 等。

② Philip Sheldon Foner（1910 – 1994），美国工人运动史专家，著有 *History of Labor Movement in the United States*; *The Black Worker*: *A Documentary History from Colonial Times to the Present*; *Women and the American Labor Movement*, 等。

③ Keith Jenkins, Alun Munslow, eds., *The Nature of History Reader*, p. 11.

重构主义的根本区别在于相信客观历史不仅可以通过史料分析获得，也可通过恰当的理论化或发展出各种有益的概念理解而形成；建构主义史学认识到单纯依靠经验主义化的历史叙事不能完全反映过去的真实，也感到客观性在一定程度上是无法企及的。建构主义史家运用了诸如种族、阶级、性别、帝国主义、民族主义等大量概念，以及来自社会学、心理学、经济学、政治学、人种学、人类学等其他学科的理论。他们强调历史不仅需要史料上的事实确认，同时更需要对事实的整合性呈现，而这则依赖于复杂的概念化和社会理论工具的运用才能建构起来。因此，谨慎利用从其他学科引进的概念和解释理论，是理解结构、形塑抽象社会过程的必不可少的先决条件。对于建构主义史学而言，概念的涉入并不会导致对过去真实性的误解，尽管它只被视作暂时性的认识存在；理论和概念的效用需要得到证据的进一步检验，它们必须与证据相符，而非强加于事实之上的东西。

詹金斯等人特别指出，建构主义史学虽然由其理论的复杂性和自我的反思性而表现出勃勃生机，但其基础仍是客观性与经验主义的认识论，他们继续崇信符合性、指涉性和运用语言进行精确表达的可能性。随着解构主义的兴起，历史将不再是对过去真实探寻的建构，历史或可成为历史学家在当下语言的、叙述的创造物。因为解构主义者认为，在探求过去中所运用的每种社会理论或概念都是不固定、不稳定的，对人类行为规律的预设都是历史学家强加于过去之上的人为秩序，而潜在于传统重构主义和建构主义思考之下的是语言的随意性和历史主义的本质。正是由于解构主义将今天人们所知的过去和用以建构过去的证据、概念都视作通过语言的运用达成的，因而又可将其称之为"修辞的建构主义"①。这也就是历史领域中出现的所谓语言学的或美学的"转向"，其实质即是从经验主义的认识论向叙事主义历史哲学的转变，从重构或建构主义史学向解构主义史学的转变。

---

① Keith Jenkins, Alun Munslow, eds., *The Nature of History Reader*, p. 12.

五 话语或修辞的美学：解构主义史学类型

解构主义与前两种史学类型本质的区别在于，将历史学视作叙事的、语言的美学。詹金斯认为，解构主义致力于超越重构主义和建构主义史学的局限性——经验主义的认识论原则，具体表现为反对历史叙事的内容（过去）永远决定其叙事形式（表达），反对所发现的情节设置（历史群体的行动及其动机）的客观性，反对认识者的本体论存在与认识对象（过去）的相互分离所导致的客观性。解构主义批判知识理论的符合性与连贯性，批判推论和真理性陈述的概念，批判事实与虚构的绝对差异，批判主客观的相分离，批判再现主义（representationalism），批判恰当地利用社会理论就足以产生真理性陈述的思想等。但另一方面，詹金斯又强调解构主义并不否认任何过去的"真实性"，并不否认史料、数据流、事实性陈述的存在；换言之，解构主义者并非反实在论者，而是反再现主义者和反认识论者。解构主义史学思想的基本点在于，认为历史中不能发现原始的含义，过去本身并没有故事、叙述、情节设置或论证，过去中也不存在任何节奏或理性；过去本身并不内在地就具有历史的身份，过去是通过历史学家的工作（作品）转变而成为历史的。解构主义者向历史学提出的质疑是：如果说历史解释仅能以语言的形式存在，那么这对于历史理解又意味着什么？发生过的事实并不意味着我们就足以认识或描述其含义——从事实到价值没有附加任何意蕴吗？[①]

首先我们发现，对于重构主义和建构主义史家而言，问题是如何客观地认识过去，并对其做出真实的陈述；而对解构主义者而言，问题已经变成"做历史"是一种文学活动的演练，他们怀疑经验主义和语言是否足以表达"实在"，是否足以发现真实的意义，并达成认识真理的目标。解构主义不相信过去能够被忠实地转化为真实的历史

[①] Keith Jenkins, Alun Munslow, eds., *The Nature of History Reader*, p. 12.

描述，因而他们选择反再现主义的观点，认为实证研究的传统方法（语境化、比较、查验证据、推论和知识理论的符合性）无法弥合表达和实在之间的差别；同时，他们也不接受建构主义史学的观点，即我们在历史叙事中所使用的理论范畴必然可以与过去的真实存在相符合。因而对于解构主义而言，客观性问题已失去了讨论的意义。以往史家争论的中心还是达成客观性的途径与程度，但此时问题已经不再是能否或如何实现客观性，而变成史家在实际中是如何处理事实、如何处理已经不再存在的过去、如何从事件中推演出"真实的"陈述、如何"真实地"叙述过去。大多数从事过去遗存研究的史家都崇信，他们能够从遗存的挖掘中推论出曾经存在的过去的确定含义，但现在解构主义终结了这种信仰，在他们那里过去遗留的痕迹都不再具有重现原始因果的功能。他们由此提出了解构主义所要回答的核心问题，即如果我们假定无法认识到过去的真相，因为目前我们仅能通过"历史地"表达或书写才可以进入过去，那么如何才能了解被历史化的过去呢？唯一的方法或路径就是解构以往史家重构或建构的过去，解构历史编纂学的传统知识体系，从中探查到隐约闪烁于其后的某种过去真实存在的可能性。于是，解构主义可以选择进行表达历史的实验，比如探索历史学家作为作者的主观性，提出阅读作为文本的过去的可能后果，将文本视作无作者而有文化意味的修辞性产物，识别经叙事处理的"我们所知的过去"，辨明历史写作中意识形态的动机等等[①]。

其次，我们可以察觉到解构主义的真理观在历史领域的体现，他们认为真理并非客观实在本身所特有的性质，真理只是我们对世界的"实在"做出的某种当前的建构性陈述。因此，从某种意义上说，过去的世界并不存在于我们对其描述的指称当中，历史只是一种无法回复到原始意义的推理性活动；真理问题的真正意义也并非发现所谓过去的本质，而在于发现是谁在重构或建构过去，其"做历史"的动

---

① Keith Jenkins, Alun Munslow, eds., *The Nature of History Reader*, pp. 13 – 14. 关于解构主义史学的实验性尝试可参见 Alun Munslow, Robert A. Rosenstone, eds., *Experiments in Rethinking History*, New York and London: Routledge, 2004.

机或目的是什么。

最后,重构主义和建构主义史学赞同实在论的基本原则,即在语言和实在之间划出明确的分野,而这条原则在解构主义看来也已失去了意义。如后现代主义史学理论家所反复强调的,语言无法反射本质,语言只是描述实在的部分①。这就意味着当我们思考过去时,首先要解构原先基本的对过去的预设,而历史事实并不存在于过去的实在之中等待着我们去挑选、润色和表现,它只是我们对过去实在本质的当前陈述。因此,这种情形下再去讨论作为本体"世界"存在的事实是毫无意义的。解构主义对于语言和实在之间的联系进行了系统反思,认为历史总是从需要出发而写成的,是先于经验形成的,主张批判性地以语言或话语涉入真实世界。从这里我们看到,解构主义的目标似乎是力图证实重构主义和建构主义史学是如何使用不同类型的话语达成其对所谓真理性认识的。

六 对史学性质的反思

在艾伦·穆斯洛看来,后现代主义挑战之后历史学性质的讨论主要涉及以下四个方面的问题,即(1)经验主义还能否作为唯一的认识论合法地建构历史?(2)历史证据的性质及其所具有的功能是什么?(3)历史学家及其所运用的社会理论、建构历史的解释框架在历史理解中的作用是什么?(4)叙事形式对于历史解释的重要性有多大?② 这些问题都具体关切到历史知识的性质、史料的性质、历史知识系统形成的根本途径或方法、历史表现的形式与内容之间的关系等。综合前文对于重构、建构与解构主义三种史学类型的分析,我们大体可以总结出它们之间在这些基本问题上的立场差异,以及在西方史学发展史上它们各自可能具有的价值与地位。

---

① Keith Jenkins, Alun Munslow, eds., *The Nature of History Reader*, p. 14.
② Alun Munslow, *Deconstructing History*, p. 3.

重构主义史学秉持经验主义的传统，强调历史知识与过去实在相符合的客观性与真理性，相信过去可以被准确地表达出来，史家具有在历史叙事中忠实于原貌地重建过去的技能；他们不仅认为只能以所谓不偏不倚地、客观地处理证据的方式才可以达到对历史真实的认识，而且拒绝在历史解释中运用任何社会理论模式。显然，尽管重构主义史学具有其天然的理论缺陷，但它无疑奠定了西方史学专业化的基础，包括基本的治史原则和方法论内核，至今仍然构成史家技艺与学科规范层面的主要内容，发挥着长时效应。这一点恐怕是当今史学理论界在面对叙事主义历史哲学的流行之际最不应该忽视的方面。

建构主义史学代表了理论自觉与概念成熟的历史学家，他们主张历史在根本层面上依旧是对过去的摹写，但在经验事实之外需要借助其他学科的理论、方法，以期实现对总体历史的建构，达到宏观与微观的有机结合。建构主义史家明显抱有比重构主义更加宏伟的治史目标，他们以打通历史学与社会科学之间彼此浸润、融合之门，为西方新史学的发展开辟了道路，并重新确立了历史事实与理论之间的辩证关系。这在一定意义上促使历史学在社会科学化的过程中显露出自身内蕴的某些科学性，以及整合社会科学成果的综合性与包容性，但同时也承担着"碎化"的风险。

解构主义史学则指出了过去与历史之间、真实与叙述之间、实在与语言之间联结的脆弱性，全面质疑过去能否通过重构或建构的方式转变为真实历史，主张以解构历史编纂学的方式透析过去如何被编制为各种历史；他们认为由于史料只有通过历史学家的加工（核对、综合、编排、情节化）才得以被归纳出所谓历史事实，其间历史学家不可避免地将自身强加于过去之上，可能以挖掘证据发现真实意义、创制或运用社会理论等方式明显地表现出来，更为重要的是运用情节设置或叙述结构以便于阐释历史，因而证据向我们表明隐喻的由来，并由此完成历史知识的创制。显然，解构主义特别突显了历史学的诗性特征，包括揭示历史叙事的修辞性、历史话语的流动性与历史知识的美学特质。这为西方史学开启了新一轮的反思性热潮，但同时也扩大

第三章 重构、建构与解构之间

化为一场新的"史学危机",其批判的锋芒中透露出某些极端化倾向。

无论如何,后现代主义对历史学性质问题的反思前提是将历史叙事等同于文学叙事,将历史写作等同于文学创作,将史学著作等同于文学文本。这虽然从一个侧面揭示了历史学与文学之间的深刻联系,却也从本质上彻底否定了历史学的科学属性,这不免有将问题重新简单化的倾向。相对于其他学科而言,历史学似乎是一个性质比较复杂的学科,无怪乎英国当代史家理查德·艾文斯曾总结出历史学具有的多重特性。即其一,历史学在很大程度上应被视作一种科学,但它可能是最微弱意义上的科学——它是一套有序的知识体系;其二,历史学不只是一种最低限度的科学,它还是一门艺术——可以运用文学形式与语言来表现历史;其三,历史学还是一项技艺,史学工作者掌握了一套如何处理材料及其利用它们的工具[①]。历史学之所以具有如此复杂的性质,不仅由于它是一门无所不包的、以人类社会为研究对象的学科,更在于它永远身处社会生活的流转与变化之中,况且实际上不同历史学家的研究取向又往往带有强烈的个性差异。当下如何将历史学作为一套科学的知识体系、一门艺术或文学形式,及其所独有的学科技艺与规范等多重属性有机地结合起来,超越所谓重构、建构与解构主义的类型束缚,在史学实践中开拓新的融会贯通之路,这也许恰好是当前历史学回应后现代主义挑战、确立自身学科合法性的正当途径。

[①] Richard J. Evans, *In Defense of History*, pp. 73–74.

第四章

语境与历史之间
——作为解释模式与方法论前提的历史语境理论

对于历史学家而言,语境是理解过去的一种重要观念,以致"将事物放在其所处的语境中去考察"成为历史学区别于其他学科的显著特征之一①。历史学家在面对过去、处理史料与书写历史的过程中,通常会对各种语境做出多重含义的检视。然而,究竟什么构成了语境这一相当抽象而又模糊的概念?它是否如同文化人类学家所说的是一种通过"厚描述"(thick description)的方法对过去情景的摹写②?为何历史研究脱离不了辨识语境的工作?语境与历史之间是否有着某种亲密关联?这些恰恰是后现代主义挑战之后语境化历史的关键所在。

一 作为解释模式的历史语境理论

海登·怀特在《元史学》中曾提出历史学家一般所采用的四种解释论证模式,即形式论、有机论、机械论和语境论,其中对于语境论

---

① E. P. Thompson, "Anthropology and the Discipline of Historical Context", *Midland History*, Vol. 1, No. 3 (Jan., 1972), pp. 41–55.
② Clifford Geertz, *The Interpretation of Cultures*, New York: Basic Books, 1973, Chap. 1.

第四章 语境与历史之间

的解释模式进行了较为详细的分析①。怀特认为,所谓语境论即是主张将事件放在所发生的语境中就可获得相应的解释,语境可以揭示事件发生的根源、过程及与其他历史事件之间的特殊勾连。其原因在于,正是语境确定了历史事件所发生的"现场"和在历史中所占据的具体位置,进而就可以据此说明事件的功能性相互关系——存在于行为主体与行为方式之间的各种关系。

从语境论的实际运作过程来看,它是通过孤立历史领域中的某些要素来突出其研究主题的。首先要从纷繁复杂的历史事物中挑选出与"现场"相关联的"线索",以便将需要解释的事件与语境中的其他范畴联系起来。线索在历史发展中均是可辨识和追踪的,在空间中它们向外伸展进入事件所发生的自然与社会场所,在时间脉络上则可向前回溯事件的"起源",或向后确立事件的"冲击"和"影响"。一旦线索消失在其他事件的语境中,抑或聚合促成了某些新的事件,这一追踪工作就宣告结束。追踪的目的并不在于将所确定的全部事件和趋势整合为一体,而在于以一条暂时性的、限定的链条将它们连缀起来,从而突显某些事件的重要意义。对此,英国历史哲学家沃尔什也曾从配景的角度描述了这种语境化的过程,他认为,历史学家是通过揭示某些弥散在大量看起来无关系的史料中存在的主题而使其产生意义的。更准确地说,是他们从中挑选出了某些重要的东西,其重要性

---

① 依据怀特在该书中的讨论,形式论旨在识别历史中客体的独特属性,趋向描述或重构历史事物的多样性、特质和生动性,因而青睐个体化的历史解释,对材料的分析本质上是分散的,浪漫主义史学家多采用此种模式;有机论则致力于将分散的历史事件、个体化的历史细节综合为一个统一的整体,形成一种微观与宏观的关系范式,更注重历史过程的叙述,从中发现个体过程和整体过程之间的关系,倾向于以民族、国家、文化等因素作为整合历史过程的基本单元,以兰克为代表的19世纪民族主义的史学家多采用此种模式;机械论以探求历史过程中更普遍存在的、稳定的因果律为目标,通过展示历史作为一个整体的综合性质说明其内在的规律性、趋势性,并指明规律对个体、行为、过程的历史决定性作用,实证主义与马克思主义史学当属此种模式(Hayden White, *Metahistory*: *The Historical Imagination in Nineteenth-Century Europe*, Baltimore: Johns Hopkins University Press, 1973, pp. 13-20)。

在于它们超越自身的范围并与其他事件联结为一个连续的过程①。历史学家解释某个事件的首要目的即是看它能否成为统一过程的组成部分，其方式就是将它置于与其他事件共同组成的语境之中②。

怀特从四种历史解释模式的比较出发，指出语境论相对于其他三种解释模式的优越性在于，它在一定程度上避免了形式论极端分散的倾向，同时也利于消除有机论和机械论由追求整合的冲动而带来的过于抽象的弊端，因而成为专业史学通常所采用的解释模式。语境论以表现一种现象的相对整合性为目标，这种现象是依据某些历史时期和时代的趋势或一般外部特征在历史事件的有限范围内辨识出来的，被认为是过去特定时空中实际存在过的各种关系，从而区别于有机论或机械论所假设的那种历史目的论原则与普遍因果律。

从上述作为历史解释模式的语境论的含义、操作方式、思想主旨中，我们可以发现，其理论基础显然是历史主义的基本原则之一——历史事物要根据所发生的时间及其先后顺序加以叙述和解释。需要强调的是，语境论在这里一方面实践了以历时性的叙事结构组织和安排材料，运用"现场"与"线索"的勾连突出历史运动中处于低谷或巅峰状态下事件的不同意义；另一方面，它也暗示出理解聚集于同一时间框架内某种共时性关系的可能，通常可以从时间脉络中截取历史过程的某一片断对诸种因素或情形进行结构性、关系性的表现。当然，这种语境论中也同时包含了对还原历史现场的憧憬和被迫局限于一定范围内选择的认识矛盾。

二 作为方法论前提的历史语境理论

美国历史学家罗伯特·伯克霍夫提出，对于历史语境内涵的理解

---

① William H. Walsh, "Colligatory Concepts in History", in Patrick Gardiner ed., *The Philosophy of History*, Oxford: Oxford University Press, 1974, p. 136.

② William H. Walsh, *Introduction to the Philosophy of History*, London: Hutchinson, 1967, pp. 23–24.

是基于史学家不同的方法论前提。当下如果从传统史学、语境主义、文本主义三种不同的方法论前提出发就会得出不同的结论,而这其中也始终贯穿着它们各自不同的历史认识观念①。这里,我们以伯克霍夫归纳出的三种历史语境理论为基础,比较分析其各自对于语境化历史的差异性认识及其对历史表现的影响。

(一)传统史学的语境理论

在传统史学家的实际工作中,有三种语境是其需要加以区分和辨明的。它们的具体内涵既普遍浸润着传统史学方法的基本原则,而对于它们的理解、揭示乃至重建程度则又直接关系到历史认识的结果。

其一,过去客观存在的关系网络及其中人们的经历,可称之为关于过去实际发生的语境。历史事件、制度组织、过程关系等各种历史事物无疑都是人类行为的产物,它们都必须被放进行为所产生的更大的关系网络、社会结构以及文化氛围中去理解。只有这样,行为本身所内蕴的深意才有可能在历史学家的笔下得到某种真实的重现。于是,有效地发现这类似乎蕴含了过去存在密码式的相关语境(包括时代、国家、社会、政治、经济、文化、宗教、公共空间与私人领域等)就成为历史学家至关重要的解码器。这种语境的特征是外在于历史学家的主体世界而独立存在的。对这种语境的理解是基于所有历史实在论的形式做出的,所普遍采取的史学方法是以过去遗留的证据重建过去的真实,历史学家希望通过他们笔下所书写的历史来再现这种真实存在过的语境。

其二,文献或其他遗留下来经人为加工过的史料所包含的信息,可称之为关于文本的语境。这其中包括诸如档案、书信、日记、复制品等各种类型或形式的史料,以及基于这些史料构建的历史表达,即通常历史学家所说的一手(直接)或二手(间接)史料。可以说,

---

① Robert F. Berkhofer, *Beyond the Great Story: History as Text and Discourse*, Cambridge, Massachusetts & London, England: The Belknap Press of Harvard University Press, 1995, pp.19 – 24.

对于史料的处理程度和对文本语境的理解程度在一定意义上决定了历史研究的结果,因为过去的大部分历史已经不复存在于现实之中。对于史学家而言,过去的语境更多地是以某种文本的语境出现在眼前的,他们希望通过对以往这些文本的细密研究,弄清其中所可能蕴含的意义,以便将这种语境作为其历史书写的一部分加以呈现。

其三,历史学家用以建构过去的概念、理论或宏大框架,可称之为主体思想性语境。历史学家对过去所抱有的想象、对现实与未来所充满的信念或理想,加之从证据或文献的语境中所探知的内容,会综合为分析历史的某种概念工具或宏大的理论框架,构成其重建过去真实状况的主体思想性语境。其实这种语境即是指在认识论中通常所讲的主体自身的历史观、世界观、人生观或宗教与哲学观念等思想层面的意识结构内容,它可能在具体历史研究过程中演化为多种用于阐释、理解、建构过去的各种理论化表达。

在传统史学的观念中,过去实在、史料与史家主体三者构成了其历史语境的基本内容,可以说是三位一体的语境化历史构图。显然,在史家主体语境中再现过去、重构过去的真实无疑是这种方法论的终极目标。但这种语境理论在 20 世纪后期受到来自语境主义和文本主义的挑战,在某种程度上也表现出自身的一些弊端和问题。

(二) 语境主义的历史语境理论

语境主义与传统史学的不同之处在于它提出了三种关于语境的新假设。

首先,语境主义假设了世界的现实及其中人们的经历与过去之间具有某种可穿越性。极端语境主义主张,语境化过程的结果可以对过去人们所经历的真实达到穿越性的理解,对过去的实际语境可以直接认识,而无须再经历或间接感受。因而在语境主义看来,传统史学所提出的关于过去的语境即是当下人们可以直接经历与感受到的,是无须重构或阐释的,并保持着前语言状态(prelinguistic),可以直接用来理解过去的实际语境。

其次，语境主义假设了理解过去实际的社会或现实是如何被经历与阐释的民族语境（ethnocontext）。它通常需要将事物置于人们所生活和经历的族群认同性语境之中，尝试以唤醒或"重新体验"过去时代族群所共同经历的方法来加以重构。在全球化背景下，这一语境突出强调了民族话语权问题，即从某种民族身份或文化认同感出发而形成的对过去认识的本土性内容。民族语境化的成功标志是与未经重构的实际语境相一致，因此也就需要第三种语境来考量实际语境与民族语境之间的差别，并对此做出学术上的阐释。

最后，语境主义假设了一种阐释或建构前两种语境的解释性语境。这种语境是用以研究和描述实际语境与民族语境的，其发挥到极致可导致对社会、文化、政治、性别或其他体系的建构。对生活于实际语境和对其做出阐释的人而言，过去作为历史或历史化都同样是给定的和真实的，二者之间并没有本质性的区别。于是，根据语境主义者的假设，过去与现在的文本本身均是某种作品，是经人为加工过的，但其制造却是超乎文本之外的，是社会特定方向的话语实践的产物，而且其解释也是以特定的、超文本的解释性群体①或阅读群体②为基础的。

通过上述假设，语境主义在总体上极度放大了语境对于历史的认识功效，它在某种程度上完全可以使我们克服过去与现在的时空差异而达成在现实条件下的与历史的直接对话。而语言、民族、社会、文化等多种因素均被囊括或泛化入语境的法眼之中，成为穿越时空、建构现实的源泉。

（三）文本主义的历史语境理论

后现代主义理论通过文本主义（textualism）挑战上述语境主义与

---

① Stanley Fish, *Is There a Text in This Class? The Authority of Interpretive Communities*, Cambridge, Mass.: Harvard University Press, 1980.

② Tony Bennett, "Texts in History: The Determinations of Readings and Their Texts", in Derek Attridge, Bennington, Young, eds., *Post-Structuralism and the Question of History*, Cambridge: Cambridge University Press, 1987, p. 70.

传统史学的语境理论。文本主义首先将文本泛化，使其内容不仅包括文字化、语言化的东西，更将所有用于交流的人工制品都纳入文本的视野，如绘画、影视作品、服装款式、运动场面、政治集会、社会文化现象等。同时，文本主义还赋予了文本以新的含义，将其视作可以从符号、社会、文化过程加以不同解读的意义系统，而非具有固定意义的东西[①]。于是，文本主义增加了阅读过去遗留下来的文本的复杂性，并且将这些文本所指向的过去与其本身混淆了起来。传统史学方法中用以重构过去的文本语境被无限扩大为文本化历史的过程，文本化不仅将过去与现在联结起来，而且也使历史与历史编纂学统一于文本化之中，这在很大程度上挑战了史学实践的基础。

对于语境问题，文本主义似乎有将文本与语境同一化的倾向，具体而言，其所主张的语境理论主要包括三个方面的内容。

其一，将语境还原为文本中语言或符号本身的结构系统。这种对语境化的理解可称之为文本的自发性或内文本性，因其语境化的过程产生于文本之中，抑或是通过文本内部的各部分之间或部分与整体之间的比较来完成的。从形式上看，似乎有点类似于传统校勘学中的内证法，但显然文本主义在这里更多强调了语言或符号本身的语境。正如阿特·伯曼（Art Berman）所说："语言符号系统成为一个自足的、无穷尽的、内部的、自我指涉的能指系统，其意义由它们自身的网络产生。"[②] 一般情形下，这种语境之意所显示的是论证或叙事的前后一致性，特别是史家所使用的注释与其所支持的概括之间的契合性。

其二，主张一个文本的语境来源于其他文本的建构。这种对语境

[①] 关于文本主义的研究，参见 Cesare Segre, Tomaso Kemeny, *Introduction to the Analysis of the Literary Text*, trans. by John Meddemmen, Bloomington: Indiana University Press, 1988; John Mowat, *Text: The Genealogy of an Antidisciplinary Object*, Durham, N.C.: Duke University Press, 1992.

[②] Art Berman, *From the New Criticism to Deconstruction: The Reception of Structuralism and Post-Structuralism*, Urbana: University of Illinois Press, 1988, p. 169.

化的理解可称之为文本间性（intertextuality）①，以区别于内文本性。文本间性既可指一个文本利用其他一个或多个文本作为前文本，也可指一个文本是如何被其他文本当作前文本而加以利用的。这种关于前文本的分析是思想史家的重要阐释来源之一，而通常史学家所使用的注释，因其指涉了大量的其他著作而不可避免地卷入文本间性的对话，即某种专业或专门领域内的对话。文本主义认为，这种文本间性是作为语境而存在的，它似乎可以呈现历史研究所进行的实际场景。历史学家所书写的各种文本的内容与形式在很大程度上依赖于专业性的研究实践，他们的工作始于其他历史学家业已完成的工作及所做出的阐释，他们处理过去所依据的是其学科限定的范围或标准。诸如什么可以用作史料，应如何将其作为证据加以解读，以及史料提供了怎样的事实，或如何表达研究的结果，这都依赖于专业史学领域内文本间性的对话。

其三，强调语境需要到文本之外去寻找。这种对语境化的理解可称之为超文本性。从表面上看，这似乎有回到传统史学所主张的过去实际的语境中去的意味，但事实上远非如此。由于文本主义将人类行为与社会现实等实践领域均理解为广义的文本化过程，是人为建构的结果，那么史学实践中所有关于过去的一切都被当作文本来加以认识和解读，因而文本化的语境也就只能通过孤立、范畴化、阐释化的过程建构起来。所谓超文本性只是强调了文本的社会性内涵，而非真正超脱于文本之外回到社会实际中去②。在文本主义那里，我们的认识领域中并不存在一个文本之外的现实世界，只存在一个由文本建构的世界；对于历史认识而言，亦不存在一个文本之外的过去世界，只存在一个由文本建构的历史世界。

---

① 关于文本间性概念的解释，参见 Chris Baldick, *The Concise Oxford Dictionary of Literary Terms*, Oxford: Oxford University Press, 1990, p. 112.

② 此类观点可参见 Richard Harvey Brown, *Society as Text: Essays on Rhetoric, Reason and Reality*, Chicago: University of Chicago Press, 1987; *A Poetics for Sociology: Towards a Logic of Discovery for Human Sciences*, Cambridge: Cambridge University Press, 1977.

基于以上不同方法论前提的语境理论，可能导致当前史学研究中对待语境的态度、理解语境的方式，以及通过语境化表现历史的尝试出现截然不同的选择。尤其对于语境主义和文本主义那些带有强烈独断性的观点，很多历史研究者始终抱有怀疑的态度甚或持反对意见。无论如何，现在看来对于究竟采用哪种语境理论才能使历史书写成为可能尚未确定，这也就成为当下急需认真探究的史学理论问题之一。

三 语境论与思想史研究

无论将语境论当作一种历史解释模式或理解策略，还是将其作为某种方法论前提加以应用，很多历史学家仍然相信语境是将有关过去的大量信息编织成一体的一种基础性方式，并普遍应用于历史研究的诸多领域。据此，事件、个人与时代均可寻找到其所依托的社会的、文化的、政治的、经济的、民族的、心理的等多重语境，它似乎也可以同时强调历史整体关系网络之下的个体性及个体与整体之间的关联性。这里，我们以当代西方思想史研究中所运用的语境化思想的尝试来探讨一下在史学实践中语境化历史的主要途径和可能遇到的问题。

（一）跨文本的语境论思想史研究

英国剑桥学派的代表人物昆廷·斯金纳在20世纪70年代以来开创了一种新的思想史研究范式[①]，打破了以往专注于经典文本的内在义理性和根本性问题的分析，提出发现"语境中的思想"和"跨文

---

① 关于昆廷·斯金纳的思想史研究方法，参见彭刚《叙事的转向：当代西方史学理论的考察》，第80—115页；李宏图：《语境·概念·修辞——昆廷·斯金纳与思想史研究》，《世界历史》2013年第1期；James Tully, ed., *Meaning and Context: Quentin Skinner and His Critics*, Cambridge: Polity Press, 1988; Kari Palonen, *Quentin Skinner: History, Politics, Rhetoric*, Cambridge: Polity Press, 2003 等。

本的语境论"思想史研究方法①。他反对将思想史变为对若干"永恒问题"、理想类型或不变的"观念单元"的研究,好像观念是自我形成、斗争与发展而来的实体。他认为,思想史学者的根本任务应是"将处于自身时空条件下的思想家定位于整个的思想世界中",提炼出"思想的宝藏"以展露"过去世界的问题、价值和语境"②。这种对于思想史研究的基本立场可以看作斯金纳语境化思想的理论前提。

对斯金纳而言,虽然研究的主要对象仍是如马基雅维利、霍布斯这些经典思想谱系上的人物,但他所关注的已不再是那些有关永恒智慧的命题,而是追寻他们的不朽名著《君主论》《利维坦》背后所隐喻的作者的真实意图。斯金纳从柯林伍德那里获得了直接的理论灵感③,认识到仅仅从特定哲学家的观点出发"是不足以对其思想达到历史性的理解的",他主张在完成把握文本实质的初步工作的同时,进一步"去还原作者提出这一特定论点时可能具有的意图",抑或了解写作该文本时"作者在做什么",他在何时何地发起了这一"语言行动"(linguistic action)④。这样,就将研究的注意力从关注思想本身转移到了思想所产生的语境之中,致力于从历史的语境或主体的语境中考察那些观念的来源。

斯金纳还借用哲学家奥斯汀(J. L. Austin)有关"言说行动"(speech act)的理论,一方面将言说视作一种基本的语言模式,而写作并不具有相对于言说的天然的、决定思想本质的优势地位;另一方

---

① Maria Lucia G. Pallares-Burke, ed., *The New History: Confessions and Conversations*, Cambridge: Polity Press, 2002, p. 216. 原文是斯金纳在接受该书编者访谈时谈到自己的方法论:"我在给剑桥大学出版社所编的一套丛书的题名中用到'语境中的思想',这个题目表达了我所感兴趣的、并努力实践的思想史类型。换言之,假若让我描述一下自己的话,我在方法上是一位跨文本的、语境论的历史学家。"

② Quentin Skinner, "Meaning and Understanding in the History of Ideas", *History and Theory*, Vol. 8, No. 1 (Jan., 1969), pp. 3–53.

③ Maria Lucia G. Pallares-Burke, ed., *The New History: Confessions and Conversations*, p. 216.

④ Quentin Skinner, "The Idea of Negative Liberty: Machiavellian and Modern Perspectives", in *Visions of Politics*, Vol. 2, Cambridge: Cambridge University Press, 2002, p. 194.

面则指出各种类型的写作其实均为对话的某种形式,从根本上也是由言说所塑造的;进而将言说与著作等量齐观为"言说行动",看作思想家介入现实政治的活动或对现实政治的思考与论争的某种方式①。显然,斯金纳借用这套"言说行动"理论的目的旨在将观念领域与现实语境联结起来。

而要探知斯金纳所说的"作者意图",就需全面考察思想家观念所产生的多重历史语境,如语言语境(linguistic context)、思想语境、政治语境等。其中,斯金纳比较强调分析文本中语言语境的重要性,诸如考究语词含义的变迁、语言习惯的变化、语言之间的转换、言说行为等对理解文本思想意义的影响②,这充分体现在他对马基雅维利和霍布斯的经典研究中③。同时,斯金纳在强调语境决定文本意义的重要作用时,一般认为语境并不总是指向社会史家通常所分析的社会或经济的领域,而是特别注重优先考察语言的、通用的、意识形态的语境,从而确定文本产生时所传达给社会大众的意义范围④。这也就是哲学家所称之为的"理性的接受力"。对斯金纳而言,这里所谓的"理性"即指人们在当时特定时空条件下所能接受的思想内容⑤。

如此看来,斯金纳所主张的跨文本、语境化思想的研究范式似乎有意摆脱单纯诉诸宏大哲学主题或思想家个体的传统思想史模式,更多地将个体置于具体而微的由语言、思想、政治等因素交织而成的历史语境中加以勾连和定位,令人感到思想所具有的更为普遍化、社会

---

① Quentin Skinner, "From Hume's Intentions to Deconstruction and Back", *Journal of Political Philosophy*, Vol. 4, No. 2 (Jun., 1996), pp. 142 – 154.

② Quentin Skinner, "Meaning and Understanding in the History of Ideas", *History and Theory*, Vol. 8, No. 1 (Jan., 1969), pp. 3 – 53.

③ Quentin Skinner, *Machiavelli*, Oxford: Oxford University Press, 1981; *Reason and Rhetoric in the Philosophy of Hobbes*, Cambridge: Cambridge University Press, 1996.

④ Quentin Skinner, "Hermeneutics and the Role of History", *New Literary History*, Vol. 7, No. 1 (Autumn, 1975), pp. 209 – 232; "Meaning and Understanding in the History of Ideas", *History and Theory*, Vol. 8, No. 1 (Jan., 1969), pp. 3 – 53.

⑤ Quentin Skinner, "From Hume's Intentions to Deconstruction and Back", *Journal of Political Philosophy*, Vol. 4, No. 2 (Jun., 1996), pp. 142 – 154.

化、细节化的维度。尽管对于语境化思想的适用范围、程度与方式在思想史研究中尚有种种争议，其研究取向也未必尽善，但毕竟斯金纳的尝试提供给我们进一步理解语言与观念、思想与政治、精英与社会之间关系的某些新的可能性。

（二）思想史研究中的六种基本语境问题

美国康奈尔大学欧洲思想史学者多米尼克·拉卡普拉在20世纪80年代针对思想史研究应如何理解语境问题、如何看待语境与文本的关系进行了系统反思，认为其解决方案主要依赖于将语境的实体化、具体化，因而提出了一个思想史研究中六种基本语境问题的清单[①]，内容涵盖了作者意图、动机、社会、文化、文献、话语结构等方面，其间批判性地表达了许多与斯金纳及其他思想史学者不同的语境化思想的理解。

其一，关于作者意图与其文本之间的关系。尽管拉卡普拉并不完全否认文本含义与作者意图之间所存在的普遍联系，但他却难以赞同斯金纳所运用的"言说行动"理论，尤其质疑作者意图与文本意义、历史语境之间的确定性关系指涉。拉卡普拉认为，这种观点假定了作者与文本或言说之间的独占性、单一性的关系，它通过单方面展现"反映"作者意图的文本，使思想得到某种貌似真实的重建。但事实上，这其中掩饰了多种形式的张力，包括可能只是一种"自我论争"式（self-contestation）的研究，诸如作者意图并非完全前后一致或统一地表达出来，作者意图也并不能得到完全的确认或者表现出根本性的矛盾等。更为重要的是，拉卡普拉还指出，思想史研究者通常会把作者意图规范化为可追溯的内容，从而使文本分析受制于这类将多重意义化约为某种明确意图的阅读与解释模式；研究者通常还会受到追求完美的终极解释的诱惑，从而使对文本动机的分析符合逻辑地指向

[①] Dominick LaCapra, *Rethinking Intellectual History: Texts, Contexts, Language*, Ithaca: Cornell University Press, 1983, pp. 35–59.

作者意图建构的最终标准——某种道德的、法定的、科学的预设①。

其二，关于作者生平与其文本之间的关系。思想史学者通常相信作者生平与其文本之间具有某种一致性，实际研究中往往特别注意文本内出现的有关作者生平的标记或征兆，以此作为理解二者关系的主要原因或解释依据；有时又以心理传记性的视角审视作者的动机，发现其间可能属于无意识的成分。拉卡普拉则质疑这类研究方法中所预设的生平与其文本之间内在完全的整体性或同一性。他指出，二者之间既可以是一种相互促进或彼此减损的关联性模式，又可能呈现出平行线式的无交叉、无关联的发展状态。具体而言，生平与文本自身可以是各自独立、自成一体的，也可能是相互矛盾、抵牾的。在某种程度上，它们是相互区别的，彼此之间的关系远非相符或矛盾这般简单。拉卡普拉强调，书面文本对于了解作者生平或动机的意义并不仅限于其补充性的内容，更在于其相对日常生活而言所具有的增效价值，因为作者可能视写作为其至关重要的生活方式，他写作的目的正是去明确表达自我对现实生存状态的一种批判，从而形成了某种生活文本。于是文本的解释功能可能会更加错综复杂，它所内蕴的其他存在维度对于作者的动机而言就不仅是一种次要地位的阐述或投射性反映②。我们发现，拉卡普拉在这里所突出的语境化思想的内容已不再是作者在实际生活过程中所形成的某种动机或者某些潜意识的心理因素，而是其在文本中所包含的那些超现实的、反现实的、观念化层面的东西。他所反对的是将生活与文本之间做一种简单化、投射性勾连，所主张的是文本语境的独立性、自主性，显然带有文本主义的语境论色彩。

其三，关于文本与社会的相关性。在这里拉卡普拉使用了范畴交叉性分析，强调文本与社会二者建构过程之间的互动关系。他认为如果离开社会参照系就无法讨论个体性生活，反之亦然。与社会史研

---

① Dominick LaCapra, *Rethinking Intellectual History: Texts, Contexts, Language*, pp. 36 – 39.

② Ibid., pp. 39 – 41.

究所不同的是，他主要是从思想史的视角探讨社会过程与文本解释之间的关系。以往思想史研究者通常将文本与社会过程之关系简单化为"起源"与"影响"的分析模式，或将文本仅视作研究中某种例证或反思的依据，拉卡普拉认为这是远远不够的。他提出，文本除去与话语实践或意识形态具有相对直接的相关性外，也同样参与了社会过程的建构，问题是我们如何将文本的产生与形成、复制与演变、被阅读与传播、被阐释与择选、被采用与滥用、被经典化或神圣化等一系列过程和传统的建立与改变、制度的确立与变革等社会过程之间的微妙关系揭示出来。此时，文本之语境是问题的关键，因为它标明文本出现的特定时间和地点，即可勾勒出一个文本所处的关系网络——历史语境，从而有可能实际地展现出思想与社会之间的交叉或联动①。

其四，关于文本与文化的相关性。文本在不同文化等级中的流通与否是个复杂问题，其困难首先在于如何界定或识别文化的"等级"，即哪些属于所谓的"高级"或"精英"文化。思想史研究以往普遍重视的是那些"伟大"文本，而通常此类文本的多数读者仅限于受教育的阶层。于是，思想史就演变为知识分子观念的历史，一个话语共同体分享感受、领悟、意义的历史。拉卡普拉认为，这种范式显然对于理解某种社会或文化状态下普遍存在的观念形态是不足够的，我们需要在更大范围内进行对话性的文本间研究，以细节揭示文本间所讨论与对话的问题，审视观念在不同的文本和语料库（corpus）中所发挥的不同功能。同时，研究"伟大"文本在不同社会层面或文化等级中被创造性阅读、改写、翻版、流传的过程，穿越"伟大"文本与普通大众之间的沟壑，融通精英文化与大众文化之间的联系，这有可能令我们发现一个更广阔的社会文化语境。拉卡普拉又强调，思想史研究虽然通常以文献研究方法为基础，但文本的作用在某种程度上绝不仅限于作为文献的功能，它对既存的文化或社会现实还

---

① Dominick LaCapra, *Rethinking Intellectual History: Texts, Contexts, Language*, pp. 41 – 48.

可能起到补充作用。在传统语境中，文本的功能在于支撑规范与价值；而在革命语境中，文本则有助于瓦解既存的制度和指明变革的道路。当然，文本也可能沿着与作者意图完全相反或矛盾的方向被现实的追随者所利用①。

其五，关于文本与作者语料库的相关性。语境的观念在这里体现为一个文本和作者其他文本之间的关系，也许该文本的性质恰好是由其他文本所提供的，因而通常思想史学者在专注于某一文本的研究时，必须同时注意到它与作者其他文本之间的关系。拉卡普拉提出，语料库囊括了作者所有书面或口头资料在内，通常可以从三个方面对其加以审视，即文本间的连续性（指"线性发展"的内容）、文本间的非连续性（指不同阶段或时期之间的变化甚或"认识论的突破"）、辩证的综合（指后期提出的较前期更高层次的洞见）。但他又指出，问题的复杂性在于语料库本身是否存在统一性，一个文本的不同方面或因素间的同一性有时尚值得怀疑，更何况语料库中多个文本间可能存在的非一致性和差异性形式，追求文本与语料库之间的相关性或同一性有可能会导致荒谬的结论②。总之，文本与语料库之间或文本之间的关系并非封闭的，它们或彼此有所差别，或又相互关联，共同构成思想演变的语境之一。

其六，关于话语模式与文本之间的关系。有些理论家强调话语模式、解释结构或传统风格在阅读和写作中的重要性③。拉卡普拉在此基础上提出并强调语言结构所构成的语境在文本解读和思想史研究中所起的作用，进而讨论语言的语境在历史学和文学中的功能区别。一般认为历史学区别于文学的基点在于，历史是关于事实的领域，而文学是关于虚构的领域；历史学家不能发明事实，而文学家却可以创造

---

① Dominick LaCapra, *Rethinking Intellectual History*: *Texts*, *Contexts*, *Language*, pp. 48 – 55.
② Ibid., pp. 55 – 56.
③ Jonathan D. Culla, *Structuralist Poetics*: *Structuralism*, *Linguistics and the Study of Literature*, London and New York: Routledge, 2002.

事实。但在另一些层面上，历史学家却需利用某些具有启发性的想象或反事实的研究模式与视角。对此，拉卡普拉质疑的是历史学家在与过去的交互作用中是否必定要受到事实的限制，是否能够截然区别纯粹的事实与虚构、纯粹的哲学与诗学、纯粹的同意与反对等。他指出，虽然语言可以多种形式完成自我指涉的表达过程，但通常它在历史中是以从属性或排他性两种主要形式达成的。在历史学学科制度化之后，就已形成一套"正规史学的形而上学"（metaphysics of the proper），历史学家仅可利用受限的语言形式达成普遍化的写作结果，以区别"他者"而明确所"发现"的同一性、正当性、权威性等决定性范畴。在这里，特别需要注意的是话语领域的纯粹性和自主性问题①。

总体来看，拉卡普拉对于思想史语境的种种论证，其核心是意欲进行思想史研究范式的转换，即采用与过去对话式的思想史以取代重构过去的思想史。尽管他也承认后者依据原始文献的研究取得了非常巨大的成果，但也正是由于这种传统的文献观念误导了我们对于历史编纂学和历史过程的理解。拉卡普拉批评道，所谓纯粹的文献观念只是对历史记载性质的一种有启发性的虚构，因为任何对过去的描述都并非纯粹，而这种观念又导致了将历史学家的技艺抬高至纯然客观的地位，并且忽视了语言在表现历史方面的自主性维度。与这种纯粹的文献观念相伴而生的还有历史主义的观念，特别强调过去事物的独特性与连续性等。而所谓事实也只是相对于某个主题或问题所选择的记录而言，即便是最简单的事实（如事件所发生的日期）也要依靠历史学家的观念和历史编纂学的方法（如公元纪年法）来加以确认。拉卡普拉所主张的与过去对话式的思想史研究，其实质就是更加突出研究者或读者自身对文本的阅读和解释在思想史研究中的重要性，认为通过阅读和解释的实际行动过程可以在某种程度上达成读者与作者

---

① Dominick LaCapra, *Rethinking Intellectual History: Texts, Contexts, Language*, pp. 56–61.

的视域融合，以内化于文本的方式穿越过去与现在的时空阻隔，兼顾"批判性"与"学术性"的研究视角，进行一场历史与现实、语言与观念、社会与文化、自我与他者之间多重语境相互交织之下的思想对话①。

四 语境化的两种趋势

20世纪90年代以来，伴随着西方社会步入所谓后现代状态，伴随着后现代主义与现代主义思想的交锋，西方人文学科、社会科学包括历史学在内也日益呈现出两种截然相反的研究趋势，而关于语境与历史之间关系问题的讨论即是产生于其间。从中，我们可以洞察出语境观念深刻而微妙的变化及其对于历史的主要指涉。

其中一种趋势暂可称之为现代主义范式的强化与标准化，其在理论与实践上强调现代科学方法中的分析与综合、现象与规律、定量与定性、微观与宏观的有机结合，或重视发现经验性事实、中心线索、核心意义，或追求宏大的、深层的、结构性、整体化、普遍性的真理认识，并以此作为重构或建构历史世界的基础。在专业史学领域，这种研究趋势具体表现为重构与建构主义史学类型。而关于语境与历史之间关系问题的讨论在此种趋势中是较少的，且带有某种神秘的色彩，尽管在实际研究中语境经常被传统史家作为解释历史的基本模式或方法论前提而加以应用，但对其价值与重要性则更多归于语言学或文学领域，当然对语境的总体认识也就未能从实践上升至理论自觉的程度。

另一种趋势则是对上述现代主义范式的批判性研究，具体表现为系统反思或解构现代主义的理论前提、历史假设、方法策略、知识体系等，并进行以各种后主义为理论基础的实验性研究，突出分析主

---

① Dominick LaCapra, *Rethinking Intellectual History: Texts, Contexts, Language*, pp. 61–69.

体、话语、文本、语境与语言、社会、政治、现实之间的互动关系，甚至指出现代社会、现代科学、现代历史编纂学将走向终结的命运。在专业史学领域，这种研究趋势主要体现为解构主义史学类型或史学危机与终结论。而随着语境主义、文本主义的出现和流行，语境与历史之间关系问题的讨论则成为此种研究趋势中的热点问题之一。

　　前文所提到的海登·怀特与罗伯特·伯克霍夫的相关理论研究即是后一种趋势中的代表，其立意主旨均在于揭示语境与历史之间的密切关联。昆廷·斯金纳则从语境主义出发，具体提出和尝试了在思想史研究中如何应用语境理论，在语境化思想的过程中表现出将语境历史化的取向。拉卡普拉所列举的思想史研究的六种基本语境问题，明显透露出文本主义的语境论立场，在将文本泛化的前提之下又表现出把语境内化于文本的寓意。从此类研究中，既让我们直接感受到其间所发散出的诸多新鲜的研究视角与思考方式，也同时不免体味到某些暗含的将历史彻底语境化、文本化的极端倾向，语境这一曾有助于历史理解的观念似乎也在悄然从处于底色的后台走向前台。然而，这种语境化历史的终极立场和态度能否为专业史家所普遍接受还有待史学实践的检验，所提出的诸多理论问题也有待国内史学理论与历史哲学界的进一步研究，以便洞察其间可能包含的有利于我们构建自身历史语境理论的思想元素。

中 篇
史学理论家

第五章

对现代西方史学理论基础的挑战
——凯斯·詹金斯之《再思历史》[①]

20世纪70年代以来,西方历史哲学和史学理论的发展经历了重要的转变,其核心内容表现为后现代主义对现代史学的理论基础与原则提出了全面的质疑和挑战[②]。20世纪90年代以后,后现代主义的影响从哲学、理论的层面日益渗透进历史研究的实践领域,其思想虽被部分吸纳,但同时也引发了激烈争论。尽管如此,在历史哲学和史学理论的研究中,后现代主义无疑已经成为最有影响的思潮之一[③]。凯斯·詹金斯[④]作为除海登·怀特、弗兰克·安克斯密特之外当代西

[①] Keith Jenkins, *Re-thinking History*, London and New York: Routledge, 2003.

[②] 这方面研究可参见王晴佳《从历史思辨、历史认识到历史再现——当代西方历史哲学的转向与趋向》,《山东社会科学》2008年第4期。

[③] 这种趋向集中表现在21世纪初出版的几部关于历史哲学的编著中,如 Robert M. Burns & Hugh Rayment-Pickard, eds., *Philosophies of History: From Enlightenment to Postmodernity*, Oxford: Blackwell Publishing Ltd., 2000; William Sweet, ed., *The Philosophy of History: A Re-Examination*, Hampshire: Ashgate, 2004; Alexander Lyon Macfie, ed., *The Philosophy of History: Talks Given at the Institute of Historical Research*, London, 2000 – 2006, Houndmills and New York: Palgrave Macmillan, 2006 等。

[④] 凯斯·詹金斯(1943—),当代英国著名史学理论家。曾任教于西苏萨克斯高等教育暨史学方法研究院,现任奇切斯特大学历史理论教授及研究生教育资格证书(PGCE)史学方法导师。致力于后现代主义史学观念研究及历史教育的发展。其著作被译为汉语、日语、韩语、波兰语、土耳其语、葡萄牙语、希腊语、西班牙语等出版,这无疑使他成为当代被阅读最为广泛的西方史学理论家之一。詹金斯的主要史学理论著述包括:*Re-thinking History* (1991), republished in Routledge Classics, 2003 (贾士蘅译:《历史的再思考》,麦田

方后现代史学理论的最重要代表之一,其观点与著述在西方乃至非西方世界都引起了颇为广泛的关注。他的代表作《再思历史》一书也似乎越来越多地被选做历史专业史学理论方面课程的重要入门读物,尽管很多人并不赞同书中的观点,但却普遍认为通过它可以使学生了解后现代史学理论对当代历史研究所造成的影响。

对詹金斯而言,在历史学内部,诸如爱德华·卡尔的《历史是什么》、埃尔顿的《历史的实践》、马维克的《历史的性质》等书均带有其形成年代的特点①,"以致到今天事实上已成老古董",即便是晚近出版的这类书也多少孤立于当前相关讨论发生的思想发展之外。而在历史学外部,相对于邻近学科,如哲学与文学,历史学在理论上也是落伍的②。这两方面构成了该书写作的基本学术背景和作者研究的问题意识所在。

一 "历史话语"与"各种历史"

詹金斯在《再思历史》一书中,以一种深入浅出的方式向我们讲述了他所理解的后现代史学理论的基本观念。在引言中,作者明确提出其写作目的是协助读者采取自己对历史自觉反省性的立场,"控制你自己的话语"③。而"话语"一词的使用表示"我们知道历史从来

出版社 1996 年版),以浓缩的形式表达其后现代主义史学理论的基本观点;"*What is History?*"——*From Carr and Elton to Rorty and White*, London: Routledge, 1995(江政宽译:《论"历史是什么?"——从卡尔和艾尔顿到罗蒂和怀特》,商务印书馆 2007 年版),以学术史与学术批评的方式表现了西方史学从现代到后现代的转变;*The Postmodern History Reader*, ed., London: Routledge, 1997, 汇集当代西方史学界关于后现代史学的主要争论;*Why History? Ethics and Postmodernity*, London: Routledge, 1999, 以回应相关争论的方式勾画出西方后现代主义史学理论的主要系谱;*Refiguring History*, London: Routledge, 2002, 谋划出在后现代世界如何思考和重塑历史的蓝图;*The Nature of History Reader*, co-edited with Prof. Alun Munslow, London: Routledge, 2004, 汇集当代西方史学界对于历史书写类型和史学性质的各种不同立场和见解。

① E. H. Carr, *What Is History*? London: Penguin, 1963; G. Elton, *The Practice of History*, London: Fontana, 1969; A. Marwick, *The Nature of History*, London: Macmillan, 1970.
② Keith Jenkins, *Re-thinking History*, pp. 1–2.
③ Ibid., p. 1.

就不是其本身，谈论历史和解释历史的人（明确叙述、表达和论述历史的人）总是带有某种成见的，历史永远是为了某个人"。那么"历史的话语"意指不将历史看作是一个主题或一门学问，而视为一个"力场"，一系列由利益群体和为利益群体组织的方式，它以各种不同的方式和程度反映那些推动者的力量。"控制你自己的话语"意为"你有权力决定你想要的历史是什么，而不是接受别人说它是什么"①。显然，作者使用的"历史话语"概念着重突出了主体自我的话语权范畴。

在作者头脑中存在的不是一种独断性的历史，而是多种多样的历史。他拒绝使用单数的"历史"（history）一词，而使用复数的"历史"（histories）。因为他认为，在目前这个时候，我们不应再将历史视作一件简单而明显的事，而要认识到事实上存在着各种各样的历史，但其唯一共同之处在于它们表面上都是以探究"过去"为目标②。这似乎表明了作者在该书中所采取的基本立场，即主张并不存在任何占绝对权威地位的历史，只存在各种诉诸"过去"的历史写作。

二 历史＝史学——认识论、方法论与意识形态的结合

在理论层面上，詹金斯提出历史是"关于世界的话语系列之一"。历史所探究的那个世界是"过去"，但历史与过去却并非属于同一范畴，它们之间存在着巨大的时空距离。历史论述过去，但绝不等于过去。我们可以用"过去"指从前发生过的事，而用"历史编纂学"（historiography）一词代表历史。"历史（历史编纂学）是一种文本间的、语言学上的建构。"例如，妇女虽然生活于过去，但很长时间以来她们都被系统地排除于大多数历史学家的记述之外（即被排除于历史之外），女权主义者和近来发展起来的女性史学所从事的就是"将

---

① Keith Jenkins, *Re-thinking History*, p.1, note 1.
② Ibid., p.4.

妇女写回历史"的工作①。因此,"过去≠历史","历史=史学",这代表了当代西方历史哲学和史学理论反对将"历史=过去"的基本主张②。

当然,如果我们把"过去"这个世界视作文本来解读,那么从逻辑上说这样的解读就是无穷的。但这并不表示我们的历史认识就是一种杜撰过去的故事,作者的意思比这还要更为激烈,他说"世界/过去总是以故事的形式展现在我们面前,我们无法脱离这些故事(叙述)去检验它们是否符合真实的世界/过去,因为这些'总是已有'的叙述建构了'真实'。"在他看来,历史学家的工作就是将过去与历史连接起来,而限制历史学家认识"过去"这个世界、决定历史是什么的主要理论领域为:认识论、方法论和意识形态③。

认识论是关于我们如何认知历史的哲学领域。由于历史学家在认识历史时受到各种压力的影响,这就使得任何关于认识论上的确定论主张从未能真正实现过。詹金斯总结说,我们所了解的历史知识和我们认识历史的方法都与权力相互作用,这主要是因为历史在认识论方面的脆弱性决定的,而造成这一脆弱状态的原因包括四个方面④:其一,没有任何历史学家的工作可以涵盖过去所发生的一切,因为过去所包容的内容是无可限量的⑤。其二,没有任何历史记录可以涵盖过去完全真实的情形,同时也没有任何历史记录可以直接得到过去本身的检验,而只能与其他历史记录相互比对,因此在根本上没有所谓客观真实的记录。从某种意义上说,我们对于过去的认识永远只是通过以往各种解释的层层沉积构成的⑥,这种认识的方法使得对于过去的

---

① Keith Jenkins, *Re-thinking History*, pp. 6 – 9.
② 关于这类观点还可参见 William Sweet, ed., *The Philosophy of History: A Re-Examination*, Hampshire: Ashgate, 2004。
③ Keith Jenkins, *Re-thinking History*, pp. 11 – 12.
④ Ibid., pp. 13 – 16.
⑤ D. Lowenthal, *The Past is a Foreign Country*, Cambridge: Cambridge University Press, 1985, Chapter 5.
⑥ S. Giles, "Against Interpretation", *The British Journal of Aesthetics*, Vol. 28, No. 1 (Jan., 1998), p. 28, p. 1.

研究必然变成对历史编纂和历史学家的研究。因而，历史编纂对历史研究而言，不应被视为额外或多余的东西，事实上是构成历史认识的主体内容。其三，无论历史知识的可证实性多高，可接受性或可检验性多广泛，历史认识仍不可避免地成为个人的思想建构。我们所了解的过去依赖于我们自己的现在，"就如同我们自身是过去的产物一样，已知的过去（历史）也是我们的创造物"①。其四，历史学家一方面发现已被遗忘的过去，一方面又将以往不曾拼凑在一起的片断连接在一起，这使得我们在某种意义上较之生活在过去的人对过去了解得更多。过去只能在回顾中被捕捉，文献及遗迹被从原始的脉络中剥离出来，历史就是这样改变、夸大过去的某些方面，"时间被按透视法缩小、细节经过选择与强调、行动集中、关系简化"，历史学家"不是有意要更改事件本身，而是要赋予它们以意义"②。

在这里，我们比较明显地看到现代主义与后现代主义史学理论的一大区别。现代主义者总是力图克服历史认识内部的分歧，从而跨越过去与历史之间的鸿沟；与此相反的是，后现代主义者却坚持历史认识天然所具有的、根本的、永恒的差异性，强调过去与历史之间绝对的断裂。

在詹金斯看来，历史学家的方法论和认识论同样脆弱。"历史是一种由历史学家所建构的流变的话语"，而从过去存在本身是无法推导出一种唯一必然的对过去的解读。大多数历史学家在有意忽略了这一点的前提下，努力追求客观性和真理，而这其中就"贯穿了意识形态/方法论的立场"③。马维克认为，历史学家的工作在于制定严格的方法论规则与程序，以期减少主体自身主观精神上的干预④。但问题在于，目前我们所知道的方法论就有许多种，并不存在一个大家公认的选择标准。

---

① Keith Jenkins, *Re-thinking History*, p. 15.
② D. Lowenthal, *The Past is a Foreign Country*, p. 218.
③ Keith Jenkins, *Re-thinking History*, pp. 16 – 17.
④ A. Marwick, *The Nature of History*, p. 190.

詹金斯还指出，历史学家在叙述中所使用的各种概念及其指导思想大多来自于意识形态范畴，这使得历史所传达的立场主要"是有利于社会组织中那些较强有力的统治集团"，历史经常"被那些受到各种权力关系影响的人重新制作和重新安排"，他们企图借此确认自身的正统地位。于是"历史是什么？"这个问题就马上转变成另一个更敏感的问题"历史是为了谁？"实际上，"历史从不为其本身而存在，它总是为了某人的目的而存在"。因此，在某种程度上，历史本身是意识形态的建构①。

总而言之，历史在理论上是由认识论、方法论和意识形态的结合创制出来的。认识论说明我们永远无法真正了解过去，过去和历史之间的间隙是实体性的，在本质上是任何认识论都无法弥合的。历史学家设计了多种方法论以减少主体的影响力，达成所谓的客观性，然而方法论的多元状态，最终使得历史基本上是一系列充满争论的话语。不同民族、阶级和群体为了自己的利益，对历史做出各种解释。最后，历史表现为意识形态化，它渗透进历史的各个角落。

实践层面上，詹金斯讨论了专业性历史写作。我们看到，专业性的历史大致上是在高等教育机构、大学中工作，而且通常受薪的历史学家所写成的。因此，专业性的历史被作者视为当下居支配地位的意识形态如何与"学院式"的历史相互结合的表现②。作者总结出了专业历史学家的实践工作所具有的基本特征：其一，他们将自己的价值观念、立场、意识形态观点带入历史。其二，他们将自己认识论上的种种假设带入历史。其三，他们运用各种常规性的方法、技艺、程序审查史料，将各种因素结合起来用以制造历史。其四，他们处理大量前人已取得的历史著述和未发表的新材料，并运用新方法凝结成"思想上的实体"，将过去转变为历史。其五，他们在认识论、方法论、意识形态因素的限制下写作历史，同时还受到来自家人（或朋友）、

---

① Keith Jenkins, *Re-thinking History*, p. 21.
② Ibid., pp. 24-25.

工作场所（职业团体、机构的研究政策、教学任务）、出版商（字数、书刊的格式、市场、截稿日期、文体、审查人、重写）等等多种日常生活的压力（过去以外的因素），这些都使得过去与历史之间的裂隙再次加大。其六，历史作品产生之后，还面临着阅读和消耗的过程，而每一次阅读都是另一次写作，具有不同的意义①。

在作者看来，从某种意义而言上述看待历史的方式是积极正面的，"它是具有解放性的，因为它扬弃了旧日'确定的事实'，因而可以揭露那些在'事实'中受惠的人"。我们在这里"破除别人的历史，是建构自己的历史的先决条件"。这种相对主义的看法可能会让人感到某种悲观的情绪，但"因为知识与权力有关"，我们对此的了解反而可以使人们开始了解历史知识产生的通盘过程，这当然具有解放性，而"反射于外的便是，你也可以制造历史"②。于是我们就不难理解作者对于历史所得出的最后结论，"历史是一种流变的、悬而未决的、表面上关于世界的一个面相——过去的话语。历史是由一群思想现代的工作者（在我们的文化中他们当中的绝大多数人是受薪的）以其相互公认的方式——由认识论、方法论、意识形态和实际生活所决定的方式制造出来的。而他们的历史著述一旦进入流通领域，便会导致逻辑上无限的使用和滥用，但在实际中这通常与一定范围内无时不在的权力基础相关，并沿着其支配力的边界建构与散布历史的意义"③。

三 "真实""客观""偏见""移情"与历史学性质

（一）在历史认识中"真实"的地位是什么？

我们为什么需要真实？因为我们需要对若干事物做出确定性的结论，这种对追求确定性的欲望除实用目的之外，可能来自"西方传

---

① Keith Jenkins, *Re-thinking History*, pp. 25 – 29.
② Ibid., pp. 30 – 31.
③ Ibid., pp. 31 – 32.

统",以及面对不确定性时社会心理上的"失落"恐惧。"在西方思想的许多形式(哲学、神学、美学等)中,那种经常想要透过真理来对应理论、系统陈述言语与世界关系的企图,长期以来相当有效地遏制了具破坏性的怀疑主义(诡辩、唯名论、反本质主义)。"理性和科学的发展则进一步促进了人们对真实的信仰,但在当代我们已经看到"理性无力以其论证消弭非理性的作用"[1]。

到底什么是真实?作者回答说:"我们追寻到真实,但却发现它是一个语言学上的符号、一个概念。真实是一种自我参照的比喻之辞,它无力达到可知觉的世界"[2]。福柯曾就此指出文字与事物之间各种对应的荒谬性[3],他认为定义是可以随便下的,对我们来说可能显得很古怪的定义,但对百科全书的编者而言则并不古怪,反之亦然。这里,显然强调的是"文字"与"世界"之间的断裂,而非其所具有的必然联系。

詹金斯同意美国实用主义哲学家罗蒂的观点,"真理是被创造的,而非被发现的"。但在西方文化的支配性传统中,真理和确定性被认为是发现出来的,而不是创造出来的。他进一步指出,"真理有赖于有权力的人使其成真"。这显然是发挥了福柯"知识权力论"的主张,诸如"真理不外于权力";"所谓真理,指的不是'有待发现和接受的许多真理的总体',而是'许多规则的总体,根据这些规则,真伪被分开,而权力的特殊效应被附着于真理之上'";"真理并不'代表'真实,它'代表'的是关乎真理的地位及其经济与政治作用的一场战斗"等观点[4]。

真实是否存在于历史领域中呢?詹金斯认为上述关于真理的观点都可以应用到历史学中来,因此他断言"历史是一种话语","一种

---

[1] Keith Jenkins, *Re-thinking History*, pp. 35–36.
[2] Ibid., p. 36.
[3] 参见 A. Sheridan, *Foucault: The Will to Truth*, London and New York: Tavistock, 1980, p. 46.
[4] M. Foucault, *Power/Knowledge*, New York: Pantheon, 1981, pp. 131–133.

语言游戏","一种有用的虚构";"在历史之内,'真理'及其同类的表达,是开启、调节和关闭解释的策略";"真理有审验的功效,它决定分野";真理依赖权力进入我们的历史话语,而权力又以"真理"的名义行使其权力,以防失序①。

在这里,我们又发现了现代主义与后现代主义史学理论的另一个差别。现代主义者总是试图无限逼近历史真实、穷尽真理,尽管真理是有限度的、近似的、相对的,但后现代主义者却将对真理的否定看作是激发人们脱离权力的控御而解放自身历史认识的一种有效途径。

(二)客观历史或客观"事实"存在吗?历史是否意味着解释?

对于"过去发生过什么"这类"历史事实",大多数历史学家似乎并不把它们视为研究或争论的重点,它们虽然是"事实"但却显得过于平淡无奇。历史学家更为关心的是这些所谓"事实"在过去和现在的意义是什么,关注如何建构对"事实"的解释(包括其分量、地位、联系、影响力等)。

詹金斯认为:"任何的事实要有意义,都需要深嵌于解释性的见解之中,这样的见解显然包含事实,但却不是单纯从事实中产生出来的。"②他还特别强调,在该书中并不否认过去真实性的存在,而只是说"在逻辑上,对过去的估价不可能只有一种"③。也就是说,实际存在着多种对历史的解释,而且不能说哪一种解释是"真实的解释";解释不仅涉及历史编纂的局部,而是全部;我们自以为争论的只是"历史事实"周边的东西、边际性的内容,似乎并未触及处于中心地位的"历史事实",但"所谓的中心只是一个凝固的解释"④,那都是在历史编纂中建构起来的,也必须从历史编纂学的角

---

① Keith Jenkins, *Re-thinking History*, p. 39.
② Ibid., p. 41.
③ Ibid., p. 41, note 8.
④ Ibid., p. 42.

度来加以理解。

这似乎又向我们暗示着现代主义和后现代主义史学理论的又一差别，现代主义者总是力求抑制主观达成客观，而后现代主义者却嘲讽客观性，欢迎主观性的存在，坚持一种彻底的怀疑主义，并充分利用它。

（三）什么是偏见？尝试消除偏见时涉及什么问题？

偏见在历史认识中意味着以某种形式歪曲史料、甚至捏造证据以附会某种观点，它是相对于"无偏见的认识"（客观性、真理）而言的概念。

詹金斯指出，在历史著作中，偏见最经常出现于经验论者的历史之中，因为他们深信可以客观地建构过去。然而，我们"如果把历史视为一系列各具立场的见解，那么，显然就没有我们可借以判断偏见程度的标准"。这也就意味着，对于历史编纂学来说，无所谓偏见可言，因为任何历史写作都是带有自身的某种立场的。因此，偏见似乎只对于经验主义的历史写作模式具有重要意义，原因在于他们号称"要为历史而历史"。而这个模式普遍藏匿于西方各级各类的历史教育之中，似乎成为唯一的历史写作方式，"它是在我们社会组织中占据支配地位的模式"[1]。

（四）什么是移情？历史学家能够做到移情吗？

"移情"一般是指认识者必须对于古人的处境和观点有设身处地的感知，以便对历史产生真正的了解，即以过去的观点看待过去。

詹金斯认为，有效的移情在历史领域是根本不可能的[2]。从哲学理论上分析，根据维特根斯坦等人关于"他人的心灵"的研究结

---

[1] Keith Jenkins, *Re-thinking History*, pp. 45–46.
[2] Ibid., pp. 47–51.

论①，我们无法真正进入身边熟识的人的思想之中，更何况历史学家要超越时空进入不同时代人的思想之中。除此之外，移情在哲学上还遇到"隐私间传译""过去式在本体论上的颠倒现象"等问题，然而思想现代化的历史学家何以在不受任何现代事物干扰的情形下回到过去、了解古人的情境？从历史研究的实际分析，历史学家是在各种认识论、方法论和意识形态的假设之内进行历史写作的，他们在工作中还碰到前文所述的来自各方的压力，这些构成历史学家当下思想的内容如何在他"用过去的观点"思考"过去"时去除掉呢？另一方面，由于历史学家在大多数情况下只能通过间接的方式接触到"过去"，根本无法直接进入"过去"，他们首先进入的是文献资料的记载者或撰述者的视界，实际上是移情至隔了好几层的古人心灵之中。

詹金斯还指出，在西方学术氛围中提倡移情的真正原因来自三个方面的压力：学校教育——个人化、民主化的教育观念和方法；学术趋势——柯林伍德的理想主义；意识形态——自由主义②。因此我们看到，具有讽刺意味的是，移情这种表面上看似历史的方法在英国乃至西方文化中实际却包含着非历史性的精髓。

尽管如此，移情方法仍有其现实意义，"当我们在研究历史的时候，我们不是在研究过去，而是在研究历史学家对过去的解释"。因而作者认为，比较有建设性的移情方法是尝试进入历史学家的头脑，而不是进入古人的思想。所以，"不是'所有的历史都是过去人思想的历史'，而是'所有的历史都是历史学家思想的历史'。"③

（五）历史学的性质是什么？历史是一门艺术还是科学？

自19世纪以来，西方史学界就针对历史学的性质问题提出过科

---

① L. Wittgenstein, *Philosophical Investigations*, Oxford: Blackwell, 1983; O. R. Jones, *The Private Language Argument*, London: Macmillan, 1971.
② Keith Jenkins, *Re-thinking History*, pp. 51–55.
③ Ibid., pp. 56–57.

学性、半科学性、艺术性等不同主张，至今在主流史学内部仍然存在着"科学与艺术"之间的摇摆。

和海登·怀特一样①，詹金斯也认为，历史学既不是艺术，也不是科学，"是自成一格的，一场追求真实的世俗的文字游戏"。同时，"历史是科学或艺术的隐喻，反映了权力的分布——这种权力使隐喻成真"。对历史知识的怀疑可能会导致玩世不恭和各种否定论的看法，但对作者而言"道德上的相对主义和认识论上的怀疑主义，是社会宽容的基础，也是对差异的积极承认"。这就是作者一直强调的研究方法，即"积极的和内省的怀疑主义"，一种后现代式的方法，它可以使我们了解历史是如何在各种力量作用之下写成的②。

四 后现代方法与历史写作

处于后现代状态下的西方，其后现代情境必然影响到人们对历史的看法。"随着各种中心的消失和后设叙述的崩溃，后现代主义的情况已造成了各种历史的繁生。"其中包括历史学家的历史（专业历史）、教师的历史（专业历史的通俗化），以及儿童史、大众记忆的历史、被禁止的历史、黑人史、白人史、妇女史、女权主义的历史、男性史、下层阶级的历史、革命的历史、反动的历史、传统的历史等等。它们普遍受到地方性、区域性、民族国家性、国际性论域的影响，它们彼此之间相互重叠、相互依赖、相互作用③。这就意味着没有任何一种类型的历史可以保有自身必然的持久力和反映过去本质的特权。

后现代主义主张事实的多变性，指出历史学家具有从意识形态立场写作历史的倾向，强调历史学的文字表述和其他表述一样可以

---

① [美]海登·怀特：《后现代历史叙事学》，陈永国、张万娟译，中国社会科学出版社2003年版，第35页。
② Keith Jenkins, *Re-thinking History*, pp. 67–69.
③ Ibid., p. 78.

被打破，而新的历史就会在裂缝中成长起来。同样，詹金斯也不主张把历史当作追求过去真知的实体性学问，而视作具有现代思想的人了解过去的思考方法，这样的历史可能展现出"一种强烈的令人信服的力量"。因为它使以往被隐匿、被忽略的过去为人所知，从而产生出新的解放性、差异性的见解，这也就是所有历史的起源与归宿①。

后现代研究方法的核心是对现代西方历史编纂学的解构和历史化。詹金斯指出，这种方法付诸实践的关键点在于三个方面：一为"自省性研究"，即不断追问过去与历史之间丰富的差别；二为"永远的历史化"，即精细的历史编纂研究，审查历史写作的方法、内容与过程；三为"立场选择"，即并不存在任何"无预设立场"的历史，我们总是在选择自己对过去的解释版本②。这套后现代方法的意义在于，其历史分析中也就渗透着人们对所处世界的分析。詹金斯断言，这不但可以帮助我们发现当今所有关于"历史是什么"的争论，而且在这新旧交替的时刻也能够让我们进一步了解这些争论背后的目的是什么③。

五 激进的后现代派

在 20 世纪 90 年代之后，我们注意到某些西方一流的后现代主义者已经纷纷进入其专业领域的领军行列，同时我们也发现在英美历史学会和国际史学大会上更多的历史学家使用了后现代主义的概念与观点，以至于当代美国传统史学的代表希梅尔法布（Gertrude Himmelfarb）发出慨叹"过去的异端已变成了今天的正统"④。对后现代主义

---

① Keith Jenkins, *Re-thinking History*, pp. 80 – 81.
② Ibid., pp. 82 – 83.
③ Ibid., p. 84.
④ ［美］格特鲁德·希梅尔法布：《新旧历史学》，余伟译，新星出版社 2007 年版，第 32 页。

之于历史学的影响或挑战,西方史学界的争论很多。大致上有全部拒斥(传统派)、部分接受(中间派)、全盘接受(后现代派)的三种基本态度①。詹金斯显然属于全盘接受的后现代派了,而且从前文的论述均可感到作者相当激进的态度,这在英国的学术传统和文化氛围中也是比较少见的。从这个角度而言,詹金斯的观点及其研究在当代西方史学理论界具有一定的代表性。

《再思历史》一书充分展现了西方后现代史学理论的典型特征。一方面,詹金斯从理论和实践的双重层面合成了一个后现代式的历史学观念,并以此为中心进行了延伸性思考,最终试图渲染出"在后现代世界做历史的方法"②。另一方面,他在该书总体的写作精神和诸多具体的观点上都吸纳了利奥塔、福柯、罗蒂、怀特等人的思想,同时又带有自身某种独特性。比如,与怀特强调修辞类型、叙事类型的分析相比,詹金斯更着重于认识论、方法论的分析;怀特的关注点在史学与文学之间,而作为史学理论家的詹金斯则更倾向于历史学家技艺层面的社会科学化,更着重于历史学家职业群体所面对的来自社会、学术乃至生活的力场分析。

詹金斯在用后现代主义批判与挑战现代西方史学理论基础时,表面上似乎只是为了将后现代主义作为史学发展的一个新方向,但实际上他似乎是意欲促使我们认真地反省一下自身所处的学术生态环境,当然他的出发点和落脚点首先是西方史学与西方社会。为此,他表现出了激烈的批判态度、彻底的怀疑主义、离经叛道式的思考逻辑,其结果和根源恐怕还要追寻到他反复强调的那个"后现代世界"。

对于国内史学界而言,透过詹金斯的那些看似犀利、尖锐、极端的观点也许能够更清晰地窥见后现代主义挑战的来龙去脉,更容易拨开那喧嚣的迷雾弄清为何在西方史学界还有少数像詹金斯这样的"异

---

① 詹金斯将其细分为三派五类,参见其编著 *The Postmodern History Reader*, London: Routledge, 1997, Introduction, p. 24.

② Keith Jenkins, *Re-thinking History*, pp. 70–71.

类"以积极的态度面对历史的被消解。他从特定的角度也许可以触动我们有针对性地思考与回答他所提出的那些问题,及认识其问题背后所隐含的寓意。进而,我们才有可能初步探究回应后现代主义挑战的基本途径,并逐渐累积在当下中国之语境内重建和发展自身史学理论体系的思想能力。

第六章

历史时间与厄尔玛斯"节奏时间"观念

时间之于历史是一种基础性因素,历史学是一门关于时间的学科。然而,历史学家是以何种时间观念借以历史化过去和进行历史书写的?这在以往似乎不成其为问题。因为自编年史传统形成以来,历史时间逐步演变为一个同质性、单向度、线性发展、客观中立的空置之物,历史学家只需要向其间不断填充内容就大功告成了。但是在后现代主义挑战之下,时间问题渐趋成为近年国内外史学理论研究中的一个热点[1]。

---

[1] 2012年《历史与理论》杂志刊出了主题为《关于时间的新形而上学》的网络专刊,对2004年以来西方理论界关于时间问题的研究进行了整理和讨论,着重从地理学、文化、历史空间、伊斯兰时间、后殖民地时间等方面来阐释时间的多元化,参见 Ethan Kleinberg, ed., "The New Metaphysics of Time", *History and Theory*, Virtual Issue, August 2012。2013年在比利时根特大学举办的"历史理论与历史哲学的未来"国际学术会议上,设立"历史、时间与时间性"的专题,探讨了时间与历史的关系、不同时间类型对史学活动的影响等,参见张旭鹏《"国际历史理论网络"根特会议评述》,《史学理论研究》2013年第4期。

另有一些经验历史学家也敏锐地注意到时间问题于历史书写的理论与实践意义,并对此做出了多方面的阐述。例如,法国史家 Jean Leduc, *Les historiens et le temps: Conceptions, probléitmatiques, écritures*, Éditions du Seuil, 1999(参见林铮译《史家与时间》,麦田出版社2004年版)。该书是法国高中历史老师资格考试的指定用书,提出时间是历史编纂学的因子,不同文化、不同叙事都运用自身的时态书写,历史书写本质上是在追述时间所映照的文化变迁踪迹。又如,Robert V. Levine, *Geography of Time: The Temporal Misadventure of a Social Psychologist, or How Every Culture Keeps Time Just a Little Bit Different*, New York: Basic Books, 1997(参见冯克芸、黄芳田等译《时间地图:不同时代与民族对时间的不同解释》,台湾商务印书馆1998年版)。该书主要谈论时间与文化、社会、个人之间的关系,认为时间不是绝对的,而是带有地方口音发音与文化独特性的产物。再如,Lynn Hunt, *Measuring Time, Making History*, Budapest & New York: Center European University Press, 2008。该书讨论时间与现代性、后现代之间的关系,批判以现代历史时间观念为基础的宏大叙事和欧洲中心主义,提出尊重全球时间的多元性。

第六章 历史时间与厄尔玛斯"节奏时间"观念

20世纪90年代,美国后现代理论家伊丽莎白·厄尔玛斯①提出了"节奏时间"观念,其主旨在于对现代史学的历史时间观念进行批判性反思,并借此对文艺复兴以来形成的现代西方文化价值观念做一次自省。在她看来,历史时间形成的背后蕴含着欧洲中心主义的确立,对多元时间观念的扼杀,以及对世界其他地区文化特性和运行节奏的消弭,同时也直接造就了现代西方史学范式。因而,厄尔玛斯提出以"节奏时间"取代历史时间观念,其并非否定时间本身,而是强调任何事物都有其自身运行的节奏性,历史也随即表现为多维度、异质性、多线并存的状态。这或许为我们重新思考历史书写中的时间问题和建构新的时间观念提供一种可能的路径。

一 现代性与历史时间观念的形成

历史是关于过去的一切,而时间是过去存在的证明,时间和历史相辅相成。人类历史本身就是一部时间的历史,时间对于历史的重要性犹如空间之于地理、色彩之于绘画、视角之于雕塑。正如厄尔玛斯所说:"历史是发生在我们生活中的事件,历史几乎等同于时间本

 国内史学界的相关研究主要有:陈新《近10年西方史学理论界有关历史时间的探讨——兼评时间的新形而上学》,《江海学刊》2013年第1期;俞金尧《历史学:时间的科学》,《江海学刊》2013年第1期;俞金尧、洪庆明《全球化进程中的时间标准化》,《中国社会科学》2016年第7期;黄艳红《欧洲历史中的过去和未来——简析科泽勒克和阿尔托格的历史时间研究》,《史学理论研究》2014年第4期;陈琳琳《西方历史时间观念的变迁》,中国社会科学院2017年硕士学位论文等。中国社会科学网于2016年10月31日开辟了《历史是时间的科学:聚焦时间史研究》的专栏,分为时间与历史学、时间史范畴、时间史著作、时间观比较、时间与空间五个方面进行探讨,不仅有理论研究,还通过具体实例对时间问题进行了很多考察,参见 http://www.cssn.cn/zt/zt_xkzt/zt_lsxzt/sjszt/sjsyj/。

① 伊丽莎白·厄尔玛斯(Elizabeth Deeds Ermarth, 1939—),当代美国著名思想史家和后现代理论家。曾任教于美国西北大学、马里兰大学、英国爱丁堡大学和加拿大特伦特大学。她擅长运用文学理论从事历史研究,主要研究领域为文学史、思想史、史学理论。她尤为关注现代性向后现代性的转变,提出后现代状态下的时间、话语、认同、主体性和历史认识等问题。其代表性的史学理论著作有 Sequel to History: Postmodernism and the Crisis of Representational Time, New Jersey: Princeton University Press, 1992; History in the Discursive Condition: Reconsidering the Tools of Thought, London and New York: Routledge, 2011。

身,以至于没有独立于时间之外的存在。"① 同时,历史发展本身也是人类对于时间的从自发到自觉的认识过程,时间逐步被从自然状态中抽离出来,用之于构建适合人类社会的时间观念。

西方的历史时间观念在很大程度上受到中世纪基督教神学思想的影响,是在其编年史传统的基础上进一步世俗化的发展形势。西方社会的现代化始于文艺复兴、启蒙运动,历经资产阶级革命和工业革命,至20世纪中叶基本完成。现代性则是这一现代化进程所达成的总体社会状态。而现代性与西方历史时间观念的形成密不可分。一方面,时间观念的演变是促成西方现代性的一个重要条件;另一方面,历史时间又伴随其现代化过程,历经理性化、科学化的演变,在一定程度上是现代化的结果之一,是西方现代性的产物。

欧洲文艺复兴运动是一场思想解放运动,同时也标志着人类关于自然认知和世界经验的意识转变。历史时间观念的雏形深受这一时期绘画和建筑领域所发明的"单一透视技术"(technique of single-point perspective)的影响。其主要特点是观察事物以中立空间为基础,通过单一的、共同的、合理化的观察方法来寻求理性化景象,达到认知对象的实在性呈现。厄尔玛斯认为,因为空间是中立的、无限的、无界定和同质的,从而成为所有事物共同的公分母,即使是英雄或不可思议的事件都被包含在同一世界中,进而视角网络就能够建立一个共同的空间媒介。总而言之,透视技术使文艺复兴时期的艺术家和制图者将认知事物映射到一个共同的网格上,以达到世界的客观性。这一理性化的认知主要通过中立空间来创造,其间无论观察视角如何改变,都可以达到关于世界的相同认知。② 威廉·伊文思(William Ivins, Jr.)也同样认为:"'透视技术'的发现对于欧洲文明和文化有着重要影响,在某些方面甚至可以与君士坦丁堡的陷落、美洲新大

---

① Elizabeth Deeds Ermarth, "Time is Finite: The Implications for History", *Rethinking History*, Vol. 14, No. 3 (Sep., 2010), p. 323.
② Ibid., p. 327.

第六章 历史时间与厄尔玛斯"节奏时间"观念

陆的发现、宗教改革和反宗教改革的意义相提并论。"① 由此,"透视技术"不仅被视作绘画和地图制作中一项视角技术的革命,更对于西方经验科学与现代西方文化的产生具有促进作用。因为通过透视法产生了观察的共同视域和中立空间,产生了单一的、通用的、普遍化的客观标准,从而保证了事物本身内在本质属性的固化,使其不因事物表面形式和观察位置的变化而发生变化,从而达到"视觉的理性化"(rationalisation of sight),最终取得一个认识的"真实状态"②。我们可以说,这在艺术领域表现为现实主义的认同,而在认识论上则是实在论性质的共识。正如厄尔玛斯所指出的:"文艺复兴是一场人类思想意识的革命,它促成了两个基本前提在西方文化和科学中的形成。其一为自然是统一的,其二为空间与时间是中立、同质和无限的。"③因此,绘画和建筑领域内产生的中立空间对现代中立时间观念的出现有着根本性的影响,时间从此初具现代性特征。

18世纪的启蒙运动标志着一个崇尚理性和追求科学的时代的诞生。自然科学的突飞猛进,使得人们摆脱了中世纪愚昧落后的宗教观念,转而追求科学、理性和进步的观念,对知识的信仰也取代了对宗教的信仰。在各个领域汲取自然科学的成果时,时间观念也在物理学和地理学的影响下逐步转向以客观、中立、线性为特征的历史时间。在物理学方面,1687年牛顿在《自然哲学的数学原理》中提出了"绝对时间"的概念,即为绝对的、真实的数学时间,它自身及其本性与任何外在的东西无关,它均一地流动,且可称之为持续、表面和普遍的时间,是通过运动可感觉到的和外在的度量④。在牛顿看来,时间是独立存在的,与相关的客体无关,是一种永恒变动、同质的外在。就数学和精确方面而言,时间也完全是纯粹的测量工具,与存在

---

① William M. Ivins, Jr., *On the Rationalization of Sight: With an Examination of Three Renaissance Texts on Perspective*, New York: Da Capo Press, 1973, pp. 9–10.
② Ibid., p. 14.
③ Elizabeth Deeds Ermarth, *History in the Discursive Condition: Reconsidering the Tools of Thought*, p. 12.
④ [英]牛顿:《自然哲学的数学原理》,赵振江译,商务印书馆2011年版,第7页。

于其中的客体没有任何关系。牛顿的"绝对时间"也被称之为"上帝时间",它不仅提供了测量工具,而且为观察事物和历史研究提供了共同的场域。在地理学方面,自1500年新航路开辟以来,世界各个地区的联系日益加强,到18世纪人们对于地球的认识初具规模。由于地理学的发展,地球被经、纬线分割,以零度经线(格林尼治子午线)为起始并以各地区重要的地点(罗马、巴黎、伦敦、北京)来计时。正如地理学要求描绘出一幅准确无误的大陆轮廓一样,历史学也同样需要一个精确、共识的时间观念来界定。普遍历史时间观念的形成和普遍地理学的确立是相互平行的,因为"历史编纂学和地理学两者都意图通过在宇宙中确定时间和空间的位置来衡量世界经验"[①]。可以说,18世纪普遍地理学对于形成普遍历史时间观念有着巨大影响,它促使历史时间如同世界地图一样为人类提供一个共同的、经过精确划分的认知媒介。总之,现代历史时间观念即形成于18世纪的科学话语中,并由此开始应用于史学实践活动。

从19世纪到20世纪的现代化和全球化促使历史时间的最终确立。在全球范围内,由于世界各个地区宗教观、文化观和科技水平的差异性和复杂性,使得各地区的时间观念也各有不同。但随着以工业革命为标志的现代化进程的加深,特别是全球化的出现,世界各地区的联系日益紧密,呈现出趋同的趋势。为了加强世界各地区的交流、沟通,人们开始采取统一的时间标准。1884年,在华盛顿召开的国际天文学家代表大会上,决定以经过格林尼治的经线本初子午线为标准,作为计算地理经度的起点,并正式被采用为国际标准时间。自此,时间趋于标准化和统一化。值得注意的是,时间的同质化主要是世界的同步化(synchronization)的结果,不同地区的不同时间趋于同步化。[②] 也就是说,在现代化过程中,18世纪之前的多元时间并存的状况被逐渐同步化为线性、同质的历史时间观念,而这种同步化除却

---

① Lucian Hölscher, "Time Gardens: Historical Concepts in Modern Historiography", *History and Theory*, Vol. 53, No. 4 (Dec., 2014), p. 578.

② Ibid., p. 581.

第六章 历史时间与厄尔玛斯"节奏时间"观念

世界地图系统的形成等其他方面的因素，主要是通过宏大叙事的建构及其历史书写完成的。通过世界的同步化和全球化，时间观念也趋于同步化和标准化，形成一种时间的"独裁主义"，支配人类社会生活的各个领域。因此可以说，全球化的发展最终形成了以西方历史时间观念为核心的全球时间。

同时，在厄尔玛斯看来，中立性是历史时间结构的主要特征。时间的序列、线性和因果关系都曾出现在中世纪的神学、编年史和20世纪的文学批判中，而中立性却只能在现代话语状态下产生，中立性本质上是现代文化的一种建构，最能体现现代历史时间的特征。[①] 因而，中立性是历史时间观念最终确立的标志。由此我们看到，本来以西方现代性为中心形成的历史时间观念却以一种中立性、客观性的面貌呈现出来。在后现代主义针对西方现代性的批判中，自然也就将矛头指向了其历史时间观念，试图揭示时间观念从现代之前的多元状态向一元论和表面的中立性转变；这不仅是认知观念的转变，还标志着西方现代文化价值体系的逐步确立；其背后也包含着对多元时间观念的扼杀，对世界各地区文化特性和运作节奏的消弭，以及西方中心主义的确立。

综上，这里我们所使用的历史时间概念主要指的是在西方现代性的形成过程中，通过历史的时间化和时间的历史化之双向运动，最终规制而成的具有同质性、无限性、单一性、线性、中立性等一元论特征的时间体系。它包括对时间尺度的划分、时间的制度性安排、历史思维中的时间观念，以及用之于历史书写的时间系统等方面。

二 历史时间观念与现代史学的发展

时间的标准化与体系化是系统的历史书写成为可能的基本前提之

[①] Elizabeth Deeds Ermarth, "Time and Neutrality: Media of Modernity in Postmodern World", *Cultural Values*, Vol. 2, No. 2 (Jun., 1998), p. 362.

一。时间既规划着人类的历史活动，又影响着历史知识的建构与历史学的发展。而作为中立、同质化的历史时间观念是现代西方历史认识和历史书写范式形成的基础，并最终促成了现代史学专业化的完成，这主要体现在以下几个方面。

首先，我们发现历史时间观念确定了现代史学实践活动的范围。历史学家是通过确定研究的时间范围来确立研究对象的。马克·布洛克曾说，历史学是"关于时间中的人"的科学，历史学家不能抽象地思考人类，而"思想所赖以存在的环境自然是个有时间范围的范畴"①。因而，历史学家思考历史需要确定其研究的时间范围，这是其研究对象的最基本特征，也通常是史学实践活动的起点。任何事物均非无源之水、无本之木，凡是具有历史性的社会存在，都有其起源和终点。小到具体的历史事件，大到宽泛的文明概念都有其自身的开端和终结。在这个意义上，历史就意味着时间，历史研究的主体是时间内的人或物。在现代之前，特别是古代史学研究对范围的界定并没有那么敏感，这其中可能涉及多种原因，但最为根本的方面还是历史感的欠缺。而时代错置会促使时间和人物、事件之间相互错置，造成关系的混乱，这也说明其时史学还未能成为一门专门化的独立学科。而在历史时间这个共同基质上，事件被置于有严格序列的时间长河中某一具体的范围内，它才变得清晰可辨。在现代史学实践中，历史学家通过限定时间范围，将过去的事件和人物投放在相应的背景与联系之下，从而完成历史的时间化过程，这一研究程序促进了现代史学专业化的形成。

其次，历史时间观念是确保历史认识客观性的条件之一。不同的时间观念塑造不同的历史认识，在一定程度上影响着认识的内容、过程及其结果。通常认为现代史学客观性的构成基础包括三个方面：其一，过去存在的实在性；其二，认知的客观性；其三，语言的透明

---

① [法]马克·布洛克：《历史学家的技艺》，黄艳红译，中国人民大学出版社2011年版，第47页。

第六章 历史时间与厄尔玛斯"节奏时间"观念

性。但这却忽略了支撑这三者的,作为同质性的时间场域。对此,厄尔玛斯称作"同一世界假说"(One World Hypothesis)①,即在确保客体稳定存在的基础上所形成的一种具有真实性与一致性的历史意识。现代历史研究过程中,由于时间的中立性、同质性等特征促成一个稳定的客体存在,以此为媒介的叙述倾向于客观性;其中包含所谓的"全知叙述者"(omniscient narrator),如同小说中的"旁白",似乎是无人在叙述,而像历史本身在说话;这其中隐含着通过把历史时间调整到单一视域而达到某种整体的历史理性意识。② 正如法国史家古朗治所说:"在我的历史著作中,不是我替历史说话,而是历史通过我讲话。"③ 因此,对过去认识的客观性通过历史时间的同质性和中立性得以成为可能,而客观性是现代史学专业化确立的重要标志之一。历史时间观念从历史认识层面又推动了以追求客观、真实的历史知识为准则的现代史学的发展。

再次,历史时间观念塑造了宏大叙事的基本结构。历史犹如一条时间长河,我们同处于一个记忆链条之中,过去、现在与未来也同处于一个坐标系内,而历史时间确保我们能够回溯过去、感知过去、认知过去。因为同质时间创造了从前景和背景中不断反复认识历史的可能性,确保从同一连续的时间链条上择选并赋予原本未被注意到的事件的历史意义。④ 正如厄尔玛斯所指出的,现代历史观念中,将时间视作中立、同质的媒介,如同绘画写实主义的空间;时间是一种相互识别的测量工具,它能够确保过去、现在、未来之间的关系根植于同一视域中进行解释;时间把过去、现在和未来中所包含的不同意识和

---

① Elizabeth Deeds Ermarth, "Beyond History", in Alun Munslow ed., *Authoring the Past: Writing and Rethinking History*, London and New York: Routledge, 2013, p. 72.

② Elizabeth Deeds Ermarth, *Sequel to History: Postmodernism and the Crisis of Representational Time*, p. 27.

③ [英]乔治·皮博迪·古奇:《十九世纪历史学与历史学家》(上册),耿淡如译,商务印书馆1989年版,第368页。

④ Lynn Hunt, *Measuring Time, Making History*, Budapest & New York: Center European University Press, 2008, pp. 28 – 29.

不同媒介的事物对应衔接起来，达到自身本质上的构造与形塑；历史意识的理性化通过时间叙述，从此刻延伸到永恒。① 换言之，历史时间能够弥合过去、现在、未来三者之间的断裂，而将其归为同一、连续、同质的发展脉络中。历史时间观念具有如此的承上启下的作用，承上能够发现过去，启下则指引未来，而这种特性就确保了历史因果联系的产生。通常引起此事发生的彼事，在时间上一般都先于此事，而非后于此事。例如，1840 年鸦片战争发生的原因，应该在 1840 年或之前来寻找，而不应在 1840 年之后去找。这就决定着历史的本体特征是一维的，历史的发展总是沿着单一、线性的方向发展，既不能循环，也不可逆。这就势必会形成一种首尾相顾的、具有普遍意义和共识的宏大叙事框架。而以纪年和编年为线索的历史认知缺乏连贯性和整体性，正如安克斯密特所言，编年史形式的"笔触如波纹在时间的水面上平缓流动，根本没有一个对过去事件的全局总揽。它缺乏'眼界'。文本在此不是一个网络而是一条线，从来不考虑提出关于深度、视野或连贯性的建议。"② 与编年时间观念相比，历史时间观念不仅能够确保过去的客观性，还能进一步在此基础上把历史认识提升到哲学层面，赋予过去以意义，最终奠定宏大叙事的基本结构。

最后，历史时间观念促进现代历史叙事的形成。历史叙事或历史表现通常需要以时间为线索。时间的时序性能够保证叙事的连贯性、完整性，而不同的时序性会影响叙事的结构、布局及其情节设置。在史学实践中，时间和历史叙事两者唇齿相依、相互影响。时间观念是历史叙事的核心，叙事从根本上来讲是一种时间性的表意活动，是人感觉时间、整理时间经验的一种方式。而史学实践活动的结果最终都要以时间为媒介，通过叙事和论证呈现出来。没有叙

---

① Elizabeth Deeds Ermarth, *Sequel to History: Postmodernism and the Crisis of Representational Time*, p. 27.

② ［荷兰］弗兰克·安克斯密特：《历史表现中的意义、真理和指称》，周建漳译，译林出版社 2015 年版，第 37 页。

事，人无法理解时间；没有事件的时间流逝，只能用物理方式衡量，无法在人的生存中产生意义[①]。而在历史叙事和论证之中，时间的编排不仅服从叙事的需要，还影响着叙述的逻辑。正如伯克霍夫（Robert F. Berkhofer）所说："既然在历史实践中，表现时间的方式同表现历史的方式之间有交叉，那么，叙述与论证的修辞和诗学就应该由历史表现中的时间布局修辞与时间顺序诗学来补充。在历史表现的逻辑（内容）和心理—逻辑（表达）之中，必须加入这些表现的时间逻辑——内容中的时间形式，以及表达中的时间安排。"[②] 对于现代史学而言，中立时间在历史叙事中扮演的角色正如中立空间在绘画中所起的作用一样，它不仅在一定程度上构建人类个体和群体的行为，而且还决定着历史叙事的结构。历史学家以历史时间为媒介，通过叙事把过去零散的事件建构成连续的"故事"。叙事具有化异质性为统一的功能，叙述中的情节将多元和散乱的事件聚拢在一起，整合为一个完整周详的故事。因而，叙事成为使过去实在得以展现、意义得以彰显的基本形式。它使不连续变得连续，同时弥补了时间、行为和文献中的间隙，提供了构成自身生活故事要素中的清晰脉络，使得人们更为清晰、方便地认知过去，把握沉睡在异乡之中的"实在"。现代历史学家的重要任务之一就是在历史叙事中将过去本身原在时间上分离的东西聚集起来，而历史时间的特征恰好促进了现代历史叙事模式的形成。

三 对历史时间观念的批判性反思

在现代性的形成和发展过程中，也产生了多种对一元论历史时间观念的反思，而这类观点在一定程度上对后现代主义时间理论的

[①] 赵毅衡：《广义叙述时间诸范畴》，《苏州大学学报（哲学社会科学版）》2013年第4期。

[②] ［美］罗伯特·F. 伯克霍夫：《超越伟大故事：作为文本和话语的历史》，邢立军译，北京师范大学出版社2008年版，第167页。

提出具有直接或间接的影响。可以说,后现代主义对历史时间观念的批判并非无源之水,而是继承与发展了以往有关多元时间理论的思想。

首先,浪漫主义史学在反思历史发展的多样性的基础上强调时间的多样性。18世纪末至19世纪初的浪漫主义不仅是超现实主义和后现代主义的先导,而且也较早地对时间的多样性进行了思考。作为浪漫主义和历史主义先驱的赫尔德,其思想的一个重要特征就是注重多样性和个体性。他认为,人类社会的发展模式和自然发展模式有着根本差异,不应以普遍模式掩饰人类社会形态的多样性。正如他在《人类历史哲学观念》中所说:"如果每个民族都生活在他们自己的土地上,世界就如一座花园,这里是一株植物,那里是另一株植物,各自开花结果;这里是一种动物,那里是另一种动物,各按其本能和天性生活。"而对于个体性问题,他指出:"时间、地点和民族性格,简单地说,人类能动力量在它们最确定的个体形式中的普遍合作,支配着人类历史及自然界中发生的一切事件。"① "人类完美的每一种形式,在某个意义上,是民族的、受时间限制的,并且,从最具体的意义上来考虑,是个人的。"② 这些思想无疑提醒我们要尊重历史的多样性,每个民族、国家的文化和历史都是在其自身的时间脉络中长期积淀的结果,我们不能以启蒙的抽象意识腐蚀人类思想的多样性,抹去民族文化的个体性。我们应当承认,所有扎根于自身发展的时间性、文化内在性的东西都带有某种独特性,可以通过史家的历史主义方法来加以认识。在时间观念上,赫尔德也强调了时间标准的多样性。他认为:"在现实中,每一个变动的事物都有其自身的时间标准;世界上没有两个事物拥有相同的时间标准,如我的脉搏、脚步或者我的思维;流动的河水、生长的树木都有其自身的时间节奏。总之,宇

---

① [德] 赫尔德:《人类历史哲学观念》,见何兆武编《历史理论与史学理论——近现代西方史学著作选》,商务印书馆1999年版,第179—180页。

② J. G. Herder, "Yet Another Philosophical of History", in F. M. Barnard ed., *Herder on Social and Political Culture*, Cambridge: Cambridge University Press, 2010, p. 184.

第六章 历史时间与厄尔玛斯"节奏时间"观念

宙中的所有事物都有其自身独一无二的时间标准。"①

其次,相对论的提出有助于理解时间的相对性。爱因斯坦相对论的提出挑战了传统的"普世时间观",正如爱因斯坦所说:"最终,我意识到'普世时间'是多么的不可信。"② 相对论不仅对于自然科学产生巨大影响,而且对于人们思考时间观念也具有重大启示。在厄尔玛斯看来,对现代时间观念的修正最具影响的是爱因斯坦的相对论。因为其观念指出,时间是有限的,它并不是一个可以包含所有事件发生的无限的、中立的公分母媒介,而是一个事件的维度,亦即存在于事件的开始和结束之中。③ 由此,时间不再被看作恒定的、共同的基质,相反,时间被视为相对运动的功能和事件的维度。相对论的提出预示着人类思维方式的根本转变,牛顿的"上帝时间"及其共同的、中立的时空观念受到质疑,时间成为一种相对的存在。

第三,20世纪后期的新史家开始对历史时间进行系统反思。年鉴学派的史学大师费尔南·布罗代尔(Fernand Braudel)提出以多层时间理论取代传统的历史时间观念。他将传统的一元时间分解为长时段(地理时间)、中时段(社会时间)和短时段(个人时间),以这三种不同层次的异质时间分别来处理历史研究的对象。布罗代尔指出,历史学家发现了关于时间的辩证法,这"对处于社会现实中的我们来说,没有什么比这种瞬时与缓慢流逝的时间之间的活生生的、难解难分、无限重复的对立更为重要。无论研究过去还是研究现在,认清社会时间的这种多元性对于建立人文科学的共同方法论是不可或缺的"④。这一多层时间观通过突破传统的一元论时间创造出了结构史、

---

① 转引自 Helge Jordheim, "Introduction: Multiple Times and the Work of Synchronization", *History and Theory*, Vol. 53, No. 4 (Dec., 2014), p. 512. 原文见 Johann Gottfried Herder, "Eine Metakritik zur Kritik der reinen Vernunft", in *Schriften zur Literatur und Philosophie 1792—1800*, Berlin: Deutscher Klassiker Verlag, 1998, p. 360.

② Ronald Clark, *Einstein: The Life and Times*, Bloomsbury Reader, 1971, p. 84.

③ Elizabeth Deeds Ermarth, "What If Time is a Dimension of Events, Not an Envelope for Them?" *Time & Society*, Vol. 19, No. 1 (Mar., 2010), p. 135.

④ [法]费尔南·布罗代尔:《历史和社会科学:长时段》,见《论历史》,刘北成、周立红译,北京大学出版社2008年版,第29页。

局势史、事件史的多层面历史解释，确立了长时段范畴的核心地位，并由此打破了西方传统史学模式，开创了年鉴学派的总体史范式。

德国概念史家莱因哈特·科泽勒克（Reinhart Koselleck）从理论上重新界定了历史时间的内涵、特性与形成，提出了较完整的多层时间理论。其目标在于建构一种类似于"地质模型"的时间模型，一种适应于各种历史运动模式的结构，使不同长度与来源的历史时间得以同时显现与发生作用。他将历史时间从自然时间或年代学意义上的时间中抽离出来，区别了自然时间与社会时间。正如他在《历史时间的概念和社会历史》一文中所指出的："历史性时间不能被简单地化约为自然时间，时间有一个发展历史，历史也有其自身的时间。"① 通常历史被按照时间的先后顺序书写，具有线性和同质化的特征，但实际上社会时间与此完全不同，它不是单一和稳定的，而是多元和跳动的，它有着不同的结构和层面。人类历史就处于这样一种多层时间共存的状态之中。这表明史家进行历史书写的时间观念不应是预设不变的，而需要根据其自身面临的研究对象、采取的研究方式等条件来加以选择。② 科泽勒克的历史时间理论更加突出了时间的多样性，深刻反思了自文艺复兴、启蒙运动以来形成的以单一、同质和中立性为基础的一元论时间观念，尝试建构多元模式的历史时间结构。

最后，对现代性的反思引发对历史时间的再思考。随着现代化程度的加深，其自身固有的缺陷日益暴露，特别是两次世界大战的爆发、大屠杀，以及相继出现的种族、疾病、环境、恐怖主义等问题，迫使人们放弃了对现代性的盲目追求与信仰。开始重新评价与现代性有关

---

① Reinhart Koselleck, "Concept of Historical Time and Social History", in *The Practice of Conceptual History: Timing History, Spacing Concepts*, Stanford: Stanford University Press, 2002, p. 118.

② 关于科泽勒克的历史时间理论的相关讨论参见 Lucian Hölscher, "Time Gardens: Historical Concepts in Modern Historiography", *History and Theory*, Vol. 53, No. 4（Dec., 2014）；黄艳红：《欧洲历史中的过去和未来——简析科泽勒克和阿尔托格的历史时间研究》，《史学理论研究》2014 年第 4 期；张旭鹏：《"国际历史理论网络"根特会议述评》，《史学理论研究》2013 年第 4 期；陈琳琳：《西方历史时间观念的变迁》，中国社会科学院 2017 年硕士学位论文。

的主流观念,包括以其为基础的"宏大叙事"。历史进步观念、目的论和中立的、普世的历史时间观念都随之受到质疑。与此同时,伴随着欧洲中心主义的瓦解,非西方的时间观念不断引起学界的关注。例如,对伊斯兰的时间观、东亚时间观的讨论,促发我们深入探究全球范围的多元化时间观念。勒范恩(Robert Levine)指出,时间就像不同口音的发音,每一种文化都有一套自身独立的时间纹路。① 印度后殖民主义史家迪佩什·查克拉巴蒂(Dipesh Chakrabarty)提出"异质时间性"(heterotemporality)②,从世界的异质性提示我们思考时间的多样性与差异性。在历史研究中,可能需要区分殖民地时间和殖民者时间、资本家时间与工人时间、传统社会时间与现代社会时间等。

四 节奏时间与后现代史学

(一)历史时间的重负

历史时间是伴随着现代化过程形成的,追求一种理性、客观、中立的时间观念。然而,随着现代性的降临,历史时间的问题也日益暴露出来。其中立性的特征以"客观真理"的面貌给人一种巨大的幻觉,实质是借助历史化的时间系统将人束缚于现代制度、观念和价值之上。从根本上而言,历史时间是现代性的产物,是一种现代文化的建构,因此它在惠及我们的同时也无法摆脱其自身的弊端,形成一种时间的重负。

历史时间本质上是化约主义的,追求时间的趋同性与一致性。然而,这势必抹杀事物的多样性与独特性。虽然全球化进程使当前世界通行统一计时方法,但是不同的地区、族裔、阶层、性别之间对于时

---

① [美]劳勃·勒范恩:《时间地图:不同时代与民族对时间的不同解释》,冯克芸、黄芳田等译,台湾商务印书馆1998年版,前言第1页。
② Dipesh Chakrabarty, *Provincializing Europe: Postcolonial Thought and Historical Difference*, Princeton: Princeton University, 2000, p. 95, p. 239.

间的理解和运用却依然千差万别①。以历史时间为基础的实践活动和历史书写是基于现代价值体系的应用,其核心是现代西方社会的生产生活方式及为其产物的文化,这有助于西方中心主义的形成。因此,厄尔玛斯提出,时间在本质上并不具有中立性,而我们日常所使用的中立化时间"是我们这个星球历史上的文化创造,是在1400年到1900年这六个世纪中欧洲中心主义社会形成过程中的创建"②。可以说,历史时间观念是现代西方文化意识的延伸,其中也蕴含着近代以来西方中心论的扩张。近年来,历史书写在多种挑战之下所出现的危机,其背后也隐藏着历史时间观念的危机。正如伊格尔斯所指出的,处于危机之中的并非历史学本身,而是将历史看作一个一体化进程的观念,而"我们生活在一个不再认定历史是沿着一个清晰的规程前行的时代";"走到终点的,是认为历史有着一个明确方向的信念,而此种信念的丧失往往被人们等同于危机"③。

历史时间观念的特征之一即是单一、线性发展论,致力于将纷繁复杂的变化以宏大叙事和因果关联的方式呈现出来。然而,历史本身常常充满了多条可能的演变线索,内置着多重关系网。以历史时间为基础的现代历史叙事只是历史学家在进行一系列阐释选择后的一种话语建构,而这种历史叙事和解释模式的根基又并非固定不变的,无法完全客观地再现历史。正如王晴佳所说:"启蒙以来的线性历史是想把各种变换以大叙述、因果关系环环相扣、一目了然的方式呈现给人们。"④ 这就迫使历史学家为了保证叙述的连贯性与协调性,往往会把原来相互独立或者根本无联系的事物置于同一发展脉络之中,有时

---

① 相关研究可参见 Jörn Rüsen, ed., *Time and History: The Variety of Cultures*, New York and Oxford: Berghahn Books, 2007.
② Elizabeth Deeds Ermarth, "What If Time is a Dimension of Events, Not an Envelope for Them?" *Time & Society*, Vol. 19, No. 1 (Mar., 2010), p. 134.
③ [波兰] 埃娃·多曼斯卡编:《邂逅:后现代主义之后的历史哲学》,彭刚译,北京大学出版社2007年版,第128、129、132页。
④ 王晴佳、古伟瀛:《后现代与历史学——中西比较》,山东大学出版社2003年版,第129页。

第六章 历史时间与厄尔玛斯"节奏时间"观念

甚至采用歪曲和压迫的方式来确保叙述的连续性。这成为启蒙以来的主流历史书写方式,因果链的建构通常就是将过去所发生的所有事件有意安排在同一时间框架里,很容易形成对前后发生的历史事件关系的误解,因而造成对真正的历史进程的扭曲。这一历史因果链或连续性强烈体现了认知的目的论,其背后实际埋藏了认识的断裂,而且过度封闭的因果关联可能导致历史理解中的所谓"后见之明"。即由于历史学家站在现实的发展结局上,已然明了历史事件的进程与结果,因而会自觉或不自觉地以一种目的论的眼光,将过往发生的与事件相关的一切,视为一连串导向最终结局的链条。① 这种"后见之明"所产生的历史认识上的误区在一定意义上正是历史时间重负的体现。

(二)何为"节奏时间"?

作为激进的后现代主义者,厄尔玛斯在对历史时间反思的基础上提出了"节奏时间"观念,意欲以此来取代历史时间,这也是其史学理论的核心思想。正如凯斯·詹金斯所指出的,"节奏时间"是对厄尔玛斯时间观的最好比喻,它反对现代的线性时间,其特点在于无本质、无普遍性、无意义、无指向,主要依赖于地方化安排。② 换言之,"节奏时间"侧重于反映时间的地方性、韵律性,并非统一规划的,但却是一切事物自身内在的一种天然属性,也正因此它必然是千差万别的。例如厄尔玛斯将"节奏时间"描述为犹如昆虫的鸣叫、歌曲的韵律、脑电波图、均匀的呼吸等,它们才是对时间的忠实记录,让我们感受到时间的存在③。所有这些比喻都透露出时间就在生命之中、在自然之中、在历史之中,其本质即是节奏性。而这一节奏性是一切事物本身内在的时间尺度,是其变化运动的自然韵律,是其

---

① 参见彭刚《后现代视野之下的沃尔什——重读〈历史哲学导论〉》,《史学史研究》2009 年第 2 期。
② Keith Jenkins, *Why History? Ethics and Postmodernity*, London and New York: Routledge, 1999, p. 175.
③ Elizabeth Deeds Ermarth, *Sequel to History: Postmodernism and the Crisis of Representational Time*, p. 45.

所固有的原初状态。

显然，这与现代主义的一元、单向、同质、客观的历史时间观念是相对立的。厄尔玛斯试图用"节奏"一词表现出后现代状态下的时间观念，这种节奏是多元的、变动不居的，却能够准确体现事物的原初脉动。如果将历史时间比喻为单向行驶的轨道，那么厄尔玛斯的"节奏时间"就如同即兴创作的爵士乐，更能从根本上展现后现代的时间观念。原因在于，这种类型的音乐一方面表明节奏成为后现代实验的基础，它强调的是事物发生的过程本身，而任何结果都是可以接受或理解的，同时当然也不一定强求必定产生某种结果；另一方面，它又特别突出强调了多样性，并非从属于某一阶层的模式，而是完全根植于自身特定的、具体的结构之中，因而不具有任何普遍和无限的延伸性[1]。

在厄尔玛斯看来，后现代时间是有限的，这不仅体现在人类生命自身的有限性上，而且也体现了技术层面的局限性。特别是以物理学为基础的时间观念，时间只是测量事物的维度，并非事物存在的共同场域和基质[2]。这本身就意味着时间的有限性，它所限定的正是事物的开始和结束的这个过程。因而，时间只存在于事件的维度之中，而观察事物有不同的维度，不同事物又可能处于不同的系统之中。所以，时间观念完全可以依据事物自身的系统特征而呈现出不同的面相。由此我们看到，厄尔玛斯的"节奏时间"观念追求的正是事物存在的独特状态，其可能从根本上体现出事物自身的原初化特征——我们或可称之为"生命密码"。厄尔玛斯借用法国女性主义理论家茱莉亚·克里斯蒂娃（Julia Kristeva）的"女性时间"观念来论证事物的不同时间节奏。在《女性时间》这篇文章中，克里斯蒂娃讨论了欧洲妇女运动的三个阶段分别对于当时占主体的男性特质时间的不同反应，由此她提出了一种异于主流时间的"女性时间"，证明男女时

---

[1] Elizabeth Deeds Ermarth, *Sequel to History: Postmodernism and the Crisis of Representational Time*, p. 51.

[2] Elizabeth Deeds Ermarth, "Time is Finite: The Implications for History", *Rethinking History*, Vol. 14, No. 3 (Sep., 2010), p. 321, p. 330.

第六章　历史时间与厄尔玛斯"节奏时间"观念

间观念分别属于不同的运作系统①。厄尔玛斯还利用安东尼·特罗洛普（Anthony Trollope）的《公爵的孩子》来说明男女不同的时间观念在对待同一事件的不同态度以及产生的不同命运。② 这些例子都体现了时间并非单一的，而是多元的，它是一种事件或事物存在的维度，深深根植于其各自运行的系统之中。

因此，"节奏时间"强调的是一种关于历史事物存在的多重维度及其相互交叉的状态。因为事物本身就处于复杂的关系网络之中，那么体现事件和事物存在的时间观念也应是多重节奏的。如果以主体的概念来看，它并非存在于单一的话语系统中的大写概念，而是同时存在于多种语言或话语系统之中的小写概念③。再如，男人不仅是作为"独善其身"的自我存在，其同时还可能是作为父亲、丈夫、儿子和商人等多重身份的存在。可以说，厄尔玛斯的"节奏时间"观念就如同编织了一张巨大的时间之网，网络的最大特点即在于无中心、无边界、相互交叉、多元多线。而网络的各个相交节点就好比是所发生的事件或出现的事物，"节奏时间"不仅保持了事物本身的各自维度，还体现出它们与其他事物之间处于相互勾连的状态之中。

总之，厄尔玛斯的"节奏时间"观念是一种致力于打破线性时间观念，而追求多元多线的时间理论。时间不再是事件或事物存在活动的共同基质，而是事件的维度；不再是无限的，而是有限的。厄尔玛斯认为，是时候结束对时间本体性的讨论，应开始对时间的功能性讨论。这提醒我们，概念和定义并非只是本体论意义上的，而可能是功能性的，任何概念都植根于自身的系统之中。④ 所以，时间也可能是一种功能性运作，任何事物都有其自身原初的时间节奏。

---

① Julia Kristeva, "Women's Time", *Sign*, Vol. 7, No. 1 (Autumn, 1981), pp. 13 – 35.

② Elizabeth Deeds Ermarth, "What If Time is a Dimension of Events, Not an Envelope for Them?" *Time & Society*, Vol. 19, No. 1 (Mar., 2010), pp. 136 – 137.

③ Elizabeth Deeds Ermarth, "Agency in the Discursive Condition", *History and Theory*, Vol. 40, No. 4 (Dec., 2001), p. 45.

④ Elizabeth Deeds Ermarth, "What If Time is a Dimension of Events, Not an Envelope for Them?" *Time & Society*, Vol. 19, No. 1 (Mar., 2010), p. 135.

(三)"节奏时间"观念的影响

"节奏时间"代表了在后现代状态下对于时间观念的一种思考,是在批判历史时间的基础上建立起来的。但它并非意味着反对时间本身,其目标主要是反思促成现代中立时间体系背后的深层根源。因此,它从指出历史时间作为单一、线性、客观、中立的时间观入手,进而试图对整个现代西方社会与文化,特别是自启蒙运动以来所形成的现代西方文化价值观念做出重新评价。对历史学而言,这可能意味着要重新思考和审视现代西方史学理论与历史书写的某些基础性的前提假设。

首先,"节奏时间"观念要求放弃线性时间体系,追求时间的发散性。与作为史学实践活动共同基质的历史时间相比,"节奏时间"则显得更加发散和动态,它不再是一个任凭事件填充的"中立容器"(neutral container),而是事件的维度;不再是某种单一的结构,而是一个多元的维度。在变动不居的 21 世纪,时间是基于特定条件下的网络系统,网络不同于结构,它无基础、无中心、无起源、无终结,却带有其自身独特的运作模式。可以说"节奏时间"通过批判谋求共同基质的历史时间观念,达到解构历史的共同性和统一性的目的。在"节奏时间"基础上的史学实践,由于没有一个共同的中立媒介,事件之间的前后联系也会随之被解放。[1] 这意味着历史存在的每一个时刻都包含其自身具体而特殊的含义,历史书写的关注点可能转向揭示每一瞬刻的多重面相,尤其是从此时此刻来看历史某一瞬间存在的意义与联系。它力求抛弃线性目的论,追求历史书写的多元性、不确定性、即时性和发散性的展现。

其次,"节奏时间"观念可能导致现代历史价值的解体和多元史学的发展。在西方文化理念中,历史价值与时间的中立性休戚相关[2]。然

---

[1] Elizabeth Deeds Ermarth, *Sequel to History: Postmodernism and the Crisis of Representational Time*, p. 54.

[2] Elizabeth Deeds Ermarth, *History in the Discursive Condition: Reconsidering the Tools of Thought*, p. 70.

第六章 历史时间与厄尔玛斯"节奏时间"观念

而，时间的特性对历史价值的影响并非直接的，而是通过动摇历史客观性而最终导致普世价值的消解。中立性的时间为现代史学实践提供了一个共同的、恒定不变的场域，它独立于人的思想之外，犹如一张无所不包的世界地图，以无形的存在保证了一个稳定、客观的"客体"的存在。但"节奏时间"却致力于对时间中立性的消除，突出了时间的相对性、变动性和多样性。伴随事件而存在的是一个时间的维度，事件不是在时间中存在，而是时间在事件中存在①。这强调了时间的相对性和有限性，事件的发生意味着时间的开始，而事件的结束意味着时间的终止。这使我们的历史认识似乎失去了共同的参照物或场域，认知工具和视角也依据各自的内在系统而确定，因而也就无法认识到一个共同、客观的历史客体和达到认知的一致性。历史认识成为在自身所处的事件维度之下，去感受、认知过去的过程。作为共同、中立媒介的消失，有可能导致传统的一元论历史价值与社会公正性的弱化，而追求历史解释的多元价值和相对公正性。这从一个侧面反映出后现代主义所主张的多元化社会理念，其所需要的不再是单一、包罗万象的社会公正理论，而是达成相对准则的价值理论；社会也不再拥有单一、支配一切的"正义理论"，存在的是"正义的多样化"②。同时，历史学可能愈倾向于追求一种自成系统的事实、一种复数的事实、一种叙事化的历史事实。历史认识主体可以随时随地把握历史真实，真实随着事件的维度而不断变化着存在形态，呈现出更为多元、复合的真实状态。由此，历史学愈来愈发展为多元、综合、异质的历史学。

最后，时间观念的转变势必孕育和发展出新的历史叙事策略与方式。原来历史时间观念之下，单一、线性的历史叙事模式以建构现代史学的"元叙述"方式赋予世界线性进步的意义。这致使历史事件被归入普世化的线性时间体系之中，历史认识则趋于简单化、平面化和

---

① Elizabeth Deeds Ermarth, "Time is Finite: The Implications for History", *Rethinking History*, Vol. 14, No. 3 (Sep., 2010), p. 332.
② Elizabeth Deeds Ermarth, *Sequel to History: Postmodernism and the Crisis of Representational Time*, p. 56.

绝对化。"节奏时间"放弃线性时间观念，颠覆了以编年时间为基础的传统叙事方式，强调历史书写对不确定性、瞬时性和多元维度的展现。它所主张的后现代历史叙事策略解构了历史时间观念中所隐含的超验性、目的论以及中立性，突出时间关系的丰富性和多元性。历史叙事不再是对过去的再现，而是一种历史表现方式，是一种依据自身时间节奏对过去的阐明形式。它不以追求一元论的历史真实为目的，而是通过对历史话语限度的反思达成历史叙事的多元真实状态。"节奏时间"观念是对当代多元化、复合型社会的一种重新认知，以其为基础的历史叙事是赋予世界以多元意义的途径。这一方面可能打破传统线性的叙事结构，瓦解宏大叙事，历史事物不再以单一、线性的编年体系展开，而是以处于多元化、多维度的时间关系网络中的复合式展现。另一方面，它也很可能导致一种碎片化、韵律式的历史叙事方式，特别突显了历史中的不稳定性、断裂性，以及转瞬即逝的方面。

五 时间观念与历史学

历史时间观念是伴随着西方现代化的过程，在自然时间的基础上通过复杂的人为建构而形成的，是现代西方社会与文化发展的产物。它也成为现代西方史学专业化、科学化的基石。但是，在后现代主义思潮的挑战之下，以西方中心论为基础建构起来的历史时间观念日益受到批判性反思，其背后所隐匿的化约主义、线性目的论、普世性价值及其权力结构也逐步暴露出来。作为激进的后现代主义理论家厄尔玛斯，针对历史时间所造成的重负，提出"节奏时间"观念，用以纠正现代性的弊端和适应后现代状况的发展。"节奏时间"是一种多元、复线、异质的时间观念，它的提出在一定程度上挑战了以历史时间为基础的现代西方史学范式，要求将时间重置于相应的自然和社会之中，回归历史运动的原初节奏。

然而，"节奏时间"观念的提出引发的争议颇多。例如，大卫·卡尔（David Carr）就对厄尔玛斯舍弃历史时间提出强烈反对，他认

第六章 历史时间与厄尔玛斯"节奏时间"观念

为这是一个太过强大的原则,不可能被摒除,甚至就是那些拒绝它的后现代主义者本身也不能去除它①。英国史家艾文斯则强调,厄尔玛斯借将所有事物化约为文本和话语,这就消除了将社会视作某种真实的观念,"并进而泯灭了'人们过去习称的社会正义'"②。这暗示出"节奏时间"可能会导致相对主义的泛滥,以及社会正义的缺失。此外还有学者指出,厄尔玛斯所提出的现代性向后现代转变,以及现代史学的终结,这可能致使整个现代文化系统的坍塌,并且不敢想象消除中立时间后的史学面貌③。与此相反,后现代史学理论家詹金斯却认为,以上这类批评不过是典型的现代主义者对后现代主义的抵制;厄尔玛斯所主张的所谓后现代的相对主义和"节奏时间"观念同样是有限度的,也需要某些共识性为基础,以防破坏道德底线的事件发生,诸如大屠杀④。

实际上,对于历史时间与"节奏时间"观念,我们完全可以进行一种更加辩证的思考,而不应做非此即彼的认识。从史学理论研究而言,二者都从一定程度上揭示了人类对于时间的认知与建构,并借此时间哲学规划出相应的历史哲学,体现在西方现代史学和后现代史学理论中。从历史书写和史学实践的层面而言,我们可能既需要统一的的时间框架,也需要考虑多元的、多维度的时间尺度。这其中应当既包括传统社会与现代社会不同的时间体系、全球性与地方性的时间标准,也应辨识自然时间与社会时间、男性时间与女性时间、成人时间与儿童时间、工业时间与农业时间,以及不同阶层、不同文明的时间观念。这些对于时间与历史的新思考可能构成未来历史研究的新途径,在更多维度上形成创造新知的增长点。

---

① David Carr, "Review of Elizabeth Deeds Ermarth, Sequel to History", *History and Theory*, Vol. 32, No. 2 (May, 1993), pp. 179 – 187.

② [英]理查德·艾文斯:《捍卫历史》,张仲民、潘伟琳、章可译,广西师范大学出版社2009年版,第184页。

③ Alexander Lyon Macfie, "Review Essay: On Elizabeth Deeds Ermarth", *Rethinking History*, Vol. 17, No. 2 (Jun., 2013), p. 278, p. 281.

④ Keith Jenkins, *Why History? Ethics and Postmodernity*, pp. 177 – 179.

第七章

安克斯密特的历史经验理论

荷兰格罗宁根大学教授安克斯密特是当代西方史学理论领域非常活跃且成就斐然的学者,自 20 世纪 80 年代其成名作《叙事的逻辑:历史学家语言的语义学分析》(1983)出版以来,他便是国际学术界关注的焦点之一,与海登·怀特共同引领史学理论的叙事转向。20世纪 90 年代以后,叙事主义历史哲学有逐步消退之势,安克斯密特适时提出了"历史经验"这一概念,认为这一概念可以继叙事主义历史哲学之后主导历史哲学的新方向。随着《历史与转义:隐喻的兴衰》(1994)、《崇高的历史经验》(2005)及一系列相关论著的出版和发表,安克斯密特对"历史经验"概念进行了系统的阐述,特别是《崇高的历史经验》一书引起了学术界的广泛关注。在安克斯密特的历史哲学中,历史经验理论是与其历史表现理论并行的另一条线索。尽管学术界对其"历史经验"理论褒贬不一,但其理论的影响随着安克斯密特在史学理论界地位的不断突显而日益扩大。不但在国际上如此,近些年来国内学者也对安克斯密特的理论产生了浓厚的兴趣,并陆续有相关文章发表出来。① 纵观安克斯密特的论著便可以大

---

① 参见张耕华《历史的"硬性"与解释的"弹性"——兼论安克斯密特与扎戈林的争论》,《史学理论研究》2007 年第 2 期;彭刚《从"叙事实体"到"历史经验"——由安克斯密特看当代西方史学理论的新趋向》,《历史研究》2009 年第 1 期;陈茂华《安克施密特历史理论中的遗忘概念》,《学海》2009 年第 3 期;董立河《安克施密特的"历史经验"理论述评》,《北京师范大学学报(社会科学版)》2010 年第 2 期;董立河《从"叙事"到"在场"——论安克施密特史学理论嬗变及其意义》,《江海学刊》2010 年第 3 期等。

第七章　安克斯密特的历史经验理论

致了解近 20 年来西方史学理论的发展轨迹，本章仅结合国内外相关研究成果，重点分析和评价其最近引发争议最多的历史经验理论。

一　历史经验的类型分析

在《历史与转义：隐喻的兴衰》（1994）一书中，安克斯密特主要分析了心态史类型的历史经验（过去的人们对他们自己世界的经验）和怀乡病类型的经验。大约 10 年后，安克斯密特在其《崇高的历史经验》这本关于历史经验的专著中，将历史经验区分为客观的历史经验、主观的历史经验和崇高的历史经验三种类型。为了较深入全面地把握安克斯密特的历史经验理论，我们在这一节主要考察这三种类型的历史经验。

（一）客观的历史经验

对于客观的历史经验安克斯密特是这么说的：客观的历史经验是指过去的人如何经验他的世界，因此是历史学家的研究对象。[1] 这对应于心态史、新文化史、日常生活史等历史写作类型。[2] 心态史主要研究历史人物的思想、感觉和经验，涉及他们的行为倾向、集体中的无意识层面，包括儿童、母亲、家庭、性和死亡等。对于心态史，有一个潜在的历史主义前提，即今天的人可以通过移情等方法设身处地地理解古人，重演古人的思想。这样看来，通过移情、重演，我们似乎接近了历史人物自身的生活经验，但安克斯密特认为"它实际上消除了历史经验，因为过去的经验并不等同于关于过去的经验"[3]。我们在这里借用安克斯密特引用过的一个例子。纳格尔在一篇论文中向自己问了这样一个问题：作为一只蝙蝠会是什么样子。蝙蝠是用类似于雷达

---

[1] F. R. Ankersmit, *Sublime Historical Experience*, Stanford: Stanford University Press, 2005, p. 264.

[2] 安克斯密特认为，心态史通常包含了微观故事。见 F. R. Ankersmit, *History and Tropology: The Rise and Fall of Metaphor*, Berkeley: University of California Press, 1994, p. 156.

[3] F. R. Ankersmit, *History and Tropology: The Rise and Fall of Metaphor*, p. 200.

的器官来经验世界的,人类没有蝙蝠的感觉器官,自然不能获得与蝙蝠同样的经验感受。即使我们能够想象拥有用来经验其世界的器官,那也于事无补,因为我们获得的答案是:在我们看来,作为一只蝙蝠会是什么样子。而我想知道的是,对于一只蝙蝠来说,作为一只蝙蝠会是什么样子。① 对于应用移情方法的心态史来说,其问题也在于此。安克斯密特当然明白这个道理,然而他所强调的是心态史的另外一个层面。传统历史编纂利用语言的融贯和统一性将世界驯化为一个屈从于语言的连续统一体,表现出语言对世界的胜利;而微观故事关注的是历史的碎片和片段,而且主要是历史人物的生活经验。由于是一些碎片和片段,它可以避免被历史化和语境化(即避免被纳入一个具有驯化性的大历史叙事之中),所以这种经验可以穿越时间并摆脱语境,以独立的姿态向我们呈现出来。从这一角度来看,经验得到了突显,语言的驯化性被边缘化了,语言和经验的关系在这里出现倒置。

(二)主观的历史经验

安克斯密特所强调的第二种历史经验是主观的历史经验。首先,主观的历史经验与客观的历史经验一样,也以现在和过去的分离为前提,当过去变成历史学家的研究对象时,过去和现在突然无缘由地融合在一起,就像罗密欧与朱丽叶拥抱的形象一样。因为这种经验发生在历史学家进行历史研究的过程中,历史学家成了历史经验的主体,所以被称为主观的历史经验。主观的历史经验的特征首先是由过去和现在的分离状态突然走向融合;其次,这种经验是主客体的融合,是与过去的直接遭遇。主观的历史经验又可分为两种类型,第一种是赫伊津哈所说的历史感,通过这种历史感,我们能够接触到某个历史时期;第二种是以第一种为基础,加上了"过去与现在的距离或差异",类似于怀乡病经验。②

---

① F. R. Ankersmit, *Sublime Historical Experience*, pp. 71-72.
② Ibid., p. 264.

第七章 安克斯密特的历史经验理论

我们一般认为，经验只发生在此时此地，离开了这个限制条件便不能被称作严格意义上的经验，比如说触觉，当我们的手脱离桌子表面后，我们对桌子的经验也会随之结束。对于历史学科，由于其真正的研究对象（过去本身）已经消逝，所以要获得关于过去的经验似乎是不可能的。我们想一想客观主义史学家兰克，他以严谨的态度和方法去考辨历史文献，将其历史著作建立在坚实的文献基础之上，但安克斯密特否认这样能得到关于过去的真正经验，而不如说它是关于档案文献的经验。在此意义上来说，以档案文献为基础，我们只能构建而不能重建过去。不过安克斯密特认为我们仍可以跨越时间，达到与过去的直接接触。人类是视觉性动物，其经验绝大部分来自于视觉。我们总是把我们看到的东西当作外在于我们自身的客体。但对于嗅觉和听觉（应该说，安克斯密特最强调的还是触觉）却并非如此，假如我们听到原始部落舞蹈时的音乐，嗅到原始部落食物奇异的香味时，这种时间的维度便消失了，我们达到了和过去的直接接触，或者说，达到了与真正的过去相接触完全一样的效果。"视觉将我们置于距我们所见之客体很远的位置，而在听到、嗅到的情况下，我们却与经验客体达到了直接的接触。"① 那么对于历史来说，安克斯密特认为，在历史的进程之中，过去本身的氛围或气息会在遗留的客体中保存下来，如绘画、墓穴、家具等。② 当历史学家面对这些遗留物时，这种氛围可能会在突然之间将历史学家（并不是全部历史学家）"淹没"，如同触觉一样感受到那个时代的历史，实现与那个时代本真的接触。但安克斯密特提醒我们注意，此处与时代本真的接触绝不是像认识论那样去分析细节。因为依据安克斯密特的观点，画家可能会编造绘画的细节，但有一点是不可改变的，即它是画家对其时代特殊经验的产物，带有那个历史时期的氛围或风格。"当我说通过观看绘画我们如何可以经验过去时，我想到的正是此物。"③ 这种氛围并没有

---

① F. R. Ankersmit, *Sublime Historical Experience*, p. 124.
② Ibid., p. 115.
③ Ibid..

什么神秘之处，我想很多人都会有这样的体验，当看到童年的照片或留下的玩具时，自己会突然之间会被一种模糊并有某种色调（比如说灰色或某种亮色调）的氛围将我们包围，我们会在刹那之间感觉到本真的童年。

在《历史与转义：隐喻的兴衰》一书中，安克斯密特比较详细地讨论了主观的历史经验的另一种类型——怀乡病类型的历史经验。[①] 长时间背井离乡的人往往会有一种强烈的思乡情绪，特别是在异乡的日落时刻或其他容易勾起故乡回忆的场合。曾经作为自身认同之一部分的故乡，现在成了渴望却不可得的对象，然而越是不可得，我们越是想抓住它。有时在不经意的瞬间，我们会感到仿佛真的回到了故乡，彼时的故乡飘忽不定却暂时满足了思乡者的渴望，但我们心里又明白，那故乡就像童年一样虽然可在瞬间获得那种本真性，但却已经不是我们自身的一部分了。安克斯密特认为，怀乡病是关于过去和现在"距离或差异"的经验，而并非关于对象化的故乡的渴望。对于对象化的故乡（历史化的事物也是如此），我们只能认同地去理解，主、客体的区分在这里是十分明显的；然而对于故乡，它曾经是我们自身认同的一部分，现在却从我们自身的认同中分离了出去，现在的我与过去分离开来并存在着不可逾越的"距离或差异"。我们强烈的怀乡渴望所想要取消的正是这种"距离或差异"，实现曾经的认同，而并非历史化、对象化的故乡。在怀乡病经验中，我们暂时克服了这种"距离或差异"，实现了过去和现在的融合。所以会产生认知的暂时中断（因为此时主、客体结合在一起，不存在认知的对象）、身心的一阵颤抖（历史感在这一点上也是相同的）。

（三）崇高的历史经验

安克斯密特最为赞赏的是崇高的历史经验。崇高的历史经验无法为通常的认知工具如语言所认知，无法为主体纳入到自身的认同

[①] F. R. Ankersmit, *History and Tropology: The Rise and Fall of Metaphor*, pp. 196–237.

第七章 安克斯密特的历史经验理论

之中,所以它未被主体加工,它"先于被知性范畴限定并加工过的、有关实在的经验,并由此作为准本体性的实在呈现给我们,因此,崇高呈现给我们的就是一种仍保留了其根本相异性的实在"①。另外,根据安克斯密特在《崇高的历史经验》一书中的描述,与主、客观历史经验发生在过去和现在已经发生分离的情况不同,崇高的历史经验是主观历史经验第二个变种的激进化,是关于过去从当前脱离出去的经验(这里的激进化是指,崇高的历史经验不再是以过去和现在的距离或差异为前提,相反,过去是由于崇高的历史经验而产生的,是从现在分离出去的)。此时,过去产生于历史学家进入一个新世界的创伤经验,也产生于对失去了且无法恢复的先前世界的意识。② 安克斯密特强调崇高的历史经验的主体是民族、文明等集体事物,但我们也必须注意,这种经验又是通过作为个体的历史学家来表达的。

为了说明崇高的历史经验,安克斯密特首先区分了四种遗忘类型。③ 第一种是大量的日常生活经验因为与我们当前或以后的认同没有了相关性,所以会被遗忘。第二种遗忘是我们对自身的认同和行动具有相关性的事物的"遗忘",这种遗忘毋宁说是一种忽略,比如,从历史编纂的角度来看,社会经济史、生态史都在很长时间中为我们所忽略。第三种遗忘是指忘记我们的过去的一部分,如大屠杀等过于恐怖或痛苦的记忆,无法为我们的集体意识所接受而被遗忘。最后还有第四种遗忘。当一种文明,如欧洲文明经历了像法国大革命、工业革命等急剧的转变后,这种文明便会进入一个新的阶段,产生新的认同。新阶段的新认同之所以能够形成,其前提条件是遗忘以前的世界和以前的认同。在安克斯密特看来,这种遗忘是对以前认同的抛弃,

---

① F. R. Ankersmit, "Trauma and Suffering: A Forgotten Source of Western Historical Consciousness", in Jörn Rüsen, ed., *Western Historical Thinking: An Intercultural Debate*, New York: Berghahn Books, 2002, p. 75.
② F. R. Ankersmit, *Sublime Historical Experience*, p. 265.
③ Ibid., pp. 321 – 324.

因而是极端痛苦的。在此意义上，欧洲文明所经历的那些急剧的转变与第三种遗忘一样具有创伤性。不过在第三种情况中创伤经验可以通过被叙事化而终结，其威胁性和创伤性的特征便会消失，新的认同与原有认同不会发生断裂。

第三种遗忘形式对应于一种创伤形式，同样第四种遗忘形式对应于另一种创伤形式，安克斯密特称前者为创伤Ⅰ，后者为创伤Ⅱ。创伤Ⅰ所产生的认同仍具有连续性，通过将其叙事化或纳入生活的历史之中，其创伤性便可得以消除；而在创伤Ⅱ中，以前的认同不可挽回地永远消失了，新的认同主要是由造成以前认同遗失的创伤所产生的，所以这种创伤是永恒的。安克斯密特以法国大革命中反动派和保守派对法国大革命的态度及体现在他们身上不同的认同，还有黑格尔对苏格拉底和雅典城邦冲突的分析为例，更为具体地论述了创伤Ⅱ的特征。关于法国大革命，无论对反动派还是对保守派来说，他们都意识到自己被从前革命和前工业世界中排斥了出去。保守派谴责大革命，但他们清楚地意识到，革命是一个不可回避的事实，世界已经无可避免地获得了一个新的认同。反动派在革命前也是不可能存在的，他的存在是以法国大革命为前提的。然而，反动派和保守派之间却有着深刻的不同。"对于反动派来说，他们可以再次获得前革命的认同，所以可以根据存在的意义来界定他们与过去的关系。过去是存在所渴望的客体——他们想再次变成过去的样子。另一方面，保守派承认了他们被两种不同的历史、文化认同的鸿沟从革命前的过去永远隔离开了。因此，他们对过去的渴望只能是对了解的渴望。"① 于是他们便将这种渴望诉诸历史编纂，"作为研究过去的学科，历史学因此是保守派而不是反动派对大革命、对过去和以前认同的遗失所作反应的产物"②。对于反动派，他们所遭受的是创伤Ⅰ，而保守派所遭受的是创伤Ⅱ。黑格尔认为苏格拉底引起了无与伦比的革命，他第一次使

---

① F. R. Ankersmit, *Sublime Historical Experience*, p. 327.
② Ibid., p. 328.

第七章 安克斯密特的历史经验理论

人们独立、理性地思考希腊人传统中关于善与恶、责任与义务这样的问题。但由于苏格拉底动摇了希腊传统思想的基础，因此被雅典判处死刑。"但是，这里有一个关键之处，雅典人对苏格拉底的死刑判决也是对他们自己的宣判，因为死刑判决无意中也承认和接受了苏格拉底所引起的革命。"① 因为，如果雅典人并没有受到苏格拉底思想的深刻影响，那么他们就根本不会在意苏格拉底的授课行为。在处死苏格拉底后雅典人才醒悟过来，他们已被深深地改变，以前再也不能恢复了。在这里雅典人获得的新认同在于他们意识到过去已经不在他们的身边，已经永远失去了。这样，他们意识到已身处一个新世界之中，换句话说，他们知道自己已经不再是过去的那种人了。这是一种断裂，是从与过去的断裂中产生的新的认同。因此，以前的认同成了人们知道现在身份的基础（它成为一种知识）。在此意义上，人们抛弃了过去的认同（或其一部分），是对它的遗忘。但在另一方面，人们又没有忘记它，因为正是它造就了人们的新认同。②

在安克斯密特眼中，创伤是崇高的心理学对应物，崇高则是创伤的哲学对应物。③ 他认为创伤经验与崇高有着许多共性，即创伤经验具有崇高性。据康德对崇高的描述，崇高存在着不同的方式，"这种感情本身有时候带有某种恐惧，或者也还有忧郁，在某些情况仅只伴有宁静的惊奇，而在另一些情况则伴有一种弥漫着崇高计划的优美性"④。"英国理论家柏克在其《崇高的与优美的观念之起源的哲学研究》一书中，论述了崇高的产生乃是由于我们对某种强大有力的对象感到惊愕，继而我们意识到它对我们并没有危险，于是这种惊愕之感就转化为一种愉悦之情。"⑤ 安克斯密特认为，创伤和崇高有几个方面的共性。⑥ 首先，在柏克"快乐的恐惧""充满恐惧的平静"这些

---

① F. R. Ankersmit, *Sublime Historical Experience*, p. 332.
② Ibid., pp. 324 – 333.
③ Ibid., p. 338.
④ ［德］康德：《论优美感和崇高感》，何兆武译，商务印书馆 2001 年版，第 4 页。
⑤ 同上书，第 7 页。
⑥ F. R. Ankersmit, *Sublime Historical Experience*, pp. 334 – 336.

关于崇高的例子中，本来在认知中处于两个相反的极端的两种情感却结合在了一起。这样，我们通常的认知工具就会暂时中断，认识论不能很好地解释崇高现象。对于创伤来说，由于它过于恐怖而无法为我们的意识接纳，所以我们的认知能力也无法理解这种经验。其次，在"充满恐惧的平静"中，平静之所以能够得以实现乃是由于我们意识到自身实际上已经不再处于危境之中了。因此，我们把自己从经验客体（危境）分开了，这样崇高通过消除其中潜在的威胁，产生一种去现实化（即客观化）运动（a movement of derealization）。对于创伤经验也是一样，主体对创伤客体变得麻木，从而使主体与引起创伤的客体保持距离。比如，突然受到打击的人会在瞬间忘掉受到打击的原因，只感到自己不再是真实的自己，仿佛成了另一个人。这样崇高和创伤经验都既具有极端的间接性又具有极端的直接性。与"通常"的经验相比，其直接性体现在我们在获得这些经验时，不借助于"认知和心理学工具"的中介作用；其间接性在于我们无力承受这种直接性，而是使自己与其保持一定的距离，因此是外在于这种创伤或崇高经验的。

  由于创伤、崇高的作用，促成了过去从当前的分离。通常我们会认为我们眼前的一切都是真实世界的样子，我们与世界是直接接触的。但当别人告诉我们世界是什么样子时，我们会认为那只是他对世界的看法，你会考虑到他的主观因素这个框架决定了他看待世界的方式，因此，他的看法只是对世界的一个表现而已。实际上我们对世界的看法也只是一种表现，只不过我们意识不到而已，所以我们自己不会容许"我相信S但S是错误的"这样的矛盾。[①] 而对于别人关于世界的看法，我们会把他们的信念看作是其关于世界的表现的一部分，上面所说的矛盾在此情况下自然是讲得通的。只要我们和其他人之间竖起这种"表现之盾"，在一个人身上实际上也可以被树立起来。比如，我们每个人都有过审视或反思以前的自我这样的经验，现在的自

---

① F. R. Ankersmit, *Sublime Historical Experience*, p. 345.

第七章　安克斯密特的历史经验理论

我与以前的自我之间就竖着一个"表现之盾",以前的自我产生了一种他者性(当然,这不一定是由崇高的历史经验所引起的,且性质也可能完全不同)。如前所述,崇高的历史经验是我们"通常"的经验类型所无法想象和理解的,表现为认识论上的悖论(如前,带有恐惧或焦虑的幸福感)。但是当在我们自身之中竖起"表现之盾"(即将以前的自我客观化)后,这些悖论便可以得到解释。崇高的(历史)经验使我们意识到过去的自我从现在的自我中脱离了出去,意识到我们不再是过去所认同的。从这个意义上说,我们自我的历史是由崇高的经验产生的,是从现在脱离出去的。举一个例子,一个小孩子过着快乐无虑的童年,他从不会有意识地把童年当作一段历史来考察,因为童年就是他目前的生活本身。突然有一天,他遇到了一件不可思议的事情,父母说以后要他自己劳动来交学费、支持自己的生活,因为他已经长大了。这种经验让他惊愕,认知暂时中断(比如,听到这些话他会在瞬间愣在那儿、头脑一片空白),之后他会恍然想到自己确实长大了,童年已经结束了。不过要注意的是,直到现在他才意识到童年(即过去)的存在,即在崇高经验的作用之下,他获得了一个新的认同,新的认同(即现在)是童年(即过去)产生的前提,所以过去是从现在分离出去的。另外还需注意的是,童年的产生是相对于主体(那个小孩)而言的,在客观上什么都没有变化,变化的是主体意识。由于过去曾是我们自身(认同)的一部分,所以我们渴望重新获得我们曾经所遗失的东西,故会产生强烈的怀旧情绪。当然,这种渴望(对某些人来说)会在某些场合突然得到满足(这又回到了主观的历史经验)。

但是,根据安克斯密特的界定,崇高的历史经验的主体是民族、文明等集体事物。[①] 对于民族、文明等集体事物来说,其历史意识产生于集体创伤,如文艺复兴、法国大革命等。由于文艺复兴使某些历史学家意识到中世纪已经永远从"现在"分离了出去,中世纪神作

---

① F. R. Ankersmit, *Sublime Historical Experience*, p. 13.

为人类命运主宰的时代已经与"现在"人们自己掌管自己命运的时代完全不同了。"在这里,不幸、创伤产生了一种从历史的灾难和悲剧分离的运动;它迫使其时最为敏感的心灵前进到一个可以将过去客观化的位置。正是由于这种运动——它促成过去的出现——过去就像需要反思甚至付出最大努力去进行历史理解的客体。"① 崇高的历史经验使文明发生断裂,反映在"最为敏感的心灵"中便是他历史意识的产生。而为了重新恢复失去的认同,恢复永恒的现在(即经受创伤打击前的状态),他会诉诸历史编纂(当然,那种永恒的现在永远也得不到真正的恢复了)。

二 历史经验和情绪、情感及语言的关系

安克斯密特认为情绪、情感是历史经验的"所在地";语言和经验在本质上是不同、甚至矛盾的,但它们之间的关系却是历史经验理论所无法回避的问题。

(一)历史经验与情绪、情感

情绪、情感是一个框架,其中封存着我们对于世界的经验;对于历史上的各个时期也同样如此,其情绪、情感之中亦封存着各时期的世界经验。② 情绪、情感在这里既针对主体的情绪、情感,又针对历史事物所呈现出的情绪、情感。对于前者,安克斯密特用波尔诺(O. F. Bollnow)的话认为情绪和情感属于人类经验最基本的范畴:"在我们所有精神生活的最深处,我们会发现我们的'情绪',它表达着我们在一般层次上如何感受生活'。"③ 对于知识来说,我们可以说我们拥有知识;但对于情绪和情感,我们不能在拥有知识的意义上说我们拥有情绪和情感。合适的说法是,我们是快乐或兴奋的,或者

---

① F. R. Ankersmit, *Sublime Historical Experience*, p. 355.
② Ibid., p. 274.
③ Ibid., p. 307.

第七章 安克斯密特的历史经验理论

是压抑的。从某种意义上说,我们就是我们的情绪和情感,它们也构成了我们自身的认同。在我们自己和情绪、情感之间拥有一种密切性和直接性,而在知识与我们之间是不存在这种特性的。安克斯密特认为情绪、情感不同于我们的信仰,情绪、情感是不可言说的,"我们就是情感和经验——此时,关于情感或经验能够或应该言说些什么这样的问题是根本讲不通的,就如同问一块石头作为一块石头是怎么样的。只有我们(再次)变成我们'正常的'自我,变成有一个名字、一段历史、一种职业的人后,如何将一种情绪或审美或崇高的经验转化成语言这样的问题才会出现"①。此外,个人的情绪、情感与个人的经历密切相关。② 这样,对于情绪、情感来说,似乎缺乏主体间共同理解的基础,但这也不排除主体间会有共同的情绪、情感的可能性。

除主体的情绪、情感外,安克斯密特认为历史事物会呈现出一个情绪和情感的世界。比如说某个时代留下的绘画、音乐作品便会带有那个时代的情绪,尽管这些情绪不能用言说的方式表达,但对于大多数历史学家来说都会认可这一说法。当历史学家欣赏那些历史遗迹时,其所呈现的情绪和情感世界就可能会使历史学家自身产生共鸣。在此,之所以说可能会使历史学家自身产生共鸣是因为安克斯密特认为,历史学家头脑中必须有与那些情绪、情感相同调子的思想经验。例如安克斯密特在欣赏弗朗西斯科·古厄迪的《带吊灯的拱廊》时,画作中呈现出的厌烦情绪之所以在作者心中产生共鸣,是因为作者小时候的经历在其头脑留下了厌烦的思想经验。一旦产生共鸣,过去(客体)和当前(主体)便融合于纯粹的经验,即无经验主体的经验之中,从而使时空维度消失,而实现过去和现在的直接接触。

情绪、情感还有一个特征是它们没有内容,犹如音乐中的调子。因此,它不能如实证材料那样为我们所研究,它可以为我们听到而不是看到。犹如音乐,它给人更直接更强烈的感觉,而视觉则往往会产

---

① F. R. Ankersmit, *Sublime Historical Experience*, p. 226.
② Ibid., pp. 286–287.

生距离感。"情绪不仅是自我的经验，它还是世界的经验"①，正因为自我的情绪、情感与历史世界的情绪、情感的同质性，所以当两者发生共鸣就犹如碎裂的雪球重又变为原来完整的雪球，即主、客体又如其原来一样融为一体，实现了新认同产生以前的认同状态。另外，安克斯密特说："确实，通过洛可可饰物我们可以发现启蒙运动时期科学的世界，不会少于在牛顿、欧拉、伯努利家族或达兰贝尔著作中的发现。"② 与牛顿的著作一样，这些艺术作品也同样可以反映启蒙运动时期人们的观念世界，只不过它通过饰物中体现的情绪、情感可以为我们所感知，而通过牛顿的科学著作则获得的是实证的、外在的知识。

在主观的历史经验中，是情绪和情感对历史学家（主体）的包围，是两者出乎意料的遭遇；在崇高的历史经验中，"崇高的历史经验在这些情绪和情感当中使自己被完美地感受到"③。情绪和情感概念对于理解安克斯密特的历史经验理论相当重要，它使历史经验有了某种质感，就像缥缈但却真实存在的乐调，从而深化了我们对历史经验特征的认识。就安克斯密特的理论来说，强调情绪和情感的作用与其反对认识论在历史学及历史理论中的地位是相协调的。认识论将主、客体分裂开来，这实际上是理性主义的产物。安克斯密特则想通过对情绪、情感等主体感性因素的强调来恢复浪漫主义的传统，他认为浪漫主义的情绪、情感世界对于我们如何与过去相连接这个问题具有决定性的意义，"我们如何感受过去与我们知道关于过去的什么东西同样重要——甚至可能更重要"④。

（二）历史经验与语言

安克斯密特历史经验理论所提示的经验与语言的关系也值得我们

---

① F. R. Ankersmit, *Sublime Historical Experience*, pp. 307 – 308.
② Ibid., p. 312.
③ Ibid., p. 308.
④ Ibid., p. 10.

第七章 安克斯密特的历史经验理论

思考。他曾这样说："语言存在之处无经验，经验存在之处无语言。"① 若从绝对意义上来理解，那的确是这样，经验先于主客体的分离，所以也早于语言；另一方面，语言传达的毕竟是关于客体的知识而非客体本身，故经验和语言完全是不同范畴的事物。然而，纵观安克斯密特著作中所涉及的经验与语言关系的内容，其观点颇为混乱。他认为一方面只有极少数形式的语言可以达到传达或接近经验的程度，另一方面，每次大的历史变动后（如文艺复兴、法国大革命），其创伤性经验都会促使那些"最为敏感的心灵"投身于历史编纂。而这些在历史经验引导下的历史编纂不存在主、客观性问题，也就是说，它们传达的不是关于过去的知识，而是历史经验本身。② 安克斯密特赋予这些历史编纂以等同于历史经验本身的地位，这颇让人不解。难道这些也是由语言写就的历史著作能够超越语言而传达或接近经验吗？若是这样，那岂不与他的观点相矛盾吗？

我们应该从两个方向上来理解经验与语言的关系。首先是从语言到经验，其次是从经验到语言。对于前者，我们知道，"编年史中的一行文字"也能引起主观的历史经验，但此时的"一行文字"相当于"一幅版画或一首古谣"一样，并不能真正反映语言与经验的关系。安克斯密特认为，某些词语往往会比其他词语更接近于世界本身，更能引起人们关于世界的经验，当然这也是从经验到语言的成功的转换。如"炽烈"（fierce）这个词，它呈现出客观世界的一种情绪、情感，使主体被笼罩于其间，于是更易于产生主观的历史经验。③ 另外，悖论性的语言也是一个让我们更接近实在的途径。他认为，悖论要求我们关注历史实在。如托克维尔所说的，美国人"既受约束又

---

① F. R. Ankersmit, *Sublime Historical Experience*, p. 79.

② Ranjan Ghosh, "Interdisciplinarity and the 'Doing' of History: A Dialogue between F. R. Ankersmit and Ranjan Ghosh", *Rethinking History*, Vol. 11, No. 2 (Jun., 2007), p. 248.

③ 安克斯密特在其即将出版的著作《历史表现的语义学》（*Semantics of Historical Representation*）中，通过联感现象证明某些词语不仅表明了客观事物的性质，而且其自身又产生一种"情绪""情感"，使主体易于产生主观的经验，即主、客体的融合。然而，安克斯密特并没有指出类似的语言在整个语言中能占多大分量。

不受约束",美国是"世界上研究笛卡尔的学说最少却实行得最好的一个国家";法国大革命后建立的政府比它推翻的任何政府都更不稳定,但却又比它所推翻的政府强大百倍。这些悖论在语义上是矛盾的,但它所言却都与事实相符,所以悖论在语义层面的冲突反而使我们超越语言本身的局限性,而更接近于历史实在。① 反过来,从经验到语言基本上可以采取与上述策略相反的方式,即用某些更能接近于世界本身的联感性、悖论式的语言。但这些语言形式毕竟是十分有限的,相对于大量的历史编纂来说,其实际意义会有多大,则不得而知。对于大的历史变动后那些"最为敏感的心灵",如圭恰迪尼、马基雅维利以及法国大革命后19世纪上半期的历史学家,他们的著作更像是文明自身的呻吟,"他们使历史经验说话"②。安克斯密特的意思是通过阅读这些历史著作,我们接触到的是历史经验而非简单的文字文本。这与安克斯密特一直强调的语言和经验之间的不对称性(即语言不足以充分传达经验)无疑是相矛盾的,"当超出经验导向文本时我们不可避免地会失去某些事物"③。那么我们即便退一步来讲,那些诸如圭恰迪尼、马基雅维利等历史学家的著作(文本)是在"一幅版画或一首古谣"的意义上被当作时代遗留物来看待,我们可以通过它们来引起历史经验,达到与历史的本真接触。然而,这样一来这些伟大作家的作品又与那些中世纪、大革命期间的其他遗留物有什么区别呢?我们同样可以在这些物品上获得其时代的氛围(当然不是每个人都可以),进而达到与那个时代的直接接触。

总之,经验与语言的关系对于安克斯密特历史经验理论是非常关键的问题。它不仅决定着其理论是否能够更加融贯,而且还影响着其理论对历史学科能有多大的启示。正是历史经验驱动着历史书写,而

---

① [荷兰]安克施密特:《托克维尔与民主的崇高性》,载[法]阿隆,[美]贝尔编:《托克维尔与民主精神》,陆象淦、金烨译,社会科学文献出版社2008年版,第102—106页。

② Ranjan Ghosh, "Interdisciplinarity and the 'Doing' of History: A Dialogue between F. R. Ankersmit and Ranjan Ghosh", *Rethinking History*, Vol. 11, No. 2 (Jun., 2007), p. 248.

③ F. R. Ankersmit, *Sublime Historical Experience*, p. 284.

第七章　安克斯密特的历史经验理论

历史书写又是为了恢复那永不可恢复的过去。历史经验是过去和现在（历史书写）之间实现转换的关键一环。从经验到语言的转换必然意味着失去某些东西，然而我们又不得不去这样做。在这个问题上，安克斯密特建议历史学家相信自己的历史经验，用经验来引导自己的历史写作。这也算是安克斯密特为尽量减少历史经验的丢失而给出的带有几分无奈的建议吧。

（三）历史经验的开放性

安克斯密特认为诸如传记、自传这类写作方式非常接近于它们所反映的"生活经验"[①]。在这里，语言的诸种缺陷似乎都被安克斯密特放在了次要的位置。也许他认为这类作品是在经验的引导下完成的，所以才最接近它所反映的"生活经验"。但此处安克斯密特所谓的"生活经验"与其经验理论的经验概念是否统一又让人颇为怀疑。我们知道安克斯密特所说的历史经验具有"直接性和当下性"，而且只是与过去"情绪""情感"的融合，这就决定了它的非连续性，即不能将某段历史时期（包括个体经历）连续不断的如同放电影似的"经验"下来。对于个体的"生活经验"，他/她也许能够更容易产生安克斯密特真正意义上的（历史）经验，但要构建一个连续的叙事统一体（传记文本），恐怕是仅凭这些罗密欧与朱丽叶瞬间拥抱式且无实际内容的经验所无法完成的。若要完成所谓在经验引领下的自传，对自己过去具体经历的事件进行理性的回忆，甚至查阅自己的相关资料都是必不可少的。所以"生活经验"并不是安克斯密特真正意义上的经验。然而，安克斯密特在很多地方混用了这一概念。不过，我们又似乎不应在历史经验的定义上纠缠不休，因为安克斯密特关于历史经验的理论实际上是为了引起更多关于历史经验的讨论。有人在采访他时提出，如果按照安克斯密特所说，严格意义上的历史经

[①] Ranjan Ghosh, "Interdisciplinarity and the 'Doing' of History: A Dialogue between F. R. Ankersmit and Ranjan Ghosh", *Rethinking History*, Vol. 11, No. 2 (Jun., 2007), p. 231.

验是非常稀少的现象,那么能否给历史经验一个更宽泛的定义。安克斯密特对此的回答强调说:"可能存在着更多种类的历史经验,我希望当人们在谈到这本书(指《崇高的历史经验》)时会有不同的反应,而其中之一便是说安克斯密特远没有做太多的限制,存在着比我描述过的更多种的历史经验。因此,在本书中,我最不愿意做的事便是对历史经验进行某种立法。"①

詹金斯称安克斯密特的理论论证是"惊险传奇式"的,这也许不无道理。安克斯密特把叙事实体(历史表现)与绘画进行类比,进而赋予叙事实体以审美的特质。在关于崇高的历史经验的论述中,安克斯密特主要在个体层面说明了崇高的历史经验现象。但看起来安克斯密特对崇高的历史经验的论述产生了同样的问题,即将在个体层面的现象和作为集体主体的文明进行了类比,尽管看上去顺理成章,但也总给人一种似是而非的感觉。詹金斯甚至批评说,历史学家的崇高经验与作为集体的崇高历史经验是完全不同、各自独立的两种东西。② 科雷尔(Torbjorn Gustafsson Chorell)也指出,文明、文化和社会拥有崇高的历史经验是令人很不能接受的。③ 在笔者看来,问题不至于如此严重,但若将作为个体的崇高经验推及作为集体主体的、历史的(毕竟文明一般情况下是要超出单个个人的生命限度的)、崇高的历史经验,的确还需要严密的论证,而不是想当然

---

① Marcin Moskalewicz, "Sublime Experience and Politics: Interview with Professor Frank Ankersmit", *Rethinking History*, Vol. 11, No. 2 (Jun., 2007), pp. 260 – 261. 实际上安克斯密特对其理论中的许多重大问题都持开放的态度。与历史经验定义问题相对应,在关于创伤(崇高)与西方历史意识的关系上,安克斯密特指出,从创伤角度去分析西方历史意识的产生只是从众多与历史意识有关的事实中进行挑选和整理的不同方式而已,人们当然还可以从其他角度来看待西方历史意识的产生问题。见 F. R. Ankersmit, "Trauma and Suffering: A Forgotten Source of Western Historical Consciousness", in Jörn Rüsen, ed., *Western Historical Thinking: An Intercultural Debate*, p. 83.

② Keith Jenkins, "Review Essay Cohen contra Ankersmit", *Rethinking History*, Vol. 12, No. 4 (Dec., 2008), p. 546.

③ Torbjorn Gustafsson Chorell, "F. R. Ankersmit and The Historical Sublime", *History of the Human Science*, Vol. 19, No. 4 (Nov., 2006), p. 95.

第七章　安克斯密特的历史经验理论

的类比①。

值得注意的是，客观的历史经验、主观的历史经验和崇高的历史经验之间的界限并不是一成不变的。当客观的历史经验使历史学家痴迷，从而在其头脑中产生共鸣，那么客观的历史经验就变成了主观的历史经验，也就是说其经验主体已经从过去的人物转变成了历史学家。进而，"主观的历史经验可能产生一种遗失和迷离的情感——此时，第三种历史经验的某种崇高性就会被赋予主观的历史经验"②。从上文我们知道，安克斯密特所说的崇高的历史经验是一种集体的创伤经验，其主体为国家、文明等集体事物，但这些集体事物无疑是缺乏经验能力的。因此，安克斯密特赋予历史学家以这些集体经验代言人的身份，"此时，过去产生于历史学家进入一个新世界的创伤经验，也产生于对失去了且无法恢复的先前世界的意识"。另一方面，安克斯密特认为这种意识只产生于如圭恰迪尼、马基雅维利等所谓"最为敏感的心灵"之中。所以，列昂·戈斯曼批评他具有"精英主义的蕴涵"③ 是不无道理的。可以想象，作为个体的历史学家，若要充当文明的崇高的历史经验的代言人可能有两种途径。第一种是历史学家本人亲身经历了文明的剧烈变化，如文艺复兴、法国大革命等，从而感受到过去的产生以及我们不再具有之前的认同，正如圭恰迪尼和马基雅维利一样。另一种则不必历史学家本人亲历这种剧变，历史学家也可能通过游历古文明遗址，甚至通过阅读文献而产生安克斯密特所谓的主观的历史经验。在主观的历史经验中，主体和客体像罗密欧与朱丽叶一样拥抱在一起。正如我们在论述情绪、情感时所讲到的，客体的情绪、情感本身就是我们情绪、情感的一部分，这样主体就是客体，客体也是主体，也可以说主、客体尚未分离。这样就产生了一种"现在状态"，即

---

① 就此问题笔者请教了安克斯密特教授，他认为对于崇高的历史经验本身来说，不存在个体主体和集体主体的问题，因为在崇高的历史经验中主、客体尚未分化出来。而在主、客体分化后，当然存在个体主体和集体主体，但这只是方法论上的个体论和整体论而已。安克斯密特的回答似乎没有解决这个问题。
② F. R. Ankersmit, *Sublime Historical Experience*, p. 266.
③ ［波兰］埃娃·多曼斯卡编：《邂逅：后现代主义之后的历史哲学》，第237页。

我们的信念对自身具有透明性，我们透过这种信念直接经验世界。不过，在主观的历史经验中我们并不能得到清晰的过去，而只能获得其类似于音乐调子一样的情绪、情感。然而，这种过去和当前（客体和主体）的突然融合不仅是在突然之间出现的，而且只出现在"不经意的瞬间"。那么，在"不经意的瞬间"结束之后，我们便又回到了主、客体相互分离的状态。但就在这一瞬间，我们经历了"现在状态"到过去开始产生的过程，于是某种"遗失感"便会油然而生，这就会产生所谓的崇高性。反过来，这种崇高性所造成的遗失感又会使历史学家努力追求"以前的认同"这类主观历史经验。对于主观的和崇高的历史经验的关系也许我们还可以这样理解，即主观的历史经验是主、客体走向"现在状态"，而崇高的历史经验则沿着相反的方向运动。由于崇高的历史经验预设了现在状态以及主、客分离状态的存在，因而也可以说崇高的历史经验包含了主、客观的历史经验。在通常情况下，安克斯密特用历史经验来统称主观、客观和崇高的历史经验，但对于历史经验的崇高性他这样论述道：

> 首先，历史经验必然引起从永恒的现在到由过去和现在事物组成之世界的形态转向。这会使我们发现过去，它就如同莫名地从永恒的现在"崩离"出去的实在。这就是"遗失的时刻"。但同时历史经验又旨在通过再次超越过去与现在的障碍，恢复那个过去。它的特点可以被描述为"渴望或相爱的时刻"。所有的历史编纂都将存在于这样的空间中，这个空间被对过去的发现（遗失）和再发现（相爱）（它们共同构成历史经验的领地）这样的互补运动所包围。正如……柏拉图关于性别起源的神话，过去和现在就如同男人和妻子一样联系在一起。历史经验的崇高性源自这种遗失与相爱情感悖论似的统一，即我们与过去联结方式中痛苦与快乐的结合。①

---

① F. R. Ankersmit, *Sublime Historical Experience*, p. 9.

第七章 安克斯密特的历史经验理论

三 历史经验理论批判

安克斯密特确定地告诉我们，至 21 世纪的前 10 年"语言学转向的范式仍然居于支配地位"，但他认为这一转向本身包含不容忽视的盲点，所以他要以历史经验理论超越"语言学转向"。他特意强调，这是对"语言学转向"的超越而非反对。①

那么安克斯密特认为"语言学转向"有什么盲点，以至于他要以历史经验概念超越它呢？以兰克为代表的传统历史学家极力压制自我和语言，理想地认为可以让历史本身向人们表明自己。这实际上假设了文本是透明的，人们可以透过文本看到过去本身，但实际上却并非如此，安克斯密特称之为"历史编纂的马格利特（Renè Magritte）观念"。历史文本会让读者产生一种错觉（illusion），即我们在阅读历史文本时就好像看到了过去本身而不是文本。这就像欣赏马格利特绘画一样，只是一种错觉，过去本身和历史文本之间的区别被无视。②

但历史哲学的"语言学转向"（以海登·怀特为代表）开始质疑"历史编纂的马格利特观念"，认为历史学家看到的只是语言所产生的实在的幻象（illusion of reality）而非过去本身，所以就像欣赏画作一样，我们看不到真实场景而只能看到画作本身。所以，传统历史学家或史学理论家在某种程度上都将错觉当作了现实，历史学家可以直接面对过去实在的迷梦被海登·怀特打破了。"语言学转向"使我们意识到语言问题的存在，进而区别于前语言哲学视语言为透明之物的特征。

安克斯密特视自己的历史文本理论为表现主义（representationalism），即"历史文本是过去的一个表现"，表现是被表现者的替代

---

① Frank Ankersmit, "Historical Experience beyond the Linguistic Turn", in Nancy Partner & Sarah Foot, eds., *The Sage Handbook of Historical Theory*, London: Sage Publications Ltd, 2013, p. 425.

② Frank Ankersmit, "Historical Experience beyond the Linguistic Turn", in Nancy Partner & Sarah Foot, eds., *The Sage Handbook of Historical Theory*, pp. 426–429.

物。表现主义一词的语源学意义是，"使不在场的事物再度呈现"，以此，安克斯密特尤其强调要区分"语言学转向"与表现主义，很明显，他想将自己的理论排除在"语言学转向"之外，进而与怀特保持距离。他的理由是："语言学转向要求我们分析历史文本"，其代表人物是海登·怀特、罗兰·巴尔特以及列昂内尔·戈斯曼等，文本被他们当作对过去的一种解释。而作为历史表现物的历史文本在这里与一只戒指、一块墓碑或一支钢笔等表现物没有区别，"对于历史表现主义者，历史文本只是表现过去、使过去再度呈现的一种方式"①。他尤其强调了历史表现的属性是"使过去再度呈现"（making the past present again），而非将文本看作过去的一种解释。安克斯密特与怀特的相同之处在于，两者都使历史哲学家意识到了语言（文本）问题的存在，但前者跳出了语言范畴转向审美维度，而怀特在安克斯密特看来仍然局限于语言范畴。此外，安克斯密特也拒绝用"叙事主义"一词来称呼他的史学理论，而是选用了"历史表现"这一术语。他的目的之一也是为了与怀特的文学理论路径相区分，他认为"叙事主义"容易让人们将历史写作与小说、虚构联系在一起，"于是，历史文本公正对待过去的要求被彻底抛弃了"②。这里，安克斯密特明确反对那种抛弃过去而拥抱虚构的史学理论。

  跳出了语言范畴的安克斯密特将他的历史表现理论与以兰克为代表的传统史学联系了起来，维护以兰克为代表的传统史学的理念，即历史学家的理想目标是与过去的直接接触。他认为，这种"马格利特观念"可能揭示了"真理的内核"（a kernel of truth），比如兰克的"如过去实际发生的那样"（as it has actually been），米什莱的"复活过去"。传统史学观念要求"过去为自己说话"，表现主义者认为这一目标不可能实现，但却并不影响安克斯密特对这种观念的认同。安

---

① Frank Ankersmit, "Historical Experience Beyond the Linguistic Turn", in Nancy Partner & Sarah Foot, eds., *The Sage Handbook of Historical Theory*, p. 428.

② ［荷兰］F. R. 安克斯密特：《崇高的历史经验》，杨军译，东方出版中心2011年版，第1页。

第七章 安克斯密特的历史经验理论

克斯密特愿意退而求其次，用表现概念来接近这个目标，因为关于过去的表现是过去本身最好或最可信的替代物。① 这显然与怀特的"语言学转向"背道而驰，在怀特那里，历史学家和过去实在之间始终要以文本为中介，而文本本身则具有自身的结构，阻碍着历史学家或读者与过去的相互靠近。

历史表现被安克斯密特赋予了新的意义。历史表现使人们注意到语言（历史文本）不能像科学哲学和语言哲学所认为的那样是理所当然的，但是历史表现理论也使我们跳出了语言或者说文本本身，进而关注这样的问题，即我们与世界或过去的非语言关系是什么，语言哲学之外或之后是什么。如果从历史表现和历史经验的关系角度来讲，安克斯密特认为，历史表现引导我们跳出语言走向"非语言、前语言或超语言"的历史哲学，即历史经验概念。历史表现概念旨在实现与过去的直接接触，但只是接近却并未能实现，而历史经验概念却可以实现这一目标。因此，似乎由历史表现理论走向历史经验概念是自然而然的事情。

安克斯密特将其历史表现理论与历史经验理论之间的关系进行了合理化，似乎两者是和谐一致的。但是，其他学者并不这样看。专门研究安克斯密特历史哲学理论的彼得·艾克（Peter Icke）就认为，安克斯密特的历史经验理论与其表现主义历史理论之间是一种"彻底的断裂"②。

尽管安克斯密特的历史经验理论存在着很多矛盾和不能令人信服的地方，然而也在许多方面给我们了很大启示。

首先，安克斯密特向我们展示了主、客观性的复杂特征。在认识论中总是一方面有一个知性主体，另一方面有一个客体，主体可以拥有关于这一客体的知识，这里主、客体的区分一目了然。然而，安克

---

① Frank Ankersmit, "Historical Experience beyond the Linguistic Turn", in Nancy Partner & Sarah Foot, eds., *The Sage Handbook of Historical Theory*, p. 428.

② Peter P. Icke, *Frank Ankersmit's Lost Historical Cause: A Journey from Language to Experience*, New York: Routledge, 2012, p. 67.

斯密特认为在历史学科中，认识论主、客划分的方法并不总是行得通的。为了超越认识论，安克斯密特引入了历史经验这一概念。① 无论是在主观的历史经验还是崇高的历史经验中，都存在着主、客体融合的状态，主体和客体在这里无法区分。在崇高的历史经验中，当其尚未产生时，我们的世界在很大程度上是透明的，尤其是对我们自身的思想框架而言，比如我们看问题的潜在道德、政治立场等。在崇高的历史经验产生后，我们不再是曾经所认同的，那么以前的世界及我们的思想框架在很大程度上从我们新的认同中剥离出去，从而成为外在于我们新认同的客体。此外，安克斯密特认为存在着两种主观性，"一种主观性（我们可以在伟大艺术家的作品中找到它）会使我们获得某些关于实在的新的、深层次的真实性；另一个是'坏'的主观性（可以在糟糕的艺术作品中发现），它只会使我们产生关于绘画者个性的推测（如果我们恰好对此感兴趣；比如，因为我们希望解释绘画者作为艺术家的弱点）"②。对于糟糕的艺术家或业余爱好者来说，其绘画中留有明显的主观性；但这种主观性往往呈现的是绘画者本人的个性而不是其所画的客观实在。心理医生可以通过其病人的作品来对病人进行心理分析，从而得到更多关于病人的信息，其原因就在于此。而对于那些伟大的画家来说，其画作自然也呈现出其主观性，但通过这些主观性我们看到的是"关于艺术家生活和工作的历史时期自然和实在在总体上如何被体验的，而不是关于他本人的心理的。画作是……一个时代的而非个人的'例证'（在古德曼所用的该词的意义上来说）"③。这里的"在总体上"可以理解为艺术家对其时代某种氛围的体验，而非对具体的历史细节的体验。真正伟大的艺术家以独特方式所体验到的时代氛围以十分主观的艺术方式表现于艺术作品中，艺术作品表达了艺术家对世界的独特经验，其所体验到的东西却是其

---

① Marcin Moskalewicz, "Sublime Experience and Politics: Interview with Professor Frank Ankersmit", *Rethinking History*, Vol. 11, No. 2 (Jun., 2007), pp. 253 – 254.
② F. R. Ankersmit, *Sublime Historical Experience*, pp. 103 – 104.
③ Ibid., p. 104.

第七章　安克斯密特的历史经验理论

时代所"真实"存在的，于是"主观性是通向客观性、客体世界的唯一道路"①。那么，对于历史学家及其历史写作也是如此，其著作要传达的是时代"痛苦的呻吟"，而不单单是关于那个时代的知识，所以只有那些伟大的历史学家对其时代独特的体验才能完成这样的任务。时代精神（情绪、情感）在历史学家的头脑中的共鸣恰恰使历史学家接触到了部分本真的历史，那么此时主观性便也具有客观性了。最后，安克斯密特提醒我们："主体和客体概念自身是非常有弹性的。主体可以扩展到许多我们偏向于或乍一看会归于客体的领域……相反，客体有时可以为自己索要看起来或多或少很自然属于主体的世界。"对于前者他举例说，主体往往会将自己延伸到国家或文明之中，以寻求自身的认同；对于后者，例如人体，它本属于主体的范围，但生理学会把它当作一个客体来对待，从而主体"将会完全消失在神经生理学数据的迷雾之中"②。

其次，在历史学家的研究中，除了"科学"的考证外，我们可能还应该相信历史经验的作用。在研究历史的过程中，除了有关历史的档案材料外，历史学家应该将历史上遗留下来的绘画、装饰当作审美对象来欣赏（假若有这方面能力的话），去感受审美对象所体现出来的氛围或情绪、情感，由此产生的与历史的共鸣是"科学"研究所无法获得，但却更加直接、真实的历史。对于历史上留下的诗歌、散文等文学作品的阅读感受也可以达到同样的效果。对文学作品，安克斯密特这样认为，文学作品可向我们呈现某一时期生活世界的图景，它可以向我们展示某一时代人们的思想框架，因此还有他们的情绪、情感，以及他们曾经敏感、害怕和欢喜的事物。③ 我想真正的历史学家都不会否认存在一个能够跨越历史，并在他们头脑中引起共鸣的时代的情绪、情感。也许它们不似科学材料那样可以抓在手中放在桌

---

① F. R. Ankersmit, *Sublime Historical Experience*, p. 102.
② Ibid., p. 279.
③ Ranjan Ghosh, "Interdisciplinarity and the 'Doing' of History: A Dialogue between F. R. Ankersmit and Ranjan Ghosh", *Rethinking History*, Vol. 11, No. 2 (Jun., 2007), p. 229.

上，但它们对于历史研究的引导作用是不容否认的。比如说，当你在欣赏唐宋的诗词、绘画时，其时代的情绪、情感会像洪水一样向你涌来，这种情绪、情感对历史研究和历史书写的引导作用当然是真实存在的。同样对于历史学家自己所处的时代，他们也可以通过当代的绘画、文学作品等去感受一个更全面的生活图景，从而获得对时代的一般感受，而这种时代的氛围是在档案材料中所得不到的。总之，安克斯密特向我们提示了历史研究的另一个值得认真思考的层面。

再次，安克斯密特历史经验理论所提出的经验与语言的关系也有其价值。我们的历史写作强调科学准确地使用语言，强调使用分析性语言去还原过去的历史，这样做对于历史学科来说当然是必要的。但若能表现本真的历史，当然只是历史的一部分或一个层面，文学性语言（如诗歌、散文等）、悖谬的语言形式又何尝不能拿来使用呢？比如在涉及宗教的历史写作时，我们可以使用文学化的语言，传达出那种氛围或情绪、情感，让读者仿佛身临其境，仿佛听到了宗教仪式的鼓声、仿佛看到了夜幕下原始人围着篝火若隐若现的舞蹈。

除此之外，安克斯密特关于创伤、崇高、西方历史意识的产生等问题独到的分析和见解，以及其理论的美学倾向，对于当代史学理论研究都有很大的启发作用。安克斯密特企图超越认识论的历史经验理论也是对哲学的重要贡献。

我们也注意到，对于安克斯密特的历史经验理论，西方史学理论界的评价褒贬不一。例如，吕森提出，"对于历史思维而言，经验并不是一个很好的范畴，因为它缺少具体的时间性，而那是历史思维的一个必不可少的前提"[1]。戈斯曼（Lionel Gossman）也认为，"'经验'的各个瞬间或许并不能脱离最为博学多识的史学实践，犹如叙事和论证对于'经验'而言大概不可或缺一样"[2]。鲁斯（Michael S. Ruth）则指出，安克斯密特的经验只是许多经验类型中的几

---

[1] ［波兰］埃娃·多曼斯卡编：《邂逅：后现代主义之后的历史哲学》，第 188—189 页。

[2] 同上书，第 239 页。

第七章　安克斯密特的历史经验理论

种形式。① 然而，我们并不认为这就否定了安克斯密特的理论，实际上他所强调的正是历史经验的非时间性和审美维度，同时也承认他所说的那种历史经验"正是由于它的性质，它在历史实践中将仍会是一种稀少和例外的现象"②。对于戈斯曼的问题，安克斯密特更是指出"只有对于过去有着深刻认知的历史学家似乎才能得到这种经验——它不会出现在新手身上"③。又如，汉斯·凯尔纳（Hans Kellner）在指出安克斯密特历史经验理论的不足之后，仍对他做出了十分肯定的评价，认为安克斯密特是在原创性方面唯一一位可以和海登·怀特相比的史学理论家，并承认其理论的重要性。④

实际上，如前所述，安克斯密特对历史经验的界定本身就是开放性的，他把记忆、意识都看作是与历史经验紧密相关的概念。⑤ 这样看来，埃娃·多曼斯卡的说法也许更为中肯："如今在'历史学人类学化'之时，经验范畴以及其他与之相伴的范畴——诸如崇高、记忆、意识——可能会决定性地更新历史哲学"，而且历史经验概念在某种程度上填补了史学理论与史学实践之间的鸿沟。⑥ 无论如何，对"语言学转向"之后历史哲学的走向，安克斯密特的历史经验理论为我们提供了一种可供选择的新视角。

---

①　Michael S. Ruth, "EBB TIDE", *History and Theory*, Vol. 46, No. 1 (February 2007), p. 68.

②　F. R. Ankersmit, "Can We Experience the Past?", in Rolf Torstendahl and Irmline Veit-Brause, eds., *History-Making: The Intellectual and Social Formation of a Discipline*, Stockholm, 1996, p. 73. 转引自 Martin Jay, *Songs of Experience*, Berkeley: University of California Press, 2005, p. 259.

③　[波兰] 埃娃·多曼斯卡编：《邂逅：后现代主义之后的历史哲学》，第110页。

④　Hans Kellner, "Ankersmit's Proposal: Let's Keep in Touch", *Clio*, Vol. 36, No. 1 (Jan., 2006), p. 101.

⑤　F. R. Ankersmit, *Sublime Historical Experience*, p. 4.

⑥　[波兰] 埃娃·多曼斯卡编：《邂逅：后现代主义之后的历史哲学》，第318—319页。王晴佳在一篇题为《历史学的记忆转向》（《中国社会科学报》2010年3月2日）的文章中认为，二战后史学的发展不但出现了"语言学的转向"，而且还有一个"记忆的转向"。20世纪80年代至今史学与记忆结合到了一起，西方史学实践中出现了明显的转向记忆的热潮。这样看来，对于有关历史经验理论的期待也就是很自然的了。

第八章

弥合现代与后现代史学理论
——以约恩·吕森的学科范型论为中心

德国历史哲学家吕森在有关现代主义和后现代主义史学的取舍问题上，主张走一条中间路线。他提出，一方面，我们需要现代主义基础上的科学诉求和确定性为我们提供导向；另一方面，我们必须认识到后现代主义理论为历史思考所作出的拓展和深化。在具体的理论分析中，吕森提出了学科范型（Disciplinary Matrix）的概念①。学科范型在吕森的理论体系中并不是一个单一取向的概念，而是一个多维度、多层次且内涵丰富的概念系统。学科范型在理论构架上借用了著名科学哲学家托马斯·库恩（Thomas Kuhn）的"范型"（Paradigm）概念，是吕森对历史学科构成和历史思维结构综合考察的结果。在学科范型论中，吕森处理了现代主义和后现代主义史学理论之间的差异及价值取向的矛盾和抵牾，并将其融汇到人类历史意识和历史学科的发展历程中。

一 现代史学研究的特征

吕森认为现代主义史学的首要特点是产生了"历史本体"的概

---

① 德文表述为"Disziplinäre Matrix"。学科范型是吕森整个史学理论体系的中心概念，其理论架构是复杂的、多维的，本章主要以学科范型论在弥合现代与后现代的理论歧见，以及其作为历史哲学思考模式的当代意义两方面来思考。梅吉尔对此的阐述参见 Allan Megil, "Jörn Rüsen's Theory of Historiography between Modernism and Rhetoric of Inquiry", *History and Theory*, Vol. 33, No. 1 (Feb., 1994), pp. 39–60。

念。历史本体指的是时间变化过程中事实性的存在,其内在地将过去、现在、未来连接成统一的时间序列,研究者能够对这种序列赋予不同的意义。在18世纪中期以前,并不存在这种由过去、现在、未来前后相续而构成的整体性时间观念,只有历史故事和史学编撰作品存在于人们的历史视野中。启蒙运动中首先将这种历史本体加以概念化,成为"进化"的观念;在历史主义主导的研究范型中加以继承,成为"发展"的概念;在历史社会科学化时期,历史本体这个概念更加复杂化和多样化,年鉴学派、马克思主义史学等现代史学研究范型将历史本体概念更加多元化、常态化、明朗化。① 因而,吕森认为历史研究的发展可以看作是对这种"历史本体"的存在予以概念化的演进过程中所发生的发展。并且,在现代史学研究范型对历史主义的理想型观念批判的过程中,人们逐渐认识到历史是由物质和心智力量之间非常复杂的关系所构成的。②

现代史学研究的第二个特点是理论方法的产生和运用。现代职业历史学家或多或少地相信,有一种理性的方法使研究者能够找寻到"事情发生的真相"。这种方法在启蒙运动中首先得到运用,从而使得史料批评的程序得以系统化。其次,在历史主义主导的研究中,历史解释的观念第一次被纳入基本的研究过程。吕森在此提出批评,他认为即使在今天,还有很多历史学家认为历史研究最基本、最重要的方法依然是史料的批评,可见他们没有从历史主义的方法论中吸取任何营养。解释被纳入史学研究程序以后,使得经验事实和史料批评的成果都转化为历史事实。其结果是历史成为过去、现在、未来时间三维相联系有意义的时间经验过程,解释将经验证据

---

① 由此,也可以看出吕森对历史研究范型转换的观点。吕森借用托马斯·库恩的范型理论,认为在历史研究中依次经历了三个研究范型的转变,即启蒙运动研究范型、历史主义范型和历史社会科学范型(或称现代史学范型)。吕森对现代史学研究特征的归纳也是遵循这三种研究范式的依次转换而进行的。同时,吕森对这三种范型的研究采取了韦伯的"理想类型"的处理办法,从历时性的角度以免在理论处理上陷入窘境。

② Jörn Rüsen, *History*: *Narration-Interpretation-Orientation*, New York: Berghahn Books, 2005, p. 136.

带入了历史。①

方法论在现代史学中愈加明朗化、特征化、职业化、领域化，这就是现代史学中不可缺少的史学理论范畴。比如在年鉴学派的史学研究中，理论化趋势还是比较隐晦的，在马克思主义史学或者社会史学派中，诚如马克斯·韦伯所言，理论化研究已经非常明朗。②

无疑，吕森对现代史学特征的概括是准确的，"历史本体"概念的形成意味着人们对过去、现在、未来的时间三维有了认识，并形成整体性的时间概念；而史学理论则包含广阔，理性主导的方法论研究自不必说，其更成为对历史学性质与学科研究价值探讨与反思的重要领域。

二 对后现代史学研究的认知

下面我们来看吕森对后现代史学的理论表态。首先，吕森认为后现代主义是对现代历史思维原则的批评。后现代主义者认为，现代的历史观念本身只是一种没有任何事实证据的、欧洲中心的意识形态，历史根本就不是事实存在，而只是一个虚构的形象。因而，后现代主义的元史学（metahistory）理论采取与现代主义完全不同的方法描述历史思维的原则——在方法上并非以理性讨论和实证研究规则为主，它强调的是叙事的诗性和修辞。在现代主义的历史思维形式中，过去和现在处于通过时间变化所建立的发展过程中，所塑造的历史思维给人的感觉是过去朝向现在移动。而这些现代性的历史思维完全被后现代的史学理论（即叙事主义）所摧毁，后现代主义追求回归自己过去的身份。因而，过去的事件和想象间的时间联系被隔断，主张过往事件应该得到重新审视。③

吕森提出后现代史学的另一个特征是微观史。微观史作为一种

---

① Jörn Rüsen, *History: Narration-Interpretation-Orientation*, pp. 136–137.
② Ibid., p. 137.
③ Ibid., p. 138.

第八章　弥合现代与后现代史学理论

独特的叙述方式，反对宏大叙事。微观史处理的问题是单个人而非以一个社会集团或者阶级为对象，是单个人的生活历程而非长时段的发展，在地域上可能是一个小村庄而非民族国家。在研究方法上，后现代史学引用文化人类学家克利弗德·吉尔兹（Clifford Geertz）的理论，更偏向用"厚描述"来代替现代主义者热衷的理论建构。通过"厚描述"，过去能够获得自己独立的意义，过去不再服膺于现代历史思维主导下的那种将过去与现在联系起来的结构性进化过程。

因而，吕森对此表态说，如果我们将马丁·盖尔还乡的故事与充满了脚注、统计数字与图表的社会史或经济史等现代史学研究模式相比，可见叙事站在解释的对立面，用他本人的话是"温暖的移情远胜于冰冷的理论"[①]。

从以上的分析可以看出，吕森对此问题的研究不像詹金斯（Keith Jenkins）或詹明信（Fredric Jameson），他没有涉及任何物质性或实体性因素。在这一点上，受德国唯心传统和理念论的影响，吕森更加强调的是一种思维方式和思维逻辑，是一种看待世界的方法——不论是现代还是后现代，更多的是一种心态，一种对自己生活环境与人类群体情感变化的反馈与描述。

吕森所有的这些理论诉求及目标取向都是通过学科范型这个概念体系的运作实现的。不论在理论逻辑层面还是在概念架构的层面，吕森的"学科范型"理论都在很大程度上借用了托马斯·库恩的范型理论。[②] 库恩在20世纪的学术史上是一个无法避开的人物，其《科学革命的结构》一书中对范型、科学共同体、不可通约性等概念的诠释引发了科学认识论和科学哲学界的大革命。虽然他本人对范型理论

---

① Jörn Rüsen, *History: Narration-Interpretation-Orientation*, p. 139.
② 吕森称"关于历史思考的五个原则及其系统的相互关系问题，这可以用图表的形式来表达。在忽略托马斯·库恩关于科学史的讨论和关于其理论不能运用于人文科学论断的基础上，我借用了其'学科范型'的概念。"见 Jörn Rüsen, *History: Narration-Interpretation-Orientation*, p. 132.

运用于人文学科持有异议,但毫无疑问,范型概念已经扩展到各个人文社科研究领域。① 因而,库恩也被理查德·罗蒂(Richard Rorty)称为"二战之后最具影响力的一位以英文写作的哲学家"。

吕森将库恩的范型论进行了理论借鉴并将之运用到历史研究领域,且被阿兰·梅吉尔称之为对史学理论最大的贡献。不论是库恩还是吕森的学科范型论,有一点是共同的:都是对本学科学科结构和学科元素以及学科存在本身的理论研究和反思。我们在对吕森的学科范型进行研究的过程中,也必须要宏观地把握这个理论取向,从整体上对吕森的学科范型论做出判断。

三 学科范型论的提出及其思想背景

(一)学科范型的思想渊源

学科范型是吕森对历史研究作为学科层面的理论构建的核心概念。究其思想传承,源于德罗伊森的史学思想。德罗伊森是近代德国史学的学科化过程中和兰克比肩而立的另一位重要的史学家,其关于历史研究的系统论、方法论和题材论完整地被吕森所继承。因而,学科范型可以视为德国学科化传统的史学思想在现代的演变。德罗伊森的理论成就在于,其对历史研究的准则和研究规范的设立和实现,他的《历史知识理论》(Historik)旨在"成为历史思考和探究的工具"② 或者是"对历史学家在历史写作、历史研究和历史编纂层面工

---

① 关于这方面的研究参见 David Hollinger, "T. S. Kuhn's Theory of Science and Its Implication for History", *American Historical Review*, Vol. 78, No. 2 (Apr., 1973), pp. 370 – 393; Johannes Fabin, "Language, History and Anthropology", *Phiosophy of the Social Sciences*, Vol. 1, No. 1 (Mar., 1971), pp. 19 – 47; Allan Megill, "Four Senses of Objectivity" in *Rethinking and I*", A. Megill, ed., *Annals of Scholarship* (1991), pp. 301 – 320; John Urry, "Thomas S. Kuhn as Sociologist of Knowledge", *The British Journal of Sociology*, Vol. 24, No. 4 (Dec., 1973), pp. 462 – 473; Frances Hauge Fabian, "Keeping the Tension: Pressures to Keep the Controversy in the Management Discipline", *The Academy of Management Review*, Vol. 25, No. 2 (Apr., 2000), pp. 350 – 371.

② J. G. Droysen, *Grundriss der Historik*, 1858 (Leipzig, 1882), S. 16.

第八章 弥合现代与后现代史学理论

作的反思"①。这可以视为历史学科化的主要理论成就和理论范式，而吕森的学科范型就是对德罗伊森以来的这方面史学思想的发展和具体化。

而在更深的历史哲学层面来看，德罗伊森作为"19世纪历史学术研究中黑格尔最为成功的信徒和追随者"②，他虽然没有进入哲学领域成为一位纯粹的黑格尔主义者，但他在历史研究领域对黑格尔思想的秉持是一贯的。③ 吕森的学科范型作为一个封闭完善的理论循环，其间历史实在也是自我实现的。换言之，在学科范型中，吕森的历史实在或者一般意义上的"历史"的发展是自足的，这与黑格尔哲学展现给我们的历史实在自身的辩证动力如出一辙。安克斯密特曾对吕森与黑格尔和德罗伊森的思想继承关系这样论述道：

> 我们甚至可以认为，黑格尔与德罗伊森倾向于处理历史问题的不同方式和吕森的学科范型是完全一致的。因为，尽管黑格尔哲学史向我们展现了历史实在的自身辩证动力，德罗伊森在他的《历史知识理论》中力图设定历史研究的准则，以及他在题材论中的理论预设，用吕森在学科范型中的术语来说，这就是历史写作中历史表现的各种形式（Formen der Darstellung）。这明显是吕森关于专业学术研究和人类实践生活之间相互依赖互为对象的另一个版本。④

在安克斯密特看来，吕森的学科范型并没有脱离德国历史哲学或历史思想的传统，依然继承了黑格尔关于历史实在的自足性和德罗伊

---

① Horst Walter Blanke, Dirk Fleischer, Jörn Rüsen, "Theory of History in Historical Lectures: The German Tradition of Historik, 1750 – 1900", *History and Theory*, Vol. 23, No. 3 (Oct., 1984), pp. 331 – 356.

② Henk de Jong, "Historical Orienation: Jörn Rüsen's Answer to Nietzsche and His Followers", *History and Theory*, Vol. 36, No. 2 (May., 1997), pp. 270 – 288.

③ 参见吕森对此的论述：Jörn Rüsen, *Begriffene Geschichte, Genesis und Begründung der Geschichtstheorie Johann Gustav Droysens*, Paderborn: Schöningh, 1969, p. 16.

④ Frank R. Ankersmit, *Historical Representation*, Stanford: Stanford University Press, 2001, p. 267.

森的"表现论"。对此,笔者认同安克斯密特的这个论断,在深层的思想因素上,吕森的学科范型确实没有脱离德国的历史哲学语境的传统,甚至我们可以认为学科范型还是在为历史学作为一门学科研究层面的确立和学科地位的稳固而来的理论导向。但是,吕森的学科范型进入流通领域后,为人类的理性机制和精神结构对"历史"的接受和阐发做出了解释,因为,学科范型理论在现代历史教学和历史教授法领域取得了意想不到的成果。甚至,在现今学术界学科范型于解释人类的历史意识的接受、阐发和一般而言的"历史"的"习得"上所具有的影响力已经超过了学科范型作为一个德国历史哲学传统的现代成果的层面。

在吕森的学科范型中居于核心地位的是历史意义(Sinnbildung)。安克斯密特认为,此处的历史意义是吕森"对历史意义的迷恋预先设想了一个乌托邦的背景,(吕森的历史意义的乌托邦定向与超越经验的推动力)结果是,学科范型所要求的学术研究与生活实践的持续交互将导向乌托邦思想,另一方面是历史实在与政治行为的调和"①。也就是说,安克斯密特将吕森的乌托邦思想归结于学科范型之内专业学术和实践生活之间的摆动交互而来的产物。但是,此处安克斯密特却忽略了一个非常重要的因素,就是学科范型作为历史研究的学科共同体的规范而存在的层面。在这个层面上,吕森遵循的是托马斯·库恩的范型理论。这就使得学科范型在现今的史学理论的讨论中具备了双重特征,一方面是作为黑格尔和德罗伊森这个德国历史哲学传统的继承,学科范型作为一个历史哲学模式而存在;另一方面,学科范型的提出在20世纪70年代,正是德国传统的历史研究由于欧洲学生运动兴起的要求、"新世界"因而备受冲击之时,学科范型是面对其他学科的冲击而宣称自己研究的合法性和学科领地的理论产物。这就可以解释为何学科范型的提出是在吕森70年代"史学理论研究项目"(Research-group "Theorie der

---

① Frank R. Ankersmit, *Historical Representation*, p. 264.

Geschichte" supported by the Werner-Reimers-Stiftung）中，他和莱因哈特·科泽勒克（Reinhart Koselleck）、克里斯蒂安·梅耶（Christian Meier）、于尔根·科卡（Jürgen Kocka）、沃夫冈·蒙森（Wolfgang Mommsen）、赫尔曼·吕波（Hermann Lübbe）等人一道为维护历史学的学科地位并回应公共领域的质疑、回应社会科学化的挑战而提出的理论模式。因而，安克斯密特将吕森的乌托邦思想定义为学术研究和实践生活之间的交互摆动而产生是可以理解的，因为乌托邦就是在处理现代社会的历史文化传统中"此岸"和"彼岸"之间的未来导向和可能的问题；而他将这种学术研究和现实生活的交互摆动认为是产生于学科范型这个范畴之内，则将一个更大的问题狭隘化了，因为学科范型在其作为历史哲学的维度之外，还有一个作为学科规范和学科标准的维度存在——甚至，后者相比前者在历史教育领域被更广泛地运用和讨论。[①]

（二）学科范型论的提出与发展

历史研究作为一门学科在今天处于一种矛盾的境况之中。吕森认为，关于历史研究的基础、功能和原则讨论一方面使历史研究者感到满足，因为历史学在人文科学领域获得了新的关注和重视，特别是有关记忆及其在人类文化中作用的问题；另一方面，这种讨论又使得职业历史学家感到不安，因为有关记忆的话语不仅忽视了使历史知识获得理性成分的认知程序（而这个认知过程赋予过去的视角以客观有效性和对真理要求的职业合法性）；同时，记忆的话语使得对待过去的历史研究进入一个文化性的氛围之中，个人、集体、国家乃至整个文

---

① 关于吕森学科范型在历史教育领域中的论述，很多研究出自于伦敦大学教育中心（Institute of Education, University of London），参见该中心学者阿瑟·查普曼的论述：Arthur Chapman, "'But It Might Just be Their Political Views': Using Jörn Rüsen's 'Disciplinary Matrix' to Develop Understandings of Historical Interpretation", *Caderno de Pesquisa*: *Pensamento Educacional*, Vol. 9, No. 21, 2014, pp. 67 – 85。以及同样作为该中心学者的皮特·李的论述：Peter Lee: "Walking Backwards into Tomorrow", Historical Consciousness and Understanding History, *International Journal of Historical Learning, Teaching and Research*, Vol. 4, No. 1 (Jan., 2004).

化中由于记忆的活跃力量的存在使对过去的学术研究处于阴影之中。记忆领域的凸显使得历史学术研究和职业的历史编纂的领域转移到符号再现的领域之内。①

吕森认为记忆话语所带给历史研究的不安在后现代主义的影响下变本加厉,虽然现在认为后现代主义是对人文科学的挑战的观点已经式微。但是后现代对现代历史思维和历史编纂的认识论原则的挑战并没有缓解(吕森称这些原则在职业历史学家和历史教师中依然是金科玉律)。在他看来,记忆话语和后现代主义对史学研究的影响并不是对过去的否定。恰恰相反,这两者将过去重新历史化,并将之以文化生活中的符号秩序和导向力量的形式再现出来,且取得了巨大的成果。这种状况不仅出现在人文学科范围内,也出现在公众生活中,比如纪念物、纪念碑、周年纪念还有其他集体记忆的制度和仪式扮演了重要作用。②

而这导致的问题在于,记忆使得历史研究中已经取得的认识论原则正在消退。因为有了记忆,历史研究逐渐丧失了其基本的认识论原则。吕森承认记忆在形成人的群体认同和指导人类活动方面有着重要作用,但是,这种作用能够运用到作为一门学科的历史研究或作为广义上科学的历史研究中吗?他对此持否定态度,"如果在记忆的话语中认识到历史研究的作用,那么其不过是意识形态的代理,按照精英阶层的兴趣和需要来描述历史,成为在建构、解构和重构集体认同方面由话语权力者所使用并作为争夺权力的工具而已。有一种诗化和修辞学的方法就是拿现今人类的主流话语去装饰过往的历史,这好像是科学理性和文学形式的结合,这是一种结合了科学理论和文学背景的暧昧形态:坦白说,这是一种非常值得怀疑的文化功能的失败和中断"③。

在记忆话语和后现代主义的双重挑战下,历史研究的现代主义

---

① Jörn Rüsen, *History: Narration-Interpretation-Orientation*, pp. 129 – 130.
② Ibid., p. 130.
③ Ibid..

第八章 弥合现代与后现代史学理论

方法、"科学"的形象和学科结构遭到强烈的质疑和抨击。因而,在此情况下,历史研究不得不再次反思自己的学科传统,[1] 并对自己的认识论地位进行解释、合法化,同时对产生于研究过程中的、对确定有效性的要求进行批判反思——在确定既有的模式和作为学科构成话语的元史学成果的基础上,研究者们可以并需要这样去做。[2] 因此,在对历史研究的传统进行元史学理论层面的反思前,我们必须要详细阐述其认知结构,这样便于对历史研究在广大的文化领域中进行定位。以上便是吕森的学科范型产生的基本理论推导过程。

吕森的学科范型论从提出到发展成为现在的理论模式基本经历了四个阶段。下面我们通过具体考察吕森四个不同时期对学科范型的阐释来梳理一下其学科范型理论模式的发展史。

学科范型概念的首次提出是在1976年的《致力新史学:史学理论研究》一书中。[3] 在该书中,吕森首次阐述了学科范型的基本理

---

[1] 德国的史学思想史上,存在很浓厚的这种在元史学层面对历史研究的自省和反思的传统,甚至有专门词汇来表达:Historik,该词没有准确的英文对应词,对此吕森本人给出的英语词汇是 Historiology,相比一般意义上的历史哲学或史学理论,"Historik"更强调在人类群体演进中历史思维的产生、发展、专业化以及专业化以后历史学学科所扮演的社会角色等问题。所以吕森的学科范型也是力图对德国 Historik 这个思想传统做以集大成的思考的结果。据此在德语世界最经典的文本应该是德罗伊森的《历史思维的原则》——Droysen, Johann Gustav, *Historik*, *Historich-kritische Ausgabe*, edited by Peter Leyh, Bd. 1. Stuttgart-Bad Cannstatt (1977)。英译本见 *Outline of the Principles of History*, Boston, 1893; reprinted, New York, 1967。对此的相关研究参见 Horst Walter Blanke, Dirk Fleischer, Jörn Rüsen: "Theory of History in Historical Lectures: The German Tradition of Historik 1750–1900", *History and Theory*, Vol. 23, No. 3 (Oct., 1984), pp. 331–356.

[2] Jörn Rüsen, *History: Narration-Interpretation-Orientation*, p. 131. 在此需要指出的是,吕森语境中的"元史学"与怀特的"元史学"英文都是"metahistory",但吕森所指的"元史学"是在科学理性主导的、学术研究诉求的元史学层面的历史研究及反思,有最大意义上的历史哲学的含义;怀特的元史学显然是另一种取径,他在元史学层面更强调文本性、审美、道德、意识等。吕森在此所指的"元史学"是包含怀特主导的这种叙事主义理论话语的"元史学"在内的,是其处理对象之一。

[3] 参见 "Der Strukturwandel der Geschichtswissenschaft und die Aufgabe der Historik", in Jörn Rüsen. *Füreineerneuerte Historik: Studienzur Theorie der Geschichtswissenschaft*, Stuttgart: Frommann-Holzboog (1976), pp. 46–48.

念、元素构成和理论架构。他所提出的学科范型的构成元素只有三种：（有关对过去经验事实的主要观点的）理论、（经验研究规则的）方法、（和人类生活实践有关的）兴趣和功能。相比于吕森在《历史：叙述、诠释和导向》①一书中对学科范型的研究，可见少了两种构成元素：一方面他并没有提出（经验研究再现的）形式这个元素，另一方面他也没有将"兴趣"和"功能"分开阐述。另外，吕森在该文中也没有提出在学科范型中存在的理论反思、实践反思和实际生活这种深度的理论分层。因而，吕森只是提出了其学科范型的基本框架，在理论深度上还远不及其后期成熟的理论模型。

在 1993 年出版的《元史学研究》一书中，吕森对学科范型理论进行了进一步的阐发。②吕森在此正式提出学科范型的五个元素：观念、方法、形式、兴趣和功能，学科范型就建立在这五个元素系统化的关系之上，其中每个元素都是必需的，并与其他元素相组合形成历史知识的认知程序。这五个元素分为两个层面：学术研究层面（包括"观念""方法"和"形式"）和实际生活层面（包括"兴趣"和"功能"）。它们作为高度专业化的"理想型"的概念出现在学科范型中，并且他们间的关系也不断趋于复杂化。③相比上述 1976 年的理论形态，在成分元素上，"形式"被提出，且"兴趣"和"功能"得到了分别阐释；在理论分层上，学术研究和实践生活的不同层次首次得到明确的表述，并且学科范型使得历史知识具有了动态特征，历史知识源于实践生活、最后又归于实践生活。

1994 年，吕森在《现代与后现代之间的历史研究》④一文中对学

---

① Jörn Rüsen, *History: Narration-Interpretation-Orientation*, 2005.

② 吕森这个阶段的研究可参见德文材料：*Zeit und Sinn: Strategien Historischen Denkens*, Frankfurt am Main: Fischer (1990), pp. 51 – 55；*Historische Vernunft*, pp. 24 – 32。其英文材料主要是《元史学研究》中的第九章《西德历史研究中的范式转换和理论反思》(Chapter 9 "Paradigm Shift and Theoretical Reflection in Western German Historical Studies" in Jörn Rüsen, ed., *Studies in Metahistory*, Pretoria: Human Science Research Council, 1993)。

③ Jörn Rüsen, ed., *Studies in Metahistory*, pp. 161 – 166.

④ Jörn Rüsen, "Historical Studies between Modernity and Postmodernity", *South African Journal of Philosophy*, Vol. 13, (Jan., 1994) pp. 183 – 189.

科范型做出了进一步的阐释。在前述的理论成果基础上，吕森在该文中主要提出了历史研究的维度理论。吕森认为在学科范型内部，在"概念"与"方法"之间存在的是"集体记忆的政治方法"；在"形式"与"功能"之间产生"历史表现中诗意和修辞的美学策略"；在"功能"和"兴趣"间"产生历史知识的认知策略"。这三个方面分别代表历史研究的三个维度：政治维度、认知维度和美学维度。维度理论在吕森的理论体系中具有重要作用，是对其中所有元素的价值取向、实践价值及整个学科范型、整个历史学术研究在一个文化系统中所处位置的理论探索。

在《历史：叙述、诠释及导向》一书中，吕森对学科范型做出了更进一步的理论发展。维度理论中涉及的由政治、认知和美学三个维度扩展为五个方面：语义学、认知、美学、修辞和政治。

从以上对学科范型论的历时性考察中我们可以看出，吕森对学科范型的研究在理论上是一个不断深化的过程，一方面是学科范型内部元素成分的增加，另一方面是学科范型研究维度的增加。前者基本可以看作是对历史研究横向的分析，后者可以视作对历史研究有一定高度的纵向考察。如此一横一纵可以基本对历史研究的学科特征和历史思维的认知结构做出具象的分析判断。因而，吕森的学科范型在本质意义上并不是对库恩理论目标的背离，而是一如既往的承继和发展。

四 学科范型论的基本内涵

（一）学科范型的五个构成元素

下面我们对学科范型中的五个元素进行具体分析，并对其相互关系进行探究。图 1 所示学科范型图被吕森称之为"历史思维结构图"。

首先是兴趣，吕森认为历史研究的兴趣产生于认识论领域，是因人们对当前自己生活世界的时间变化中进行导向和定位的需求而

中篇　史学理论家

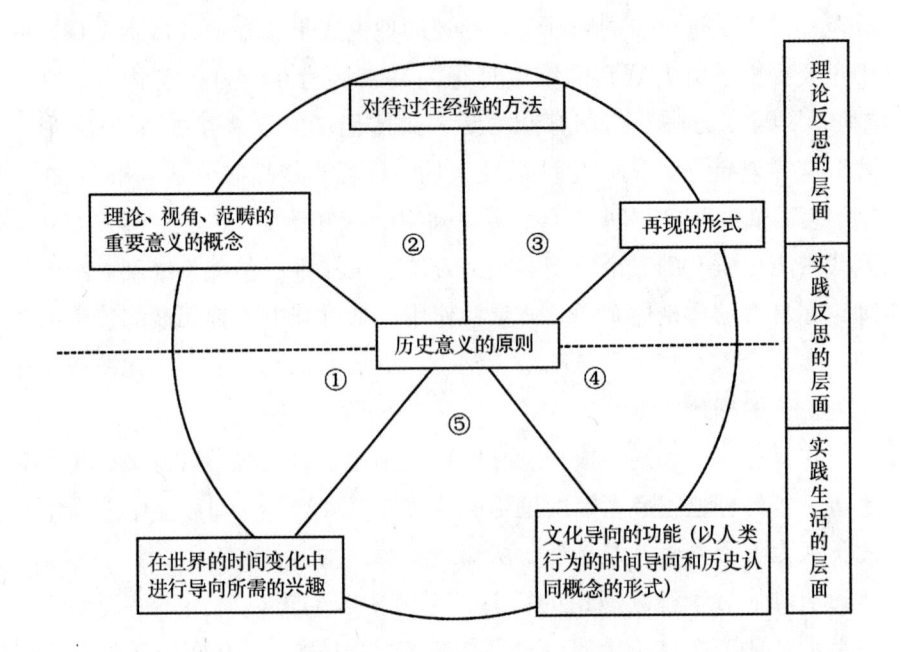

```
                    对待过往经验的方法
    理论、视角、范畴的                              理论
    重要意义的概念         ②    ③     再现的形式    反思
                                                  的
                                                  层
                        历史意义的原则              面

                        ①       ④               实践
                            ⑤                   反思
                                                  的
                                                  层
                                                  面

    在世界的时间变化中           文化导向的功能（以人类   实践
    进行导向所需的兴趣           行为的时间导向和历史认   生活
                              同概念的形式）          的
                                                   层
                                                   面
```

①符号表现的语义策略　　　④提供历史导向的修辞策略
②产生历史知识的认知策略　⑤集体记忆的政治策略
③历史再现的美学策略

图1　历史研究的学科范型图解

出自 Jörn Rüsen，*History*: *Narration-Interpretation-Orientation*, p. 131.

产生。在吕森看来，这是历史研究的最初动力来源，也是人类对历史需求并进行消费的根本原因。其次是概念，这个概念是关于时间变化的重要意义和视角变换的概念。在这个过程中，过往获得了其具体特征而成为"历史"①。吕森提出的这个"概念"并非我们通常意义上理解的有关事物性质进行定义描述层面的概念，吕森的

---

① 吕森认为由"过往"成为"历史"是通过叙事达成的，其中叙事赋予了过往时间经验以意义；在这点上吕森所持观点与怀特相同，怀特同样认为"赋予历史事件意义的主要方法是叙述，历史编纂是一个意义产生的过程"，具体可见其对伊格尔斯的回应文章"An Old Questions Raised Again: Is Historiography Art or Science?" *Rethinking History*, Vol. 4, No. 3 (Dec., 2000), pp. 391–406.

第八章 弥合现代与后现代史学理论

"概念"① 指的是人类对与过往的经验事实和当前生活世界的时间变化的有关视角、观点、理论、价值判断的综合体。第三是指对过往经验进行研究的方法论规则。无疑,方法论在整个历史研究中已经处于相当专业化、学科化的范畴之中,人类对"历史"的主观感受和自我意识已经非常强烈。第四个元素是再现的形式。其中,过往实在通过诠释产生意义,并最后以叙述(文本作为其成品)的形式呈现。再现的形式已经处于历史研究的深度学科化和专业化之中。在前面方法论规则的基础之上,人类主体在高度的自我理解和自我意识的指导下对过往经验进行诠释后,需要以某种形式表达出来,显然这个表达过程就是叙述,而后现代主义史学对现代史学的发难之处恰恰就是叙述的问题。因而,再现的形式这个元素是吕森整个学科范型的理论张力所在。最后是历史研究的文化导向功能,它多以人类活动的时间取向和历史认同的概念形式表现出来。文化导向功能是吕森学科范型中的最后一个元素,历史研究在经过前面所提及的专业化、学科化、学术化之后,最终又回到了人类生活实践层面:历史研究最后成为指导人类活动和历史认同的工具和方法。

通过以上简要的分析可以看出,吕森的学科范型中的五个元素是一个动态循环系统,并且历史研究的起点和终点都是关于人类实践生活及其需求层面。在学科范型中,吕森首先提出的是历史研究的缘起,这便是人类在历史长河中对自己当前生活的世界和自我本身进行定位的需要。在此基础上,人类自然会产生对过往经验的看法,而这些看法涉及不同的视角、理论、意义以及价值判断,这是一个相当复杂的思维过程。对上述问题的不断思索和研究最终使得人类对于过往兴趣的专业化、学科化。因为只有在学科化和专业化的帮助下,人类对上述有关过往的复杂的历史思维问题才能得到更精深的研究和解决。因而,研究者必然需要一种方法论准则的帮助

---

① 对此吕森也用"Idee"这个词来表达,这较用"Konzept"更直观,也似乎更容易理解。

和规训。在方法论的指导下,历史研究从而进一步深化,人类对过往的历史思维逐渐产生成果,而这种成果需要表达出来以资后世。这就涉及吕森学科范型中的第四个元素:再现的形式。通俗地说,再现的形式本质就是人类历史思维不断精深化的成果的表达。由于历史研究还没有专门的理论术语,在研究成果进行叙述表达时所使用的是日常语言。而日常语言的叙述在后现代的非难下似乎已经英雄迟暮,语言的不透明性使得历史研究的表达成为问题,甚至危及历史研究的合理性存在。那么这个问题就没有解决的途径吗?吕森给出了答案,这就要归于其学科范型的最后方面:历史学的功能问题。在吕森看来,历史学的最终功用在于为人类实践活动进行指导,并在历史的时间长河中形成历史认同。因而,不论现代还是后现代的历史研究,其最终结果都归并于人类对于自我在历史长河中的认同与反思问题。从这个角度来看,吕森无疑以一种宏大的视角和磅礴的手笔使传统的历史研究和后现代的历史思想统一起来。

吕森的学术实践证明了其历史研究并不是在历史学的专业视域内,而是在以哲学的视野研究历史,专业历史学科成为其理论研究中的一个对象。他更像是在以历史人类学的视角进行研究,他意图辨明的是人类历史感的形成、历史意识的由来及其在人类发展中所扮演的角色、对人类未来的发展可能性的预测。吕森对现代与后现代的历史思想的抵牾进行消弭,但他并非完全在技术性层面对此做出努力,而是在学术高度和学术视野方面进行了修正。他将两者的异议弥合在人类历史发展进程、历史感、历史思维的形成过程中。在这个高度上,现代与后现代之争就略显乏力,而又同时得到了其相应的位置。

(二)历史研究的五个思考维度

上述这些历史思考基本体现在吕森的维度理论中。吕森的学科范型是一个综合的理论范畴,除了对现代主义和后现代主义历史理论间存在的差异进行弥合之外,在其中吕森还提出了其历史研究的维度理

第八章 弥合现代与后现代史学理论

论。维度理论基本是吕森对历史研究思考的诸多面相进行综合的结果。

学科范型的五个元素是兴趣、概念、方法、形式和功能。首先在兴趣与功能的相互关系中,历史思考展现了最基本的作为时间象征的语义学策略,并以意义和意义承载的方式展现人类的活动和受难。在这个领域中历史意义有关人类精神的原则标准被确立下来。[①] 如果我们以历史研究的学科发展的角度来看,当人类产生了自我意识和对于自我在时间长河中定位的需求之后,对于"过往"和"发展"的兴趣促使探究者做出自己的情感表达和认知表达的时候,语义学就占据了主要的学术范畴。

其次在概念和方法之间,历史思考主要致力于产生历史知识的认知策略。这使得现代历史研究具备了"科学"的特征,它服从于历史研究的方法论规则、概念语言,并受制于经验事实而通过理性方法取得认同。[②] 在概念与方法之间,历史研究已经进入专业学科领域之内,方法论自然是其主要标准。并且在整个学科范型研究的理论层次上是属于"理论反思"的层次(见图1所示),这表明概念和方法已经进入历史研究的专业化和学术化领域。

第三是在方法与形式相互关系领域中产生的有关历史再现的美学策略。以经验为基础的历史知识逐渐成为时间层面关于人类生活文化交流的一个元素。美学策略也使得过往获得了现今生活的特征并以改变人类精神的方式展现出来。[③] 过往的历史在现今的生活中重新焕发活力,并获得新的意义和内涵,由此对现今人们的精神生活产生影响并导致历史需要不断的重写。历史的再现方式主要涉及的是叙述问题,因此在后现代叙事主义的影响下,吕森将"(研究)方法"和"(再现)形式"之间的领域划归于美学是合乎情理的。

第四个维度产生于(历史再现)形式与(文化导向)功能的

[①] Jörn Rüsen, *History:Narration-Interpretation-Orientation*, p. 134.
[②] Ibid..
[③] Ibid..

关系中。在这个领域中历史思考被文化导向的修辞策略所规训。①在理论层次上，这个领域属于"实践反思"的层面。在学科层面讲，人类在对自我时间性存在的反思和寻求历史认同的过程中，通过历史再现而来的历史著作和有关历史的思想及情感表达的成果为己所用。在这个过程中修辞策略是主导因素，而在后现代史学中主要提倡隐喻。

最后我们来看在兴趣与功能之间，吕森所强调的集体记忆的政治策略。政治策略使得历史学家的工作卷入权力争夺和群体认同之中，并且，这成为政治统治的合法或非法形式的依据和手段。② 当然，在理论层次上，应当归属于"实践生活"的层面，因为在吕森的范型中，作为历史研究起点的兴趣和作为终点的功能都是源于人们的实践生活之中。实践生活层面的兴趣和功能是日常大众的历史意识和历史感的形成之地，而这也是政治认同最热衷和最易于插手的地方。政治策略通过对日常大众的历史意识和历史记忆的塑造与规训来确立自己的统治地位和合法性认同。

综上来看，吕森认为历史研究的维度基本为五个方面：语义学维度、认识论维度、美学维度、修辞学维度以及政治维度。从横向来看，通过这五个方面的研究基本可以概括不论现代主义还是后现代倾向的历史研究的各个方面。就此吕森想表明，不管是现代性影响下的科学主义还是后现代视野中的叙事主义，都无法逃脱学科范型中所强调的这些维度和方向。甚至，在一定意义上说，这些研究维度为现代史学和后现代史学所共有，只是存在着其所关注的程度上的差异。因而现代史学和后现代史学的研究可以统一到学科范型之中，况且更重要的是这些努力通过吕森的学科范型的表达具体化、明晰化。从纵向来看，从语义学维度到政治维度的发展过程在学科外部和内部又具有不同含义。在学科外部，这个发展过程是人

---

① Jörn Rüsen, *History: Narration-Interpretation-Orientation*, p. 134.
② Ibid..

第八章 弥合现代与后现代史学理论

类历史感和历史意识由简到繁的发展过程，其致力于整个人类历史意识和历史感的发展历程表达，这也是其一贯的学术风格和特点。就学科内部来看，从语义学策略到政治策略的发展是历史学科本身的学科史和关注重点的发展过程。历史研究的学科史本身就是由历史意识到语言表达，其次到寻求认识论的深化，再到关注认识论修正后语义表达的美学和修辞策略，最后到历史学研究的致用层面，即历史与现实政治的结合或离散、历史经验与现实价值的纠葛。

吕森的学科范型整体上分为三个理论层次：理论反思层次、实践反思层次以及实践生活层次。理论反思层次位于史学专业学科领域内，是在专业化研究以及理论研究的指导下对历史研究的反思；实践反思介于专业学科研究和实践生活之间，是对人们实际生活需求与专业的学术研究间的关系的反思与论证；实践生活层面指的是学科范型位于大众实际生活之内的部分，该部分既是学科范型和历史研究的起点，也是学科范型的最终取向。因而，实践反思层面是对历史研究的学术层面和人类实际生活层面的沟通。吕森通过强调实践生活层面在学术研究中的地位，进而对后现代主义研究取向中的脱离"人"的视野，过于侧重逻辑技巧、理论论证、语言分析等方面进行修正和沟通。

总体来看，吕森的学科范型是以五个元素成分、五个研究维度、三个理论层次构成的综合性理论范畴。其目的在于一方面沟通现代主义和后现代主义的历史研究，对之进行理论衔接和综合；另一方面以综合的视角沟通专业的学术研究和日常生活实践，并建立联系，使历史研究重新回归"人"的视野。学科范型理论带有浓厚的吕森的思想特色，他反对后现代主义的激烈，同时又吸收其思想特色；他保持警觉的理性立场，但同时对现代主义史学研究中的冷漠和刻板深恶痛绝。学科范型是以高度综合的方法对现代主义和后现代史学研究之间的理论鸿沟进行弥合，在人类历史进程和历史意识发展进化的高度对科学主义与叙事主义的倾向进行综合修正，并将之归入自己的理论模型当中。这样一来，吕森将现代主义和后现代主义的历史思考和历史研究对象化地置于学科范型中,在对于人文关怀和伦理思辨的整体性追求上,现代主义和后现代主义的史学研究消弭了其对立性的维度,取得了理论认同和沟通。①

(三) 学科范型在历史哲学上的思想潜力

像前文中我们所提到的一样,学科范型除了在学科规范和思考原则上的理论创设,还有一个层面是其作为德国历史哲学传统的现代性继承而存在。在学科范型中,吕森系统地、技术性地、具体地将他的历史哲学思想表达了出来。作为吕森历史哲学根本性元素的历史意识、历史叙事、历史意义、历史文化这些基础性概念在学科范型中都被安排、被具体化了。"兴趣"和"概念"可以看作历史研究中作为"启发"(Heuristik)的部分,而这部分根本上来看属于历史意识的范畴,或者基于人类的理性机制和精神结构而发的因素。而"方法"和"形式"则属于历史叙事的部分。正是在历史叙事中,由于"纯粹的历史文本本身具有审美意义"②,因而历史写作的形式问题在后现代史学理论中被加以强调,甚至像安克斯密特所认为的那样,在历史写作中审美较之于认知因素而言具有其先在性。历史意义毋庸置疑处在学科范型的核心位置,这就是说,在学科范型作为学科规范原则和思考准则的维度上而言,职业的历史研究和写作依然要以历史意义作为导向和价值标准。历史文化一方面是学科领域内历史意识的实现,吕森将其定义为整个现代社会中的狭义"文化"领域;在更广的历史哲学层面而言,历史文化考量的是历史研究和写作在整个现代

---

① 人文关怀与伦理思考是吕森史学研究的最终鹄的,甚至一直以来在其学术生涯中有对重建普世价值的不断追寻,包括他晚近的对"跨文化研究"和"新人文主义"这两个论题的研究都是如此。此问题涉及吕森学术研究的思想背景、学术传承、个人思想特质和生命履历等相关事项,限于篇幅,此处不再展开。

② Jörn Rüsen, *Historik*, *Theorie der Geschichtswissenschaft*, Köln: Böhlau 2013, p. 237; Jörn Rüsen, *Historische Orientierung. Über die Arbeit des Geschichtsbewu? tseins, sich in der Zeit zurechtzufinden*. Schwalbach: Wochenschau Verlag 2008, p. 244. 吕森原话说:"不抱任何偏见地考察历史编纂的文本特征和其典型的文学形式就可使其美学性质展现出来。"

第八章　弥合现代与后现代史学理论

社会的伦理处境和思想地位问题。因而,历史文化成为广义上历史思考在经验领域的展现。在历史哲学维度上,历史意义成为统摄历史意识、历史叙事、历史文化的核心原则。

由此,学科范型成为吕森历史哲学体系的一个具体化版本的实现。当然,这不是说他所有的历史哲学思想都能够被涵盖在这个学科结构中,而是内在地,学科范型成为一个思想承接框架,通过有取舍的方式,抽象的、无形的历史哲学思想被以学科范型的模板彰显了出来。梅吉尔的这个评价或许更加有助于我们对此的理解,他说:"对吕森的学科理论模型最好的理解是,不要将其作为确定的对历史编纂的看法,而是将其看作一个思想框架,在其中包含着历史学职业化一个多世纪之后现在我们碰到的大量而又多元化的各种问题。"[1]

我们可以将学科范型看作吕森历史哲学思想的"结构主义表现系统",历史哲学的整体性被"结构化"在学科范型中,同时呈现给我们一个整体性的思想模式和思想框架。透过这个思想框架,我们不能窥见吕森历史哲学的所有细节,但是我们能够通过学科范型的"整体性结构"的优先性而把握他的历史哲学思想的整体性状态。历史哲学思想的这类"结构化"或者"具体化"使得其本身携带的主要成分被以可理解、可操作的形式展现了出来,这个历史哲学"本身携带的主要成分"就是对人类历史意识的产生、接受、阐发、变化、发展的诠释;对人类历史写作的功用、可靠性、价值的考量;对过去、现在、未来的时间三维的思考;对人类在过往经验中的受难、痛苦的消融、排解和反思;在异质性的历史文化的理解中,对上述这些具有人文和伦理维度的元素进行可理解的体会、同情。所有上述的这些元素在现代历史教育和国民教育中具有其根本性价值,因而学科范型在历史教育和历史教学中被运用、被诠释也就是自然而然的了。[2] 这就将历史教育和历史哲学这两个人类历史思

---

[1] Allan Megill, "Jörn Rüsen's Theory of Historiography between Modernism and Rhetoric of Inquiry", *History and Theory*, Vol. 33, No. 1 (Feb., 1994), p. 60.

[2] 自2011年起,吕森成为美国(的)德国历史教师协会荣誉研究员。

考不同层级的范畴结构性地关联了起来，从而也自我证明了吕森的历史哲学的逻辑基础：历史思考和历史研究从来都是源于人类的实践生活，又导向人类的实践生活。

五 一个发展性诠释：由"时间"到"历史"

在上述理解的基础上，我们想要给出一个对于学科范型发展性的诠释。吕森的学科范型虽然完成了理论论证，但他并没有将时间维度引入学科范型之中。当然，我们承认学科范型作为一个现代历史思考的成果而言具有其时代性，或者作为历史哲学思想的"结构主义表现系统"而言具有共时性思考的特点。我们将时间维度引入其中并不是要宣称学科范型的超时间性或永恒性，而是同样从一个研究者角度展现吕森历史哲学思想的"结构主义表现系统"的成果（如图 2 所示）。

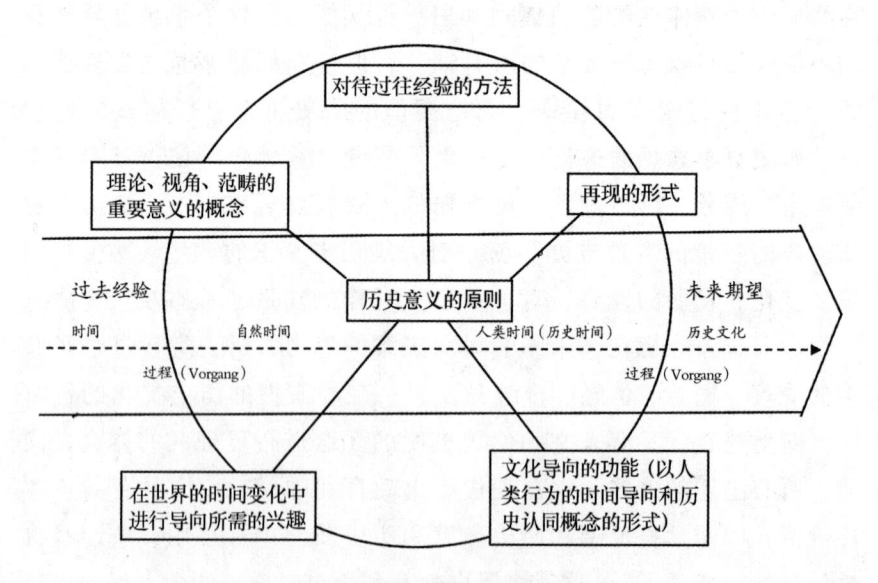

图 2　时间维度下的学科范型

在时间维度被引入学科范型后我们得出了图 2。这依然是一个吕森式的理论拓展，我们将时间维度引入学科范型的目的在于，在学科范型作为一个吕森历史哲学思想"结构主义表现系统"的层面上而言，图2能够提供一个更加综合的视野。①首先，吕森将时间分为自然时间和人类时间，并认为历史和历史研究是将自然时间转化为人类时间的方式之一，或者说，自然时间通过人类意识和理性机制的诠释获得了意义之后，失去了其刺激性的思想特征，成为人类时间（或历史时间）。在上图这个轴线的发展中，原始的时间在进入学科范型的视野之中被分为自然时间和人类时间，并且经过带有历史意义的诠释之后，自然时间向前转化为人类时间，这就将历史意识纳入学科范型之中。其次，在人类时间或历史时间的进一步发展中，由于历史记忆和历史意识具有关于过去经验的携带能力，人类时间超越了单纯的时间性而具有了经验性，因为在吕森看来，现在人类所接受的"过去之真"从来不是通过过去本身的"在场"而表现，而是通过人类的历史记忆、历史想象和历史意识携带了如此坚硬的"过去之真"。这个携带过去经验的人类时间对于处于现在实践生活中的人们来讲，就是过去的"传统"或者以"历史文化"的面貌体现出来。因而，既具有经验特性、又是历史意义携带的人类时间在学科范围视角（或作为学科准则而言狭义的学科范型）之外，这就成为历史文化。第三，在一般化的层面来看，自然时间转化为人类时间乃至转为"传统"和"历史文化"的过程，就是我们通常认为的过去经验转化于现在人们的实践生活中，被诠释、获得未来的时间导向，从而具有未来期望的过程。在此，对于现在处于实践生活中的人们而言，便将时间体验为过去、现在和未来，将过去体验为"历史""传统"或"历史文化"，将现在体验为过去时间的延续，即"历史"的传承、"传统"的塑造或者"历史文化"的思想有效性范畴，将未来体验为由过去塑造的现在的延续和发展。由此，过去、现在和未来这三维时间被联系了起来，形成了通常意义上的"历史"——诠释过去、理解现在、展望

---

① 笔者曾就这个理论拓展问及吕森本人的看法，他认为"这不是一个问题，这是一个思想答案"。

未来。

　　这个由"时间"到"历史"的过程本质上就是德罗伊森所谓的"过程"（Vorgang）①，在这个特定的"过程"中，历史方法论使得宇宙成为一个道德世界，日常的生活事项成为了历史（aus Geschäften wird Geschichte）。更进一步，我们可以将吕森的学科范型理解为德罗伊森这个"过程"的具体化实现，正是在学科范型的整套思想范畴中，一般性的时间成为"历史"——来自洪荒的散漫无际的时间在吕森的学科范型中转化为历史，成为现在人们日常实践生活领域的"历史文化"或"传统"。这个"历史文化"和"传统"在未来导向的或以后的代际关系的塑造中又具有了根本的重要性。这就是说，在吕森看来，历史意义之生成并不是作为后来人的我们通过历史写作或者历史编纂赋予了过去的时间以意义，或如怀特所谓那种"后见之明"（hindsight）；而是，在我们赋予过去以意义之前，我们本身已经是被过去（即"历史文化""传统"）所塑造、所规训，我们能赋予过去的意义看似具有主观性，其实是德罗伊森意义上"过程"的完成。

　　那么，这是否意味着吕森将历史意义的源泉归因于"过程"本身？如果将意义归因于"过程"本身的话，那么作为"过程"产物的"历史"本身是具有意义的！如果"历史"本身是有意义的，而人不过是被抛入"历史"的"此在"的话——那么这是否就是说，吕森在历史本体这个历史哲学的根本性问题上彻底走向了黑格尔——历史展现给我们的就是历史实在本身的辩证动力，历史就是"绝对精神"的自我演化过程。那么，吕森所坚信不疑的历史意义和历史导向是否就是黑格尔"绝对精神"的现代演化呢？由此，我们对吕森的历史意义形成之"不可预想性"和"历史意义"本身具有了全新的认知视角：正是由于吕森在根本性的历史哲学上走向了黑格尔，从而相信历史本体的意义范畴；因而，在他看来历史本体作为"历史统一体"的代名词在现代历史哲学中依然具有有效性范畴；既然历史本体

---

① 德罗伊森的诠释参见其 J. G. Droysen, *Grundriss der Historik*, Leipzig, 1882, S. 46.

和历史统一体都是可能的，那么历史连续性的存在就是无须证明的了；由此而来的历史理性便是其本质性因素。因而，历史本体（历史统一体）、历史连续性、历史理性在此又达成了一致——只不过，在黑格尔体系中是历史本体的"绝对精神"担任了串联者的角色；而在吕森这里他们之间的串联者换成了历史意义。无怪乎，莫兹在书评中戏谑地说，吕森将历史知识理论（Historik）上升到黑格尔式的精神愉悦感的境地，而将它作为意义的源泉，"仿佛圣杯中的精神泡沫在源源不断地为他流出"[1]。在我们将莫兹所谓的"Historik"这个德罗伊森以来的史学理论或历史哲学传统理解为"结构主义表现系统"或具体化为学科范型时，莫兹的上述评价就可以表述为，历史知识研究的系统论和方法论（即广义的"学科范型"）为历史世界成为一个道德世界、为历史本身的意义提供了圣杯中精神泡沫般源源不断的保证。

由此，从黑格尔—德罗伊森—吕森这个德国古典历史哲学传统的近代演变便基本能够勾勒出来。当然，在历史本体上，吕森虽然没有壮志豪言地宣称像黑格尔或德罗伊森一般的信心十足，但他对历史意义的坚持带给我们进一步的思考，即历史理性的两面性问题。甚至这个问题在关涉到大屠杀这段历史时显得比以前更加具有争议。大屠杀之所以被认为是挑战了整个现代人类文明，是因为其在一套理性的运行机制之下所展开、被理性预设、被理性执行、被理性评估。因而，理性伴随着道德正确和大屠杀一起被抛弃了，就像吕森所说，在现今没有什么比思考历史的意义并和理性扯上关系更不合时代潮流的了。[2] 然而，像我们前面所论述的，历史理性在历史连续性的形成上具有根本重要性，而历史连续性是使自然时间

---

[1] Peter Munz, "Review of Jörn Rüsen, Historische Vernunft", *History and Theory*, Vol. 24, No. 1 (Feb., 1985), pp. 92 - 100.

[2] Klaus E. Müller, Jörn Rüsen (Hg.) *Historische Sinnbildiung-Problemstellungen, Zeitkonzepte, Wahrnehmungshorizonte, Darstellungsstrategien*, Reinbek, Rowohlts Enzyklopädie (1997), p. 17.

转化为人类时间，获得历史意义并形成历史认同，是人文性历史思考的动力。所以，全盘抛弃理性并没有解决问题，而是忽略了问题或忽略了理性在大屠杀以后的思想潜力和可能。而吕森的所有历史思考，为我们重新审视历史理性在现代社会的处境和优势时提供了可能。

六　重提理性与理论不满

当然，现代主义与后现代主义问题从来不只是思想范畴的内生物，与人类历史上所有的思想潮流一样，其所涉甚广，甚至可以说，这个问题是一个超出史学界、思想界乃至学术界的问题。而吕森之所以能将现代与后现代的历史思考明晰而具体地加以分析，并将之恰当地归并到学科范型这个丰富的学科概念之中，很大程度上是因为他对上述问题具有明确意识和理性自省。在吕森对人文关怀和伦理思考的总体诉求基础上，理性作为一个因素贯穿他的研究之始终。

在现今的学术语境中，重提理性这个被后现代主义所主要鞭笞的现代性因素或许本身就不是一个理性的选择。但在吕森的学术研究中，我们看到理性以一副不同的面貌出场，它并不是我们通常意义上的和普遍性、统一性以及宏大叙事相关的，具有本质主义特点的概念，而是作为一种认识论和方法论维度的再现。理性作为一种学术态度，而人类思想作为一种历时性的存在，当我们在面临新的、繁纷的思想潮流时，对于克服现代层面的无穷扩展和无意义感，寻求价值关怀和生存导向性是必然的需求。而价值关怀和生存导向性是历史研究的两个本质因素，即使声称解构的后现代史学研究同样难辞其咎。所以，在这个意义上，后现代史学却恰恰与理性逻辑地关联在一起。

任何人类思想模式的具象概括总是带有主观性的，吕森的学科范型论对人类历史意识和历史学学科专业化的概括也是如此。吕森之所以能够在学科范型论中弥合现代主义与后现代主义的理论差异并逻辑自洽，根本原因在于他所秉持的"历史"观——历史在其本质上是人类的思维方式和认知模式。如果没有这个理念论的历史认知作为基础，而是一种偏于实践性或实体性的历史观，那么显然他的学科范型论对现代主义和后现代主义史学的解读弥合是难以成功的。而吕森既然秉持了一种具理念论特点的历史观和认识论，将历史看作一种人类的思维方式和认知模式，显然，现代和后现代史学理论之争就只是和人类思想有涉的精神世界的概念，由此现代和后现代史学的理论歧见成为人类对自己过往经验和生活环境不同的认知和反思，吕森就此完善了他的学科范型论的逻辑。

  当然，与主观性和视角性相派生的便是有限性，吕森的学科范型论作为一种历史哲学或史学理论的思想表达成果是没有问题的，但如果我们意图把它当作一种理论模式运用于具体问题的分析时，必然会有局限，这也是所有"理想型"研究的理论悖论。所以，学科范型作为体大思精的历史哲学思维体系是成立的，作为一种理论运用于实践研究过程可能存在限制。或许，吕森本人并不一定愿意承认这样的指摘，因为他认为历史本身是作为一种思维和认知模式存在的，学科范型亦如此。

下 篇

历史书写

第九章

历史表现与历史书写的实验
——以《再思历史》杂志的相关讨论为中心

对于传统史家而言,以他们所认定的重构形式来再现历史是其工作的根本目标。但对 20 世纪后期以来的多数史家而言,单纯的史实重构和复原已不能再满足他们的认识需求,从现代或后现代的高度建构一套更具现实价值的历史知识体系愈发成为当今史学范式的主体内容。众所周知,当代史家已然在他们拓展出的新领域,诸如新文化史、微观史、女性史与性别史、下层(庶民)研究、环境史、全球史等,尝试使用了文化人类学、文学、女性主义或性别分析、后殖民主义、生态学、现代化与全球化等跨学科的理论与方法,向世人展示着他们眼中不同于以往的历史画面。这其中有些史家着意对如何表现或书写历史进行了不断的革新,力求创造出与传统史学所不同的新形式,尽管他们并不能确信新形式必定完全优于传统,因为历史编纂学从本质上就是多方面矛盾的结合体。

一 问题的提出与动因

传统史家未能意识到,对历史表现而言,文学形式不仅仅是一种外在的修饰,它还包含着自身的内容。这些也许正是隐匿在形式描写之中的动机、经验、背景等诸多相互纠葛的关系语境。形式在某种程度上塑造着每个时代人们想要叙述或表现的历史。即使在档案中,也可能存在着各种"虚构的"层面,但这类"虚构的"形式并不必然使叙事变得虚假①。它通过某些叙述的技巧来"编制"或"雕琢"所要讲述的故事，使其读来饶有兴味、栩栩如生或合情合理。可以说，最终呈现在我们面前的任何一个看起来真实可信、经过阐释、具有意义的历史叙事，都需要对于语言、情节、结构、次序及其表征与功能进行创造性的选择②。因此，这也就是为何历史学家的工作远比书写真实的陈述要更复杂得多的原因所在③。

以往大部分历史学家所写作的专著和综合性论著多是以第三人称的形式，用明晰的因果意义，线性地叙述一个有起始关系的过去的故事，这显然是源自19世纪小说的基本模式。但是，随着科技、媒体和文化发展形势的巨大变化，历史学家需要尝试运用这个时代的新形式来表现历史。无论是在语言、文本、图像、影视方面，都有可能突破19世纪讲故事的方式。视觉媒体本身在21世纪的信息传递上承担着相当重要的作用，也必定会增强人们对世界的感知力。同样重要的是，当代视觉艺术领域所发生的连续性革命，诸如立体主义、建构主义、表现主义、超现实主义、抽象派、新浪潮运动、现代主义、后现代主义等都改变了人们观察、讲述、理解现实的方法。历史学家也是历史中的一部分，他们虽然希望可以站在时间之外做出评判，但是其自身亦受到文化潮流和新感知形式的影响。在近20年中，历史表现革新的可能性和运用新叙事形式的观念游离于历史学专业的边界之上。尽管其实践性成果很少付梓，但我们仍可注意到其中诞生了某些历史表现和历史书写的新方法，暂可称之为"先锋性实验"。它们试图超越19世纪以来的叙事传统，尝试运用反映当代意识的新体裁书

---

① Natalie Z. Davis, *Fiction in the Archives: Pardon Tales and Their Tellers in Sixteenth-Century France*, Stanford: Stanford University Press, 1987, pp. 4 – 5.

② 关于这类"虚构"的用法在历史叙述中的讨论可参见：彭刚主编《后现代史学理论读本》，北京大学出版社2016年版，导论，第5—11页；Lionel Gossman, "History and Literature: Reproduction or Signification", in Robert H. Canary and Henry Kozicki, eds., *The Writing of History: Literary Form and Historical Understanding*, Madison: University of Wisconsin Press, 1978, pp. 3 – 39。

③ Frank Ankersmit, "Reply to Professor Zagorin", *History and Theory*, Vol. 29, No. 3 (Oct., 1990), pp. 275 – 296.

写历史。这主要表现为有的西方史家开始在一些历史题材的写作中使用第一人称或以历史人物的口吻来叙述过去；或采用诗歌、小说的语言，或利用连环画、塔罗占卜牌的形式进行历史叙事；还有以滑稽、神秘、混搭、幽默、微缩等形式展现过去①。

从总体来看，西方史学界进行历史表现与历史书写实验的主要动因来自于两个方面。其一，历史学家自身的不满足感。他们认为，以隔绝于过去、置身事外的第三者角度陈述过去，这似乎既让他们无法真正贴近过去的史事或沉浸于过去之中，又无力更直接地表达出他们对过去的自我选择、体验和声音。于是他们要么以历史中主人公的形象出现，使用第一人称（类似传记作家）讲述；要么以现在时而非过去时叙事，大量运用直接引语而非间接引语；或者利用自我反思模式，将主人公的陈述展现出其背后可能蕴含的审美、政治、道德等方面的多种选择。其二，理论上的动因，由海登·怀特所开启的对历史叙事形式和历史表现理论的研究，造成了对历史写作传统的挑战。在20世纪后期出现了一系列"后主义"的批评理论，诸如后结构主义、后马克思主义、后女性主义、后殖民主义、后现代主义等等，在不同程度上影响到历史学。这些综合在一起形成了对现代主义历史写作的认识论、叙事策略、真理诉求等原则的冲击与批判。

本章仅以《再思历史》（*Rethinking History*）杂志的相关讨论为中心初步思考这些新尝试在理论上的意义与价值。该杂志创刊于1997年，是后现代史学理论与实践的主要学术阵地之一。初期的编委会成员包括凯斯·詹金斯、艾伦·穆斯洛（Alun Munslow）②和罗伯特·

---

① 相关讨论可参见：Alun Munslow and Robert A. Rosenstone, eds., *Experiments in Rethinking History*, London and New York: Routledge, 2004; Keith Jenkins, Sue Morgan, Alun Munslow, eds., *Manifestos for History*, London & New York: Routledge, 2007; Alun Munslow, ed., *Authoring the Past*, London and New York: Routledge, 2013 等。

② 艾伦·穆斯洛，英国历史学家和史学理论家，主要著作有 *Deconstructing History*, London and New York: Routledge, 1997; *Narrative and History*, Palgrave Macmillan, 2007; *The Future of History*, Palgrave Macmillan, 2010; *A History of History*, London and New York: Routledge, 2012; *Authoring the Past: Writing and Rethinking History*, ed., London and New York: Routledge, 2013 等。

罗森斯通（Robert A. Rosenstone）①。从2003年第3期开始罗伯特退出编委会，大卫·哈兰继任。相比于传统的史学理论杂志（History and Theory），《再思历史》不仅包含专题性学术论文，还有许多理论问题探讨的新方式，诸如圆桌对谈（Round Table）、思想交流（Exchanging Ideas）、小型讨论（Miniatures）、争鸣（controversies）、实验（Experiments）等板块。有关历史表现与历史书写的实验性研究也多集中发表于其间。

二　主体主动参与之下的历史表现方式

《再思历史》2001年第2期中第一次刊登了有关历史表现的实验性研究。这篇文章是乔纳森·沃克（Jonathan Walker）教授根据意大利作家伊塔洛·卡尔维诺（Italo Calvino）《命运交叉的城堡》一书所写的文章②。该书是一部由图画和文字组成的小说，作者运用塔罗牌来构建小说的叙事结构。故事讲述在中世纪某个不确定年代，一座森林中的孤堡里许多素不相识的过往旅人失去了说话能力，而塔罗牌成为他们交流的一种方式，他们按照每张牌上的图画讲述各自的冒险经历或趣闻轶事。由此，不同人物的故事和命运通过塔罗牌交织在一起。文章中，沃克重组了小说中的故事顺序，并自称该文是对小说的"拼贴"（pastiche）。他的立意是想借此说明，人们对"过去"的建构也可以如此。他提出，"当人们的意图不仅适用于重构事件，而且还要投射到他们未来的结果时，这种解释就

---

①　罗伯特·罗森斯通，美国历史学家和影视史学家，他的作品涉及历史、传记、回忆录、小说和电影。主要著作有 Crusade of the Left：The Lincoln Battalion in the Spanish Civil War, New York：Pegasus, 1969；Romantic Revolutionary：A Biography of John Reed, New York：Knopf, 1975；Mirror in the Shrine：American Encounters with Meiji Japan, Cambridge, Mass. and London：Harvard University Press, 1988；Revisioning History：Film and the Construction of New Past, ed. Princeton：Princeton University Press, 1994 等。

②　该书中译本见［意］伊塔洛·卡尔维诺《命运交叉的城堡》（Castle of Crossed Destinies），张宓译，译林出版社2008年版。

第九章　历史表现与历史书写的实验

会更复杂"。然而，沃克并不认为这种解释只是基于材料的，他也明确反对海登·怀特所认为的"文本之外无他物"的说法。相反，他认为如是就会忽视人们自己处理和展示其经历本身，并把它们仅作为材料记录下来或写成故事，但正是在这一过程中他们创造或发现了自身独特的隐喻性真理。换言之，沃克怀疑怀特认识历史的标准是否仍符合客观发生的事实，而他所要追求的恰恰是基于事实本身判断的真理。进而，他又指出历史学家不是要恪守过去，而是需要面对未来；所谓历史中的"意义"不仅仅是要遵照"事件"本身，还需要参与者和解释者加入其中。他甚至说，如果跳出传统学术话语之下的历史视角进入一个奇异或虚构的空间，或许可以更清楚地说明过去的世界里究竟发生了什么。因此，他认为虽然叙事和证据之间存在差距，但这并不一定是一种致命缺陷，相反我们可以把它们联系起来，甚至更好地利用二者[①]。

2001年第3期的《再思历史》杂志还刊登过另一次"实验"，是由哈里特·海曼·阿隆索教授（Harriet Hyman Alonso）所写的一篇文章，他以一种记述的笔法记录了一场"学术实验"。其时，阿隆索受美国历史协会（American History Association）之邀参与一个学术论坛活动，而恰好另一位历史学家詹姆斯·古德曼（James Goodman）教授正在附近执教，所以他邀请古德曼教授一起在会上组织了一场有关历史表现与历史叙述的小组讨论。古德曼厌恶传统的历史叙述形式，也厌恶所谓的"新叙述史"，因为这些流行的史学论著中大多充满了专业术语，是普通大众难以阅读和理解的内容。然而，任何历史又都是叙述的，所以需要创造新的叙述形式。阿隆索提出，"撰写叙述的历史是一项创造性工作，这和写诗是一样的"。因此，他们召集了一些比较著名的历史研究者和一些优秀的历史系学生，将他们自己的作品以一种自陈自导自演的方式表现出来。同时，还邀请了一些普通观

---

① Jonathan Walker, "Antonio Foscarini in the City of Crossed Destines", *Rethinking History*, Vol. 5, No. 2 (Jul., 2001), pp. 325–326.

众,也可以参与到这一有关历史叙述的表演中来——这也是本次"实验"最具创新性的一个方面。此外,为防止本次活动再次演变成传统的学术讨论,他们规定不允许对所叙述和表演的内容做出任何评论或提问。他们将此次活动命名为"阅读过去:一场历史抨击"(Reading the Past: A History Slam)。他们认为,这是"一次不寻常的对话,因为没有理论讨论的形式——只有朗读"。事后,这项活动获得了很好的反响,很多观众和"表演者"都支持这种表现历史的方式。阿隆索和古德曼认为,通过这次活动他们能"辨识出优秀的学生作品,也发现了一种新的历史叙事方式:'情节与历史的交织'"。一位参与者回应道:"这就好像坐在舒适的家中,温暖的壁炉边,倾听好故事和好历史。"古德曼认为,它不像赛诗会,并不投票选出自己最喜爱的作品,而只是分享我们之间的友爱和友谊。有关这次活动的意义,阿隆索总结道:"历史学家应该把我们的研究成果与更广泛的大众分享,而不是把它们隐藏在理论术语和密密麻麻的数据之后。"[1]

后现代史学理论的出现引发了对历史叙事形式的反思,单纯的记叙和传统的评论及判定似乎不再能完全满足历史学家和大众双方面的需求。上述实验反映出的重点是,在主体的积极主动参与之下,情节设置与叙述内容已然密切交织在一起,历史表现一方面突破了事实与虚构、证据与想象、历史与文学的界限;同时,历史叙述似乎逐步演变为一场在新的条件下的历史表演,现实与过去之间可能在一种新的时空中相互交融,所创造出的在场感、历史体验往往超出了传统意义上的主观性或虚构性。再有,我们看到高深的学理讨论也并不一定是历史研究成果展示的唯一方式,历史学家还可以用某些新的形式将他们的成果分享给更多的读者。当然,这其中有可能孕育着专业史学与公共史学对历史话语的某种共享之路。

---

[1] Harriet Hyman Alonso, "'Slamming' at the AHA", *Rethinking History*, Vol. 5, No. 3 (Nov., 2001), pp. 441–446.

三 影视史学与人物传记

在后现代史学理论看来,影视和传记这些原本被现代史家所质疑、甚至否定的非正规、非专业的历史表现形式,恰恰需要再度被珍视,因为它们很可能成为解构现代史学和建构后现代史学的重要途径。作为《再思历史》杂志早期的主要编者之一,罗伯特·罗森斯通也大力提倡影视史学。再加之,近年来口述史和传记作品的大量涌现,都促使影视史学和人物传记渐趋成为历史表现与历史书写的新形式。

《再思历史》杂志 2000 年第 2 期上发表的文章大多是对同一部历史题材的影片《暴雨将至》(Before the Rain) 的集中讨论,表达出作者在全球化与巴尔干半岛不同语境下的历史思考[①]。罗森斯通提出,历史和电影这个主题经常被定义在学术话语的边缘,因为在大多数情况下历史学家对于电影并不知道如何处理;虽然近年有很多叙事性的历史作品出现,如《马丁·盖尔归来》也被改编为电影,并已经在专业历史教学中广泛应用,然而历史学家仍然很难确切地知道如何将电影与对过去的讲述联系在一起。他通过十年来对于影视史学的研究确信:"电影的确提供了一种做历史的方式",但其前提是将电影看作有别于文字书写的另一类以视觉表现历史的形式[②]。或许现代史学过于严肃且学术性的历史研究形式并不一定有利于历史学的发展,如果通过不同方式的展现,很多历史中原本被忽视的部分可能从其他角度被鲜活地表现出来。甚至于传统史学所倡导的"以史为鉴"的目标,也依旧可以在历史影片中达到。例如《暴雨将至》上映后不久,

---

[①] 这部电影是 1994 年由米尔科·曼彻夫斯基执导的,它以巴尔干半岛的战争为背景,分为语言、面孔、图画三个部分。它讲述了东正教修士基卢、穆斯林少女莎美娜、居住于英国的马其顿籍摄影师亚历山大和有妇之夫安妮之间的故事。三段看似无关的片段到影片结尾处却串联在一起,反映了战争、种族和宗教等多方面问题。

[②] Robert A. Rosenstone, "Editorial 'Film and This Issue'", *Rethinking History*, Vol. 4, No. 2 (July, 2000), pp. 123 – 125.

巴尔干半岛地区的局势仍持续动荡，直至2002年南联盟解体，该地区仍是战争频发。这类题材的电影从人物出发，真实而充分地展现了当时当地人民饱受战争蹂躏的影响。这虽然是一种完全不同于传统的、新型历史表现形式，但它拍摄的不是过去而是很近的未来。这种历史的目标不是要解释过去已经发生了什么，而是要用可追溯的因素去见证和警醒可能发生的毁灭性未来。① 从这种意义上说，历史可以存在于电影之中。

传记也是近年所盛行的另一种历史表现形式。在2000—2005年期间，《再思历史》杂志多次涉及以传记为主题的讨论。编者穆斯洛指出，在语言学和叙事的转向之后，历史学和传记的联系至少有两个方面——第一是内容（被证实的真实描述）和形式（表现）之间的联系，第二是主观和客观性质的区分。他认为，一些脱离了传统经验主义的历史学家已经将传记作为一种"历史知识的创造形式"，传记作家和历史学家同样是依据事实与证据而写作的，唯一不同的是"他们将文字和事件以一种喜闻乐见的方式联系在一起"②。此外，在后现代主义史家看来，既然历史作品中"意义"的加入在所难免，而传记作品又是作者对于特定历史事件、人物的一种充满意义的表达，所以这是值得提倡的"重塑过去"的方式。例如，朱迪斯·P.津泽（Judith P. Zinsser）在她有关女侯爵（Du Chartelet）传记的文章中，就集中阐释了这部传记"如何为历史学家提供了新的方法论上的机遇"，说明"过去和现在是可以合理地交织在一起的"③。

由此，影视史学和人物传记被作为历史表现与历史书写所提倡的新形式，其间渗透着后现代史学理论对历史学所进行的新思考。这似乎集中反映出，历史学家工作的焦点在逐渐从如何再现与解释历史转

---

① Robert A. Rosenstone, "A History of What Has Not Yet Happened", *Rethinking History*, Vol. 4, No. 2 (Jul., 2000), pp. 183 – 192.

② Alun Munslow, "History and Biography: An Editorial Comment", *Rethinking History*, Vol. 7, No. 1 (Apr., 2003), pp. 1 – 2.

③ Judith P. Zinsser, "A Prologue for La Dame D'esprit—The Biography of the Marquise Du Châtelet", *Rethinking History*, Vol. 7, No. 1 (Apr., 2003), pp. 13 – 22.

化为以何种形式和为何以这种形式来表现历史。也许这正是后现代史学理论为历史学所拓展出的一种新途径、新维度，当然这其中也可能蕴含着新的风险或陷阱，值得我们做进一步的思考。

四 实验背后的理论争议

事实上，上述有关历史表现与历史书写的实验是建立在相应的理论观点的基础之上的。也可以说，这期间一直伴随着有关历史叙事理论与历史学性质问题的争议。

1997年，在赫尔辛基的一次学术会议上，德裔美国史家伊格尔斯便对海登·怀特的理论进行了剖析，怀特也对此进行了回应。这两篇文章在2000年同时被刊登在《再思历史》杂志上，后又多次被其他各国历史学术刊物翻译和转载，引起了国际史学界的很大反响[①]。在这场争论中，伊格尔斯认为后现代主义史学理论有它的合理之处。例如，它强调历史作品的叙事性，"叙述的一致性要求历史学家构建一个远远超越原始材料的故事"；历史和文学之间并非截然对立，如果没有作者的想象加入其中，历史研究将很难进行。然而，他认为怀特的错误在于"因为所有的历史记述包含虚构的因素，所以他们本质上是虚构的，可以不受真理的控制"[②]，而"选择一种历史观而非另一种的理由完全是美学的或道德的因素"[③]。怀特则进而提出，历史"不仅是事实，也是意义的建构"，因此历史更多的是"文学性"和"诗性"，而非"科学性"，由此怀特宣称"历史在当今意义上不是、

---

① Georg G. Iggers, "Historiography between Scholarship and Poetry: Reflections on Hayden White's Approach to Historiography", *Rethinking History*, Vol. 4, No. 3 (Dec., 2000), pp. 373 - 390; Hayden White, "An Old Questions Raised Again: Is Historiography Art or Science?" *Rethinking History*, Vol. 4, No. 3 (Dec., 2000), pp. 391 - 406.

② Georg G. Iggers, "Historiography between Scholarship and Poetry: Reflections on Hayden White's Approach to Historiography", *Rethinking History*, Vol. 4, No. 3 (Dec., 2000), pp. 382 - 383.

③ [美] 海登·怀特：《元史学：十九世纪欧洲的历史学想象》，陈新译，译林出版社2005年版，第 xii 页。

也永远不可能是一门科学"①。

　　伊格尔斯与海登·怀特的这场辩论正是现代主义与后现代主义史学理论的一次对话。可以看出，二者讨论的层面有所不同，伊格尔斯的质疑是从传统的逻辑分析层面出发，从历史学的角度分析文本、结构；而怀特更多是从文学形式、语言结构、形式主义的角度理解历史书写与历史文本。在伊格尔斯看来，历史学仍具有学术属性，由其所产生的历史话语也是可信的。但在怀特眼中，历史与文学之间有很多相似之处，若要求其获得超越文本的事实，必须将虚构成分剥离，但这在现实的历史写作中却是无法达到的。

　　在许多现代主义史家看来，后现代主义史学的"语言学转向"必将导致主观性泛滥，使得历史学丧失客观性标准。而对于历史主观性问题，后现代主义史学理论家安克斯密特发表过一篇名为《为历史主观性而辩》的文章。他提出，历史的主观性并非一种虚无的相对主义。在传统史学理论观念中，历史学家对政治和道德非常敏感，而政治和道德的价值又常常被理解成为一种对真实的威胁。历史的真实性和价值之间本就联系极为紧密，表面上"真实性"似乎决定了"价值"，但其实正好相反，"有可能证明的是，价值经常或者会经常成为一种有用的、甚至是不可或缺的指导，指引我们迈向历史真实性的艰难历程"②。詹金斯甚至认为"历史化的过去在文学层面是不可能真实、客观和公正的，这种历史化只会引起我们对'现在之前'（before now）的不停地解读"，"但是这种封闭的解读不仅在逻辑上是不可能的，在理论上也是不能让人满意的"③。因此，历史作品所呈现出来的并非历史原貌，而且并不存在绝对的"历史事实"。现代史学所追求的再现历史在后现代主义史学理论看来，无论是在逻辑上还是

---

① Hayden White, "An Old Questions Raised Again: Is Historiography Art or Science?" *Rethinking History*, Vol. 4, No. 3 (Dec., 2000), pp. 391–406.
② ［美］海登·怀特：《为历史主观性而辩》，陈新译，《学术研究》2003年第3期。
③ Keith Jenkins, "On Disobedient Histories", *Rethinking History*, Vol. 7, No. 3 (Dec., 2003), pp. 365–367.

第九章　历史表现与历史书写的实验

文学意义上都是不可能完成的任务。

另外这里需要提及的是,《再思历史》杂志在2005年还同时刊登过芬兰的海基·萨利教授与安克斯密特有关历史叙事理论的争论性文章。萨利首先指出,安克斯密特用"the past"一词同时指代了"'过去实际发生的事情'和'历史学家对过去的构建'"两层含义。他认为,安克斯密特有关历史叙事的观点是站不住脚的,因为历史叙事和解释与"过去"之间是密切相关的,历史叙事可以真实地反映"过去",历史与过去之间并不存在如安克斯密特所言的"叙述实体"(narrative substance)。他反对安克斯密特所提出的,由于主观性的介入,历史解释就没有标准和对错之分了;历史学家能够获得历史知识,而非只能得到"对过去的洞见"。总之,萨利认为只要按照历史研究的传统方式,历史学家就可以获得有关过去的知识[①]。

在回应中,安克斯密特认为他与萨利教授在基本的历史叙事的本质上并没有很大分歧,但是萨利教授有关"真实"(truth)和"指涉"(reference)的观点在逻辑上是不够充分的,已经不能满足史学理论发展到今天的需要。而对于所谓"真实",他指出这并非有关每件事的完美定义,而是从叙述的层面做到我们希望它们达到的程度。对于"指涉",安克斯密特以法国大革命为例,指出这虽确有其事,但是我们对于它的认识却是多样的,而这些认识中包含了不同人的思考和看法,因此我们从未也不能探知历史的"真实"面貌。所以,我们对一段历史的描述只是与过去相关,而非确有所指。最后,安克斯密特总结道,他与萨利的分歧在于"对基本历史事件进行哲学层面的解释方法上",以萨利为典型的现代史学家只是对历史事件尽心加以解释,却并未回答"如何得出这些解释"的,而后现代史学理论的出现正好弥补了现代史学在语言、研究方法和逻辑上的不足[②]。

[①] Heikki Saari, "On Ankersmit's Postmodernist Theory of the Historical Narrativity", *Rethinking History*, Vol. 9, No. 1 (Mar., 2005), pp. 5–21.

[②] F. R. Ankersmit, "Reply to Professor Saari", *Rethinking History*, Vol. 9, No. 1 (Mar., 2005), pp. 23–33.

五　从再现历史到表现历史

20世纪90年代以来，后现代史学理论的挑战引发历史学科自身进行了新一轮的反思、批判和自省。它促使历史学家可能从不同维度，着重于语言、逻辑、形式等层面，对现代史学重结论而轻过程、重本质而轻方式的某些缺陷进行多元化的补充或发展。

上述有关历史表现和历史书写的实验性研究，从理论到实践层面提出了创造新形式、展现新历史的问题与诉求。这其中蕴含着一种企图，即将史家工作的中心从再现历史推向表现历史。而在这种历史表现中，打破过去与现在、主体与客体、真实与虚构、形式与内容、语言与图像、自我与他者的界限，似乎也在成为一种有意为之的目标。其间，对历史叙事与历史学性质等理论问题的再思考又和历史表现的实验相辅相成。

然而，突出了历史表现的作用是否就意味着取消过去实体性的存在，将历史完全诉诸表现而已吗？显然，"实在"对于历史学家的工作来说是不可或缺的，任何历史表现至少理应是以实在性为基础的，这也可能就从根本上决定了某些表现形式较之于其他距离实在要更远些或更近些。本章讨论的这类历史表现与历史书写的实验性研究的学术价值究竟如何，他们又会为我们认识和理解过去与现在之间的关系做出何种新的推进，还有待未来的评判。

第十章

后现代方法在中国史领域的适用性

后现代主义发端于对现代主义的批判,并致力于全面颠覆现代性。因此,很多学者认为他们的批判性远远大于其建设性,甚至认为他们在破坏一切现代文明成果之后却没有给我们留下什么。通过近几十年的实践,我们可以发现,后现代主义在解构现代性的过程中,力图通过一种普遍性的批判来建设一个后现代世界。有学者指出,从总体上看,后现代主义至少在三个方面对当代西方文明产生了深远的影响:其一,它深刻揭示出人类社会与文化的发展趋势中所包含的走向没落和衰亡的前兆;其二,它表现出强烈的反人文主义倾向,主张人与万物的平等观;其三,它全面解构启蒙运动以来的普遍理性、现代性及现代化的实践①。

后现代主义的出现对于社会科学和人文学科而言,"不仅仅标志着另一种新颖的学术范式的诞生,更确切地说,一场崭新的全然不同的文化运动正在对我们如何体验和解释周围的世界的问题进行广泛的重新思考"②。在历史领域,后现代主义也同样带来了一种新的变化。它通过对现代西方史学的全面批判,尤其是对科学理性、进步史观、西方中心论、民族国家观念、历史叙述等一些核心历史观

---

① 王晴佳、古伟瀛:《后现代与历史学——中西比较》,第49页。
② [美]波林·罗斯诺:《后现代主义与社会科学》,张国清译,上海译文出版社1998年版,第2—3页。

下篇　历史书写

念的深刻反思，使人们日趋看到在现代性遮蔽下的历史样貌，并逐步勾勒出一个内容相当丰富也异常复杂的后现代历史观和方法论体系。进入20世纪90年代以后，特别是90年代中期，后现代主义对现代西方史学的挑战开始在较大范围内引起西方主流史学的注意，一批著名史家纷纷以不同形式对此做出了不同程度的回应，其中争论频仍，褒贬相持。也就是在这样的背景下，美国史学界出现了一些明显具有后现代倾向的中国史研究，构成了美国中国学的"一个重要景观"①。这就给我们提供了从史学研究的实践层面，考察后现代理论所达到的实际效果的可能。本章将尝试把这些成果和后现代的历史观与方法论结合起来，作一种理论与实践的双向分析，进而探讨后现代主义在中国史领域所具有的问题意识、研究视角，以及应用的界限与限度。

一　对进步史观和现代化模式的质疑：复原前现代状态

后现代历史观的核心就是主张割断线性进步史观和现代化理论所预设的历史发展的前后连续性，从中截取某一片断的历史场景，对其进行特定时空条件下的梳理和解读，而达到复原前现代状态的目的。这种观念落实到方法论的层面上，即表现出后现代历史写作的两个特征。其一，按照时间叙事的历史框架被置换成以空间为基础状态的解释，从而破除了线性历史观的制约；其二，在重构历史的过程中，后现代的叙事目的被界定为复原前现代的"历史真实"，从而消解了历史叙述中的现代性立场②。

这种后现代态度和做法在何伟亚1995年出版的《怀柔远人：马

---

① 杨念群：《中层理论——东西方思想会通下的中国史研究》，江西教育出版社2001年版，第242页。
② 杨念群：《"后现代"思潮在中国——兼论其与20世纪90年代各种思潮的复杂关系》，《开放时代》2003年第3期。

第十章　后现代方法在中国史领域的适用性

嘎尔尼使华的中英礼仪冲突》[①] 一书中就表现得很突出。有关这本书的讨论在 1997—1999 年间的中美史学界展开，特别是 1999 年《历史研究》第 1 期和《读书》第 2 期分别刊发了罗志田、杨念群的文章，对何氏在中国史研究中的后现代倾向做出了基本肯定的评价，这似乎成为西方的后现代史学进入中国史领域的一个重要事件[②]。

何伟亚在书中大致是通过以下两个目标的设置来达成其后现代的研究视角的。其所设定的目标之一是："构建一种对马嘎尔尼使团的对称性叙述。"这种空间上的对称性叙述可以不偏重清廷和英国任何一方对事件本身的记录，因而有助于打破传统与现代、中国与西方、中国的孤立主义与西方的世界主义等类似的过分简单化的两分法分析，而这些充满现代主义的观念严重影响了中国和欧美史学对马嘎尔尼使团的认识与评价。作者采取这种策略的原因在于，上述现代性观念中隐含着西方先进或优越与中国落后或低劣的先入之见，隐含着一种对历史的宏大叙述结构。这就导致历史学家主要根据英国方面对事件的叙述来选择和判定历史过程的支点，同时也导致把清廷方面的记述视为中国错误的优越感的例证，最后英国使团的活动被中西方的史学家们塑造成西方现代性的代表，而中国则是丧失了一次现代化的良机[③]。

何氏设定的目标之二是："追寻这一事件在过去两百年里是如何被记忆，如何被阐释的"，即批判性地讨论以往的学术成果[④]，从而达到"动摇材料（事实）与阐释之间的众皆认可的关系"[⑤]。实际上，这就意味着运用后现代方法揭示从前研究中的立场与偏见，解构历史知识的形成和传播过程。作者特别阐释了中西学术史上对该事件研究

[①]　[美]何伟亚：《怀柔远人：马嘎尔尼使华的中英礼仪冲突》，罗志田译，社会科学文献出版社 2002 年版。

[②]　罗志田：《后现代主义与中国研究：〈怀柔远人〉的史学启示》，《历史研究》1999 年第 1 期；杨念群：《"常识性批判"与中国学术的困境》，《读书》1999 年第 2 期。

[③]　[美]何伟亚：《怀柔远人：马嘎尔尼使华的中英礼仪冲突》，中文版序，第 1—5 页。

[④]　同上书，第 2 页。

[⑤]　同上书，第 228 页。

的不同表达,发现西方话语是如何被用来解释中国的过去;发现民族国家是如何成为恒定的历史分析单位;发现历史是如何以直线式的因果关系组织起来,并被明确地界定为宗教、政治、经济、文化等部分,以及历史发展是如何被分割为黑白分明的各个阶段。所有这些都导致了对马嘎尔尼使团的完全现代化的阐释,而恰恰漠视清廷统治者的固有想法和信仰。作者以使团的觐见为例说:"一方是欧洲人所谓的'主权平等'的自然化话语,另一方是清帝国的差序包容过程,双方互不让步,因而觐见就是两者的混合物。"这一"混合化过程"是作者所倡导的介入往昔的另外一种方式(另一种历史),"这样的历史,注重的是不同类别的代理人之间的关系网,而不是围绕简单的因果观念形成的互不联系的单位"[1],也许这正是后现代主义进入历史的方式。

《怀柔远人》通过上述方案希望达到对前现代真实场景的复原,这一取向与现代史学追求"还历史以本来面目"或"把历史事物放到它所发生的历史条件下加以考察"的方法似乎有相通之处,类似的观念甚至在中国传统史学遗产中也可以找到[2]。也许这可以理解为,后现代的史学方法本身也并不完全与现代和传统的方法截然对立[3]。存在的分歧似乎是,后现代主义是通过质疑"后人必定比前人优越"的线性进步史观和充满西方优越论的现代化模式来达到这一目标的。仅就这点而言,后现代主义又与古典历史主义所强调的古今价值同等、"同情"之态度有异曲同工之处。但是,显然二者得出此结论的路径完全相反。历史主义是通过历史发展的连续性和目的性说明历史的价值,而后现代主义却是通过打破这种历史的连续性和目的论,强调历史发展的断裂性(间隔)、暂时性、地方性和个别性来认识历史的本真状态的。

---

[1] [美]何伟亚:《怀柔远人:马嘎尔尼使华的中英礼仪冲突》,第250—253页。
[2] 罗志田:《立足于中国传统的跨世纪开放型新史学》,《四川大学学报》1996年第2期。
[3] [美]何伟亚:《怀柔远人:马嘎尔尼使华的中英礼仪冲突》,罗志田,译序。

二 对民族国家观念的质疑：
建构"复线历史"

　　后现代历史观在反对线性进步史观的过程中，逐步发现民族国家观念与其之间隐蔽的相互联系。历史编纂学的实践表明，民族国家虽然在近代以来日益成为历史学最普遍应用的分析单位，但是在当下全球化的现实面前，它已经不足以阐释这一变化趋势，而越来越为另外一些在更大范围里带有比较性的、跨文化的、世界体系性的分析框架所取代①。在民族国家观念下，历史往往表现为以某一民族为中心的单线条的发展过程，这就必然导致如欧洲中心主义所建构的那种带有强烈民族主义优越论的"世界历史"。这种历史在很大程度上只专注于本民族个体社会的独立发展，而忽略了其他社会的历史经验和个体社会之间的交流与互动，从而把自身个体化的历史普遍化为一个"世界性"的标准系统。后现代对民族国家历史的质疑，在方法论层面上表现为两种明显的意图：其一，在历史叙述中并不排斥或急于否定民族国家形成的历史意义，而是集中考察民族国家所代表的意识形态在历史建构过程中的种种策略与编制，展现出人们所普遍采信的历史知识和理论是在怎样的基础上和如何被"权力"有意识地组织和设计出来的；其二，极力发掘那些在国家的历史建构中长期被压抑、遮蔽的"他者"历史，从而在对抗民族国家的主流话语时展示出线性历史之外的"分叉的历史"或"复线历史"（bifurcated history）。

　　杜赞奇在1995年出版的《从民族国家拯救历史：民族主义话语与中国现代史研究》②一书中集中论述并具体运用了上述历史观和方法论。正如译者对该书的评论：作者在总体上既能以全球眼光来审视

---

　　① Jerry H. Bentley, *The New World History*, in Lloyd Kramer, Sarah Maza, eds., *A Companion to Western Historical Thought*, Oxford: Blackwell, 2002, pp. 393–416.

　　② ［美］杜赞奇：《从民族国家拯救历史：民族主义话语与中国现代史研究》，王宪明等译，社会科学文献出版社2003年版。

近代中国历史，又能从关键之点切入，"融世界与中国、历史与现实、思想文化与政治实践和社会制度等诸多因素于一体"；尤其是作者所提出的有关"复线历史"的观念，"对于拓宽近代史研究的视野，深化对近代中国史的理解，特别是拓展对于近代中国史学与政治社会互动关系的研究，具有重要的学术价值"①。

首先，作者明确指出民族国家对历史意识具有无可争辩的支配力。尽管对民族、民族国家、民族主义等概念的界定很难统一，但"我们仍然很难撰写出不属于当代任何一个民族的历史"。而后，作者在分析民族国家观念的由来时认为，民族国家的历史是"从线性的、目的论式的启蒙历史的模式中派生出来的"，这也就是西方史学所称的"大写历史"（History）。启蒙历史把民族建构为一个新的历史主体，这改变了人们对于过去和现在世界的看法，人们在重新考虑："哪些民族和文化属于启蒙历史的时代，什么人或什么事必须从此种启蒙历史中排斥出去。"②

其次，作者具体讨论了关于"复线历史"的理论。他采用这个内涵宽泛的概念来取代线性历史（linear history）的观念。在线性史观下，"过去不仅直线式地向前传递，其意义也会散失在时空之中。复线的概念强调历史叙述结构和语言在传递过去的同时，也根据当前的需要来利用散失的历史，以揭示现在是如何决定过去的。与此同时，通过考察利用过程本身，复线的历史使我们能够恢复利用性的话语之外的历史性。"这样，就将在超越或反省线性历史的目的论的同时拯救历史③。这种观点实际在某种程度上反映出客观历史发展的多线状态和认识历史的多元性之间的一种复杂联系。显然，目的论导致的线性历史在成为人们历史知识的主导内容的同时，也丧失了对历史其他内容的认识可能，抑或说认识主体现在的目的论模式规训了历史知识的边界。

---

① ［美］杜赞奇：《从民族国家拯救历史：民族主义话语与中国现代史研究》，中译本序。
② 同上书，导论，第1—3页。
③ 同上书，第3—4页。

那么，复线历史观念就是试图打破这种规训，破除现代对启蒙以来的各种权威迷信，而恢复原本存在于历史中的多重样貌与意义。

最后，作者还特别解构了启蒙模式下的中国史——以民族国家为中心的中国史的建构①。他具体分析了梁启超、汪精卫、傅斯年、雷海宗、顾颉刚、鲁迅等人塑造中国历史的过程，认为这里既包含建构以民族国家发展为主线的历史模式，也包含对这一模式的质询，乃至揭露其中所压抑和扬弃的其他历史的部分。从中我们可以明显地意识到，在现代化的进程中，世界历史呈现出以各个民族国家兴起为背景的建立自身历史话语的趋势；而在每一个民族国家历史的建构中，也同时存在着以某个核心民族发展为中心的、同化或消解其他民族历史的趋势。

然而，实际上该书也并未能将"复线历史"观念贯彻到底。由于在书中作者大量运用了知识精英阶层的历史叙述，而基本忽略了"默默无闻的大众"的历史意识和历史活动的表现，因此常常在"复线历史"中露出了线性历史的尾巴②。从杜赞奇个人的矛盾中似乎透露出后现代主义自身在历史领域所遭遇的某种普遍性困惑，即他们往往在批判现代性的同时又陷入了现代性的牢笼之中。

三 对历史真实指涉的质疑：解构历史事件的文本化过程

后现代主义在历史认识论问题上主张文本主义。这里的文本（text）是一个相当泛化的概念，任何一种形式的作品或承载了文化与思想的事物都可以成为一个文本。后现代主义发挥了结构主义与后结构主义的文本观念，并进一步将其发展为解构主义的文本观。他们赋

---

① ［美］杜赞奇：《从民族国家拯救历史：民族主义话语与中国现代史研究》，第 1 章。

② 吴飞：《"分叉历史"中的"大写历史"》；李猛：《拯救谁的历史》，《社会理论评论》1997 年第 3 期。

予了文本以极其重要的地位,通过从语言学的角度分析文本产生后的独立生命性,重置作者、读者与文本的关系;他们否定某些文本的特殊地位,主张一切文本都只代表一种解读的方式,应以平等的态度对待它们的价值;他们甚至认为"文本以外无他物",文本也并不能指涉外部的客观实在,其内部隐藏着种种意识形态的前提假设,因此需要不断对文本中那些遮蔽了"真实"的覆盖物进行层层的解构。

这种文本主义把历史认识看作一个文本化的过程[①]。所谓文本化,就是指对历史事件、过程、行为等各种历史事物进行概括、选择、解读的处理过程,而对历史实施文本化的不仅有历史学家,还包括历史活动的当事人以及后世带有不同意识和目的的社会行动者,他们所建构的历史文本都在以不同形式进入我们的知识体系和经验领域。那么,历史研究就有必要探寻人们将历史文本化的实际过程,从而了解历史在不同场景下的价值意义。柯文在1997年出版的《历史三调:作为事件、经历和神话的义和团》[②]一书中,就尝试解构人们对义和团这一历史事件的文本化过程,向我们展示出了一个复杂的文化建构运动。与其说这本书是研究义和团运动的专著,不如说它是一本从历史学家的角度研究历史认识论的理论性著作。义和团运动这个历史事件只是作者借以说明其认识论思想的具体依托,也正是因为有了这个依托使该书完全不同于后现代主义的哲学家和理论家对历史学的种种挑战。

首先,作者强调该书的主旨是通过三条路径来考察义和团的历史,即"作为事件的义和团""作为经历的义和团""作为神话的义和团",而这三条紧密联系的途径"并不因该书所采取的叙述顺序而标明其地位的高下,在认识论上没有哪一条比另外两条的地位高,因

[①] Robert F. Berkhofer, *Beyond the Great Story: History as Text and Discourse*, Cambridge, MA: The Belknap Press, 1995, pp. 19 – 24.
[②] [美]柯文:《历史三调:作为事件、经历和神话的义和团》,杜继东译,江苏人民出版社2000年版。

此读者也可以任意取读，没有必要按照该书的排列顺序来阅读"①。显然，柯文是以完全平等的态度来看待历史学家、经历者和神话制造者对历史的发言权，同时也赋予读者以同样平等的自由权，并意欲打破历史学家的权威性与作者的权威性，透露出一种多元历史认识与历史兴趣存在的合理性与当然性。

进而，作者详细甄别了历史学家、经历者和神话制造者认识历史的不同特征以及它们与历史真实指涉的关系。其一，历史学家重塑的历史根本不同于人们经历的历史。"不论历史学家能够选择和实际选择的史料多么接近真实，多么接近人们的实际经历，他们最终写出来的史书在某些方面肯定有别于真实的历史。"其主要原因在于三个方面：（1）历史学家是从杂乱无章的动机中找出一些有意义的范式，并将复杂和混乱的事件条理化和明晰化；（2）历史学家的解释"必须有意识地遵奉社会公认的关于准确性和真实性的强制性标准"，如果超越了这些职业准则就等于放弃了作为历史学家的职责，走向了神话化的路径；（3）历史学家多数是在已经知道结果的情况下从事研究工作的，而历史事件的直接参与者是不知道事情的最终结果的。"因此，历史学家重塑历史的过程普遍是从已知的结果开始的，而后向上推，接下来解释为什么会产生这一结果。"知道结果——这一认识上的优势，可以使历史学家能够有条件回过头来赋予某些历史事件一些不为当时人所了解的或当时还不明确的意义，同时也使历史学家拥有了一种宽泛的视角，可以自由跨越时空来清理看似没有关联的不同经历②。其二，经历者也不可能完全恢复历史的本来面目。其原因在于：（1）在任何历史环境中只有一部分人的经历被记录下来，而且这些记载至多是对亲身经历片断的描述，而非全面的再现；（2）"亲历者的记述至多是对历史的生动而有趣的描绘，不能为我们提供历史本身"，这些以感觉为基础的、有选择的加以记忆的描述也同样

---

① ［美］柯文：《历史三调：作为事件、经历和神话的义和团》，序言。
② 同上书，第2—12页。

面临着文化、社会和地理空间等多方面的制约①。其三，神话化历史在人们的历史观念中占据着主导地位，发挥着长期效力。这是一些在20世纪中国产生的种种关于义和团的具有象征意义的神话，它们的目的不在于解释义和团的历史，而在于利用它的影响为现实的政治或宣传服务。在神话化历史内部可能包含的"真相"，也需要我们从表面的外壳一层一层地剥离掉那些具有神话色彩的内容之后才会显现出来。神话制造者的手法经常是通过断章取义地引用资料，"通过对不符合或者有悖于其目的的历史资料的歪曲、简化和省略来完成的"②。

最后，作者还指出了在义和团个案中所包含的某种历史认识的普遍性。虽然就最具体的层面而言，无论义和团被视为事件、经历还是神话，都是独一无二的，然而，这种独特性却反映出与其他引人注目的历史事件一样的特点。尽管这三种途径之间存在着明显的矛盾，"但在其各自的范围内，都有相当大的合理性和真实性"。也就是说，无论是历史学家对历史的重塑，还是经历的历史与神话化的历史都保有相对的真实性，具有相对的价值③。因为显然存在着不同范畴的价值，如政治价值、经济价值、道德价值、知识价值、情感价值、审美价值等，而人们对历史重要性的选择又极为不同。这里，作者试图解说"历史真实"的多元性，事实上是价值的"多元真义性"；试图揭示每一种"历史真实"的相对语境，事实上是真理的限度与范围。

以上柯文对义和团历史文本化过程的解构，很容易使我们联想到罗兰·巴尔特关于历史书写的分析理论。在巴尔特看来，历史书写总难以与历史真实相一致，历史学应该包含所谈、所指、能指三个方面。这里的"所谈"是通常意义上的客观历史，"所指"是历史学家所选择的对象，"能指"则强调的是历史学家所表达的历史。

---

① [美] 柯文：《历史三调：作为事件、经历和神话的义和团》，第46—50页。
② 同上书，第179—244页。
③ 同上书，第256页。

现代史学往往忽略了这三者之间的区别，把它们相互等同，误以为我们读到的历史叙述就是历史真相①。虽然柯文并不同意后现代理论家和哲学家完全从语言学或叙事结构的角度对现代史学的批评②，但他的工作却从更广泛的意义上质疑了历史真实指涉的限度，所不同的是他并没有走得那么远——彻底否定历史著作所谈的乃是真实的历史存在③。

四 "话语"分析：重新书写中国思想文化史

后现代主义关于"话语"的理论是多重的，有的强调"话语"的对话性和交往性，强调其作为标志着意识形态或生活意义的敏感性④；有的则强调"话语"所指涉的主题或目标的表达方式，强调"话语"分析是一种多向度的分析方法——包括文本内部的语言分析，文本产生、流通、消费过程的话语实践分析，文本所在的意识形态和政治权利关系中的社会实践分析等⑤。最具有代表性的、也是当前最流行的"话语"理论是法国后现代主义者福柯奠定的。在他看来"话语"是"隶属于同一的形成系统的陈述整体"，诸如"临床治疗话语""经济话语""精神病学话语"等。因而，每一种"话语"是一个相对独立的单位，具有特定的实践功能。他将"话语"分析称

---

① ［法］罗兰·巴尔特：《历史的话语》，张文杰编：《历史的话语——现代西方历史哲学译文集》，广西师范大学出版社 2002 年版。

② ［美］柯文：《历史三调：作为事件、经历和神话的义和团》，第 2—3 页。

③ 伊格尔斯在《二十世纪的历史学——从科学的客观性到后现代的挑战》一书中指出："后现代历史编纂学理论的基本观点是要否认历史著作所谈的乃是真实的历史过去。"这大概代表了西方史学界当前对后现代史学理论的一种普遍认识。

④ ［苏联］巴赫金：《巴赫金访谈录》，《巴赫金全集》第 5 卷，钱中文等译，河北教育出版社 1998 年版，第 416 页；《马克思主义与语言哲学》，《巴赫金全集》第 2 卷，钱中文等译，第 359 页。

⑤ ［英］诺曼·费尔克拉夫：《话语与社会变迁》，殷晓蓉译，导言，华夏出版社 2003 年版，第 4 页。

之为"知识考古学"，是反映、描述、形成"知识"的"话语实践"的方法，是揭示"话语"所包含的社会事物、社会关系及其所建构的权力关系的主要途径。福柯自觉地将这种"话语"分析的方法与传统思想史的研究加以区别，他侧重对新事物的界定、矛盾分析、比较描述、转换的测定等环节，突出"话语"分析再现研究对象的"差异""矛盾""争议"的使命，反对只注意"文化的长期连续性或者区分出因果机械论"，强调历史中的断裂、分叉、非一致性①。

随着后现代思潮在学术界的涌动，上述"话语"的概念及其"话语"分析的方法也逐步渗透进中国思想文化史的研究领域，而且这不仅表现在美国中国学界，甚至也影响到一部分国内学者，体现在他们对于历史现象的思考视角与向度、书写思想史的方法，以及对于何为思想史的理解上②。这个问题已经引起国内学者的特别注意，《历史研究》在 2007 年第 2 期上专门刊发了黄兴涛撰写的《"话语分析"与中国近代思想文化史研究》一文，可见一斑。

这里，我们以美国中国学者艾尔曼在其《从理学到朴学——中华帝国晚期思想与社会变化面面观》和《经学、政治和宗族——中华帝国晚期常州今文学派研究》两部著作中所运用的"话语"理论为例③，以期说明"话语"分析的方法对于中国思想文化史研究的影响。

首先，艾尔曼提出"考据学就是一种话语，一种学术性谱系和意义"，而作为思想学术事件，"实证性朴学话语特点的形成是基本观

---

① ［法］福柯：《知识考古学》，谢强、马月译，生活·读书·新知三联书店 1998 年版，第 136、236、185、196、208—212 页。
② 可参见葛兆光《思想史研究课堂讲录：视野、角度与方法》之第二讲《福柯的理论与中国思想史研究》、第三讲《后现代历史学的洞见与不见》，生活·读书·新知三联书店 2005 年版；汪晖《现代中国思想的兴起》，生活·读书·新知三联书店 2004 年版；程美宝《地域文化与国家认同——晚清以来"广东文化"观的形成》，《中国社会科学季刊》1998 年夏季卷；杨念群《从"五四"到"后五四"——知识群体中心话语的变迁与地方意识的兴起》，广西师范大学出版社 2000 年版。
③ ［美］艾尔曼：《从理学到朴学——中华帝国晚期思想与社会变化面面观》，赵刚译，江苏人民出版社 1997 年版；《经学、政治和宗族——中华帝国晚期常州今文学派研究》，赵刚译，江苏人民出版社 1998 年版。

念变化的反映"①。他把从理学到朴学的转换既看作一种儒学范式的转化,也看作一种儒学话语的转换——从"道德主义话语转向知识主义话语"。由此,作者阐释了朴学"话语"执着于"考据"和"实证",重视知识的积累性和客观性,显示出专业化和职业化的特征。在"话语"载体上,这种转换表现为"札记体"取代"语录体";在"话语"内容上,则表现为史学地位的上升,诸子学、算学、历学的复兴,在经学内部则是"四书"地位的降低,而"五经"地位的提升。

同时,艾尔曼还特别强调"话语"分析需要摆脱传统思想史研究的那种哲学式观念史的路数(重观念的"内在理路"),而要把思想史、社会史和政治史打通,糅合在一起形成一种"新文化史"的路数②。例如,他讲到从理学到朴学的"话语"转换时,就突出地把当时江南地区的出版业、藏书楼、书院、商业的发展,以及官方与商人的学术赞助、学者之间的交流网络等多种因素都纳入到视野中来,认为这些因素交互作用形成所谓"江南学术共同体",从而使得主流学术"话语"发生了转变③。再如,他对清代今文经学的政治性分析也体现了这种研究方法。

艾尔曼显然是将"话语"理论有选择性地运用到中国思想文化史的研究上来。他重视"话语"实践的倾向,导致其重新认识思想史、政治史、社会史之间的边界,试图讲述"话语"背后所表达的主体自身社会化的过程,及其权力和制度性的历史关联。这种对观念、思想和学术的社会史与政治史考察,似乎正是体现了"话语"分析在中国思想文化史研究中产生的影响。

---

① [美]艾尔曼:《从理学到朴学——中华帝国晚期思想与社会变化面面观》,第2页。
② [美]艾尔曼:《中国文化史的新方向:一些有待讨论的意见》,代中文版序,《经学、政治和宗族——中华帝国晚期常州今文学派研究》。
③ [美]艾尔曼:《从理学到朴学——中华帝国晚期思想与社会变化面面观》,第27页。

五 价值与限度:作为中国史研究资源的后现代主义

从以上所着重论述的几部中国史著作中,我们大概可以从一定范围里窥见后现代的历史观和方法论在怎样的程度上、以何种方式影响了中国史研究。这似乎在提示我们,既要从后现代主义的思想中汲取某些有利于推进我们历史认识的观念,同时也要防止后现代历史方法的滥用。

首先,我们看到在后现代运动中,现代史学的一些核心观念在逐步丧失其可信度。其中,最重要的是线性进步史观、西方文明优越论、民族国家观念和科学理性观念。上述几部著作就从不同侧面在中国史领域分别拷问了线性进步史观和西方现代化模式的限度、以现代民族国家兴起为中心的历史的限度、历史真实的限度、现代史学研究范式的限度等问题。在我们看来,这些后现代取向中对于进步观念的怀疑并非从整体上否定历史的发展,而是对19世纪以来那种流行的盲目信仰西方资本主义、西方自由民主制度的乐观主义的批判,是对崇尚西方文明的那种狭隘的、绝对的、主观臆断的历史的挑战,所要建设的则是一个平等的、多元的、相对的、大众的、世界性的历史发展①;对于民族国家观念的怀疑并非要否定其在历史上的重要地位,而是要发现以民族主义和国家主义为代表的权力是怎样塑造历史的,并把那些原本被消散在历史叙述中的、被压抑的边缘人群的活动拯救出来;对于科学理性的怀疑并非完全否定它们的价值与意义,而是反对对科学主义和绝对理性的盲目崇信,"不再认为任何形态的知识——包括历史——均可套用科学的探索方法,也不再相信,科学技

---

① 方志强:《"进步"的理念——20世纪的挑战》,《新史学》第12卷(2),2001年6月。

第十章 后现代方法在中国史领域的适用性

术的进步肯定都是好事"①，要求对启蒙运动的文化遗产进行重新批判的审查；对于历史真实的怀疑也并非如极端的后现代论者那样完全否定客观真实的存在，而是从历史叙述和文本的建构过程再次证明历史真相的复杂性，以致它不能完全包含在任何一种单一的认识论中②。

其次，后现代视角给中国史研究带来的另一个重大影响是使历史研究的旨趣发生转移。最为重要的是，它要求从以西方现代性为标准的中国史走向以全球史为背景的多元现代性的中国史。从有关《白银资本》和《大分流》的争论中，我们能够十分明显地感到这种变化。《白银资本》试图推翻流行观点——欧洲（西方）至少从1500年开始就成为世界经济的中心、资本主义的发源地和发展的动力。取而代之的是，它试图论证1500—1800年间东亚（特别是中国）在全球经济体系中占据着"中心"地位，只是到了19世纪40年代的鸦片战争之后，东方才衰落了，西方才上升到支配地位。因此，从全球经济的整体发展出发，应该重新考察东方（中国）与世界之间的关系，这将打破过去"西方（西欧）中心论"的神话③。《大分流》则试图突破以民族国家为单位的比较，而直接引入区域比较研究，其中包括核心区域的比较——中国江南与欧洲的英格兰，等量区域的比较——欧洲与中国。在比较中打破了欧洲标准的现代性尺度，更多地探求双方在很多方面的相似之处而非差异。这些相似之处似乎比差异更强烈地提出了欧洲本身并不具有天然的优势，成功地转变了单向的设问方式，而提供了双向的路径：从为什么中国没有像欧洲那样发展，到为什么欧洲没有像中国那样发展。它试图论证至少在1750年以前中国仍然保持着相当的经济活力和繁荣，因此1800年以前的世界是一个多元的世界，并不存在一个中心，欧洲并不具有独特的内生优势，中

---

① ［美］乔伊斯·阿普尔比等：《历史的真相》，刘北成、薛绚译，中央编译出版社1999年版，绪论，第2页。
② ［美］德里克：《后现代主义与中国历史》，金衡山译，《中国学术》2001年第1期。
③ ［德］贡德·弗兰克：《白银资本——重视经济全球化中的东方》，刘北成译，中央编译出版社2001年版。

国也并不像传统观点所描述的那样衰落，而只是到了19世纪的工业革命才使得欧洲和其他地区出现了经济命运的大分流，西欧具备了世界中心的支配地位①。在《白银资本》中作者显然存在着打破老中心的同时、树立新中心的意向，在其"全球史观"的视野下给人的印象却是极力抬高东方传统社会经济的价值与地位。因而，在打破西方中心论神话的旨趣下却仍然没有脱离中心主义论的框架。《大分流》则更为明显地运用了后现代思想中"去中心"的思想意识，把世界历史描述成一个从无中心的多元发展到形成中心的分流发展的过程。

当然这种历史研究旨趣的转移还应该包括：从宏大叙事性的中国通史走向建构地方性与总体性、边缘与中心关系的中国史，从以主体民族为中心的中国史走向包括其他民族在内的多民族交流的中国史，从以男性活动为中心的中国史走向包括妇女史在内的性别视角的中国史，从以上层精英活动为中心的中国史走向包括下层民众在内的多种群体互动的中国史，从以反映人的理性活动为中心的中国史走向包括非理性的情感世界在内的复杂心态变化的中国史。这些新的研究旨趣一方面必然极大地拓展历史学的边界，产生出许多新的研究领域和多样化的研究视角；另一方面，也会使传统意义的政治史、经济史、文化史、思想史、社会史日趋相互交融，模糊其疆界，造成历史研究的重新分化组合②。

最后，在利用后现代主义作为中国史研究的思想资源时，我们还必须确定自身要坚守的限度和边界，即历史学还能否指向真实。后现代主义利用其叙述理论，放逐历史真实，消弭了历史学与文学的界限。海登·怀特以其"作为文学虚构的历史文本"把历史编纂学彻底诗化③，强调"以叙述化形式对事实的任何表述都必定会虚构其主要内容，无论它依赖事实有多深"，进而瓦解了历史学的科学性，宣

---

① [美] 彭慕兰：《大分流：欧洲、中国及现代世界经济的发展》，史建云译，江苏人民出版社2003年版。
② 王晴佳、古伟瀛：《后现代与历史学——中西比较》，第111—132页。
③ [美] 海登·怀特：《元史学：十九世纪欧洲的历史想象》，陈新译，导论。

称"历史在当今意义上不是,也永不可能是一门科学"①。在后现代视野里,历史叙述似乎获得了完全自由的空间,但这一自由的获得却是以丧失追求真实的权力换取的。从积极的方面来看,把历史文本降低到与文学文本同等的地位可以激发起阅读者对文本真实性的怀疑精神,而这是历史学所普遍需要的。当发现"伪史"时,后现代方法并不急于确定其真伪身份,而是试图进一步发现该历史文本是在怎样的知识系统和条件下、被如何有意识地组织和建构起来的,而这一解构历史文本的过程似乎更能反射出那被悬置的历史真实②。但从消极方面来看,不承认历史叙述和历史文本中所存在的对真实的指涉,完全把它们视为想象的虚构,那么历史学将终结其作为一门学术的生命。近年西方史学界关于"大屠杀"(Holocaust)的讨论就从一个侧面回应了后现代主义的这一倾向③。

我们不得不说,后现代主义对历史的思考有时是因其深刻的"洞见"而给我们以启发,有时却又因其深刻而"不见",令我们不能不有所警醒④。也许后现代主义对于中国史研究的最大意义在于,它正在考验我们对自身已有的知识理论的批判反思能力,考验我们是否极其自觉地意识到我们身处的局限;同时,它也考验我们在摆脱中心主义、普遍主义的全球化的现实面前,进行多元文化的建设能力与创造力。

从总体而言,与西方史学界对于后现代主义与史学研究关系的反思深度和广度相比,目前中国史学还比较缺乏从理论到实践的系统研究。这种状况使得我们在面对挑战时,一方面可能表现出对于西方强势话语的趋之若鹜,另一方面也可能会在某种程度上漠视西方理论取向的某些重大变化,而看不到批判性汲取其有益成果的价值与意义。

---

① [美]海登·怀特:《旧事重提:历史编纂学是艺术还是科学》,《书写历史》第1辑,陈恒译,生活·读书·新知三联书店2003年版。
② 葛兆光:《思想史的写法——中国思想史导论》,复旦大学出版社2004年版,第175—187页。
③ 王晴佳、古伟瀛:《后现代与历史学——中西比较》,第142—145页。
④ 葛兆光:《思想史的写法——中国思想史导论》,第182页。

下篇　历史书写

当代中国史学应当可以摒弃各种偏见,将后现代的挑战视为一种自我反省和提高的机遇,既坚持自己的理论立场并发挥传统优势,又继续保持一种开放和大度的理论视野,力求在更高层次上整合多种思想资源,走出一条深具底蕴而又带有自身风格的新的史学发展道路。

第十一章

微观史学的理论视野

通常认为微观史学产生于20世纪70年代,大约到90年代达其鼎盛期①。在最初的十年间,微观史学经常被归入更着重于对人们过去经历进行文化阐释的"新文化史"范畴,甚至被视作后现代主义在历史学领域的某种表现。本章试图结合当前国外有关微观史学研究的理论与方法问题,在国内史学界屡次提出历史学碎化的忧虑和争论的背景下②,探讨在历史领域中微观研究所应具备的宏观视野,而基于现代性的"宏大叙事"所应思考的微观维度。

一 微观史学的兴起:对抗简单 真理与质疑"宏大叙事"

英国新文化史家彼得·伯克曾将微观史学的兴起一方面和后现代

---

① 国内有关微观史学的研究主要参见:陈启能《略论微观史学》,《史学理论研究》2002年第1期;周兵《当代意大利微观史学派》,《学术研究》2005年第3期;周兵《微观史学与新文化史》,《学术研究》2006年第6期;周兵《显微镜下放大历史:微观史学》,《历史教学问题》2007年第2期;朱定秀《卡洛·金兹伯格微观史学思想述评》,《史学史研究》2008年第4期;吕厚量《试析当代西方微观史学的若干特点——以〈乳酪与蛆虫〉为中心的考察》,《史学理论研究》2010年第1期;俞金尧《微观史研究与史学的碎化》,《历史教学》2011年第12期;王传奇《微观史学对历史研究的利与弊》,《社会科学家》2013年第8期等。

② 近年中国史学界也针对自身出现的某些"碎片化"问题进行过相关讨论,参见《中国近代史研究中的碎片化问题笔谈(上)(下)》,《近代史研究》2012年第4期、第5期等。

主义对"宏大叙事"的质疑、历史学对结构性的批判和对个体的强调联系在一起，另一方面又称微观史是相当意大利式的主题，可能是其乡土观念或怀旧情绪的体现①。但对于很多意大利微观史家而言，上述论断却代表了西方史学界对微观史学的某些误解②。

首先，在他们看来微观史学在20世纪70年代末的兴起与意大利的现实政治和社会背景有密切关联。20世纪60年代后期，意大利左翼进步势力面对从保守主义的复辟到恐怖主义袭击所表现出的软弱无力状态，在很大程度上暴露出他们对于社会结构和经济体制理解的简单化、空洞化，这一点也反映在历史编纂当中。于是，有些意大利史家，包括爱德华多·格雷迪（Edoardo Grendi）、卡罗·彭尼（Carlo Poni）和卡洛·金兹伯格（Carlo Ginzburg）等人，开始质疑概念化、结构化的总体史和固化因果分析的实证主义研究范式，逐渐放弃了概略性和普遍化的解释模式，回归于历史的复杂性分析。因而可以说，微观史学的兴起在一定意义上是历史领域对简单真理的反抗，是复杂性的复兴。

其次，微观史学也并非意大利所特有的研究主题。英国马克思主义史家E. P. 汤普森（Edward Palmer Thompson）、美国史家娜塔莉·戴维斯（Natalie Zemon Davis）、法国史家勒华拉杜里（Emmanuel Le Roy Ladurie）等也都可以算是代表了这一趋势。而在世界各国微观史学研究有不同的表现形式，如德国的微观史学表现为日常生活史学派。在近年出版的《什么是微观史学：理论和实践》一书中，作者S. G. 马格努森和I. M. 斯佳图就评介了英、法、德、意、俄、美等欧美几个主要国家的微观史学研究③，后文也会对此有更多地涉及和讨论。

再者，从某种意义上说微观史学也并非一种新近才出现的时尚潮

---

① Peter Burke, "The Invention of Micro-History", *Rivista Di Storia Economica* (Nuova Serie), Vol. 24, No. 3 (Dec., 2008), pp. 262–264.
② [意] 乔瓦尼·莱维：《三十年后反思微观史》，尚洁译，《史学理论研究》2013年第4期。
③ Sigurður Gylfi Magnússon, István M. Szijártó, *What is Microhistory? Theory and Practice*, London and New York: Routledge, 2013.

第十一章 微观史学的理论视野

流,它其实早已存在于历史研究之中。微观史学背后所蕴含的对于"宏大历史问题"的探究更多源于传统的社会史范式,实际上它也不曾偏离社会科学对于过去真实存在的总体解释。对此有的微观史家指出,无论文化史还是社会史都只代表了认识过去的一种独特方式,而历史学家需要尝试多种不同的方式;在未来的史学发展中,微观史学希图发挥出融合社会史与文化史不同方法的潜能,超越其间的隔阂与单独视角的局限,对历史活动主体所经历的过去进行文化意义、深层结构、长时段、全球性以及多重视角的综合分析①。

总之,通过融合多种视角的方式,微观史学也许可以避免单独视角下可能将过去简单化的风险,而使过去的复杂性具体地呈现于历史活动主体与现代史家、读者所各自生活而又相互交融的微观世界里。因而,微观史学的兴起在一定程度上"似乎是对抗历史中'简单真理'的一剂良药"②。

至于微观史学与后现代主义之间的关系,以及能否将后现代主义视作微观史学兴起的理论背景之一,这个问题双方反映出来的实际情况颇为复杂。首先是后现代史学理论家安克斯密特提出,在小写历史层面后现代所选择的研究对象不再是历史这棵大树的树干,而是那些附着于其上的树叶;其研究目标不再是综合历史整体,而是揭示历史碎片本身;这也就意味着向本质主义的传统告别,向"宏大叙事"(grand narrative)告别。正是在这个意义上,他认为微观史学和新文化史所具有的微观分析和叙事方式为抵御"宏大叙事"提供了可能性③。因此,娜塔莉·戴维斯的《马丁·盖尔归来》、勒华拉杜里的

---

① Sigurður Gylfi Magnússon, István M. Szijártó, *What is Microhistory? Theory and Practice*, pp. 6 – 7; Carlo Ginzburg, C. Poni, "The Name and the Game: Unequal Exchange and the Historiographic Marketplace", in Edward Muir, Guido Ruggiero, eds., trans. by Eren Branch, *Microhistory and the Lost Peoples of Europe*, Baltimore and London: The Johns Hopkins University Press, 1991, p. 5, pp. 8 – 9.

② Sigurður Gylfi Magnússon, István M. Szijártó, *What is Microhistory? Theory and Practice*, p. 63.

③ F. R. Ankersmit, "Historiography and Postmodernism", *History and Theory*, Vol. 28, No. 2 (May, 1989), p. 149.

下篇　历史书写

《蒙塔尤》和卡洛·金兹伯格的《奶酪和蛆虫》被其归为后现代历史编纂学的代表作。尽管后现代主义思想家之间存在很多分歧，但其最大的共性在于对"宏大叙事"或称"元叙述"（meta-narratives）的反动，如利奥塔就曾将后现代直接定义为"对元叙述的怀疑"[1]。因此，放弃或解构"元叙述"在他们看来似乎也就成为判定"小写历史"著作是否具有后现代性质的最重要指标。另外，美国史家乔伊斯·阿普尔比、林恩·亨特、玛格丽特·雅各布也都提到，后现代主义及其支持者在拒斥宏大历史的合法性的同时，倡导微观史[2]。

同时，也有微观史家提出，微观史学可以被视作对抗"元叙述"的最富深度的学术实验[3]，但又特别强调大多数微观史家在研究中从未丧失其广阔的历史与政治语境，他们的方法能够验证那些宏大结论[4]；尽管微观研究最初的观察是在相对狭窄的维度中进行的，但其研究结果却可进一步用于广泛的普遍性概括[5]。然而，更多的微观史家反对做出与后现代主义之间的联系性判断，并表现出回击后现代挑战的态度。例如乔瓦尼·莱维就曾指出，意大利微观史家一直致力于反对"语言学转向"以来的相对主义思潮，反对将历史学家的工作完全化约为修辞性活动[6]。美国史家理查德·布朗也强调，微观史学研究植根于对真理的诉求，这使其足以有效回应后现代的挑战[7]。

---

[1] J. F. Lyotard, *The Postmodern Condition, A Report on Knowledge*, Manchester: Manchester University Press, 1984, p. xxiv.

[2] Joyce Appleby, Lynn Hunt, Margaret Jacob, *Telling the Truth about History*, New York, London: W. W. Norton & Company, 1994, p. 228.

[3] Sigurður Gylfi Magnússon, "The Singularization of History: Social History and Microhistory within the Postmodern State of Knowledge", *Journal of Social History*, Vol. 36, No. 3 (Spring, 2003), pp. 701–735.

[4] Sigurður Gylfi Magnússon, István M. Szijártó, *What is Microhistory? Theory and Practice*, pp. 121–122.

[5] Giovanni Levi, "On Microhistory", in Peter Burke, ed., *New Perspectives on Historical Writing*, University Park, PA: Pennsylvania State University Press, 1992, p. 97.

[6] Giovanni Levi, "On Microhistory", in Peter Burke, ed., *New Perspectives on Historical Writing*, p. 95.

[7] Richard D. Brown, "Microhistory and the Post-Modern Challenge", *Journal of the Early Republic*, Vol. 23, No. 1 (Apr., 2003), pp. 1–20.

上述微观史家表现出来的看似矛盾的态度本身就直观地反映了后现代主义在历史领域所造成的不同方向的影响,以及西方史学界回应挑战的不同立场和取向。总体而言,微观史家所能接受的是对基于现代性的"宏大叙事"进行微观层面的解构,并试图在此基础上重建对历史总体的新一轮宏观建构。但他们对于叙事主义历史哲学中有关文本、再现、真理等问题的许多观点保持着警惕、审慎甚至批判的态度。

二 微观史学的特征:小历史中的宏大目标

微观史学较早的典型研究实例是金兹伯格的名著《奶酪与蛆虫》[①]。书中刻画一位生活于16世纪的意大利磨坊主的形象,其工作的磨坊实际是当时农村社会性聚集的场所,而磨坊主则成为新观念的响应者与传播者。在传统农民眼中,磨坊主是受敌视、遭唾弃的对象,甚至在当地的传说中与高利贷者、货币兑换商、收税员一起被称作"撒旦的使者"。这也就是为何他们会屡次被指控为异端邪说的发布者,而出现在当地的宗教裁判所的原因。根据宗教裁判所的相关记录,金兹伯格重建了麦诺奇奥的世界观:世界是个混沌体,由土、气、水、火混合而成;如同奶酪是由牛奶制成的,蛆虫也产生于其间,它们是天使的化身。由此,作者试图从大众与精英文化两个层面分析麦诺奇奥这套奇妙的世界观的来源,其中更加强调了古典与口述传统、唯物主义的大众文化之间的联系及其典型特征[②]。从金兹伯格的最初尝试中,我们似乎看到所谓微观史学首先是针对那些相对较小的对象,通常仅为单独的事件、一个较小规模的共同体(村庄或家

---

① 该书意大利文版初刊于1976年版,英文版为 Carlo Ginzburg, *The Cheese and the Worms: The Cosmos of a Sixteenth-Century Miller*, trans. by J. Tedeschi, A. C. Tedeschi, London and Henley: Routledge and Kegan Paul, 1980.

② Carlo Ginzburg, *The Cheese and the Worms: The Cosmos of a Sixteenth-Century Miller*, pp. 5-6, p. xxvi, p. 126.

庭），甚或小人物所进行的深入历史考察①。换言之，微观史家是以显微镜而非望远镜的方式，聚焦于某些特定事例、人物和情境，并由此做出明显不同于单纯的民族国家史、社会史、断代史、长时段的历史等史学范式的研究。类似于古希腊的戏剧表演，微观史学试图利用来自过去不同方向的遗留创造出时间、地点与行为三个层面在某一点上所聚合呈现的整体状况。

然而，微观史学的另一个显著特征却往往为人们所忽视，那就是在看似非重要的小事件、小人物背后通常隐含着远远超出其本身的深层结构、广阔的历史语境，以及宏大历史目标，所不同的是它们采取了以微观叙事、小规模的分析方式来探究那些"宏大历史问题"的可能答案，并试图得出某种带有普遍性的结论②。而透过这些代表着过去的个体化历史，也可能更好地理解和确认它们各自所属的历史结构与范畴。或者可以说，"微观史学的目的是在小群体层面阐明历史原因"，而这些小群体即是大多数人的生活所展开的地方，却又为其他史学方法所忽略③。

上述勾连小历史与大历史的治史目标似乎始终存在于微观史学研究中，近来又颇为微观史家所看重。这点突出地表现在乔瓦尼·莱维所概括的意大利微观史学的具体特征中④：第一，虽然坚持历史事件的独特性和不可复制性，但同时保有从特定事件中进行一般化研究的可能性；第二，在所谓典型性或象征性的个案研究中，探寻的真正目的在于其中可能存在的一般相关问题；第三，微观史并不排斥宏观叙

---

① Carlo Ginzburg, C. Poni, "The Name and the Game: Unequal Exchange and the Historiographic Marketplace", in E. Muir, G. Ruggiero, eds., *Microhistory and the Lost Peoples of Europe*, p. 3.

② Sigurður Gylfi Magnússon, István M. Szijártó, *What is Microhistory? Theory and Practice*, p. 5, p. 17; Richard D. Brown, "Microhistory and the Post-Modern Challenge", *Journal of the Early Republic*, Vol. 23, No. 1 (Apr., 2003), pp. 1 - 20.

③ Edward Muir and Guido Ruggiero, eds., *Microhistory and the Lost Peoples of Europe: Selections from the Quaderni Storici*, Baltimore and London: The Johns Hopkins University Press, 1991, p. xxi.

④ ［意］乔瓦尼·莱维：《三十年后反思微观史》，尚洁译，《史学理论研究》2013年第4期。

事，对小范围事件或个体人物的关注并不意味着放弃对一般真理的探索；第四，微观史改变了我们对于现实的感知，试图恢复历史研究的不确定性、不一致性和非线性的特点；第五，微观史突出了人类认知的差别和与历史真相之间的偏差，但这并不意味着放弃寻求历史真实的方法，而是始终保有继续推进的可能性；第六，微观史在意大利的兴起与政治批判、激进主义运动之间具有密切的联系；第七，无论微观史的研究主题和研究态度相距多远，也无论微观史与社会史、文化史之间的分歧有多大，他们在总体上所面临的问题和采用的方法性质是一样的。从中我们不难看出，以上七个方面的内容都特别强调了微观史学的理论视野、方法旨趣及其现实性，尤其集中论述了其在研究独特的、典型的、象征性的个体事件或人物中所具有的探索宏观历史层面的一般性、普遍性的可能，以及微观史学试图突破现代史学对确定性、目的论、线性历史本体的固有框架的努力。

另外，有的微观史家还提出其研究重点在于彰显个人的活动、大众的作用对历史的推动力[①]。在他们眼中，生活于过去的人们并非供那些潜在的历史伟大动力所驱使的木偶，相反普通人被看作主动而活跃的个体、富有自觉意识的行动者，其历史作用虽然是在微观层面展示出来的，但同样具有整体的意义[②]。这似乎从一个侧面反映出当代西方大众文化的兴起对历史书写所产生的深刻影响，它正悄然改变着历史学家的治史观念和史学样式[③]，普通大众及其个体化的经验、行为和欲望愈发引起微观史家的兴趣。正如当代德国历史哲学家约恩·吕森所指出的，微观史学"呈现出一个不同的过去，它让我们更加亲切地了解普通人在过去的生活"，它提供给我们与当前的生活经验、

[①] Sigurður Gylfi Magnússon, István M. Szijártó, *What is Microhistory? Theory and Practice*, p. 5.

[②] Brad S. Gregory, "Is Small Beautiful? Microhistory and the History of Everyday Life", *History and Theory*, Vol. 38, No. 1 (Feb., 1999), pp. 100–110.

[③] 关于当代西方大众文化对于历史研究的影响参见何平、张旭鹏《文化研究理论》，社会科学文献出版社 2014 年版，第 213—228 页。

与现代世界相反的别样图景①。

以上所论微观史学的这些特征是以相互联系的状态存在的，不能将其割裂开来。其中对历史的微观研究看似是对微观史学的最直接定义，但事实上却无法单独构成对微观史学较为恰切的概括。相反，微观史学中所隐含的理论视野虽然未以显性的方式直接地表现出来，却更可能从深层反映微观史学在整体上所具有的特点。同时我们还发现，单纯罗列特征、下定义的方法对于全面了解微观史学的研究范式显然是不足够的。倘若要深入探寻它的内在理路及与其他史学范式之间的关系，恐怕还必须从有代表性的微观史家的具体实践中领略其理论与方法的意蕴。

三 微观史家的显微镜与历史表现

微观史学在重拾历史事件、日常生活、边缘世界、异族社会、个体民众的过程中是如何处理可能极其微小的研究对象和历史总体之间的关联的呢？这似乎成为微观史学一直遭人怀疑与诟病的核心问题。我们发现微观史家主要是通过显微镜式的观察得以勾连大小历史之间的，具体通常体现为区域研究与问题中心的方法。

当前的微观史学是以区域空间为基础来呈现历史的，其中又强烈突出了相关问题及其特殊的处理手段，这是微观史学借以将小历史与宏大历史问题相联系起来的具体途径②。区域研究可能更好地将问题集中起来，并提出有效的回答，同时也为历史话语开启了更多需要探寻的新问题。大量的区域性观察，诸如匈牙利、冰岛、斯堪的纳维亚、俄罗斯的微观史学著作，不仅拓展了历史研究的范围，更为重要的是代表了当今历史学在不同文化传统之间的跨越和日益广泛的全球性交流。这里我们可以举几个微观史学的代表性研究及其相关争论为

---

① Ewa Domańska, *Encounters: Philosophy of History after Postmodernism*, p. 146.
② Sigurður Gylfi Magnússon, István M. Szijártó, *What is Microhistory? Theory and Practice*, pp. 7–11.

例，以窥见不同文化语境之下的史学家是如何运用他们手中的显微镜从区域性的小历史出发与宏大历史问题发生联结的。

首先，意大利微观史家乔瓦尼·莱维有关古典权力的继承研究体现着社会史与文化史在微观层面的交融[①]。在该书所讲述的有关驱魔师乔万尼·巴蒂斯塔·基耶萨（Giovan Battista Chiesa）的故事中，包含的并非仅是其表面带有神秘色彩的驱邪因素，更多隐匿着17世纪地产交换与继承的权力系统，隐匿着农民对自我身体与精神控制力的热望。与金兹伯格更多倾向于文化史分析所不同的是，莱维表现出对地方信仰、习俗、制度所做的深层的社会—经济基础阐释，这似乎透露出意大利微观史学研究中社会史与文化史两种路径的分流发展及其之间存在的内在分歧与张力。但同时也表明，单纯的社会或文化语境分析都带有自身的某种限度，在很多时候正需要微观史家在个体与微观层面上交汇融合多重视角，才有可能在小历史中达到重新整合的总体性认识[②]。

另外，意大利微观史家在区域研究中还提出了有关"特殊的一般"（exceptional normal）与"一般的特殊"（normal exception）、"变化的规模"（changing the scale）等方法性概念。这是由于当他们将定性分析和区域性基层社会史料相联系的时候，就发现那些特殊文献、边缘个案、小规模观察中有可能揭示出的大量被隐匿的过去。它们要么以具体而微的特殊形式表征着大范围或宏观层面的历史，要么以改变了的面貌蕴含着某些普遍存在的历史现象或因素，只是因为以往这些来自底层的史料处于"沉默"状态、被无视或被系统地歪曲而无

[①] 该书意大利文版初刊于1985年版，英文版为Giovanni Levi, *Inheriting Power: The Story of an Exorcist*, trans. by L. G. Cochrance, Chicago and London: University of Chicago Press, 1988.

[②] 这方面讨论参见S. Cerutti, "Microhistory: Social Relations versus Cultural Models?"; Renata Ago, "From the Archives to the Library and Back: Culture and Microhistory", both in A. M. Castrén, M. Lonkila, M. Peltonen, eds., *Between Sociology and History*, *Essays on Microhistory*, *Collective Action*, *and Nation-Building*, Helsinki: SKS-Finnish Literature Society, 2004, pp. 18 – 20, pp. 41 – 44.

法言说真实的过往①。

其次，法国年鉴学派的第三、四代学者也认为微观史学在一定程度上是解决他们问题的方案之一。勒华拉杜里在其早期著作《罗芒狂欢节》中只写了1580年2月法国多菲内省的小城罗芒十五天的历史②。这场后来演变为权贵对工匠和农民血腥屠杀的狂欢节，在宏观历史层面被置于16世纪宗教战争的两个重要阶段的相交之处，而在区域的显微镜下则是一个社会下层向城市贵族发起挑战的地方性事件。透过作者看似传统的社会史分析（包括地区人口、社会等级、纳税与税收结构等），却可领略该事件所蕴含的文化象征意义和有关社会结构的深层信息。因而，狂欢节在这里上演了一场独特而又不失普遍性的"社会戏剧"（social drama）③。

众所周知，20世纪70年代以后年鉴学派的发展受到来自多方的批评，显示出一种颓势。以弗朗索瓦·多斯为代表针对各种社会科学方法的入侵和日益细碎的历史研究倾向提出了所谓"碎片化的历史学"，认为单纯描述特殊个案或企图以抽象的理论将碎片化的历史堆砌成虚拟的总体似乎都是危险的④。在回应上述指责和批评中，阿莱特·法奇和雅克·勒韦尔出版了他们关于1750年巴黎骚乱的研究⑤。该书试图追索当时市民阶层中出现的各种与王室、政府、警察、密探有关的谣言及其相联系的个体或群体反应，显示出这次骚

---

① 关于这些概念的讨论参见 Carlo Ginzburg, C. Poni, "The Name and the Game: Unequal Exchange and the Historiographic Marketplace", in E. Muir, G. Ruggiero, eds., *Microhistory and the Lost Peoples of Europe*, pp. 7 – 8; C. Ginzburg, "Microhistory: Two or Three Things That I Know About it", *Critical Inquiry*, Vol. 20, No. 1 (Oct., 1993), pp. 10 – 35; Giovanni Levi, "On Microhistory", in Peter Burke, ed., *New Perspectives on Historical Writing*, pp. 94 – 97.

② [法] 埃曼纽尔·勒华拉杜里：《罗芒狂欢节》，许明龙译，商务印书馆2013年版。中译本是根据1979年出版的法文版翻译的。

③ Sigurður Gylfi Magnússon, István M. Szijártó, *What is Microhistory? Theory and Practice*, p. 29.

④ [法] 弗朗索瓦·多斯：《碎片化的历史学：从〈年鉴〉到"新史学"》，马胜利译，北京大学出版社2008年版，第239—242页。

⑤ Arlette Farge, Jacques Revel, *The Vanishing Children of Paris: Rumor and Politics Before the French Revolution*, trans. by C. Miéville, Cambridge, MA: Harvard University Press, 1991.

第十一章 微观史学的理论视野

乱本身自我意义的建构过程,并逐步将此与法国大革命前社会公众对王室及政府的不信任感、隔阂直至矛盾、对立意识的形成联系起来。这使我们最终发现,在谣言四起、动荡不安的微观现象之下所隐匿的是当时法国君主制的权威性和社会公信力的丧失。之后,勒韦尔还从理论上回应道,微观与宏观研究之间是互补的,它们对历史知识的影响只是在所选取的分析层面上的差别;人作为社会活动的主体在不同层面参与了历史进程的创造,因而以他们为主角的历史研究就必然产生不同的聚焦方式①。

还有一些法国学者也借用"变化的规模"概念说明,不是研究者发现了存在于不同规模历史之中的人类活动,而是他们本身就同时出现在微观与宏观的背景之下,并构成了其社会活动的网络系统;微观现象并不比宏观现象更具历史真实性,只是它们存在的层面不同;研究者改变观察的规模是为了获得新的洞察过去的视角,看到过去以不同方式相互有机地联系在一起,从而有可能补充已有的认识②。

美国的微观史研究是在更为广泛和宽松的意义上进行的,它更多被称作新文化史。例如娜达莉·戴维斯关于马丁·盖尔的故事和16世纪法国史研究,带有明显的微观史研究的特征③。又如罗伯特·达恩顿在其名著《屠猫狂欢:法国文化史钩沉》中所运用的"事件分析"(incident analysis)方法④,即对微观的历史事件进行深度观察。这也表现出微观史学的倾向,同时又引入了文化人类学的理论与方法。尤其是他们所普遍利用的"厚描述"的共同重点在于:"从小处

---

① Jacques Revel, "Microanalysis and the Construction of the Social", in J. Revel, L. Hunt, eds., *Histories: French Constructions of the Past*, trans. by Seuil and Gallimard, New York: New Press, 1996, pp. 15 – 26.

② Bernard Lepetit, "Architecture, Géographie, Historie: Usages de l'échelle", *Genéses*, Vol. 13, No. 1 (Automne, 1993), pp. 118 – 138.

③ [美] 娜塔莉·泽蒙·戴维斯:《马丁·盖尔归来》,刘永华译,北京大学出版社2009年版。

④ Robert Darnton, *The Great Cat Massacre and Other Episodes in French Cultural History*, New York: Vintage Books, 1985, pp. 75 – 104.

得出大结论，但这是基于高密度编织的事实之上"①。

从历史表现形式而言，微观史学的一个极易识别的特征在于历史学家的文本风格和叙事方式。虽然叙事是所有历史写作的共性因素之一，但在微观史学研究中可称得上起到了支柱性作用。金兹伯格在谈到微观史学的实验是如何综合了多种因素而建构起来时，将辨识研究对象及其重要性、精心设置分析范畴、用以传达给读者的历史体裁与叙事形式三个方面并举②，可见叙事方式在微观史学实践中的特殊地位。莱维则更直接地认为微观史学研究的关键"在于论述方法"，他们所尝试的是一种新的叙事方式。这一历史叙事与专业史家的既定规则并不相互冲突，它所冲击的只是那些一般性、简单化的因果论和已然僵化的目的论模式，并借此去重新激发起读者的历史兴趣。微观史学更希望通过重构或还原某个特定时段、个体、地区状况的过程，将其与当地复杂的生产生活、社会形态与环境紧密相关的部分揭示出来。这一叙事方式的具体实施似乎包括两种截然相反的路径：一为隔离法，将研究对象有意从所处的各种关系和背景下抽离出来，完全置于真空条件下进行实验性研究，这就如同将一块拼图单独取出、搁置于整个图版之外的观察法；二为聚焦法，即研究处于复杂背景与矛盾中、在选择与限制之间寻求夹缝中生存的特殊个体③。

总体上我们不难发现，微观史学著作大多采取的是更加文学化、个性化的小说家风格，而非社会科学化的语言类型和表达形式。作者常常会以多重视角展开故事情节，以明显带有偏爱的手法深入前景描写，最后总以非同寻常或开放性的述说结尾。这方面很有代表性的是史景迁的多部中国史著作，其中尤以《王氏之死》最为知名④。但我

---

① C. Geertz, *The Interpretation of Cultures*, New York: Basic Books, 1973, p. 28.
② C. Ginzburg, "Microhistory: Two or Three Things That I Know about it", *Critical Inquiry*, Vol. 20, No. 1 (Oct., 1993), pp. 10 – 35.
③ [意] 乔瓦尼·莱维：《三十年后反思微观史》，尚洁译，《史学理论研究》2013 年第 4 期。
④ Jonathan Spence, *The Death of Woman Wang*, New York: Viking Penguim, 1978. 中文本由李孝悌、李孝恺译《王氏之死：大历史背后的小人物命运》，广西师范大学出版社 2011 年版。

们往往被作者高超的文采所吸引，反而忽视了这类作品中在其文学形式之下所隐含的对社会状态和结构的揭示。透过那些小人物的命运和戏剧性事件，也许更应该看到的是他们与大历史相互勾连、错综的方面，而其叙事方式恰恰是达成这一勾连的重要途径。如果说分析与叙事是历史表现的两种基本形式，那么它们无疑在历史知识的建构上发挥着不同功能。叙事似乎更生动逼真地以一种离散或聚焦的方式表现着过去存在的过程、状态、网络乃至整体。

四　微观史学的困惑和发展趋向

（一）碎片与虚构

微观史家如果坚持从小历史的叙事中得出具有普遍意义的分析或结论，那么通常就存在两种可能性：一是从细节的汪洋大海中寻求偶然的发现，二是以某种先验的预设进行有选择性的研究。事实上，微观史学的实践与混沌理论有关，其认为一切事物的原始状态都是一堆看似毫无关联的碎片，但之后这些无机的碎片会有机地汇集成一个整体，因此碎片成为混沌的中心；碎片是有着复杂几何结构的系统，当它们被放大时就展现出完美而相似的原始结构；这种"自我的相似性"在一定尺度下是对称的，重复出现或模式套模式的；而这一碎片化特征不仅是数学、无生命体所具有的，也是生命世界所属的性质[①]。微观史学则假设了历史领域也是此类混沌与碎片的延伸。于是，微观史家需要长期致力于某种相似性现象的研究，并力求识别出这些碎片中所隐含的整体性结构或普遍性意义，即使最终结果表明它们之间并无本质关联，只是作为话语实体或历史表现形式而存在于历史学家的想象之中。

由此，我们看到微观史学似乎建立在对某种相似性现象的推演基

[①] Sigurður Gylfi Magnússon, István M. Szijártó, *What is Microhistory? Theory and Practice*, p. 63.

础之上，其中起决定作用的方面恰恰在于这些相似的碎片是否是构成整体状态的普遍单子或以局部形态体现整体的某类基因化特征。同时，微观史学看似基于碎片的研究，其实质和目的却并非仅止于个体化的叙事，更为深层的微观研究则需要展示出一组群像、群体的力量、群体的表征等，据此才有可能找回那些在历史长河中早已剥离整体的碎片，并如拼图般复原其所属之格位。这类微观史学研究的代表作除去前文提到的和学界比较熟知的以外，还有马格努松对冰岛日常生活史与大众文化史的研究。作者试图将社会史与微观史研究方法相融合，将单一个体与普通大众群体性分析相互勾连，并坚信社会史的结构性宏观视角可以为微观史研究带来新的发展契机[1]。

然而，问题在于微观史家并不能确保所聚焦的碎片必然带有某种典型性或整体的普遍意义，甚至引起他们关注和兴趣的经常是一些非典型性的个体化历史。诚如金兹伯格自陈：尽管"大量的传记研究已表明，在一个本身缺乏重要性并因此而具有代表性的不起眼的个体身上，仍然有可能像在微观世界中那样，追踪到特定历史时期的整个社会阶层的特性"，但对麦诺奇奥而言却并非如此，因为"他不能被认为是他那个时代的'典型'农民"[2]。

同时，我们还注意到有一些微观史研究中实验性地运用了想象和虚构的方法，而且应该说这种运用是有意识的尝试，甚至可以视作将历史真实与想象之间进行某种联结性思考的成果。这一方面是由于微观史家所掌握的史料的欠缺与片面，另一方面也部分源于脱离了经验化的"宏大叙事"架构之后，单纯依赖"证据范式"[3]建构微观事实

---

[1] Sigurður Gylfi Magnússon, *The Continuity of Everyday Life: Popular Culture in Iceland, 1850–1940*, Ph. D thesis, Carnegie Mellon University, USA, 1993; *Wasteland with Words: A Social History of Iceland*, London: Reaktion Books, 2010.

[2] Carlo Ginzburg, *The Cheese and the Worms: The Cosmos of a Sixteenth-Century Miller*, p. xx.

[3] 这个概念参见 Carlo Ginzburg, "Clues: Roots of an Evidential Paradigm", in Ginzburg, *Clues, Myths and the Historical Method*, trans. by J. Tedeschi, A. C. Tedeschi, Baltimore: The Johns Hopkins University Press, 1989, pp. 96–125.

的局限。

例如美国耶鲁大学的历史学家约翰·迪莫斯所著《未获救的受掳者》，讲述了一个在北美 18 世纪初殖民战争中被印第安人掳走的七岁小女孩及其家人的经历①。该书利用原始史料着力突出分析了战争背后的文化冲突，当几年后大部分俘虏被释放与归乡之时，已经被易洛魁家庭收养的小女孩却严词拒绝，尽管在家人和牧师的多次劝说之下，她也只是同意短暂探亲而始终居住在其印第安丈夫的家中，直至去世。作者试图以想象的虚构来解释这其中可能的原因，一个出身英国清教徒家庭的女孩如何转变为真正的印第安女人。更加典型的是英国史家西蒙·沙玛所著《死亡的确定性》，书中记录了两个人的死亡故事，一个是 1759 年死于魁北克战役的詹姆斯·伍尔夫（James Wolfe）将军，另一个是 1849 年被哈佛大学教授谋杀的乔治·帕克曼（George Parkman）。尽管作者在两部分的叙述中也都利用了诸如信件、报刊、战争档案记录、庭审记录、法庭卷宗等一手材料展开，但却仍在结尾处坚称："这是一部对历史事件进行想象性研究的著作"，其中都存在着"纯粹的想象虚构"。因为它大部分是依据战争和事件的幸存者的当代文献来加以建构的，尤其是当事人之间的对话完全是依靠对史料的理解编制出来的②。这也是为何作者将该书的副标题定为"毫无根据的思考"的主要原因所在。

（二）历史经验与全球史

新世纪之初，安克斯密特提出"历史经验"理论，将重新概念化的"经验"作为过去与现在之间"真切"的关联所在，也是触摸历史、展现在场感的聚合地带③。这一理论变化促使微观史学也需要在个体经

---

① John Demos, *The Unredeemed Captive: A Family Story from Early America*, London: Macmillan Papermac, 1994.

② Simon Schama, *Dead Certainties (Unwarranted Speculations)*, New York: Vintage Books, 1991, p. 327.

③ F. R. Ankersmit, *Sublime History Experience*, Stanford: Stanford University Press, 2005. 中文版《崇高的历史经验》，杨军译，东方出版中心 2011 年版。

验、片段性的微观叙事中重新思考那些带有普遍性的文化体验或"宏大历史画面的问题"①。更为重要的是,在全球化的氛围中,地方化欧洲和去中心主义思潮日益渗透进历史领域,微观史学也不可避免地受到全球史研究的影响。从表面上看起来似乎矛盾的两种史学范式,实质上如果不将微观研究与宏观视角截然对立,而均把它们视作可以有机结合起来的历史探索的不同路径,那么全球史就不会成为微观史学发展的坟墓,相反还会为其带来回答"宏大历史问题"的新契机②。

代表上述微观史学发展趋向的研究,如金兹伯格从个体视角理解18世纪殖民化过程的研究③,劳拉·普特南尝试以群体传记(prosopography)研究16—20世纪作为大陆间联系的大西洋史④,娜达莉·戴维斯对16世纪一位阿拉伯地理学家所做的跨文化研究⑤,以及卜正民(Timothy Brook)从画家维米尔的几幅画作出发揭示17世纪全球贸易网络的迅速发展等⑥。这些研究试图将某些特定的个人或群体的案例置于世界历史的宏大画面中,或者回归于布罗代尔的长时段与结构时间来加以观察,以微观分析、微观史的经验来重构世界史。

再有,近年美国学者欧阳泰关于17世纪台湾历史的研究颇为引人注目⑦。他将郑成功收复台湾的历史事件置于全球范围的跨文化关

---

① Ewa Domanska, "Beyond Anthropocentrism in Historical Studies", *Historein*, Vol. 10 (Apr., 2012), pp. 118 – 130.

② Sigurður Gylfi Magnússon, István M. Szijártó, *What is Microhistory? Theory and Practice*, p. 72.

③ C. Ginzburg, "Latitude, Slaves and the Bible: An Experiment in Microhistory", *Critical Inquiry*, Vol. 31, No. 3 (Mar., 2005), pp. 665 – 683.

④ Lara Putnam, "To Study the Fragments/Whole: Microhistory and the Atlantic World", *Journal of Social History*, Vol. 39, No. 3 (Apr., 2006), pp. 615 – 630.

⑤ Natalie Zemon Davis, *Trickster Travels: A Sixteenth-Century Muslim between Worlds*, New York: Hill and Wang, 2006.

⑥ [加]卜正民:《维米尔的帽子:17世纪和全球化世界的黎明》,黄中宪译,湖南人民出版社2017年版。

⑦ Tonio Andrade, *Lost Colony: The Untold Story of China's First Great Victory over the West*, Princeton: Princeton University Press, 2011. 中译本《1661,决战热兰遮:中国对西方的第一次胜利》,陈信宏译,九州出版社2014年版;欧阳泰还著有 *How Taiwan Became Chinese: Dutch, Spanish, and Han Colonization in the Seventeenth Century*, New York: Columbia University Press, 2008;"A Chinese Farmer, Two African Boys, and a Warlord: Towards Global Microhistory", *Journal of World History*, Vol. 21, No. 4 (Dec., 2010), pp. 573 – 591.

系中加以考察，不仅指出其时欧洲扩张的非科技性因素，也着意论及东方军事智慧的价值，以及自然因素对战争的决定性影响。同时，还看到了郑成功的父亲郑芝龙与荷兰人、东印度公司之间的密切关系，郑成功的日本血统和所受到的武士教育，以及战争中双方对待异己文化投诚者的态度等诸多跨文化因素。这一对传统历史事件的全新解析带有明显的微观全球史的特征。

综上所论，伴随着近20年来微观史学的发展及其所引发的关于历史学"碎化"的讨论，我们发现以个体化、事件性、区域性、叙事化为特征的微观史学与宏观历史之间并非具有本质上的矛盾，相反成功的微观史研究似乎总可以从不同规模、多种维度或层次、各类语境中建立起微观与宏观之间千丝万缕的联系。这其中可能将社会史与文化史相融合，将结构性、长时段与全球化过程具体化。对于微观史家而言，寻找到蕴含着某种普遍性、整体性、全球性的理想个案，又避免微观分析与历史叙事陷于模式化、简单化的目的论陷阱，从而达到使看似单独的、特殊的历史事物在显微镜下呈现出宏观历史的结晶状态。这应该是一条探索过去世界的充满风险与挑战，但又极具诱惑力的创制新知的道路。

第十二章

"杂交"观念与彼得·伯克的文化史研究

"杂交"是后殖民理论中被广泛使用和最具创造性的术语之一，通常指称前殖民地国家或地区在抵抗殖民主义文化的过程中，能动地创造出一种既体现了自我文化的优势，又吸收了宗主国文化中某些合理因素的新型文化状态。随着后殖民理论影响的深入以及全球文化互动的日益密切，杂交观念也被引入到文化史研究领域，用于探讨不同地区由于文化的交流、互渗乃至碰撞而导致的文化重构现象。近年来，在国内史学界，运用杂交观念来探讨历史进程中的某些跨文化现象，逐渐得到一些学者的重视。① 本章旨在梳理杂交概念的内涵及其发展脉络，并对英国文化史家彼得·伯克的文化杂交观念进行分析，进而考察伯克如何借助杂交概念对文艺复兴进行全新阐释。在此基础上提出，杂交观念为当前的文化史研究提供了一个有益的视角，有助于我们认清跨文化互动的内在逻辑，拓宽跨文化研究的时间和空间维度。

---

① 相关论文参见：何平、陈国贲《全球化时代文化研究若干新概念简析——"文化杂交"和"杂交文化"概念的理论内涵》，《山东社会科学》2005年第10期；赵沛林、张洪伟《古希腊文化杂交优势论》，《东北师范大学学报（哲学社会科学版）》2003年第5期；金寿福《内生与杂糅视野下的古埃及文明起源》，《中国社会科学》2012年第12期。

第十二章 "杂交"观念与彼得·伯克的文化史研究

一 "杂交"观念的内涵及发展

"杂交"（hybridity）原本是一个生物学术语，这一词汇起源于17世纪早期，其最初含义是混合，用来描述两个不同种类的植物或动物杂合而生的后裔，在当时主要是生物学上的含义，并无其他特殊的意义。19世纪以来，随着欧洲殖民主义的扩张，它开始具有种族主义的意味。① 在当时的一些种族主义者看来，种族混杂是不当的和应禁止的。依据当时解剖学和颅骨测量学的研究，欧洲人认为，非洲人、亚洲人、美洲土著以及太平洋岛屿上的居民都是劣等种族，他们若与欧洲人进行跨种族通婚，便会稀释欧洲种族的高贵性。杂交后裔因而也被视作一种反常的存在、病态的变异，甚至比上述劣等种族还要卑贱。欧洲人对种族纯洁性的担忧，使得"杂交"成为一个带有歧视性和贬义色彩的词汇。

20世纪初，学者们开始对语言中的杂交现象进行探索，尤以巴赫金的研究最具开创性。巴赫金指出，任何一种语言都会受到外来语的影响，也因而都是一种跨语际实践的产物；语言中看似单一的陈述背后，实际上都包含着两种表达方式、两种说话风格，甚至两种语义和价值体系。② 这种语言在某个单一陈述中得到双重凸显的方式，构成了语言中杂交的本质。③ 以此为基础，考虑到意识和语言的互动关系，巴赫金进一步把语言中的杂交分为两种形态：处于无意识状态下的"有机型杂交"（organic hybridity）和有意为之的"意向型杂交"（intentional hybridity）。前者描述了语言经由无反思性的借用而开始的演化过程；而后者则指通过有意的破坏，来创造一种双重反讽的意

---

① Robert Young, *Colonial Desire: Hybridity in Theory, Culture and Race*, London and New York: Routledge, 1995, p. 6.
② Mikhail Bakhtin, *The Dialogic Imagination: Four Essays*, ed. by Michael Holquist, trans. by Caryl Emerson and Michael Holquist, Austin: University of Texas Press, 2008, p. 358.
③ Robert Young, *Colonial Desire: Hybridity in Theory, Culture and Race*, p. 18.

识,是"世界观不同触点间的碰撞"①。

巴赫金揭示了语言杂交的政治化效应,这一点对后来的后殖民理论家有很大的启发。他们将这种语言杂交中表现出来的权力关系,应用到对宗主国与殖民地交往过程中殖民文化生产模式的分析中,并通过对被殖民者反抗模式的剖析,严肃而深入地批判了文化帝国主义。对杂交进行研究的主要后殖民理论家有霍米·巴巴(Homi Bhabha)、内斯特·坎克里尼(Néstor Canclini)、斯图亚特·霍尔(Stuart Hall)、斯皮瓦克和保罗·吉尔罗伊(Paul Gilroy)等人。② 尽管他们的具体论述有所差异,但都对种族及文化纯质性概念持批评立场,并把这一批评同对文化霸权体系的批评联系在一起。其中,霍米·巴巴的研究最具代表性。

霍米·巴巴的研究是在萨义德的基础上展开的。萨义德在《东方学》中指出,西方人把东方视作他者,并由此建立起一种等级化的二元对立结构:西方代表文明、进步和理性,而东方则是其对立面,意味着野蛮、落后与非理性。③ 萨义德的这一理论模式深刻地批判了"东方学"话语中所承载的西方权力体系,但也把东西方话语的区分本质化了。也就是说,在西方话语的统治下,东方只能是一个永久的沉默者,甚至丧失了抵抗的能力。巴巴的研究则基于对萨义德这一观念的质疑。在巴巴看来,殖民话语要实现对他者的影响,就必须要否定后者的知识形式,但在这一过程中,其自身也会被它所要否定的知

---

① Mikhail Bakhtin, *The Dialogic Imagination: Four Essays*, pp. 358-361.
② 相关著作参见 Homi K. Bhabha, *The Location of Culture*, New York and London: Routledge, 1994; Stuart Hall, ed., *Representation: Cultural Representations and Signifying Practices*, London: Sage, 1997; Néstor Canclini, *Hybrid Cultures: Strategies for Entering and Leaving Modernity*, Minneapolis and London: University of Minnesota Press, 1995; Gayatri Spivak, *In Other Worlds: Essays in Cultural Politics*, London and New York: Routledge, 1987; Gayatri Spivak, *A Critique of Postcolonial Reason: Toward a History of the Vanishing Present*, Cambridge, MA: Harvard University Press, 1999; Paul Gilroy, *The Black Atlantic: Modernity and Double Consciousness*, London: Verso, 1993.
③ 参见 Edward Said, *Orientalism: Western Conceptions of the Orient*, New York: Vintage Books, 1979.

第十二章 "杂交"观念与彼得·伯克的文化史研究

识形式所破坏和变形。如此一来，殖民话语施加影响的过程，就变成了一种殖民话语与殖民地知识杂交的过程。巴巴进而指出，殖民话语虽然是一种居于统治地位的话语，但从一开始就具有一种深刻的内在矛盾，并不断被殖民地知识所形塑。① 因此，西方殖民主义话语对殖民地施加影响的企图，并不总能轻易成功。不仅如此，巴巴还从殖民地人民的角度，把杂交视作一种破坏性的，"对统治文化权力进行抵抗和挑战的动因"，从而具体阐述了被殖民者的反抗策略。② 他认为，殖民地的被压迫者在面对西方话语霸权时并非束手无策，他们可以从本土文化和宗教出发，对殖民者的文化进行修正，并做出对自己有利的阐释，从而发出自己的声音，维护自己的权利、地位和尊严。③ 巴巴的杂交观念大大深化了后殖民理论，也进而成为后殖民研究中最具影响力和破坏性的概念之一。

经由后殖民学者的研究，杂交这一概念开始被广泛运用到对全球化时代文化现象的分析中，如人口迁移、种族融合、跨文化交流、文化生产等问题。在这些问题的研究中，杂交这一概念首先被用作瓦解"全球"与"地方"二元对立模式的工具，以此展示全球化并不会带来均质化，而是会呈现出多样性结果。在全球化时代，或许没有哪种事物是"全球性的"或"地方性的"，而只存在杂交的事物。即便传统上被认为居于全球化中心位置的西方文化，其实也是一种与各种"地方文化"互动而产生的"杂交事物"。各种地方文化同样也体现了文化的杂交性。进一步说，杂交是双向运动的结果。一方面，杂交是一种同化的杂交，它指向中心，体现了地方文化对中心文化的模仿；另一方面，它又是一个去稳定化的过程，地方文化不再是对中心文化的简单模仿，而是试图扭转中心文化单向的传播进程，并消解中

---

① Homi K. Bhabha, *The Location of Culture*, p. 112.
② Robert Young, *Colonial Desire: Hybridity in Theory, Culture, and Race*, p. 23.
③ Jonathan Rutherford, "The Third Space, Interview with Homi Bhabha", in Jonathan Rutherford, ed., *Identity: Community, Culture, Difference*, London: Lawrence and Wishart, 1990, pp. 207-221.

心文化的霸权地位。①

随着全球化的发展,国家之间的文化互动日益密切,文化相互之间的交流、渗透、对峙乃至冲突都比以往更加突出。如何正确地使用杂交这一概念去考察全球化以来的文化发展问题,成为包括历史学家在内的一个亟待研究的新课题。就史学界而言,早在后殖民研究兴起之前,有些史学家就已经对文化杂交事物进行了关注。② 20 世纪末以来,随着全球文化互动意识的深化,更多的史家开始用杂交观念革新自己的文化史研究。③ 但比较而言,彼得·伯克对文化杂交这一概念的史学功用有着最为敏锐的触角,其论述也最具系统性。不仅如此,他还自觉地将杂交的概念应用到自己的文化史研究当中,取得了丰硕的成果。

二 彼得·伯克的"文化杂交"观念

彼得·伯克是当今英国著名史学家。他兴趣广泛、视野开阔,其学术研究涉及欧洲近代早期的社会文化史、图像史、传播史、知识史、文艺复兴史,以及史学史等诸多领域。跨文化和跨学科的知识背景使得他不但善于打破历史和其他社会科学之间的藩篱,也善于在不

---

① Jan Nederveen Pieterse, "Globalization as Hybridization", in Mike Featherstone, Scott Lash, and Roland Robertson, eds., *Global Modernities*, London: Sage, 1995, pp. 44 - 66.

② 如克里斯托弗·道森虽未使用杂交这一术语,却曾在《欧洲的形成》中对 500—1000 年间欧洲古典传统、基督教传统和蛮族传统的互动和融合过程进行了研究。参见 Christopher Dawson, *The Making of Europe: An Introduction to the History of European Unity*, London: Sheed and Ward, 1932。此外,汤因比详尽地分析了不同文化间的"碰撞"、离散的重要作用以及文化接受的性质(Arnold J. Toynbee, *A Study of History*, Vol. Ⅷ, London: Oxford University Press, 1954, pp. 274, 472, 481, 495。

③ 如娜塔莉·戴维斯在《多极与杂交:什么是去中心化的策略?》一文中认为,在对欧洲与美洲文化交流的研究中,要做到去中心化就必须采取一个中间的立场,亦即联系互动性和混合性过程来对之进行研究。参见 Natalie Zemon Davis, "Polarities, Hybridities: What Strategies for Decentring?" in Germaine Warkentin, Carolyn Podruchny, eds., *Decentring the Renaissance: Canada and Europe in Multidisciplinary Perspective, 1500 – 1700*, Toronto: University of Toronto Press, 2001, p. 26。

第十二章 "杂交"观念与彼得·伯克的文化史研究

同的文化之中寻找联系。正如丹尼尔·斯诺曼所言:"他充满热情地在各种语言、文化、时代、地域、方法论和学科间打造桥梁,然后跨过这些桥梁,以广阔的视野去观察外部事物。"① 彼得·伯克的这一学术研究特点和取向在其近来对文化杂交问题的关注上表现得尤为明显。

伯克对文化杂交问题的重视与其独特的生活和学术经历有关。从其生活背景上来看,伯克是一个具有文化杂交身份的学者。他出生于一个多重文化家庭,父亲是一个爱尔兰天主教徒,母亲是东欧裔的犹太人,家里汇集了相去甚远的各种文化传统。伯克记得童年时每次造访外祖父母的房间,都像是在跨过一条文化的边界。② 儿时的耳濡目染给伯克的学术研究留下了多元文化的烙印。青年时代,伯克又到新加坡的英国军团服役。这个军团也是"跨文化"的,其成员包括马来人、华人、印度人和少量的英国人。后来伯克又和一个巴西女学者结成连理,他的家庭也是一个跨文化的产物。伯克曾戏言,自己在和巴西裔的妻子成婚后,就"在某种程度上开始巴西化了"③。不仅如此,此次婚姻也使伯克开始关注拉美兼具西方和非西方特色的学术传统。伯克坦承,巴西著名文化理论家吉尔贝托·弗雷雷(Gilberto Freyre)对其后来的思想有着深刻的影响,促使他开始去认真思考文化杂交的问题。④

独特的生活和学术经历,让伯克对文化杂交现象有着更为深刻的认识,对多元文化互动的关注也一直是伯克学术研究的一个重要主题。他曾把史学家的作用定位为时间或空间上"文化距离"间的转

---

① Daniel Snowman, *Historians*, London: Palgrave, 2007, p. 43.
② [英] 玛利亚·露西亚·帕拉蕾斯-伯克编:《新史学:自白与对话》,彭刚译,北京大学出版社 2006 年版,第 155 页。
③ [英] 彼得·伯克:《文化杂交》,杨元、蔡玉辉译,译林出版社 2016 年版,第 2 页。
④ Peter Burke, "Invitation to Historians: An Intellectual Self-Portrait, or the History of a Historian", *Rethinking History*, Vol. 13, No. 2 (Jun., 2009), pp. 279–280.

译者（或解释者）。① 他的研究因而总是倾向于选取一个较为开放的研究主题，并将之放在不同的区域和文化间进行比较，然后寻找它们之间的关联。比如，在对欧洲近代早期的大众文化进行分析时，伯克不仅向读者展示了地方文化和大众文化的丰富性，还将其与精英文化相互比较，展现两者间的互动关系。② 在对知识史的梳理中，他一反传统上把知识看作"一切已知的东西"或"被处理过的信息总和"的观念，而把知识分为"控制的知识""销售的知识"和"获得的知识"，以期揭示历史上知识的多元并存，以及它们之间杂糅共生的关系。③ 在对图像史的研究中，他也是先广泛分析图像中所体现的众多文化因素及图像制作的多种方法，继而探寻它在不同文化中的表现方式。④

具体说来，伯克文化杂交观念体现在以下几个方面。首先，文化杂交是人类社会普遍存在的现象，且具有高度的复杂性。在《文化杂交》一书中，伯克对杂交事物的类别进行了分析，它们包括建筑、家具、图像、文本、宗教、音乐、语言、政府机构、节日庆典和体育活动等。其范围从众所周知的流行音乐到鲜为人知的事物，如巴西的翁班达教和越南的高台教等，不一而足。杂交的事物种类繁多，而对之产生影响的因素也非常复杂。伯克认为，文化杂交的发生有赖于时间、空间和社会环境三个方面的因素。因此，他着重从杂交发生时传播方和接受方的权力异变（时间因素）、影响杂交发生的社会传统（社会因素）以及杂交发生的场所（空间因素）三个方面，对具体事物的杂交进行了分析。⑤ 不仅如此，伯克还力图突破西方话语的窠臼，强调杂交状况的复杂性。例如，当基督教在非洲传播时，欧洲的传教士们认为他们改变了当地人的信仰，但当地统治者却认为他们只不过

---

① [英] 玛利亚·露西亚·帕拉蕾斯-伯克编：《新史学：自白与对话》，第170页。
② [英] 彼得·伯克：《欧洲近代早期的大众文化》，杨豫、王海良等译，上海人民出版社2005年版。
③ [英] 彼得·伯克：《知识社会史》，贾士蘅译，麦田出版社2003年版。
④ [英] 彼得·伯克：《图像证史》，杨豫译，北京大学出版社2008年版。
⑤ [英] 彼得·伯克：《文化杂交》，第62—63页。

第十二章 "杂交"观念与彼得·伯克的文化史研究

是把这一外来宗教的某些形式纳入到了自己的传统宗教之中。与之类似,美洲的黑奴在公开场合虽然遵奉基督教,但在内心却坚持自己的传统信仰。这种有意识的防御机制,经过几个世纪的演化后很可能会变成一种新的宗教,如巴西的康多拜教。① 因此,文化的传播——尤其是西方文化的传播——并非像一些西方学者所想象的那样是一个连续或线性的过程,而更像是一个不连续的甚至是碎片化的过程。具体说来,西方文化在向其他地区传播的过程中,其地位和力量会随着发生场所的差异、接受方社会传统的强弱及其所采用的不同防御机制等因素的影响,其传播的形式和速度都会发生相应的变化,进而产生完全不同的结果。伯克以人类学家乔治·福特斯(George M. Foster)的研究为例指出,在西班牙对美洲的"文化征服"过程中,随着西班牙文化与当地文化混合程度的加深,西班牙文化模式日趋僵化,而当地文化却因为成功整合了入侵文化,重新彰显出强大的活力。②

其次,文化杂交是一个动态的不断完善的过程,并非业已发展成形的状态。伯克认为,"hybridization"(杂交化)一词比"hybridity"(杂交性)更恰当,"因为它所描述的是一个过程而非一种状态,这会启发作者和读者从'多或少'而不是'有或无'的角度去思考这一术语"③。伯克强调,杂交是一个不断演化的过程。在《文化杂交的个案:欧洲文艺复兴》一文中,他借鉴语言学上的概念把杂交化的过程分为两个不同的阶段。第一个阶段类似于语言学中的混杂语,即"皮钦语"(Pidgin)阶段。在这个阶段中,随着两种不同文化的遭遇,生活于接触区的人群,面对不同于己的"异文化",开始了一个部分挪用的过程。但这些被挪用的内容,最初是与原有传统并存,而非融合在一起。④ 这就像是在两种不同语言之间介入了一种简化的

---

① [英]彼得·伯克:《文化杂交》,第65页。
② Peter Burke, *Hybrid Renaissance: Culture, Language, Architecture*, Budapest: Central European University Press, 2016, p. 22.
③ Peter Burke, *Hybrid Renaissance: Culture, Language, Architecture*, p. 2.
④ Peter Burke, "A Case of Cultural Hybridity: The European Renaissance", *Goody Lecture 2012*, Halle: Max Planck Institute for Social Anthropology, 2012, p. 4.

"混同语"（lingua france），其来源分别是这两种语言。第二个阶段则是一个结晶化的阶段，即那些挪用的部分被整合成一个新的系统。语言学上把这一过程称作克里奥尔化（creolization），即先前的混合语又在词汇和语法上发生了更为复杂的变化。用瑞典民俗学家卡尔·冯·西多的术语来说，这是一个地方性文化发生"生态变种"（ecotypes or oikotypes）的阶段。① 在此基础上，伯克进一步把杂交化进程概括为三个阶段，即"文化接触阶段""异文化的挪用阶段""文化整合阶段"，更为详尽地展示了文化杂交的发展逻辑。②

第三，文化传统与社会环境的不同决定了人们对文化杂交的复杂态度和不同反应。在《文化杂交》一书中，伯克列举了人们对杂交的四种不同反应模式，即接受（acceptance）、抵制（rejection）、隔绝（segregation）和适应（adaptation）。③ 比如，为了彪炳自己有闲阶级的身份，19世纪里约热内卢的上层精英在40摄氏度的高温下仍穿着欧式的羊毛服装，以此来把自己和普通大众区分开来。这是对异文化接受的一个极端案例。与之形成鲜明对比的是人们对外来文化的抵制。比如，土耳其人虽然满怀热情地接受了西方的火器，却因担心伊斯兰传统的知识传播方式受到威胁而坚决排斥印刷术。与以上两种强烈的媚外和排外行为明显不同的是文化隔绝的行为。明治维新时期，面对西方文化的入侵，一些想保持传统文化的日本上层人士过起了"双重生活"，他们在不同的场合吃两种不同的食品，穿两种不同的服装，读两种不同的书籍，甚至在传统的住宅内另辟有一间西式住房。这就是一种独特的"文化隔绝"方式。④ 不过，无论是隔绝、抵制，还是全盘接受，都不及文化适应这一模式更为普遍。所谓"文化适应"就是从外来文化中提取可以接受的因素，对之进行改变后使其

---

① Carl W. Von Sydow, "Geography and Folk-Tale Oikotypes", in *Selected Papers on Folklore*, Copenhagen: Rosenkilde and Bagger, 1948, pp. 44-69.
② Peter Burke, *Hybrid Renaissance: Culture, Language, Architecture*, pp. 27-29.
③ ［英］彼得·伯克：《文化杂交》，第73页。
④ 同上书，第83页。

第十二章 "杂交"观念与彼得·伯克的文化史研究

适应新的文化环境的过程。文化适应是文化杂交最常见的方式。比如，巴西人在模仿英式家具设计时，总是把英式家具的直线条加以改变，使之更加柔和。在对这些事例的考察中，伯克强调了接受方的主观意识。这一点极为重要，正如他所言："对文化杂交化的分析，经常会谈及总体趋势却忽略了作为个体的人。"① 而伯克关注的重点是，多重文化如何塑造了这些人的"双重意识"，而这种意识恰恰是他们得以履行了文化移译职责的关键。

最后，在伯克看来，文化杂交是全球文化发展的大势。伯克指出，在全球化时代，文化孤岛的状态已经成为历史。文化的接触和融合在未来将更加频繁，那种认为一种文化可以经由自足状态来谋求发展的想法越来越难以为继。不过，伯克并不认为文化互动必然导致文化同质化。他认为"我们并没有看到一种简单的同质化，一种单一的风格消除所有竞争者的风格。我们真正看到的是一种更加复杂的同质化：其风格多样，竞相呈现，抽象与具象同在，欧普艺术与波普艺术共存。"② 即使面对同样的文化产品，世界不同地方的受众也会因为"误解"（即无意识的误读）而从中解读出不同的含义。因此，历史学家越来越质疑历史上的同质化运动是否真的取得过胜利。如果仔细分析"全球化"的事物，我们会发现，被描述为"全球化"的事物多存在于技术和经济层面。而诸如人的心态这样长期以来在某类人群中所形成的"心理定式"，变化起来则非常缓慢。人类学家安东尼·科恩曾指出：即便某一社群实际的社会—地理边界由于外来文化的入侵而被破坏，但边界的象征意义反而会因此变得更为重要。③ 伯克进而认为，文化杂交的结果，不会是单一文化的同质化或是因对其的抵制而导致的全球文化的割裂，而很可能是全世界的"克里奥尔化"，即多元文化合成一种新的文化。对此，伯克颇有信心："我认

---

① ［英］彼得·伯克：《文化杂交》，第90页。
② 同上书，第95页。
③ Anthony Cohen, *The Symbolic Construction of Community*, Chichester: Ellis Horwood, 1985, p. 50.

为，对我们过去、现在和未来的整体文化或者各种文化最有说服力的反响是这样一种分析：它看到一个新秩序正在形成，新的地方型文化在形成，新的形式在结晶化，各种文化被重构，'全世界克里奥尔化'"。①

总之，在伯克看来，杂交是一种特殊的文化互动，即外来文化在一个新的环境中与地方文化的互动。在这一过程中，两种文化不断发生着对彼此之间的挪用，最终整合在一起。由此，产生出一种新的、地方性文化的"生态变种"，而这往往是文化革新的契机。杂交观念不仅体现了全球化时代文化交流的模式，而且深刻揭示了新的文化形态的发展逻辑。当然，伯克对文化杂交的理解，主要是用于革新其文化史实践，这集中体现在他对文艺复兴的全新阐释上。

三 文化杂交视野下的文艺复兴研究

伯克对文艺复兴的兴趣由来已久。据伯克所述，他是在牛津大学求学时，听了瓦尔堡学派的埃德加·温德（Edgar Wind）关于图像学的课程后，便转而着手研究文艺复兴的。伯克声称，温德在《主人与奴隶》一书中对文化杂交的讨论给他留下了深刻印象，并认为英文中的"hybridity"这一术语也是由温德在《文艺复兴的隐秘事物》一文中最早使用的。② 可以说"文艺复兴"和"文化杂交"这两个问题很早就给他留下了深刻印象，尽管把两者结合起来进行研究的机缘出现在很久以后。

回顾伯克的研究历程，对文艺复兴的思考几乎贯穿其整个学术生涯。从进入学术界至今，四十多年来他不仅对文艺复兴保持着长久的热情，也愈发借用文化杂交的观念来重新审视文艺复兴。这一思想轨迹体现在从1972年的成名作《意大利文艺复兴时期的文化与社会》

---

① ［英］彼得·伯克：《文化杂交》，第104页。
② Peter Burke, *Hybrid Renaissance: Culture, Language, Architecture*, pp. 16 – 17.

第十二章 "杂交"观念与彼得·伯克的文化史研究

到 1988 年出版的《文艺复兴》与 1998 年的《欧洲文艺复兴：中心和边缘》，再到 2012 年的杰克·古迪讲座《文化杂交的个案：欧洲文艺复兴》，以及 2016 年的新著《杂交的文艺复兴：文化、语言和建筑》等一系列著作中。

《意大利文艺复兴时期的文化与社会》是伯克早期的学术著作。正如书名所示，他研究的重点是文艺复兴的中心意大利，旨在考察这一时期文化与社会之间的互动关系。伯克在写作该书时深受年鉴学派的影响，希望以整体史的观念去书写文艺复兴。因此，他不希望写一部布克哈特式的、作为"时代精神"感性呈现的文化史，也不希望写一部仅仅作为经济和社会的衍生物的文化史。伯克这本书的核心不是经济、社会与艺术之间决定与被决定的关系，而是它们之间的互动。正如伯克所言："尽管我仰慕布克哈特和赫伊津哈，也景仰从沃尔特·本雅明到雷蒙·威廉斯的一些马克思主义者，但本身还是尝试第三种方法，一种类似法国'年鉴学派'的方法……探索文化与社会之间的联系。"① 这可以说是伯克对文艺复兴的最初认识。

然而，作为一个具有反思精神的历史学家，伯克在 1988 年出版的小册子《文艺复兴》中，对以往的文艺复兴研究提出了不同意见。伯克强调，过去那种将中世纪和文艺复兴对立起来的观念是错误的，所谓文艺复兴的各种特性，其实都可以在中世纪找到。布克哈特把文艺复兴视作现代性的开端，其实是一种机械的文化进化论，难以令当代史学家满意。实际上，从发展和联系的角度看，很难将文艺复兴与中世纪彻底分离。为此，伯克在这部著作中提出了两个颇为独到的观点。首先，他主张从一个更长的时段将文艺复兴放在整个欧洲的语境中加以考察。也就是说，把"14 世纪发生在佛罗伦萨、15 世纪发生在意大利和 16 世纪发生在整个欧洲的历史变化作为一个序列，并把它置于从公元 1000 年到 1800 年所发生的历史变迁之联系中去考

---

① [英]彼得·伯克：《意大利文艺复兴时期的文化与社会》，刘君译，东方出版社 2007 年版，第 5 页。

察"①。其次，伯克不再把文艺复兴视作一个代表了现代性开端的时代，而是作为一场从西欧向整个欧洲扩散的运动。② 正如他自己所言："在本书中，文艺复兴比布克哈特的界定要狭窄得多。如同贡布里希较为实用的区分一样，我也把它看作一场'运动'，而不是一个'时代'。"③ 这种宏观和整体的视野为日后伯克从文化杂交的视角去重新审视文艺复兴奠定了基础。

在1998年的另一部重要著作《欧洲文艺复兴：中心和边缘》中，伯克对文艺复兴的认识又向前推进了一大步：首先，他不再把文艺复兴看作体现西方优越性的宏大叙事的一部分。正如他自己所说："我想将这个关于一场文化运动、一场复兴古典艺术和学术之运动的故事，从现代性和西方优越性这双重假设中解放出来。"④ 这其中有两重含义。第一，文艺复兴失去了对中世纪的优越性，文艺复兴文化也不能与中世纪文化截然分开；第二，文艺复兴是西欧文化的产物，但西欧文化与欧洲边缘地区的文化，乃至拜占庭文化和伊斯兰文化之间，都存在着密切联系和相互影响。其次，他试图从接受史的角度重新审视文艺复兴。也就是说，他要去探讨文艺复兴这种产生自欧洲中心地区的新文化是如何在整个欧洲范围内被接受，又是如何与欧洲边缘地区的文化发生互动的。正如伯克坦言："本书关注的并非米开朗基罗、马基雅维利与其他主要人物的意图，而是关于当时人们解释其作品的方式，尤其是在意大利以外。"⑤ 因此，边缘地区对意大利文化的改造，

---

① Peter Burke, *The Renaissance*, Houndmills: Macmillan, 1988, p. 61.
② 随着跨国史和全球史研究的兴起，在西方新文化史学家中，像伯克这样以跨文化研究视角去对文艺复兴进行重新解读的做法，似乎也不乏共鸣者。如娜塔莉·戴维斯曾指出"毫无疑问，文艺复兴曾被描述为是源自意大利的，但它作为一场运动，还能像19世纪末和20世纪初的学术话语那样被界定在民族国家的框架之内吗？"参见 Natalie Zemon Davis, "Polarities, Hybridities: What Strategies for Decentring?" p. 19。类似的研究还可参见 Jack Goody, *Renaissances: The One or the Many?* Cambridge: Cambridge University Press, 2010.
③ Peter Burke, *The Renaissance*, p. 59.
④ [英]玛利亚·露西亚·帕特蕾斯-伯克：《新史学：自白与对话》，第164页。
⑤ [英]彼得·伯克：《欧洲文艺复兴：中心和边缘》，刘耀春译，东方出版社2007年版，第6页。

使之"适合本国的环境和需要"的过程就成为伯克考察的重点。①

这种从边缘重新审视文艺复兴的研究路径,改变了以往文艺复兴研究只重视中心地区的弊病,强调了地方因素的重要性和再生产能力。"因为强调边缘进而要求重新评估艺术、文学和学术中的地方风格。从中心来看,地方风格常常看起来像是原初榜样的'堕落'和'区域化',它们侧重的是失去的东西。另一方面,从边缘本身看,我们看到的却是适应、吸收或综摄(syncretism)的创造性过程。"②既然要写边缘地区对文艺复兴的接受史和改造史,就必然涉及文艺复兴文化与欧洲各种地方文化杂糅的历史。伯克承认,该书正是"以'杂交'这个更模糊的术语来描绘不同文化的各种互动",并得出"西方文化本身也是多元而非一元的,它包括了许多少数族群的文化"的结论。③ 可以说,在《欧洲文艺复兴:中心和边缘》这部著作中,伯克用文化杂交的观念来研究文艺复兴的思路已经非常清晰。

如果说伯克在20世纪八九十年代对文艺复兴的研究体现了一种与跨国史和全球史相契合的发展趋势的话,那么他近来的文艺复兴研究更注重"比较""跨地域"和"跨研究领域"的方法,并强调各个研究区域之间的联系。正如他自己所说,"要把已有的'比较史学'和新近出现的'关联史'(connected history)或'交叉史'(*histoire croisée* 或 entangled history)联系起来"④。这集中体现在2013年的《文化杂交的个案:欧洲文艺复兴》一文和2016年的《杂交的文艺复兴:文化、语言和建筑》一书中。伯克在此更加彻底地运用杂交的视角来重新审视文艺复兴,明确将文艺复兴视作一场"文化杂交"运动。伯克这种经过杂交理论重塑的、对文艺复兴的新理解和新认识,主要体现在以下三个方面。

首先,从源头上说,文艺复兴本身就是文化杂交的产物。传统的

---

① [英]彼得·伯克:《欧洲文艺复兴:中心和边缘》,第8页。
② 同上书,第13页。
③ 同上书,第10、3页。
④ Peter Burke, *Hybrid Renaissance: Culture, Language, Architecture*, p. 9.

研究认为，文艺复兴是对古典文化的复兴，或是西方现代文明的开端，完全忽视了中世纪文化对之的影响。这样一来，文艺复兴要么是一种纯粹的复古，要么是一个全新的创造，但这些都没有理解文艺复兴的本质。相反，伯克以文化杂交的观念去重新审视文艺复兴，将之看作一种由中世纪文化和古典文化杂糅而生的新文化："这场发生在15—16世纪的被称为文艺复兴的运动，也可被描述为一个杂交的过程，即试图在一种文化——欧洲中世纪晚期文化——中复兴另一种文化——古典文化（特别是古罗马文化）——的过程。"①

以文艺复兴时期的建筑为例。当时大多数建筑的风格是以中世纪流行的哥特结构配以古典装饰，或者以古典建筑配以哥特装饰。产生这种风格的原因首先在于，当时的许多封建主"一方面对时尚的古典建筑充满了渴望，另一方面也有继续修建城堡和教堂的需要，而这些建筑样式在古典艺术中并不存在"②。作为当时人们主观渴望和客观需要相互权衡的结果，一种杂糅性的建筑形式应运而生。比如，建于1523年的巴黎圣厄斯塔什（St. Eustache）教堂，其外观是中世纪风格的，但细节上却明显沿承古典造型。这个教堂因而被誉为"给哥特身躯着上了文艺复兴的盛装"③。体现了这一理念的另一个代表性建筑是英国的汉普顿宫（Hampton Court）。它把中世纪晚期的门廊、哥特式的拱顶与文艺复兴的陶瓦圆顶结合在一起。陶瓦圆顶是罗马皇帝的象征，并被刻在了古罗马的硬币上。这座教堂正是意大利人乔凡尼·达·马亚诺（Giovanni da Maiano）在古罗马硬币的启发下建成的。④

在文艺复兴时期的绘画领域，许多画家对于古典式和哥特式两种风格也是兼而用之。比如，15世纪意大利画家安东尼奥·皮萨内洛（Antonio Pisanello）就同时用这两种艺术风格进行创作。他并没有用古

---

① Peter Burke, "A Case of Cultural Hybridity: The European Renaissance", *Goody Lecture 2012*, Halle: Max Planck Institute for Social Anthropology, 2012, p. 5.
② Peter Burke, "A Case of Cultural Hybridity: The European Renaissance", pp. 12 – 13.
③ Anthony Blunt, *Art and Architecture in France, 1500 – 1700*, New Haven: Yale University Press, p. 30.
④ Peter Burke, *Hybrid Renaissance: Culture, Language, Architecture*, p. 28.

第十二章 "杂交"观念与彼得·伯克的文化史研究

典风格去取代哥特风格,而是根据赞助人的不同需要分别采用两种方法进行创作。这种古典风格与中世纪风格杂糅并存的特点在当时意大利的绘画界非常普遍。奥古斯特·施玛索曾提到,文艺复兴时期的一些重要的画家如布鲁内莱斯基(Brunelleschi)、吉贝尔蒂(Ghiberti)与多纳泰罗(Donatello)的作品中就具有强烈的"哥特倾向"或与哥特倾向十分相似的风格。① 可见,在文艺复兴时期的艺术领域,古典因素和中世纪因素都并非一种取代与被取代关系,而是杂糅并生,相互影响的状态。

其次,伯克延续并深化了其在《欧洲文艺复兴:中心和边缘》一书中用接受理论去研究文艺复兴,并将之放在整个欧洲的语境中去思考的理念。也就是说,伯克把文艺复兴看作一个从中心地区向边缘地区不断扩散的过程,同时也是一个边缘地区对来自中心地区的这场文化运动不断接受和创造性改造的过程。边缘地区对文艺复兴的改造受到下述两种因素的影响:首先,边缘地区独特的环境,需要对来自中心地区的文化予以改造,使之与自己的环境相适应。比如,在北欧寒冷地区,烟囱是必需的,而出于美观的考虑,当地的建筑往往用古典式立柱来修饰烟囱。又如,在英格兰的北汉普顿郡,建筑师就把伊丽莎白时代乡间住房的烟囱和爱奥尼亚式的基座结合在了一起。其次,边缘地区的艺术家或建造者对中心地区的文化存在着误解或误读,这反而成为文化杂交中的决定性因素。以乌克兰利沃夫的波炎礼拜堂(Boim Chapel)为例,这座礼拜堂由一位来自西里西亚的德国人设计,并在当地亚美尼亚工匠的帮助下修建完成。一位波兰艺术史家将其风格描述为"一种富有装饰性的尼德兰特殊手法,它把东方亚美尼亚的图案和具有托斯坎纳、多立克柱式的威尼斯风格融合在了一起"②。伯克认为,这种集多种风格于一身的独特建筑其实是一种文化误解所致,即亚美尼亚的东方风格通过当地工匠之手被误用到新的艺术风格之上。

---

① Peter Burke, *Hybrid Renaissance: Culture, Language, Architecture*, p. 14.
② Adam Miłobędzki, "L'viv", in Jane Turner, ed., *Dictionary of Art*, Vol. 19, New York: Grove, 1996, p. 835.

上述案例表明，文艺复兴运动很难被看作对古典文化单方面的复兴，它往往是古典文化与特定历史时期的文化（比如，中世纪文化或哥特文化）、特定地域的文化（比如，北欧的、东欧的或者欧洲之外的文化）相互杂糅而形成的一种新文化。

最后，伯克以全球史的视野，将文艺复兴运动延展到欧洲语境之外，描述了世界其他地区尤其是拉丁美洲对文艺复兴的接受和改造。正如伯克在《杂交的文艺复兴》中所言："这项研究同样会提供一些17世纪的案例，不论这些例子来自剑桥还是米兰，匈牙利的卡萨罗达（Csaroda）还是秘鲁的阿雷帕基（Arequipa），也无论它们被描述为杂交的文艺复兴还是杂交的巴洛克。"① 伯克试图将文艺复兴作为一项全球性的文化运动，将其在发源地的原生文化形态，以及它在拉丁美洲的衍生形态，一并放在文化杂交的框架中，来考察文艺复兴是如何在不同的文化语境中被接受、被杂糅，进而形成新的文化形态。伯克指出，欧洲在16世纪的扩张，除了带来了全球性的经济、社会和政治影响以外，也带来了重要的文化后果。其中一点便是"试图让当地人信仰天主教，并把文艺复兴及其后的巴洛克艺术和建筑移植到新世界。"② 这就必然涉及源自欧洲的文艺复兴文化与美洲本土文化互动和杂糅的历史。

这样，伯克文艺复兴研究的视野扩大了，超出了欧洲的地理范围，扩大到新旧两个世界之间的联系与互动。伯克进一步指出，美洲本土文化与欧洲文艺复兴文化联系与互动的结果，是产生出一种具有明显杂交风格的新文化，而且往往是"两种文化的距离越大，杂交过程就显得越清楚"③。比如，17世纪的秘鲁出现了一种被称作"梅斯蒂索风格"（estilo mestizo）或"杂交的巴洛克"（hybrid baroque）的新文化类型。在教堂建筑上，这种风格带有强烈的地方色彩，充斥着

---

① Peter Burke, *Hybrid Renaissance: Culture, Language, Architecture*, pp. 8 – 9.
② Peter Burke, "A Case of Cultural Hybridity: The European Renaissance", *Goody Lecture 2012*, Halle: Max Planck Institute for Social Anthropology, 2012, p. 8.
③ Ibid..

第十二章 "杂交"观念与彼得·伯克的文化史研究

大量奢华与妖艳的修饰,就像艺术家把当地织物上的图案转移到了石头上。这种风格的一个典型例子是秘鲁的阿雷基帕耶稣会教堂。伯克在对其产生的原因进行分析时认为,"梅斯蒂索风格"的出现或许是受到了耶稣会传教策略的影响。为了成功地将天主教传到新世界,耶稣会士采取了灵活的传教手段,他们强调天主教要适应当地的文化传统,这自然就鼓励了杂交文化的产生。其次,这也与殖民地母国西班牙的独特文化经历有关。伯克援引西班牙学者阿梅利科·卡斯特罗（Américo Castro）的观点指出,中世纪和文艺复兴时期,西班牙文化深受犹太文化、基督教文化与穆斯林文化的影响,文化混杂已经成为西班牙文化的常态和特点。这样的文化经历使得作为殖民者的西班牙人乐于或至少能接受欧洲文化与当地艺术风格的混合。[①]

从以上三个方面的分析我们可以看到,由于引入了文化杂交的视角,伯克拓展和丰富了文艺复兴的传统内涵。不论是从其起源,还是从其传播与接受的角度来看,文艺复兴都可以被看作一个具有典型杂交特点的文化过程,而不再仅仅被视为一种局限于某一地域的单一的文化现象。伯克的这种研究路径,不仅深化了文艺复兴的研究,对于知识史、文化传播史、语言社会文化史等领域,都有着强烈的借鉴意义。它让我们注意到,文化传播与交流本身就是文化混杂的过程,我们不能将强势文化的传入视为必然,弱势文化亦可能改造强势文化。

四 杂交观念与跨文化研究

美国学者扬·奈德文·皮特斯指出,世界上所有的文化其实都是杂交而生的文化。[②] 因而,杂交观念对于我们理解诸多的文化现象至关重要。同样,由于杂交观念具有鲜明的反本质主义（essentialism）

---

① Peter Burke, *Hybrid Renaissance: Culture, Language, Architecture*, p. 19.
② Jan Nederveen Pieterse, "Globalization as Hybridization", in Catherine Kingfisher, ed., *Western Welfare in Decline: Globalization and Women's Poverty*, Philadelphia: University of Pennsylvania Press, 2002, p. 52.

下篇　历史书写

趋向，在当前的文化史研究中，它的引入会为我们提供一个与以往不同的全新视角，进一步拓展和推动文化史特别是跨文化史（transcultural history）的研究。

近年来，在全球史、跨国史的影响下，文化史中也出现了一种全球转向或空间转向，人们更加关注文化史中的跨文化现象。这不仅是因为文化互动是当今学术发展的一个大趋势，也因为学者们对跨文化互动所具有的创造性的体认。一般认为，跨文化互动能够为某一特定文化提供新的参照物，这样原本被认为是理所当然的事物都将处于被解构的过程中。同时，跨文化互动又给文化创新提供了可资借鉴的新事物，进而激发了一种文化的创造力。正如罗伯特·巴伦和安娜·卡拉所言，"当不同文化发生接触时，它们所呈现的表现形式和运作状况既是曾经塑造其自身环境的体现，也构成了不同以往的新实体"[①]。就这一点而言，杂交观念显然揭示了文化创新的内在规则，它即是文化间的相互适应、杂交或克里奥尔化。由此，"我们看到的不仅仅是从人类行为中抽象而出的和变动不居的有限杂交事物，更是一种正在生成的新文化"[②]。首先，杂交观念的引入有助于我们真正认识跨文化互动的内在逻辑。这也体现在当前跨文化研究的学术概念上，比如"传播"（diffusion）、"模仿"（imitation）、"交流"（exchange）、"同化"（acculturation）、"迁移"（transfer）、"调适"（accommodation）、"融合"（fusion）、"移译"（translation），等等。这些术语虽然各有侧重，但都暗含着两种文化中发生挪用的部分并没有发生形态上的改变，也没有生成新的事物。而杂交概念却揭示了新的文化形态生成的过程。如果说上述概念还能够恰当描述浅层次的跨文化现象的话，那么，对于那些发生的时段较长、融合程度较深的跨文化现象或后果来说，这些概念就显得有些顾此失彼或有失偏颇，因为它们都不能恰切

---

① Robert Baron, Ana C. Cara, "Creolization as Cultural Creativity", in Robert Baron, Ana C. Cara, eds. *Creolization as Cultural Creativity*, Jackson: University Press of Mississippi, 2011, p. 3.

② Robert Baron, Ana C. Cara, "Creolization as Cultural Creativity", p. 4.

第十二章 "杂交"观念与彼得·伯克的文化史研究

地描述两种或多种文化之间的相互影响和改造的深刻作用。杂交概念因其从一种中间立场出发，则能够体现出深层文化交流的内在逻辑。

其次，杂交观念的引入改变了对跨文化现象中空间维度的理解。杂交观念让研究者更加重视跨文化中的地方因素，或者从接受者的一方去体察文化输入的后果。这一视角的转变带来的是跨文化空间的转变，让我们能够从跨文化交流双方的视角去共同审视文化在输出和接纳的两个空间中发生的变化，由此创造性地开辟出一个既不完全属于文化输出一方，又不完全属于文化接纳一方的新的文化空间，进而剥去强势文化话语所制造的假象，还原文化交流的本质。正如伯克所说："不平等的交流是常见的，重要的是要注意到交流的方向并不总是单向的。"① 中国学者也认为："世界文化发展表明，异域文化与本土文化的接触交流并不必然导致冲突，它在大多数情况下是互动的，改变双方的。"②

最后，杂交观念的引入能够使研究者深化对跨文化现象时间维度的理解。考察跨文化中的杂交现象需要选取一个较长的时段，因为文化杂交的过程总是缓慢和长期的。人类学家萨林斯在谈及文化转化时曾指出，一套文化规则可以持续不断地从外部吸收新的因素，直到这一过程达到某个临界点时，这套规则自身才会发生变化，转化为新的文化规则。③ 这一特点与文化杂交的过程十分类似，它们都是一个漫长的结晶化过程。因此，必须运用长时段视角才能对文化杂交做出全面而综合的分析。

不过，需要强调的是，尽管杂交观念对于深刻理解文化史中的跨文化现象很有助益，但一些学者也指出，杂交观念忽视了文化互动双方之间的不平衡或不对等的关系。也就是说，杂交观念通过强调强势

---

① Peter Burke, *Hybrid Renaissance: Culture, Language, Architecture*, p. 18.
② 何平、陈国贲：《全球化时代文化研究若干新概念简析——"文化杂交"和"杂交文化"概念的理论内涵》，《山东社会科学》2005 年第 10 期，第 27 页。
③ Marshall Sahlins, *Historical Metaphors and Mythical Realities: The Structure of the Sandwich Islands Kingdom*, Ann Arbor: University of Michigan Press, 1981, p. 54.

文化（殖民主义文化）与弱势文化（殖民地文化）都发生了文化上的变形，而淡化了它们之间的对抗性。这样，尽管殖民者与被殖民者在文化上的不对等关系得到掩盖或漂白，但后者对前者的依附关系依然以一种隐性的方式持续下去。① 正如罗伯特·扬指出的，杂交概念的出现，并不能让当代的文化话语摆脱与历史上的种族主义的关系。因此，"并没有一种单一的或得到公认的杂交概念，它总是不断重现且不断变化。杂交概念表明，我们依然受困于某种文化的意识形态网络，尽管我们自认为已经完成了对它的超越"②。

---

① 对于杂交观念的批评，可参见 Gerry Smyth, "The Politics of Hybridity: Some Problems with Crossing the Border", in Ashok Bery, Patricia Murray, eds., *Comparing Postcolonial Literatures: Dislocations*, Basingstoke: Macmillan, 2000; Amar Acheraïou, *Questioning Hybridity, Postcolonialism and Globalization*, Houndmills: Palgrave Macmillan, 2011; Haim Hazan, *Against Hybridity: Social Impasses in a Globalizing World*, London and New York: Polity, 2015。

② Robert Young, *Colonial Desire: Hybridity in Theory, Culture and Race*, p. 25.

第十三章

史学史研究的当代趋向
——史学比较与全球视角

一 后现代主义与全球化的影响

现代西方传统形式的史学史研究主要是对欧美地区的历史书写和史学自身在不同历史时期的发展和演变过程的认识。它在较高层次上，应该包含对贯注于历史书写之中的自然、哲学、宗教、社会等思想观念性的研究，即表达为西方历史观念或历史思想的演进。而在较低层次上，应该包括对各代历史学家及其历史写作的形式与方法、史学流派和史学潮流的变迁研究，即所谓历史编纂学的历史（the history of historiography）。像这种类型的史学史著作，从乔治·古奇（George P. Gooch）所著的《十九世纪的历史学和历史学家》、巴恩斯（Harry Elmer Barnes）的《历史著作史》、汤普森（James Westfall Thompson）的《历史著作史》，到布雷萨赫（Ernst Breisach）的《历史学：从古代、中世纪到现代》，以及伊格尔斯的《20世纪的历史学：从科学客观性到后现代的挑战》，可以说不胜枚举。[①] 但事实是，在18世纪以前世

---

① George P. Gooch, *History and Historians in the Nineteenth Century*, Longmans, Green, and Co. Paternoster Row, London, New York, Bombay, and Calcutta, 1913; Harry Elmer Barnes, *A History of Historical Writing*, Norman: University of Oklahoma Press, 1937; James Westfall Thompson, *A History of Historical Writing*, New York: Macmillan Company, 1942; Ernst Breisach, *Historiography: Ancient, Medieval and Modern*, Chicago & London: The University of Chicago Press, 1983; Georg G. Iggers, *Historiography in the Twentieth Century: From Scientific Objectivity to the Postmodern Challenge*, Middletown, Connecticut: Wesleyan University Press, 1997.

界上就已经至少形成了除西方以外的四种非西方史学传统——东亚、印度、伊斯兰和北非。对此,以往西方史学界极少把其放在史学史的谱系当中加以严肃对待,即使在面对近代以来各文明区域间愈演愈烈的史学交流与对话时,也只是简单地将非西方的史学看作西方史学与文化的延伸,普遍称作是"西方化"的产物。①

然而,到20世纪末,两种相互联系的因素在逐步改变着上述西方史学史的研究趋势。一方面是20世纪六七十年代在西方国家普遍进入后工业社会以后,其内部产生了一种对西方文化、西方学术和西方现代文明的批判思潮——后现代主义。在史学领域,它对现代西方史学的基本原则和观念提出了全面质疑,主要表现在对进步观念、理性主义、历史主义、西方中心论、民族国家历史、客观性和科学史学等方面的解构和批判。② 后现代主义对西方文明优越性的质疑,及其对西方标准的普适性的批判,直接导致了对以西方史学传统为核心的史学史体系的反思,以及对非西方史学传统的态度的转变——史学史的撰述不能只以西方史学为研究对象,还应当注意到非西方史学的成就与经验;不能单纯地以西方史学模式为标准体系,来衡量非西方史学的价值及其发展水平。

另一方面,全球化进程的加快使得西方的文化和生活方式迅速传播到全球,一个普遍的、理性化的西方似乎在这一过程中起到支配和统领的作用,它戏剧性地改变了非西方国家人们的精神与物质世界,同时也迫使他们重新思考如何保持自身文化传统的特点——民族性。西方与非西方文化在更高的程度上展开了一种相互的冲突、交融和理解。历史学家在其中既担负着维护本民族文化认同感的使命(建构民族史),也面临着兼顾全球性视野的责任(建构普遍史)。对于史学

---

① [美]伊格尔斯、王晴佳:《文明之间的交流与现代史学的走向——一个跨文化全球史观的设想》,《山东社会科学》2004年第1期。
② 这方面研究可参见 John Tosh, ed., *Historians on History*, Introduction, New York: Pearson Education Limited, 2009, pp. 1 – 16;王晴佳《后现代主义与中国史学的前景》,《东岳论丛》2004年第1期。

史的写作而言，不同民族文化的史学传统与历史思想的全球化之间似乎存在着一种张力，而解决的最佳途径是"进行历史思想的比较研究"①，或"超越自己文化界限的感知和相互理解"，并"促成一种跨文化的交流"②，其最终意味着全球史学史的撰写——从跨文化的视角考察近现代史学在全球范围内的变化，揭示各个文明的历史意识所经历的变化及其相互关系。③

二 史学比较：西方历史思想的独特性

全球史学史撰写的核心要旨是揭示历史思想全球化的过程，这就意味着首先要展示不同地域史学发展的丰富性，总结多元化的史学实践经验，进而才能说明其相互间的复杂关系。因此，进行跨文化的史学比较，用以重新界定不同史学传统的共性与个性是解构西方中心的史学史体系，建立多元现代性的全球史学史的基础。

在吕森所编写的《西方的历史思想——一场跨文化的争论》一书中，来自德国、英国、希腊、荷兰、法国、挪威、美国、肯尼亚、日本、印度、中国的学者，就彼得·伯克的主题文章《全球视野中的西方历史思想：十个命题》进行了集中讨论。④ 这场讨论可以称得上是代表当代西方史学史研究趋势的重要学术事件之一。彼得·伯克在文中提出了关于西方历史思想⑤独特性的十个命题（按重要性排序）：

---

① 陈恒：《历史与当下》第二辑，卷首语，上海三联书店 2005 年版，第 1 页。
② ［德］约恩·吕森：《历史思考的新途径》，綦甲福、来炯译，上海人民出版社 2005 年版，第 6 页。
③ ［美］伊格尔斯、王晴佳：《文明之间的交流与现代史学的走向——一个跨文化全球史观的设想》，《山东社会科学》2004 年第 1 期。
④ Jörn Rüsen, ed., *Western Historical Thinking: An Intercultural Debate*, New York: Berghahn Books, 2002.
⑤ 按照彼得·伯克对于"历史思想"的界定，它是指"职业历史学家的若干假定及其实践所具有的内涵"（in Jörn Rüsen, ed., *Western Historical Thinking: An Intercultural Debate*, p. 15.）。我们对此的理解是，广义的历史思想应该包括某一时代人们对于历史的总体性认识，狭义的历史思想则指专业历史学家对于历史本身的思考和对于历史学的思考两个方面。

（1）对发展或进步的强调，看待过去的"线性"观点；（2）对历史视角的关注；（3）对个性的关注；（4）对集体力量的强调；（5）对认识论的关注和对历史知识问题的思考；（6）以因果关系来解释历史；（7）以客观性为荣；（8）用计量方法研究历史；（9）文学形式；（10）对空间的独特见解。

然而在我们看来，彼得·伯克该文的意义并不在于他提出了上述十点内容，而在于他所具有的全球视野和所运用的比较方法。首先他明确指出，要讨论西方历史思想的独特性必须对其他史学传统（中国的、日本的、伊斯兰的、非洲的、美洲土著的等等）有足够的了解，而且不能先验地认定西方的历史写作风格在各方面都优于其他史学。因此，全文在论述每一点的时候都试图将西方的传统和非西方的历史文化进行初步的比较。其次，彼得·伯克在前言中特别强调"西方"并不是从来就有的，其本身就是一种历史的建构。实际上也就是在对西方与非西方的概念提出质疑，对于本题来说似乎使人听到了那带有后现代式的瓦解的声音。再次，彼得·伯克还指出，这里所概括的十点并不表明他把西方的历史思想视作"一系列独一无二的特征"，而是将其视为某些因素的独特组合，"一种有侧重的模式""体系""模型"或"理想类型"；这一模型是动态的，同时它"对西方与非西方历史学家之间的差异性做了必要的夸大，而对西方历史传统内部的思想分歧做了必要的缩小"。因此，全文在每个部分都试图表达为西方历史思想通过不同力量或因素之间的冲突而达成的一种动态平衡，这也许才是其独特性的真正体现。最后，彼得·伯克也试图解释西方历史思想独特性所形成的根源，试图将西方史学与西方文化的某些特征，包括与西方的宗教、科学、法律、个人主义、资本主义等联系起来，考察其差异性的原因。①

彼得·伯克的文章实际上为我们提供了一个对西方与非西方史学

---

① Peter Burke, "Western Historical Thinking in a Global Perspective – 10 Theses", in Jörn Rüsen, ed., *Western Historical Thinking: An Intercultural Debate*, pp. 15 – 17.

进行比较研究的模板抑或标准体系，使我们很容易直接触及这类问题：西方历史思想是否是独特的？其独特性是否就是西方史学优于非西方史学传统的集中体现？西方与非西方史学之间是否具有截然的界限和差异？这种差异性是否一直存在，以及来源于哪里？

对于西方历史思想的独特性问题，彼得·伯克有一套自己的认识。他认为，从总体上看西方与非西方史学之间的差异总是显然存在的，但这种差异又随着时间的变化而有所不同。从文艺复兴到19世纪以前，西方的历史写作越来越以一种独特的方式发展着，西方与其他史学之间的差异性与日俱增，各自走过了一个分流发展的阶段；到19、20世纪，由于西方范式在整个世界范围内所引发的兴趣，使得西方与非西方的史学继分流之后又出现了一个趋同的阶段。"这一进程的结果削弱而非瓦解了西方史学的独特性，并产生了全球性的职业历史学家共同体"，当然它并不可能从根本上完全消除不同地区史学的差异性。①

余英时在《关于中国历史思想的反思》一文中对彼得·伯克所提出的问题做出了来自中国史学的回应。他首先认为，很难从中国悠久而丰富的历史编纂学的传统中概括出所谓独有的、绝对分明的，以区别于西方史学的独特性，这样做会使我们陷入本质主义的错误。在他看来，总体上中西两种史学传统之间的相似性大于相异性，而历史地看它们所发展的形式有所区别，表现为历史研究的格局与重心的不同；这种差异性在很大程度上是由文化传统决定的。中国史学在起源上及其在儒学中的核心地位等方面都与西方史学在西方文化中的影响不同。再者，以科学、发展、进步为特征的西方史学并不比中国史学固有的传统优越，中国历史思想中的根本内容是人的作用在历史发展中居中心地位，同时兼顾秉笔直书与道德评判的双重原则②。

---

① Peter Burke, "Western Historical Thinking in a Global Perspective – 10 Theses", in Jörn Rüsen, ed., *Western Historical Thinking: An Intercultural Debate*, p. 17.

② Yu Ying-shih, "Reflections on Chinese Historical Thinking", in Jörn Rüsen, ed., *Western Historical Thinking: An Intercultural Debate*, pp. 152 – 172.

伊格尔斯的《西方史学在什么方面是独特的？——关于西方与中国的比较》一文中指出，他自己和彼得·伯克的学术背景中都不具有对非西方史学传统的足够了解，因此这种跨文化训练的有限性使得当今历史学的比较研究只能通过不同文化传统的历史学家的通力合作来进行。而且彼得·伯克所归纳的十点事实上是现代西方历史思想的独特性，其核心是马克斯·韦伯的理性观念，也只是在18世纪以后才逐步为人所认同的。最后，伯克关于历史思想论述的视域也过于狭窄，特别忽视了历史写作在社会和制度层面上所具有的特征，而也就是在这两方面中西史学具有明显的差异。①

三 从史学交流中看西方与非西方史学的关系

上述关于西方历史思想独特性的讨论使我们非常明显地看出，来自不同文明区域的史学家主要还是从各自的史学传统出发做一种跨文化的比较研究，但这对于反映全球史学的整体发展来说当然是不够的，它最终还要落实到对于不同史学传统之间的关系研究上。全球化进程中，文明之间的交流使得不同文化传统的差异性与独特性受到挑战，而这对于近现代史学的发展则影响巨大，不同史学传统的交融和碰撞也最终模糊了它们之间的边界，甚至重新改铸了彼此的史学模式。

对此，中西学者都已经有所认识并开始付诸史学史的研究实践。张广智曾系统地指出，20世纪中国史学的发展在历史观、史学理论、史学方法等多个层面与中外史学交流有密切的关系，因此中外史学交流史为史学史研究提供了新的发展空间。② 伊格尔斯在关于全球史学

---

① Georg G. Iggers, "What is Uniquely Western about the Historiography of the West in Contrast to that of China?", in Jörn Rüsen, ed., *Western Historical Thinking: An Intercultural Debate*, pp. 101 – 109.

② 张广智：《再论20世纪中外史学交流史的若干问题》，《学术研究》2006年第4期。另可参见张广智《关于20世纪中外史学交流史的若干问题》，瞿林东主编《史学理论与史学史学刊》2002年卷，社会科学文献出版社2003年版。

史撰述的设想中,也将西方与非西方史学关系的探讨作为一条主线。他认为,西方史学在全球范围内的史学交流中似乎采取着主动的姿态,产生了重大影响,但这只是一个表象,真实的情况是各个地区在接受这一影响时都对西方的历史观念进行了各自的选择或自我改造,做出了不同的回应;特别是到后现代阶段,西方史学受到了来自内外两种力量的挑战,即来自其内部的后现代主义的挑战和来自外部(非西方地区,特别是东方)的后殖民主义的挑战。①

诚然,从史学交流的视角研究西方与非西方史学之间的关系,对于史学史的写作来说仍然还存在着这样的问题:如何具体展现历史观念在全球范围和各地区间的一个动态变化过程,又如何从根本上将历史学从西方现代主义目的论的框架中解脱出来,使得不同路径的历史思考获得其在全球史学史上的应有地位与价值。

---

① [美]伊格尔斯、王晴佳:《文明之间的交流与现代史学的走向——一个跨文化全球史观的设想》,《山东社会科学》2004年第1期。

第十四章

从西方史学史到全球史学史
——评沃尔夫著《全球历史的历史》①

这是继伊格尔斯所著《全球史学史》② 出版之后的第二部讲述历史写作、历史思想以及历史学科全球发展史的专著。它以全景方式展现了从古至今来自不同历史传统和不同社会、经济、政治、与文化背景的人们曾为揭示、理解与再现过去所做出的努力,并着重表明历史意识以不同形式在全球范围内的发展和不同历史文化之间的相互联系。尤其吸引我们的是,作者对在现代处于优势地位的西方历史意识于其他地区的影响及其相互关联做出了重新思考。

该书具体内容共包括九章:第一章讲述公元 1 世纪以前世界各地所出现的几种史学起源。从 4000 年前的近东文明开始,产生迄今所知的最早历史记录,论及美索不达米亚、埃及与以色列地区。而后转向创造了"历史"一词及其化身克利奥的希腊和古典文明的继承者罗马。同时阐述东方最古老的中国史学和特点迥异的南亚史

---

① Daniel Woolf, *A Global History of History*, Cambridge: Cambridge University Press, 2011. 作者丹尼尔·沃尔夫,加拿大女王大学历史学教授,当代西方著名史学史家。主要著有 *Global Encyclopedia of Historical Writing* (New York and London: Garland Publishing, 1998), *Reading History in Early Modern England* (Cambridge: Cambridge University Press, 2000), *Oxford History of Historical Writing* (ed., Oxford and New York: Oxford University Press, 2011–2012) 等书。

② Georg G. Iggers and Q. Edward Wang with the assistance of Supriya Mukherjee, *A Global History of Modern Historiography*, New York: Pearson Education Limited, 2008. 中译本参见杨豫译《全球史学史:从 18 世纪至当代》,北京大学出版社 2011 年版。

第十四章 从西方史学史到全球史学史

学。第二章讲述公元第一个千年间的史学发展，包括希腊罗马史学在古典时代后期的发展、中世纪早期基督教史学的产生、西欧蛮族史学、东南欧拜占庭史学、伊斯兰史学、中国唐代史学及其"官僚化"、日本史学的开端等。第三章讲述1000—1450年间的全球史学，着重分析在全球性战乱中，欧亚大陆内部各地区间及与外部的史学交流得到强力扩展，其中世俗与宗教因素交互作用。第四章讲述近代早期（自15世纪中叶到17世纪末）欧洲、中国和伊斯兰的史学，突出历史学对于建立、巩固世俗政权或宗教权威的作用，强调历史以不同形式、语言、类型在这些地区的发展。第五章讲述1450—1800年间美洲地区的史学发展，包括欧洲殖民者、土著、混血人对美洲历史的不同记录，以及北美史学的开端。第六章讲述18世纪欧亚启蒙时期的史学，探讨进步观念的出现和对西方文明史"元叙述"形成的影响，兼论东西方史学之间的相互认识和西方观念、方法论的传入，以及同一时期中日史学的状况。第七章讲述19世纪西方（欧洲与美国）的历史主义、浪漫主义、民族主义、科学化、历史决定论、实证主义、历史哲学等多种思潮的发展，以及最终史学专业化、职业化的完成，历史学对西方国家、政治、社会的发展所产生的较大影响。第八章讲述随着西方世界霸权的建立，1800—1945年间欧洲史学对亚非拉地区及澳大利亚史学的影响达到顶峰，形成所谓全球性的"克利奥帝国"。第九章论述20世纪史学的发展，从历史主义危机、相对主义兴起、社会科学化史学的出现等新史学现象，到"语言学转向"和后现代主义、后殖民主义的挑战及当代史学的分化。

纵观全书，沃尔夫试图通过对人类既往的历史意识与历史知识形成的追溯，阐发一个多种来源、多条线索的全球历史的历史，从中我们可以体悟到如下几个方面的思想洞见，希望对深入思考全球史学史的撰述如何成为可能的问题有所启发。

下篇　历史书写

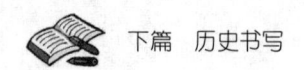

一　历史产生之根源：一个全球性话语的世界

历史之于人类究竟意味着什么？当代人类学家克劳德·列维·斯特劳斯曾指出，任何文化都存在着对于过去的态度，要么是以消除过去对现在的影响来表明当前制度的永恒性，要么将历史进程内化于现在成为其发展的动力。① 无论利与弊，历史始终伴随着人类的发展如影随形，我们不禁要问历史究竟因何而生？

通常认为今日历史学之产生与存在的根源有两方面原因：其一，源于人类所具有的某种生物本能，即生物学与神经学意义上的记忆能力、组织记忆中事务的关系或象征性意义的功能；其二，源于人类的社会属性，种群自身的生存与发展在一定程度上要依托于其内部的相互交流与联系。② 因而，有当代西方学者提出，从历史学产生之自然属性看，历史应是一种全人类共有的东西，所以有关过去的知识理应由人类各自不同的文化、社会体系来加以表达；历史又是一种意识的类属性形式，自我或他者的过去经历都会转变为符号在其所产生的域外进行相互交流。③ 这向我们表明，从史学产生的根源上看，它并非某种文明的专属，而是一个全球性话语的世界；其中不同文明之间的史学交流也存在着某种必然性，即是人类本身社会属性的根本要求。

在此基础之上，沃尔夫进一步指出，仅仅依靠记忆的能力并不足以使人类具备创造历史知识的条件，人类是唯一同时具有形成长时记忆和交流能力的生物体，其中前者使人类可以超越简单追忆短时目标和自我独有的熟悉场景，而后者的功能可以达成将记忆、知

---

① Claude Lèvi-Strauss, *The Savage Mind*, Chicago: University of Chicago Press, 1966, pp. 233-234.
② Daniel Woolf, *A Global History of History*, 2011, p. 1.
③ Greg Dening, "A Poetic for Histories", in Greg Dening, *Performances*, Chicago: University of Chicago Press, 1996, p. 36.

识与其他种群之间进行有效的交换或传播。① 从史学史上我们也发现，文字化的交流方式在技术层面大大增强了对记忆信息的保存和交流程度，并使其可以跨越时空的阻隔。但是，这种方式产生得相对较晚，最早可以回溯到五千年前美索不达米亚的楔形文字、埃及的象形文字和中国的甲骨文。在此之前，人类只能依靠口口相传的方式保存历史，目前我们所知的古代文化也都留有运用口头语言传递历史的实例，特别是以诗歌或民谣的形式传颂神灵和英雄的事迹。以往，西方学者普遍认为书写是历史产生的先决条件，因而形成了没有文字系统的民族就不可能拥有历史的预设。但今天看来，通过口述、图像、符号来保有过去的形式与文本形式同样都是历史意识的表现方式。

二 "历史"之义：大小写历史之间

由于该书所述内容频繁涉及"历史""历史思想""历史知识""世界历史"等概念，因而作者需要对"历史"这个意义复杂的术语做出区分与界定，以明确所讨论的对象范围。于是，沃尔夫在导论中提出了"历史"在该书中所使用的三重含义：其一，指对过去进行复原、思考、言说和记录的各种形式（并不总是以文字形式出现的）；其二，指一种特殊类型的历史写作，由连续性的叙事构成；其三，指在近两个世纪发展起来的历史学科。②

其实，我们很容易发现作者对于"历史"概念的界定与以往常识不同的一点是将"历史"视作对过去的认识、叙述和制造，而非过去本身，或者说是将"历史"从所谓"过去发生的事件"中剥离出来。因为在沃尔夫看来，"过去发生的事件"这一看似客观的表述中却隐藏着历史哲学家、政治家、思想家所预设的权力立场、意

---

① Daniel Woolf, *A Global History of History*, pp. 1 – 2.
② Ibid., p. 2.

识形态、道德教化等主观意图，尤其是通过事件累积的过程所展现的历史目的论。这一起源于18世纪后期的"历史"之义，由19世纪的黑格尔到20世纪末的福山所承继，逐步构成了一种主流的现代历史观念。在该书中，当作者讨论到这种意味下的"历史"之时，都使用了"大写历史"（History）的概念以区别于上述的"小写历史"。而小写历史则既包含了在现代社会中表现为专门化、职业化的历史学对过去所进行的系统认识，同时更包含了所有对过去的思考或陈述的多种形式（文字化或非文字化），并非仅是现代西方所采取的独有形式。①

在这种意义上，从大写历史中区分"历史"就意味着要从西方的"元叙述"中拯救被淹没的、被排除的、被有意规避掉的、非西方的历史意识和史学传统，呈现他们对历史的言说、思考、记录、叙述以及当地本土化的历史学发展。这一做法显然受到后现代史学理论的影响，然而让作者比较难于把握的是，一方面小写历史本身在整体上也许并不具有同质性的意义，而且不同文化之间相关联内容的可比性也极具争议；另一方面，大写历史通常会以各种形式存在于小写历史之中，甚至出现在多种史学流派里，二者之间总是表现出在形式与内容上的相互交错现象。

三 "历史编纂"：通往过去的路径

鉴于当前史学专业化教育中对"历史编纂"概念实际使用的歧义状况，作者首先归纳出三种流行的基本含义，并据此说明了该书在每个方面的不同立意。② 第一，指对历史方法的研究。该书较少使用这第一种用法，即使作者也会讨论到某些历史方法的发展，但这并非讲述的主题内容。第二，指对某个国家地区、分支学科或历史事件的认

---

① Daniel Woolf, *A Global History of History*, p. 3.
② Ibid., pp. 4–7.

识状况与主要争论的回顾和研究。该书也很少使用这第二种用法，因为作者所要讲述的范围与以往传统的西方史学史不同，是要从全球出发来考察历史写作与历史思想的发展，于是他必须从原有的以民族国家为主体、以西方史学为中心的视域中跳出来，将所有文明的史学传统都纳入进来。因而，他也必须同时打破这种传统的"历史编纂"观念，提出新的"历史编纂"含义。第三，指历史写作的历史。通常包括对伟大历史学家及其文本的评论，有时也会扩展到考察非权威性著作及其所产生的社会和文化语境。

在审视前三种"历史编纂"定义的基础之上，作者提出在过去某些文化中还自然生成了另外一种对于"历史编纂"的认识，尽管这种用法在现代西语中已经过时，却仍可构成"历史编纂"的第四种定义，即同时包含记录历史和史学发展的双重方面。[1] 该书实际所运用的"历史编纂"概念主要是指历史写作和历史思想的范畴，但相较于第三和第四种定义，所囊括的范围更加广泛，包含了各种人（并非仅为现代意义上的专业史家）对于过去的复原与再现，他们或是出于个人兴趣，或是出于更加广阔的社会与政治目的。同时，它所依据的也并非仅是那些成文的、印刷出版的、纸质的、现代意义上的史料。其中至少应该包括口述传统和其他一些方式留存下来的信息，例如刻于石板或甲骨上的非纸质史料、非文字资料、结绳记事等等。因而，作者在书名中有意避免使用"历史编纂"的概念而成为《全球史学史》（*A Global History of Historiography*），也没有将其只限定为《全球历史写作史》（*A Global History of Historical Writing*），而是选取了更为宽泛的用语《全球历史的历史》（*A Global History of History*）。作者的立意在于以叙述的形式探究那些通往过去的路径，也包括某些不同于成文历史的对过去的看法。[2]

---

[1] Daniel Woolf, *A Global History of History*, p. 5.
[2] Ibid., pp. 5 - 6.

四 现代历史学科之形成：
西方史学史的塑造

所谓现代历史学科至今已有150年以上的历史，建立和形成了一套相当完备的专业化规则，并为学科共同体所长期秉持。作为一个拥有国际化规范的职业团体，历史学科的自我监察与自律机制始终都在竭力维护着本学科在相当广泛领域内的合法性地位。尽管近20年来，历史学受到来自后现代主义的挑战，正规史家的身份、立场和学科尊严都遭到质疑，似乎现代历史学已经走上了一条充满危机和风险的道路。但今天当我们回溯历史学科的兴起之路时，就会发现这条道路的形成绝非偶然，而且在以往的西方史学史著作中其轨迹亦清晰可辨。

从20世纪初开始至今，以乔治·古奇（George Peabody Gooch）、詹姆斯·肖特韦尔（James Thomson Shotwell）、詹姆斯·汤普森（James Westfall Thompson）、哈里·巴恩斯（Harry Elmer Barnes）、赫伯特·巴特菲尔德（Herbert Butterfield）、恩斯特·布雷萨赫（Ernst Breisach）、唐纳德·凯利（Donald R. Kelley）、约翰·伯罗（John W. Burrow）、迈克尔·本特利（Michael Bentley）等为代表所撰述的各种西方史学史著作，[①]向世人展示了从修昔底德到汤因比、从古代的编年史到现代的年鉴学派，从文学、经院哲学、意识形态中脱离出来的一个历史学专业化、职业化的整体发展历程，而其终点即是现代西方史学模式的产生与成熟。可以说，西方史学史家在这类研究中着意塑造了一个现代西方史学模式取得全面胜利的"神话"。

无疑，在上述现代历史学科发展的谱系中欧美史学占据了绝对的中心地位，而且大部分内容都是有关伟大历史学家及其经典性历史著述的研究。同时，在某些西方史家看来，虽然其他文明也都在不同程

[①] 关于20世纪出版的经典性西方史学史著作参见该书所列参考书目：Daniel Woolf, *A Global History of History*, p. 515。

第十四章　从西方史学史到全球史学史

度上出现过对历史的认识，尤其像中国在对文献考证和史料批判方法上取得了很大的成就，但他们都没有产生过如西方意义上的历史意识与历史写作。① 因而，沃尔夫指出这类史学史研究中暴露出两大问题，一为普遍带有强烈的目的论色彩与线性史观，二为带有"只有西方才能产生真正的历史意识与史学"的预设。② 对于前者，全球史学史的研究恰好需要大加探究以往被西方史学史研究者所规避掉的，那些曲折的、多线的、非精英的、非主流的、非现代性的、非西方的历史意识和史学发展状态，并以此来质疑构成现代历史学科发展史的"元叙述"的合法性。而对于后者，则需要在新的世界主义和跨文化交流的语境下，重新反思是否只有西方、只有现代性才能产生所谓"真正的"历史。

五　二元分析范畴的运用：西方与东方（非西方）

沃尔夫在该书中为了叙述的便捷仍然沿用了西方与东方或西方与非西方的概念，但他显然已经意识到使用这类术语本身就隐含了欧洲中心的标准。③ 因为它们是以西方为参照体系的，绝非一个简单的地理空间概念；而且，还将不同文化的差异抽象地归于一个二元对立的范畴，并以非此即彼的规定性有意排除了二者之间可能存在的联系与共性。实际上，无论西方与东方（非西方）其体系内部始终都存在着非同质化的变动，而它们之间的边界更是相对和模糊的。

当今的欧洲中心主义本质上是欧元本位主义（Eurosolipsism），正是它在世界历史和史学史的编纂中预设了事实上并不存在的中心与边缘、主流与支流、宗主与附属等一系列的二元对立范畴。但我们不得

---

① J. H. Plumb, *The Death of the Past*, Houndmills and New York: Palgrave Macmillan, 2004, p. 13, pp. 20–21.
② Daniel Woolf, *A Global History of History*, pp. 13–14.
③ Ibid., pp. 14–15.

不承认，沃尔夫所提出的观点有一定说服力，那就是这些二元对立范畴的形成绝不是西方单方面的作用。一方面，西方史学在以往与其他类型史学的相互碰撞和交流的过程中，通过不断重复和渲染其新的方法与理念，标榜自身的成就与进步，而掩盖内部的矛盾与质疑，最终在19世纪完成了一个优越、自信、成功的史学形象的塑造。而另一方面，其他地区（东方或非西方）也在双方的互动交流中不断地将代表着现代与进步的西方史学引进自我体系，并在某种程度上试图以此取代本土传统。但实际的结果常常是，无论这些引入者对西方仰慕的程度有多高，欧洲史学实践的模式也不可能被完全一成不变地移植到异域社会中，就如同今天的美国民主不可能被强加于其他没有民主化经历的国家头上一样。大部分地区都将西方历史知识的形式进行了必要的改良，以求获得更为广泛的接受。[①]

然而，20世纪的史学史写作基本上排除了西方与东方（非西方）谋求相互交流与变革的内容，甚至有的西方学者直接拒绝承认非西方地区在与欧洲发生接触之前有自己历史的存在。[②] 可见，在西方与东方（非西方）这类二元对立范畴中隐喻的是历史意识一元论，相应地暗含着对世界其他地区历史意识存在的否定性认识。这一点强烈地提示我们，真正意义的全球史学史只有在建立平等对待所有文明遗产的价值观的基础之上才有可能写成。

六　全球史观与史学史研究的转向

全球史观对于传统的西方史学史研究而言，在观念层面上标志着摒弃西方中心论（欧洲中心主义）的历史观及其写作模式，摒弃以现代西方为价值标准的评价体系。但在实践层面，如何使全球史学史

---

① Daniel Woolf, *A Global History of History*, pp. 15–16.
② Hugh Trevor-Roper, *The Rise of Christian Europe*, Thames and Hudson, London；Harcourt, Brace & World Inc., 1965, p. 9. 此处作者宣称，在欧洲人进入非洲之前，非洲的大部分历史是模糊和不为人所知的，因而现在只有欧洲人的非洲史，而没有他们自己的历史。

第十四章 从西方史学史到全球史学史

的撰述成为可能，如何具体展现历史写作与历史观念在全球各地区间的动态变化过程，又如何从根本上将历史意识的形成从西方现代主义目的论的框架中解脱出来，使得不同路径的历史思考获得其在全球史学史上的应有地位与价值，仍是超越以往史学史著述的难题。

在该书看来，全球史观首先意味着必须承认世界上的不同文明都已孕育出各自不同的历史表现形式，构想出不同的通往过去的路径，发展出不同的历史观念、范畴及术语，因而普遍具有其自身的价值，需要运用它们各自不同的标准体系加以衡量，而不是一味地以狭隘的所谓现代专业化史学标准（实际上是西方标准）来加以评判。[①] 另一方面，全球史观也意味着不能以孤立的观点看待这些不同的历史表现形式、史学传统和观念体系，认为它们之间是相互隔绝的。正如世界历史已被看作一部不同人群之间相互碰撞、冲突的发展过程一样，史学史本身也同样证明了人们对过去认识的不同模式之间是彼此相互联系与相互作用的。从历史发展的结果来看，似乎源于世界各地的所有历史思想都汇入了以欧洲为中心建立起来的现代专业化史学之中。对此沃尔夫认为，这个结果绝不是必然的，也并非殖民征服的必然后果。因为在引进西方模式的大量实例中，多是当地的社会改革者更加主动而迫切地要求以一种非正统的、新的史学取代或改变既存的、故步自封的本土传统。而且更为重要的是，西方模式与自我传统之间的关系也并非仅表现为前者对后者的单方面影响。我们经常看到，当西方模式在异域取得主导性地位之后，也会反过来受到来自当地历史知识传统的深刻影响，即使只是对何为历史和能否将西方模式与处于劣势的"他者"传统做同等的比较进行重新思考。[②] 这就需要以开放、互动的观点看待世界历史上所产生的不同史学传统，多向度地认识它们之间的关系，并使之成为史学史研究的新主题。

特别值得关注的是，此前伊格尔斯出版的《全球史学史》主要是

---

① Daniel Woolf, *A Global History of History*, p. 7.
② Ibid., p. 8.

下篇　历史书写

以一种平行叙述和比较性的方法展现了西方、穆斯林、印度、东亚世界的不同史学传统从18世纪以来各自的内在变化与相互关系。这一写法尤其突出了历史意识与历史写作在现代化与全球化进程中所表现出的方向性的根本变化，同时也是基于作者认为从18世纪末开始各种历史思想传统才有了相互之间的影响，"而在那以前，这些历史思想传统的存在如果说不是完全的相互隔绝，至少也是相对的隔绝"[①]。与此相比，该书的内容和写法显然有较大的差别。

首先，沃尔夫用一半的篇幅混杂地讲述了前现代时期不同地区历史话语的产生、形成及彼此之间的交互作用。这似乎意欲表明，历史意识与历史思想在全球范围的多元性发展和相互接触、碰撞、交流的发生不是现代以后才出现的，而是可以追溯到更早。如果完全抛开前现代的部分，只是从现代史学发展的结果看，那么西方史学模式就会愈加成为现代专业化史学的代名词。因而，沃尔夫强调全球史学史的编纂并不意味着简单地把亚非拉的内容添加进来，而后仍将其视作从各个方向汇聚而来的"涓涓细流"，并最终又"神奇地"融入单一、均质、标志着进步与成功的现代西方史学范式之中。或者采取在非西方史学中找寻西方模式的影子及对应物，并暗示他们的起源与归宿都不可避免地成为现代西方史学模式。[②] 这种看起来包罗万象的史学史，尽管也囊括了世界各地的历史写作与历史思想，但却依然难以摆脱欧洲中心的阴影。

其次，全球史学史的编纂也并不意味着要大量采用平行叙述的方法，只从表面彰显平等对待多元历史文化传统且尊重其应有价值的全球史学观念。这种看似色彩斑斓的史学史，很有可能只是一个毫无意义和失去立场的万花筒。原因在于，如果仅仅简单地平行罗列东西方或其他各个地区的史学，那么很可能会同时失去认识全球性整体图景与多种历史表现形式共生的两大视角，反而深陷于各种史学相对孤立

[①] [美] 格奥尔格·伊格尔斯、王晴佳、[印] 苏普里娅·穆赫吉：《全球史学史：从18世纪至当代》，杨豫译，北京大学出版社2011年版，第3页。

[②] Daniel Woolf, *A Global History of History*, pp. 9–10.

第十四章 从西方史学史到全球史学史

发展的状态中。① 显然,这种叙述方法在实质上不利于形成真正具有全球性意义的史学史,相反可能会起到消解的作用。正如麦克罗·西格尔所说,潜藏于任何世界历史叙述中的矛盾即在于其叙述方案本身。② 因而,该书在部分内容的叙述中采用了一种点描式穿插交错的写法,有些类似于绘画中的点描画法(pointillist approach)。大体上是选择一些具有全球性意义的史学史事件、现象、人物或事物集中进行聚像性描写,借此达到以点带面、逐步呈现整体轮廓的叙述效果。

另外,在全球性视角下西方史学模式不再被视作衡量世界的标准,而仅作为一个"地方化的欧洲"③,探究其如何产生自身的历史表现形式及其相应的学术性、专业化制度。作者更加关注的是西方史学模式为何与如何被其他不同文明有针对性地加以选择与利用(有时是作为对自身现实政治或社会批判的武器),而作为"胜利者"的西方又是如何在某种程度上为"被征服者"所影响与改变的。④ 正如许多论者已经指出的那样,简单地将西方对其他地区的影响视作历史学科在世界范围内兴起的原动力是错误的,更应该考察的是,理性文化的全球扩展、现代学术体系和以大学为基础的历史学科在跨区域间的产生与互动、殖民国家力量的构成、民族解放运动、跨国知识网络等其他多种因素;欧洲不应仅被看作输出的一方,其史学传统的流播更是殖民扩张及其他诸多复杂的社会政治转型的结果,西方史学在影响其他地区史学研究的同时,自身也在改变。⑤

总之,沃尔夫在该书中试图以一种新的全球性视角讲述一个不同

---

① Daniel Woolf, *A Global History of History*, p. 10.

② Micol Seigel, "World History's Narrative Problem", *Hispanic American Historical Review*, Vol. 84, No. 3 (Aug., 2004), pp. 431–446.

③ Dipesh Chakrabarty, *Provincializing Europe: Postcolonial Thought and Historical Difference*, New Jersey: Princeton University Press, 2007.

④ Daniel Woolf, *A Global History of History*, p. 18.

⑤ Dominic Sachsenmaier, "Global History, Pluralism, and the Question of Traditions", *New Global Studies*, Vol. 3, No. 3 (Feb., 2010), pp. 3–4; Roxann Prazniak, "Is World History Possible? An Inquiry", in Arif Dirlik, Vinay Bahl, Peter Gran, eds., *History after the Three Worlds: Post-Eurocentric Historiographies*, Lanham: Rowman & Littlefield Publisher, 2000, pp. 221–239.

下篇 历史书写

版本的史学史。他所采取的处理多种史学传统的写法是混杂交错与平行叙述相结合,使它们尽可能以多元、多线、多样的方式呈现在读者面前。在这幅充满复杂线条与色彩的史学史画卷中,我们所看到的是通往过去的不同路径与解释过去的不同信念,它们具体反映在不同的历史表现形式中,又同时在人们的纪念与交流中传递,在广阔的社会与政治、思想与文化的多重语境中再造。

第十五章

历史知识、历史记忆与民族创伤
——读柯文《历史的言说:越王勾践故事在20世纪的中国》[①]

20世纪七八十年代,伴随着新文化史的兴起,西方历史研究中出现了所谓"记忆的转向"[②]。大批史学家开始重新审视历史与记忆的关系,并逐步将普通民众对历史的记忆纳入史学研究,对其加以记述、分析和解释。这种趋向尤其突出表现在关于历史创伤问题的讨论中,其焦点是大屠杀、世界大战、大灾难等造成的社会或集体性的创伤记忆。[③] 1988年,法国年鉴派代表学者雅克·勒高夫还专门出版了《历史与记忆》一书,在反思西方史学思想史上的古今之争中探讨历史与记忆之间的复杂关系。[④]

在此学术转向的背景下,美国当代中国研究学者柯文推出了一

[①] Paul A. Cohen, *Speaking to History: The Story of King GouJian in Twentieth-Century China*, Berkeley: University of California Press, 2009.

[②] 相关研究可参见王晴佳《新史学讲演录》,中国人民大学出版社2010年版,第84—95页。

[③] 由以色列的特拉维夫大学编辑、美国印第安纳大学出版发行的《历史与记忆》(*History and Memory*)专业期刊,登载了大量大屠杀与创伤记忆方面的专题研究论文;国内学界对此专题的有关介绍可参见陈恒、耿相新主编:《新史学》第八辑"纳粹屠犹:历史与记忆"(大象出版社2007年版);美国后现代学者拉卡普拉也有多部关于历史记忆与创伤研究的理论性著作,如 *Representing the Holocaust: History, Theory, Trauma* (Ithaca: Cornell University Press, 1994), *History and Memory after Auschwitz* (Ithaca: Cornell University Press, 1998), *Writing History, Writing Trauma* (Baltimore: The Johns and Hopkins University Press, 2001)等。

[④] [法]雅克·勒高夫:《历史与记忆》,方仁杰、倪复生译,中国人民大学出版社2010年版。

部力作《历史的言说：越王勾践故事在 20 世纪的中国》，书中以一种跨文化视角对中国家喻户晓的越王勾践故事进行了一番颇有新意的研究。他通过描述这一历史故事在 20 世纪中国社会的流播，将其与现代中国所经历的重大民族创伤相勾连，反映出故事本身所蕴含的民族与政治的通用性，以及其广泛的文化寓意与现实功能。该书表达出既往历史在社会现实中的被讲述、发掘、演绎，以致产生民族共鸣，形成社会与文化认同的流转过程。这可能为我们反思历史与记忆的分分合合，及史学专业化与历史知识社会化之间的关系提供某些启示。

一 一种"内文化"现象

越王勾践的故事广泛流传于中华文化圈，包括散居于世界各地的中国移民。然而，这个古代君主的传说事实上却不为西方研究 20 世纪中国的学者所熟知。柯文在研究中国人对于民族战败与屈辱的普遍反响中，才开始注意到勾践故事的重要性。起初他发现，帝制晚期和民国初年的文学作品里在鼓舞人心时都提到勾践的故事；很快他又在所见的戏剧、教科书，以及大众传媒的各种形式中，发现了勾践的身影。于是，一个 2500 多年前的君主如何成为现代中国集体与个体行为偶像的历史，引起了作为西方学者的柯文的强烈兴趣。

有关勾践故事的传说本身是复杂而含混的，但其核心内容无疑是战败的越王勾践以忍辱负重、卧薪尝胆的方式最终打败吴王夫差而成功复国。该书首先简单勾勒了越王勾践卧薪尝胆故事本身的内核，及其在中国古代历史与社会记忆中的演化。而后，依次反映故事在近现代国家政治层面上的广泛应用，如其在晚清抗击外国侵略过程中的民族主义意义、在八年抗战中打持久战的精神意义、在国共两党斗争中的政治意义，以及 20 世纪中后期蒋介石在败退台湾之后和新中国在冷战时期勾践故事被发掘出的现实价值。

令人瞩目的是，在当代中国勾践故事不仅大量出现在公共文化领

第十五章 历史知识、历史记忆与民族创伤

域（例如呈现于报纸、杂志、大众教育、口头文学、广播、影视作品），也开始流转于私人话语空间，更多进入到通俗文化的流播中。当下在市场经济改革过程中，它又成为刺激资本主义经济竞争性发展的伦理文化内容，也为个人主义的滋长注入精神动力。从某种程度上说，勾践故事的文化功能可能比其政治应用的影响力要更为持久，这也是此类故事何以成为一个社会创制自身历史与文化的标志性产物的原因，柯文将其称之为"内文化现象"①，西方心理学家则称之为"经验的模板"或"根隐喻"②。

勾践故事的流传及其现代意义的产生深刻体现出历史知识、历史记忆与民族、社会及个人发展之间的关系，体现出专业化的历史知识与大众记忆之间复杂的连带关系。相比较于西方史学界从 19 世纪以来对学科界限的强化、对上层历史的偏重、对历史与记忆之间有意识地加以分离，中国史学实践则表现出更大的宽容性，始终并未使历史知识束之高阁，而是广泛地使其以各种形式（口述的或文本的、文学的或戏剧化的）在流行文化与社会记忆中保持着持续的影响力和创造力。当代西方史学界正力图在历史与记忆之间重新架起一座融通的桥梁，以透析过去在社会意识中的存在，探究文化背后所隐匿的心理根源，这无疑需要跨越民俗、文学、神话与历史之间的界限，打破专业化史学所坚守的学科壁垒。③

二 勾践故事所包含的隐喻

柯文在首章中，依据古代文献（主要是《吴越春秋》）大体勾勒出古人所知的勾践故事，并着重点明其中所包含的精神要旨，目的在

---

① Paul A. Cohen, *Speaking to History: The Story of King GouJian in Twentieth-Century China*, Preface, pp. xix – xx, Conclusion, pp. 231 – 233.

② Jerome Bruner, *Making Stories: Law, Literature, Life*, Cambridge, MA: Harvard University Press, 2002, p. 7, pp. 34 – 35, p. 60.

③ John R. Gillis, "Foreword", in Paul A. Cohen, *Speaking to History: The Story of King GouJian in Twentieth-Century China*, pp. xiii – xv.

于为下文的阐发做出铺垫。① 从中我们可以体味到，勾践故事在中国古史建构中的核心内容，及其本身所具有的在20世纪中国得以广泛流播乃至形成社会记忆和民族历史叙述的基础。

首先，故事本身详述了勾践在吴国三年的拘禁生活，着力突出其运用社会、经济等诸种手段减轻越国臣民的负担与富国强兵的过程，并以巨大的勇气和隐忍精神赢得了民众的支持。但其间也显示出勾践作为君主的残酷性，这种残酷既包括对待敌人，也包括在必要时不惜牺牲自己和臣民。因为对勾践而言，战争不仅意味着勇气和强化军事训练，更为重要的是需以各种可能的方式（包括经济的、政治的、社会的、心理的手段）去削弱敌人，这是他所实施的战争策略的主要方面。为达此目的，勾践不惜自虐和牺牲民众，或施以多种骗术与诡计。这些故事情节隐喻着为实现民族、国家层面的更大目标，需要个人（包括君主）和民众为此做出巨大的牺牲。

与吴王夫差相比，勾践的最大不同点在于他不希求奢华的个人享受。在吴国的生活及其后在位时期，勾践以身体力行的方式证明，他可以承受最为卑贱、困苦的生存方式，无论是被迫的还是自我强加的，这为勾践赢得了声誉，同时也形成了与吴王鲜明的对比。此外，勾践与夫差另一个显然的不同在于，他们处理君臣关系的态度、方式与原则。夫差多次拒斥伍子胥的良言劝谏，随后又对小人伯嚭倍加宠信。与此相反，勾践则极其倚重和尊崇贤臣范蠡和文种，更善于纳谏，并褒奖忠良；他甚至可以选用任何有特殊才能的人，而不顾及其社会背景或性别。总之，勾践符合中国传统政治思想中的明君圣主形象，即具备崇尚节俭、谨言慎行、善用贤才、虚怀纳谏等为君之道。

勾践故事的中心线索是复仇，即越国对吴国亡国之辱的复仇，而越王勾践则被塑造为忍辱负重、以求东山再起的君主形象。在中国古史上，充满了这类隐忍以就功名的范本，诸如韩信遭胯下之辱终成伟

---

① Paul A. Cohen, *Speaking to History: The Story of King GouJian in Twentieth-Century China*, pp. 1–35.

业、伍子胥为报杀亲之仇而弃楚奔吴、司马迁遭宫刑著《史记》等。及至现代，周恩来在1927年面对大批革命志士被残杀，提出为了革命的未来我们要耐心等待时机、切忌冲动冒进的主张。可见，勾践故事的核心精神似乎已成为中国古代社会所倡导奉行的传统思想之重要部分，并在现代有所继承与发展。

柯文从勾践故事中还总结出两种行为模式的差异，即冲动短视型与隐忍自制型。① 二者标识的历史教训与经验也截然不同，前者代表缺乏理性、感情用事的失败典型，后者则代表以长远眼光全面考量前因后果、自觉克服当下之困境、以求最终达成目标的成功范例。勾践故事强有力地说明了上述两种行为模式的利弊得失，从而生动地昭示了取得国家、民族乃至个人成功的普遍因素。同时，也使这个看似普通而又家喻户晓的历史故事成为20世纪中国人追求民族独立、国家富强、实现个体价值的成功模本与精神动力之一。

三　近代以来勾践故事所引发的民族共鸣

自鸦片战争到民国时期，外国资本主义的侵略活动日益加剧，从瓜分狂潮及至抗日战争的全面爆发。在民族危难时刻，勾践故事的流播将产生怎样的社会影响？中国人的历史记忆将如何反映到现实的拯救民族危亡的行动中呢？通常，人们在历史关键时刻"总会将记忆回转到遥远的过去，对那些尘封已久的往事重新加以认识，并以移情方式获得某种心灵的共鸣"②。在20世纪上半叶，中国社会流传着大量以宣传抗击外来侵略、激励民族精神为中心的所谓"国耻文化"。勾践复国的故事和岳飞抗金、文天祥抗元、戚继光抗倭、史可法抗清、郑成功收复台湾等一起成为这种舆论宣传的主要历史素材。勾践故事

---

① Paul A. Cohen, *Speaking to History: The Story of King GouJian in Twentieth-Century China*, p. 35.

② Yosef Hayim Yerushalmi, *Zakhor: Jewish History and Jewish Memory*, Seattle: University of Washington Press, 2002, p. 113.

下篇 历史书写

中所包含的卧薪尝胆、勿忘国耻的核心思想演变为当时中国社会的一种精神动力,也是知识阶层乃至国家、政府进行爱国主义教育和宣传的重要内容。在勿忘国耻的话语之下隐含的是国人对勾践故事的民族共鸣,是将当时中国经历的民族创伤与历史记忆的一种相互勾连。

那么对于大众而言,为什么需要通过言说历史的间接方式而非直接告知的方式来传达民族主义的话语呢?柯文认为主要原因在于,当时中国大众所具有的教育与文化水平还不足以单纯用语言或文字的形式达成对民族危亡的广泛而深刻的理解,而勾践故事却通过民间社会的口述传统以历史记忆的形式能够在很短时间内获得普遍的社会认同。① 因而,借以大众文化传媒言说历史,就可以达到跨越不同社会阶层唤起民族共鸣的目的。其次,中国文化从很早就确立起了古为今用的传统,并凝练为明确自觉的经世致用的史学意识,这在 20 世纪前期的历史关节点上也发挥了重要作用。从上层执政者到下层民众,在对历史的认识和记忆中获取的是关于过去与现在的相似性的思考,更看重的是历史作为道德伦理教育、思想精神熏陶和实践指南的多重资源价值,而非将其单纯视为娱乐消遣之用。

例如 1915 年日本提出"二十一条"后,中国社会爆发了新一轮的反日浪潮。当时的报刊、教科书、儿童读物、戏剧作品、海报、宣传画、商业广告等各种传媒与出版物中,勾践故事被反复言说和提及。② 透过这一共享的历史记忆与历史知识,社会各阶层开始萌生了对当时民族经历的深刻群体认同。其后至八年抗战,随着中日民族矛盾的日趋激化,对勾践故事所隐喻的历史认同也日趋稳固和持续,并逐步扩展为一种普遍的、现实的社会认同。

勾践故事与岳飞抗金等同类历史故事相比,尽管其本质并非处理民族矛盾或中外关系的典型事例,它原本反映的只是在秦统一之前两个邦国之间的争霸过程,但在 20 世纪初它之所以能够在很长一段时

---

① Paul A. Cohen, *Speaking to History: The Story of King GouJian in Twentieth-Century China*, p. 235.

② Ibid., pp. 46–48.

间内成为中国人与当下的民族创伤相勾连的主要历史记忆,其根本原因在于故事本身所包含的乐观主义的叙事结构,① 这恰恰是岳飞类悲剧性故事所不具备的。勾践复国的成功背后昭示出,虽然此前中华民族在反抗外来侵略的道路上遭遇过巨大挫折和沉重失败,甚至面临亡国灭种的危险,但只要不忘国耻,经过长期不懈的艰苦斗争,就可以摆脱厄运,获得国家和民族的独立与解放。这一成功的历史模式在当时中国社会演变为一种要求民族崛起和自主发展的主流叙述框架。

四 跨文化视角的审视

美国心理学家罗杰·沙克曾依据故事产生的来源概括出五种不同类型:官方的、编造的、直接经历的、间接获得的、文化共有的。② 尽管这种划分并非绝对且可能交叉,但显然勾践故事属于最后一种——文化共有型。它之所以构成20世纪上半叶民族叙述的基础内容之一,在于其所依托的中国文化资源。勾践故事的影响也不仅限于中国,而是遍及深受中国文化影响和熏陶的东亚文化圈。虽然这些国家中有的(诸如越南、日本)在不同历史时期曾与中国交战,但其知识分子仍然在自身民族危机时,借用勾践故事来唤起拯救危亡的民族意识。③ 这说明勾践故事所带有的文化共有性使其不仅仅在中国内部产生了历史知识、历史记忆与民族创伤的勾连反应,而且在更大范围的东亚文化圈内也同样产生了相似的现实效应。

比较而言,其他文明基本上也都存在这类文化共有型故事,只不过故事的来源是多种途径的。有的如勾践故事一样来自历史知识或历史记忆,而另一些则可能来自宗教传统、神话传说、流行文化等。柯

---

① Paul A. Cohen, *Speaking to History*: *The Story of King GouJian in Twentieth-Century China*, p. 228.

② Roger C. Schank, *Tell Me a Story*: *Narrative and Intelligence*, Evanston, IL: Northwestern University Press, 1995, p. 30.

③ Paul A. Cohen, *Speaking to History*: *The Story of King GouJian in Twentieth-Century China*, p. 229.

文提到，美国文化共有型的故事有的就来自于旧约，有的脱胎于文学作品（如17世纪早期的西班牙小说），有的则源于希腊神话等。这类故事在不同文明中的影响范围也会有很大差异，勾践故事表现为一种"内文化"现象，并波及其文化圈内的亚文化（subgroups）。当然这种"内文化"现象也并非中国所独有，其他文明也有类似的情况，例如为美国人、墨西哥人或爱尔兰人所熟知的某些故事，可能同样也流传于西方各国，但对中国人而言可能是完全陌生或知者寥寥。[①] 而另一些故事则可能在更小范围内流传，如精英集团、知识分子、少数民族等特定群体；或者情况完全相反，故事还可能在某种条件下超越本文化圈的疆界，在不同文化之间流转，产生更大范围的效应和影响，当然这种现象在全球化的今天将会愈发常见。

与勾践故事在20世纪中国所产生的影响类似，其他文明也可以从自身的文化共有型故事中获取精神滋养和民族鼓舞。例如20世纪晚期，塞尔维亚人就从600年前的民族创伤中汲取精神支持，以求在新的条件下重新实现民族独立。[②] 再如，犹太历史上的马察达传奇在以色列民族神话中也同样占有重要地位，成为犹太复国的重要精神支柱。[③] 柯文在书中还特别将勾践故事和马察达传奇进行了细致的比较，说明其在影响的广度与深度、隐喻的精神主旨与叙事目标等方面的差异，并认为这主要源于中国和犹太的不同民族经历，但二者还是表现出某些相似的社会与文化功能。[④] 对中国而言，勾践故事在整个民族

[①] Paul A. Cohen, *Speaking to History: The Story of King GouJian in Twentieth-Century China*, pp. 233-234.

[②] 此处指1389年的科索沃战役，最终塞尔维亚败于土耳其人之手，导致其后400年被奴役的历史。详见 Robert D. Kaplan, *Balkan Ghosts: A Journey through History*, New York: Picador, 2005, pp. 35-40。

[③] 马察达传奇指在公元73年，大约900名犹太人在马察达山顶要塞（已发现其遗址）遭到罗马人的袭击，后坚守拒绝投降，最终集体自杀于此。但最近一些研究也对其真实性提出了质疑，详见 Yael Zerubavel, *Recovered Roots: Collective Memory and the Making of Israeli National Tradition*, Chicago: University of Chicago Press, 1995, pp. 60-63.

[④] Paul A. Cohen, *Speaking to History: The Story of King GouJian in Twentieth-Century China*, pp. 237-239.

第十五章 历史知识、历史记忆与民族创伤

处于生死存亡的危急关头,提示出一条指向成功的解决之道——卧薪尝胆(勿忘国耻)、发愤图强(抵御外辱);对犹太而言,马察达传奇的真正意义并不在于故事表面的自杀结局,而在于昭示出的面对强敌永不妥协、永不放弃的民族精神。①

可见,不同民族的历史知识与历史记忆中大都潜藏着某种文化的边界,它们在古今社会发展中可能发挥的效应或实际功用也取决于不同民族对其文化本身的认同程度。这种认同一方面需要具有其客观基础,即任何民族与文化赖以生存的空间和物质条件;另一方面又需要具备一定的主观条件,即从个体到群体的、共享某些文化符号的"记忆共同体"的形成,② 突出表现为其总是可以建构自己特殊的文化语言以应对实时状况,尤其能够在艰难时刻构筑起重新确立民族自信心、并实现崛起的平台。这也许才是勾践故事在 20 世纪的流播向我们所展示的真实意义。

---

① Yael Zerubavel, *Recovered Roots: Collective Memory and the Making of Israeli National Tradition*, p. 70.

② Avishai Margalit, *The Ethics of Memory*, Cambridge, MA: Harvard University Press, 2002, p. 95.

附 录

对话当代历史学家

附录一

历史叙事、历史研究与历史伦理
—— 访约恩·吕森教授

约恩·吕森（Jörn Rüsen）1938年生于德国杜伊斯堡，是当今国际史学理论界、历史教育界以及历史文化研究的代表性人物之一，他的著作已经被译成英文、中文、法文、俄文、西班牙文、葡萄牙文、意大利文等二十多种语言。吕森1966年在德国科隆大学通过研究历史、哲学、德国文学和历史教育获得博士学位。1974—1989年，任德国波鸿大学历史系教授、主任；1989—1997年，任德国比勒菲尔德大学教授、跨学科研究中心主任；1997—2007年，任德国北威州埃森高等人文学科研究所主席。由于他在史学理论、历史教育和德国历史文化研究领域的杰出贡献，于2008年获得德国北威州联邦颁发的荣誉勋章。

吕森教授在继承德罗伊森（J. G. Droysen）史学理论研究的基础上确立了自己完整的历史哲学（史学理论）体系，从时间概念到历史文化都有逻辑清晰的诠释。现在他主要的研究议题为跨文化的史学理论研究和新人文主义研究，力图探讨在全球化语境中历史研究的伦理问题和普世价值关怀的可能性。本次访谈是笔者2014年下半年在德国波鸿鲁尔大学（Ruhr Universität Bochum）和吕森教授交流所得。

附录　对话当代历史学家

一　对史学理论基本概念的跨文化思考

问：Sinnbildung[①]是德国史学理论传统中一个非常特殊的德文词语，并且它是作为您史学理论体系的中心概念，您是把它翻译成英文的 sense generation 吗？

吕森：是的，但是 sense generation 在普通的日常英语中，这个词语并不能表现我的意图。我与很多学者讨论过 sinnbildung 的英文翻译，包括我最近的书 *Historik*[②] 的英文译者，最后我们称之为 make meaning 或者是 meaning construction。meaning construction 所具有的含义更窄，但 sinn 所含的意义远不止是"meaning"那么多，我以前读过关于 sinn 的语义学文章，其中共有关于 sinn 的十二种含义。

Sinnbildung 是所有历史思考原则的核心问题。在历史思考中，意义生成问题是居于核心地位的，它统领着所有的历史思考的原则和定位。从德罗伊森到我自己的理论体系中，特别是职业化以后的研究中，从兴趣、概念、方法论、再现到历史学的实践功能和导向都是以意义生成为核心的。因为在这个意义生成的过程中，不仅是基础性的历史研究的问题需要处理，同时需要关涉历史伦理和历史道德问题，而伦理和道德以及历史责任问题是历史研究的基础，一切我们的历史思考必须而且应该以此为根基进一步深入。这也是我为什么一再强调要将后现代主义的叙事思考和现代主义的伦理原则结合在一起的原

[①] 吕森教授组织了一个德、英、中文不同语境中史学理论基本概念的互译和互通工作的研究项目，在该项目中不同语言的学者提出各自语言中的基本历史概念，并由不同语境中的历史学家对这些概念进行讨论并提交自己的翻译，笔者有幸作为其中一员。该项目力图将这三种语言中史学理论主要概念进行跨文化的诠释和沟通，形成定译。sinnbildung 目前还没有确定的中文译法，该项目中台湾学者提议为"史意建构"。sinnbildung 指的是历史过程中历史意义的生成和形成，但前提是必须承认历史过程中是有一个普遍的历史统一体的存在。

[②] Jörn Rüsen, *Historik*, *Theorie der Geschichtswissenschaft*. Köln：Böhlau 2013. Historik 是近代以来德国史学理论的传统，一般认为开始于德罗伊森，并被吕森继承，英文译为 theory of history（史学理论）。

因，历史研究所有的这些技术性思考在一个更广的维度上应当要有所关照，这就是我们共同作为"人"的维度。

问：有学者把 bildung 翻译成英文的"教育"（education），但 bildung 的含义应该更加丰富，并具有不同的维度取向。

吕森：你是对的。Bildung 我认为的英文翻译是 self-cultivation，是自我教养和教化的意思，这在德国的哲学体系中是非常具有思想内涵的。在中文里面有一个很好的词语来自孔子——"教化"，人们必须进行自我教化和"教养"。我的文章和著作要被翻译为德语以外的语言时，我总是要和译者进行沟通，对特定概念和名词进行解释。比如 sinnbildung 在英语、中文、日语中的翻译和理解问题。比如德语的 wissenshaft 指历史研究作为一门"科学"，但在英语和中文学界的翻译可能会比较困难。因为在英语中 historical science 是容易让人误解的一个词，science 在日常英语中指的是自然科学，而德文 Geistwissenschaft 指的是人文科学（humanity）。早几年我的文章要被译为波兰文时，我在柏林的波兰历史研究所进行了一天的讨论，并简要解释我书中的德语名词，而这是非常困难的。

问：在德国近代的史学思想史上，历史研究作为 Wissenschaft（系统的知识论研究）是一个绕不开的问题，德罗伊森在他的名著 *Historik* 中就在处理这个问题，您的"学科范型"构架也是基于此。那么这个问题在当代的史学理论研究中是如何呈现的？

吕森：怀特对专业的实践历史研究是比较批判的，他认为这些研究是非常无趣的，从中并没有习得"意义的能力"（power of meaning）。但是一般持有后现代史学观的学者忽略的一点是历史学习作为一门"研究"（Forschung，Research）时，脚注、材料批判检视是非常必要的。丹图（Arthur Danto）感兴趣的并不是历史研究作为一门学科性的问题，而是历史思考的逻辑问题。当他的《分析的历史哲学》（*Analytical Philosophy of History*）在 60 年代面世时，在分析的历史哲学内关于历史解释有一场对普遍规律（general laws）的论争发生在波普尔（Karl Popper）和亨佩尔（Carl Gustav Hempel）之间。而这时丹图提出历史解释的逻辑是通过解释故事叙述形成的逻辑，从而终结了这个争论。通过鲍姆加特勒（Baumgartner）的介绍，我接受了丹图的观点，从而成为一个叙事主义者。

历史研究的叙事结构是新的理论突破，且在19世纪经典的史学著作中是找不到的，你可以看德罗伊森的著作，他也讲到了叙事，但他并没有意识到叙事后面的逻辑。作为事后之言我们可以说他是很优秀的学者甚至能够意识到讲述一个故事的重要性，而讲述一个故事则不属于科学，属于文学，这就是怀特的贡献，他通过复杂的理论建构说明了通过讲述一个故事是怎样使得过往经验获得意义的，但怀特没有解决的问题是他并没有告诉读者什么是历史。与此同时，安克斯密特写了一本有关历史叙事的书，[①] 这就一直引领着史学理论的讨论直到今天。而我的态度是，我接受叙事主义，但我坚持把它置于方法论与理性研究主导之下，因为纯粹的叙事主义者是对方法、知识、认知与真理的边缘化，他们认为这些是过时的东西。我认为历史思考的逻辑是一个叙事逻辑，这是对的，但在学术研究上是以一个特定的方式体现出来的，我把这一点从一开始澄明在我的学术研究中直到今天。

而今天的状况是，方法论的要求、知识性、研究性以及认知性与真理是非常重要的一方面，而叙事主义也是很重要的另一方面，但它们两者是相互拒斥、相互分离的。我认为我们必须要将两者并而处之，我可以给你一个很好的例子。最近瑞典史学家沃尔夫·托森达尔（Rolf Torstendahl）出版了一本关于"Historik"在19世纪研究的著作，[②] 但其中心点并不是德罗伊森而是伯伦汉（Ernst Bernheim）等人。他像我一样坚持着这个学术传统，我们也是老朋友了，在一次讨论中他说"你是一个很聪明的家伙，你什么都能说服我，但你说历史研究遵循着叙事逻辑时，我完全不相信你"，这就是我说

[①] F. Ankersmite, *Narrative Logic: A Semantic Analysis of the Historian's Language*, Den Haag: Nijhoff, 1983.

[②] Rolf Torstendahl, *The Rise and Propagation of Historical Professionalism*, London and New York: Routledge, 2014.

的这种分裂的很典型的例子。但是，像安克斯密特和怀特等人又完全忽略了另一个方面。我认为历史研究分两点，一点是历史解释（explanation）的过程，我们称之为诠释（interpretation），在此历史学家都会或隐或显地运用理论；第二点是给予历史解释以叙事结构和叙事形式，这就是再现（representation），我坚持认为应该要区分诠释和再现。

问：历史永远是一门关于时间的艺术，那么您认为历史研究的核心概念是历史意义的话，时间与意义之间是什么关系，或者说时间怎么达致历史意义？

吕森：我们从时间这个概念开始。在我的理论体系中，我对历史研究的思考是远离职业历史研究的，并把它放置在日常生活和大众情境之下去思考它，只有这样你才能真正理解历史作为一门研究学科在历史文化中的地位。在我看来，这是一种特殊的历史思考方式，但是它对我而言是基础性的。我们有合适的德文词来表达这个意思，"Lebens welt"指日常普通民众的生活世界。我不从历史开始，因为历史是更加职业化的研究，而比历史更加基础性的，是时间。

每一个人都生活在时间之中，在我的理论体系中，时间分为自然时间和人类时间。自然时间意味着改变，而最为激烈和极端的自然时间的改变就是死亡。死亡是自然时间中一个很显著的例子，我们每一个人都会经历死亡，但只有人类对此存有疑问，因为动物们的死亡只是结束。人面对死亡时是自知的，并对此厌恶不已。自然时间的改变，在最基本的层面上，我们有白天和黑夜、冬天和夏天；而小溪的干枯、收获时节的匮乏等，我们称之为偶然性。这种偶然性激发了人类的感觉，事情发生了，但我们不知道背后的动因和应对的策略。例如，我们认为一个老人的死亡本来就属于时间序列，而如果一个婴孩的死亡对人的认知会是一种挑战，这种挑战是无言的，但我们必须去回应，去应对它。大部分的这种改变是挑战性的，还有一部分改变是具有积极意义的。比如，圣诞节对基督徒而言是一个特别的日子，意味着基督的降生和信仰的源泉。所有的这些我称之为自然时间，是因为它们是来自外部的，发生以后迫使人类对其做出回应。

而人类对此最基本的回应就是赋予这些时间改变中的事件以意义，具有意义的时间就是人类时间，赋予事件以意义使得自然时间转化为人类时间。但这种区分是一种人为的区分，因为我们已经生活在一个人类世界中，我们已经对这些改变赋予了基本的意义。但对我而言这是非常重要的，因为这关乎历史是什么的问题——历史的开始就是人类对时间的经历并对自然时间做出回应的过程，历史和历史思考是将自然时间转化为人类时间的形式之一。

问：您曾讲到过历史研究就是一个 reconstructing the constructedness 的过程，对此该作何理解？

吕森：德罗伊森曾对此做了一个非常好的区分和解释，他说历史思考（historical thinking）来源不是"历史"本体（Geschichte）而是来自于"历史化过去，造就现在"。意思是发生于过去的事情并不全是"历史"，而是这个过程"造就"了历史，获得了历史意义。非常简单，如果你做某事，但你并不知道结果，而你知道这个结果的意义是什么，这就是人们常说的"历史事件"。例如，当1989年柏林墙倒下的时候，世界上所有的人都说这将会是一个历史事件。我的意思是他们是对的，但为什么他们能说"历史的"？因为人们都知道这件事改变了很多，在当时和后来历史过程中产生了影响。所以，当你回顾历史，你将发生的事件置于一个时间序列之中和其他的事件发生联系，通过历史叙述（narrative）实现了（历史意识），使得事件获得历史意义的能力，而这个使之获得历史意义的历史意识来源于后来的人们，这就是今天我们所称的"建构"（construction）。到目前为止，这是没问题的，但"建构"已经长时间被弃置了，我非常不喜欢这个词。因为当我们用这个词的时候，我们以为我们在事件发生之后所做的让其成为"历史"，而过去本身则陷入了沉默，没有声音，没有语言，历史学家像艺术家一样，构建并制造了历史意义。如果我说是的，这是对的，但是过去本身已经以现在的结果的方式呈现出来。在历史学家的语境中，过去已经在那里存在，并且，以其对现在产生影

附录一　历史叙事、历史研究与历史伦理

响的方式塑造着历史思考的结果。所以你可以说过去"构建了可构建性"（constructs the construction）。

我给你一个另外的例子。我这一代的德国历史学家共同面对着一个非常特殊的问题，面对纳粹时期的统治，我们怎么面对并理解、给出回应，怎么看待这段历史在德国历史中的定位。如果你读我们这一代历史学家的作品，比如蒙森（Wolfgang Mommsen）、温克勒（Heinrich August Winkler）、韦勒（Hans-Ulrich Wehler）、科卡（Jürgen Kocka）等，你都会发现置于其中的道德准则和道德批判。因为我是这一代历史学家中的一员，所以我想说我们必须重新审视那些在纳粹体制中曾经工作过的人以及他们的动机。1945年以后，这些曾经在纳粹体制中工作过的人从战场上回来后，他们开始建设新德国即联邦共和国。我们就是这一代人之后的一代德国人，而我当时只有七八岁，我们是无辜的，因而没有人会要求我们对这个纳粹体制和大屠杀负责。现在很有意思的事情是，我们这一代人对纳粹屠杀感到愧疚和罪过，而我们的父辈并不会。对纳粹罪责的愧疚感就是过去对现在塑造的结果，并以这种形式呈现在我们生活中。在这个愧疚感之下，你是没有办法正常地生活的。我们和过去纳粹历史是保持距离的，但在我们的生活中，我们是被过去所塑造的。在我们这一代人和我们的父辈之间，我们并不会讨论关于纳粹罪责的问题，这是沉默不言但大家都知道的问题。所以，过去的纳粹历史以这样的方式成为我们精神世界的一部分，我称之为"Being constructed"。我们这代人对此的反馈就是道德主义（moralism），因而我们说纳粹是反人性的、反人类的等等。这也是历史道德化建构的一个例证，在我的著作《打破时间之链》（*Zerbrechende Zeit*）中你可以看到详细的论证。

因而，从哲学上看，在"被建构"（being constructed）和"建构"（constructing）之间的复杂关系就是历史意义的产生过程（sinnbildung）。

问：我认为这种被建构与建构之间的历史关系在后现代主义之后获得了一个新的维度和内涵。您对此怎么看？

吕森：后现代主义是一种激进的建构主义。过去本身不再具有历史性的意义，这是一种非常激进的对抗所有现代历史思考形式的思想。18世纪结束时的历史学家相信历史中有些东西能够获得超时间的价值，这就是历史意义（historical sense, sinn der Geschichte）。从18世纪到19世纪的大多数时间，在经典的现代历史思考形式中，历史学家坚信过去本身内部是具有历史意义的成分的，而马克思主义在这一点上是非常激进的。我们都知道兰克的名言"如实记述"这句话非常有名，但几乎没人真正理解这句话，当然，这是另一回事。兰克说的是我们不能赋予过去以意义，我们只能回看过去发生了什么。后现代主义则认为过去本身是不具有意义的，而是我们赋予了过去以意义，这就是海登·怀特的观点——我们通过故事的叙述和讲述从而赋予过去以意义。而我认为客观主义是错误的，同时主观主义也是错误的，因为它们都只是一面之见。事实上，这是两者兼顾的问题：我们赋予过去以意义；同时，这个赋予意义的过程已经是被过去本身所激发和塑造的。例如，杰斐逊的《美国独立宣言》等西方的这些有名的文件，我们赋予他们意义了吗？美国的小学生必须努力学习这些，同时他们也有类似的文件章程。在我们学习之前，它已经给你意义并激发了你，我们必须接受这些意义，同时赋予他们意义。英国的《大宪章》和法国的《人权宣言》等等都是如此，宣称人类为了等待这一时刻而努力了千百年。但是，今天来看，假如我们是一个优秀的历史学家的话，我们应该批判他们，因为我们能够看到他们的缺点和不足，以及一些成问题的结论。当然这是属于历史的阳光面和阴暗面的问题，这也是我工作所在，我们甚至可以来"反击"过去。在人类历史中，不管是中国的还是西方的，或者是阿拉伯世界的文献，都是男人高于女人，男人都是统领，而女人必须服从——甚至孔子从来也没真正论及女人，她们似乎是不存在的。今天我们认为这是错误的，必须去修正这些认识，这就是今天语境中这两者之间的关系。

附录一　历史叙事、历史研究与历史伦理

二　二战后的一代德国学者

问：我一直深切地认为，您和科卡、韦勒等人作为德国二战后成长起来的一代学者，所呈现的思想特质和学术倾向具有非常鲜明的时代性，这就是二战后德国在民族国家层面面对纳粹在二战中所犯下的罪责的清算和反思，甚至这个问题深刻地影响了德国此后的人文学术研究的走向和思路。同时，大屠杀问题也成为现今西方史学理论研究的焦点之一，像鲁尼亚的新书《反思过去：历史中的断裂和突变》①也是以此为核心并对发生在欧洲的历次人类受难事件进行了理论层次的阐释。您作为战后德国历史学界的代表人物之一，所以我想请您回顾一下战后德国的学术研究和您个人的经历，以便让学术同行有更加直观的感受和了解。

吕森：我先说一下我当时个人的经历吧。我是我们家里第一个进入大学并接受学术训练的人，原本20世纪50年代德国的社会状况使我无法接受大学教育，因为我必须要付学费，但是我的父亲在二战中去世后经济状况并不是很好。我的祖父是一个自由工人，我的外祖父是一个初级学校的社会和历史专业的老师。我的父亲是一个很成功的商人，他去世之后我的母亲抚养着我和两个哥哥，我们的房子也被战火毁坏了。那是一段很艰难的时期，战后一切都被摧毁，而上大学是一件超出我们想象的事情。战后新联邦建立后，政府部门设立了一个扶持项目来帮助那些想上大学的人，但即使这样，高级中学（Gymnasium）的课程也是一笔非常巨额的支出，这对当时的我们来讲是无能为力的。长我四岁的哥哥当时是一名非常优秀的学生，但由于我的母亲难以支付学费，在中学的最后阶段他辍学并去公司找了一份工作。当我上中学的时候，政府的扶持项目已经设立了，因而使得像我这样

---

① Eelco Runia, *Moved by the Past, Discontinuity and Historical Mutation*, New York: Columbia University Press, 2014.

在战火中失去父亲的年轻人有机会接受教育，而当时我的目标是像我外祖父一样成为一名中学教师，因为这样更符合当时的实际情况。我的兴趣很广泛，比如对印度哲学的兴趣，但现实迫使我思考生活的问题，在当时的德国从事人文学习研究最可能、最实际的出路是成为一名中学教师。

当时德国对中学教师要求两个专业，我开始的兴趣在于生物和德国文学，因为德国文学总是关注意义（sinn）、真理和人类生活等我感兴趣的主题，但实际上很难将这两个专业结合起来，因而我放弃了生物，所以我需要另一个专业，于是选择了历史。当时我的历史课程成绩很优秀，因为我读了大量的历史著作和历史小说，这给我的老师留下了很深的印象，并给予我很高的评价。

问：那您开始正式进入学术研究时德国的学术界状况是怎样的？

吕森：1958年我开始在科隆大学（Universität zu Köln）从事历史研究，在我最初步入学术界的时候，我的老师是特多尔·施德尔（Theodor Schieder），他是20世纪五六十年代西德非常著名的且有影响力的历史学家，而且他是一个对理论问题感兴趣的人，我开始跟他学习历史理论。60年代早期，当时年轻的哲学家根特·沃默尔（Günter Rohrmoser）来到科隆大学，他成为我在哲学领域主要的老师，他对我有极为重要的学术影响。沃默尔是当时科隆非常有魅力且受学生欢迎的学者，他的课程总是在科隆大学最大的教室里。当他随后离开科隆的时候，他已经是一个成熟专注的思想家，但他的政治取向从我认识他时的社会民主走向了极端保守的右派（但绝不是新纳粹），因政见不合我与他后来渐行渐远。

战后的德国哲学界基本分为三大阵营，一方是海德格尔和胡塞尔的现象学，另一方是以约海姆·瑞塔（Joachim Ritter）为首的"瑞塔学派"（Ritter-Schule），还有就是以慕尼黑为中心的天主教哲学派。沃默尔是"瑞塔学派"的重要代表人物，而"瑞塔学派"专注于新黑格尔主义的研究，沃默尔所诠释的自己的新黑格尔主义对我在学术思考上也颇有影响力。在沃默尔来科隆之前，我跟随另一个研究海德

附录一 历史叙事、历史研究与历史伦理

格尔哲学的教授学习,沃默尔是批判海德格尔哲学的,当他来到科隆以后,我受他的影响开始从海德格尔哲学转向黑格尔和新康德哲学。由此,我意识到我要将历史思考和哲学研究结合起来,而德罗伊森的研究正是这两者之间很好的契合点,所以我选择了德罗伊森作为我的学术志业。在此之前,我想在黑格尔哲学背景下研究宗教思维,但18世纪的德语以其生僻古怪而又刁钻的文法让我不悦。由此,我开始了德罗伊森的研究。在当时的科隆,以海德格尔、胡塞尔的现象学、诠释学、黑格尔、康德以及德国的理念论传统构成了思想背景。

问: 20世纪70年代是一个风起云涌的时代,在欧洲各处兴起的学生运动和社会运动要求"创立新世界",此时德国的学术界特别是历史教育对此有什么反应?因为历史教育一直是和公民的历史意识和国家的历史认同紧密联系在一起的,"创立新世界"就意味着向传统挑战和断裂。

吕森: 的确,20世纪60年代末到70年代初的德国历史研究陷入了危机之中,在教育体系中受到了很大的冲击。因为这个时候正是学生运动的浪潮风起云涌之时,在学术领域内这些新一代富有批判性的学生开始挑战传统。在这个背景下,德国传统的历史研究意识到自己严峻的处境——过时、保守且与现实问题脱节,而又不能满足公民教育的需求。此时,几乎所有德国那些领袖级的历史学家,如施德尔等人认为我们必须同时在公共话语和学术论争中有所作为,从而来维护历史学的学科性。当时,这些优秀的史学家都认为我们需要理论,需要有人站出来以理论的方式反思历史研究在基础层面的规范和合法性。

就我个人而言,完成博士论文以后,我在德国优秀学者研究奖学金机构(Studienstiftung des Deutschen Volkes)工作了差不多三年。在那期间,我认识了很多在各自领域卓越而富有天资的学者。随后,我得到一个机会来到布伦瑞克大学(University of Braunschweig),作为哲学助理教授工作了三年的时间(1969—1972)。然后,转到了柏林自由大学(Free University of Berlin)的历史系,从事历史哲学和史学

理论的研究（1972—1974）。此后不久，柏林自由大学设立了史学理论的教席，我申请并得到这个机会，从而真正开始了我在史学理论领域的职业研究。此时，我从布伦瑞克大学的哲学系来到柏林自由大学历史系的梅尼克研究中心（Friedrich-Meinecke-Institute）。在当时，于尔根·哈贝马斯（Jürgen Habermas）是对这些年轻一代的学者非常有影响力的哲学家，当然也包括对我。我开始设立有关马克斯·韦伯和卡尔·马克思的讨论班（seminar），而在当时70年代的时候，马克思对左翼青年学生来说绝对是超级英雄，对我个人而言，他当然是一个伟大的思想家。但对经历过东西德分离的我们这一代人来说，东德开始时的政治体制就是斯大林体系，所以我们更多的是学术研究。

问：应该讲20世纪70年代是德国史学理论研究的一个高潮时期，那么此时的史学理论研究有什么新趋势吗？您当时主要的工作是什么？

吕森：当时，在柏林，我开始由德罗伊森的理论体系为背景阐释自己的理论架构，并诠释自己的史学理论概念。当时柏林科技大学（Technischen Universität Berlin）的人文学部有一位杰出的史学家恩斯特·舒林（Ernst Schulin），他邀请我去在他的讨论班上宣读了我当时并不是特别成熟透彻的论文，这是一次非常积极的学术交流，他对我的研究很感兴趣并积极鼓励了我。因为在70年代初，和他相比我还是一个默默无闻的年轻学者，同时，以德罗伊森的路径进行史学理论的研究并不是一般常用的路数，而是一个更宽泛的研究领域。

在20世纪70年代早期，那些一流的史学家们和一些哲学家聚在一起成立了一个研究项目小组，对历史研究和历史思考在本质层面上进行合法化研究，以捍卫其学科性。主要的成员有莱因哈特·科泽勒克（Reinhart Koselleck）、克里斯蒂安·梅耶（Christian Meier）、于尔根·科卡（Jürgen Kocka）、沃夫冈·蒙森（Wolfgang Mommsen）、赫尔曼·吕波（Hermann Lübbe）、汉斯·鲍姆伽特勒（Hans Michael Baumgartner）、卡尔·阿赫姆（Karl Acham）等等，这些学者给了我很多思想灵感，同时也成为我后来长期的合作同事。我作为其中一员完整地参加了这个研究项目，最后我们出版了一系列关于史学理论的著作。70年代正是德国史学理论研究的一个全面辉煌的时期，而且当时我这一代的史学家，像韦勒、科卡等作为施德尔的学生一代已经成长起来、成为教授，并且力图开创一个史学研究的新时代。韦勒和科卡等年轻一代非常热衷于马克斯·韦伯和自由主义马克思的理论。彼时还有一个比较关注的问题是客观性的问题，我在柏林组织了一系列的关于历史客观性的讲座，并出版了相关著作。然而，在今天，客观性在史学理论研究中俨然已经不是一个可资讨论的问题了。

在20世纪70年代的历史研究和人文研究的新趋势中，还有一个方面是历史训诫和教学法（didaktik）研究的兴起。这主要关注的是在大学和社会大众之间历史知识功用的问题，历史教学实际功用的研究在德国历史学术研究的传统中一直以来并不扮演重要的角色，而彼时的兴起要求我们将历史教学放到一个新的理论语境中来讨论，因而史学理论被置于一个非常重要的位置。由此，我和一些教授开始合作，并力图将历史教育放到现代化的模式和语境之中，其核心问题是要回答历史教学、历史学习背后蕴涵的问题。随后，在鲁尔波鸿大学（1974—1989）得到了我的第一个正教授头衔。我从在舒林的讨论班上提交的第一篇论文开始一直到80年代早期，一直都在致力于史学理论的研究，80年代我出版了系统研究的三部著作，从而构建了我的理论框架①。

问：到20世纪80年代，我认为您个人的学术研究是有一个转向的，从早期的理论建构到走向跨文化研究和新人文主义的研究，同时开始将历史伦理问题明确地提出来，并寻求全球化语境下普世伦理和意义的可能性。您能简单勾勒一下后期的主要研究吗？

---

① 这三部著作是 Historische Vernunft, *Grundzüge einer Historik I*: *Die Grundlagen der Geschichtswissenschaft*. Göttingen: Vandenhoeck & Ruprecht, 1983; Rekonstruktion der Vergangenheit, *Grundzüge einer Historik II*: *Die Prinzipien der historischen Forschung*. Göttingen: Vandenhoeck & Ruprecht 1986; Lebendige Geschichte, *Grundzüge einer Historik III*: *Formen und Funktionen des historischen Wissens*. Göttingen: Vandenhoeck & Ruprecht, 1989.

吕森：在20世纪80年代早期的时候，我的第一个来自台湾的中国学生胡昌智来到鲁尔波鸿大学，而这成为我和中国学术交流的肇始。也是在这个时候，我开始对历史意识和历史文化等概念进行深层次的思考和研究。在波鸿期间，我得到邀请前往美国，结识了伊格尔斯和海登·怀特，并成为长期的朋友和同事。怀特在当时的学术领域已经是超级明星，在学术会议上，很多人抨击怀特的研究，但怀特并不回应。因为他们并不能在一个理论层面上进行问题的讨论，当然怀特对他的理论的拓展、修正也是从那时开始，一直到今天。

离开波鸿以后，我作为科泽勒克的继任者前往比勒菲尔德大学（University of Bielefeld），接管历史系的工作。不久之后，担任比勒菲尔德大学跨学科研究中心（Zentrum für interdisziplinäre Forschung, ZiF）的主席，这开辟了我跨文化研究的视野，我开始邀请并组织跨文化的历史思考的研究，比如中国的、印度的和阿拉伯世界的历史思考和历史思维。正是在这种跨文化研究的背景下，我认识了法国哲学家保罗·利科（Paul Ricoeur），并请他做关于历史意义和时间的研究论题的报告。我曾先后两次问他愿不愿意来中国进行学术访问，起先一次因故未能成行，第二次我问他，他乐意前往。我随之写信给我中国的朋友陈启能教授对他发出学术邀请，但很不幸利科去世了。这就是我在比勒菲尔德的故事。

1997年的时候，北威州埃森高等人文学科研究所（Kultur-wissenschaftliches Institut in Essen im Wissenschaftszentrum Nordrhein-Westfalen, KWI）邀请我去主持工作，于是我离开了工作快十年的比勒菲尔德，开始了我在埃森研究所的十年。这对我是一个很好的选择，在埃森我成立了跨文化史学理论和新人文主义的研究项目，并邀请中国大陆、台湾，印度、拉丁美洲和世界其他地方的学者共同合作。这大概就是我个人和时代的学术史。

我们这一代德国学者是战后六七十年代开始步入学术界的，而这一代在人文研究领域的代表性学者都具有一个非常特殊的精神倾向——尽管我们是清白的，但我们仍然觉得我们该对纳粹所犯下的罪

附录一 历史叙事、历史研究与历史伦理

行负责。我们的上一代人是从纳粹体制中走出来的，他们并不愿为战争负责，因为他们是推动那个体制运作的人，而作为个人，他们不愿故意将自己与那个犯下罪责的政府联系在一起，而是割裂和保持距离。上述的这种精神倾向在我们这一代历史学家的精神体系中占有非常重要的位置，这也就是我为什么写《打破时间之链》[1]的原因，并将创伤、屠杀放在了该书的中心位置。当然这对我的史学理论研究工作也是非常重要的，因为我的有些研究并不是通常的史学理论研究的路数，比如创伤、灾难以及历史无意义等问题。由此，我接触到了一些犹太人学者，比如萨罗·弗里德兰德（Saul Friedländer），他是最为优秀的犹太历史学家之一，他的《纳粹德国和犹太人》[2]对人类受难的历史经验研究非常有价值。

问：在德国近现代的历史中，除了纳粹德国这段特殊的历史时期，还有另一个非常特殊的时期是东西德分裂时期，东德和西德在当时秉持着不同的意识形态、施政纲领，沿着两条道路向前发展，在此期间您所经历的历史研究的状况如何？

吕森：我从苏联说起，在当时的苏联有自成一体的史学理论传统，但史学理论与历史意识研究并不是一个开放的领域。苏联和东德的历史学家当时对叙事主义是异常紧张不安的，因为这和相信规律的意识形态是相互背离的，他们认为自己已经具有高度理性化的历史规律和认识论。事实上，在当时的苏联和波兰、罗马尼亚以及东德等共产主义国家，理论其实是一个非常重要也是被重视的问题。

在1989年之前，我和东柏林的一些学者保持合作关系，当时东德柏林学术委员会（Eastgerman Berlin Academyof Sciences）下属的史学理论研究机构的主席是沃夫冈·科特乐（Wolfgang Küttler），每两年我就会被邀请去和他们进行学术讨论。科特乐是一个优秀的学者，他将马克斯·韦伯介绍给了东德马克思主义体系中的学者，这是值

---

[1] Jörn Rüsen, *Zerbrechende Zeit*, Über den Sinn der Geschichte. Köln：Böhlau, 2001.

[2] Saul Friedlände, *Nazi Germany and the Jews*：*The Years of Persecution*, 1933–1939, New York：Harper Collins, 1997.

得称道的。但马克斯·韦伯对东德来说是"永恒的敌人",所以我们的讨论并不能充分展开。后来我将他们邀请到波鸿,我将永远不会忘记我将科特乐成功邀请到波鸿时的情景,因为东德政府非常惧怕并且限制东德学者和西德学者有任何的接触。之所以能成功邀请东德学者来是一个"诡计",由于单独的西德和东德的学者的见面是不可能的,而我宣称这是一个国际会议,同时我从奥地利邀请了我的朋友卡尔·阿赫姆(Karl Acham)及其他国家学者。而东德政府当时自信满满并视之为一种得到国际承认的方式,所以我们才能成功。

1989年11月9日柏林墙开放,非常有意思的是当时我们正和一些东德的历史学家、哲学家在举行学术会议。晚上会议结束之后,大家都在看电视,忽然,柏林墙倒下并开放了,会议的主办方搬来了一个新电视并告诉大家,这是我们所能做的了。当时我们非常高兴,但问题是接下来我们该怎么办?紧接着我接到科特乐的电话并询问能否来拜访我,在此后不久的一个周末科特乐来到我的办公室并对我说,现在我的机构和学者们能生存下去的唯一机会就是和西德进行学术合作,因为东德的大学和学制难以为继并且是没有未来的。当时我是比勒菲尔德大学跨学科研究中心的主任,我觉得我有责任和他合作,因为在我的认同中东西德一直都是并应该是一个国家,直到今天也是如此。

西德的学者对东德的学术同行在柏林墙倒了之后还是深具敌意的,因为分离促成的各种原因,西德历史学家担心东德历史学家占据德国历史学会并成为多数。但是我们现在共同面对着一个新德国,这些东德的学者在这个新德国中都找到了一席之地,然而对他们的下一代来说是个悲剧,因为他们没有机会展开他们的学术生涯。新的联邦德国有很多职位空缺,但在研究机构和大学里几乎全被西德的年轻学者所占据,东德的那些优秀的年轻人却没有机会。

问:在你们这一代历史学家中,"历史作为启蒙"(Geschichte als Aufklärung)是什么意思?因为我看到您写过这个题目,于尔根·科

附录一　历史叙事、历史研究与历史伦理

卡也写过,"历史作为启蒙"应该是具有非常独特的时代意涵的。

吕森:"启蒙"指的是西方 17 世纪和 18 世纪思想史的发展特征,但在我近来出版的《时间与意义》①中,我用这个概念来讨论历史思考。"历史作为启蒙"在德国是具有鲜明的时代背景的,在 20 世纪 70 年代的德国政治文化中,基本分为传统主义和根深蒂固的保守主义,以及我和我的学术同盟属于的左派自由主义。相对来讲,我这一代是想要"新事物"的自我意识非常强烈的一代,想要改变德国的联邦体制使之更加民主化。对当时的左派来说,寄托了他们所有的希望、目的、理念、梦想的词语是"解放"(emancipation),解放意味着摆脱主导;他们认为西德过于保守和传统,甚至他们用一个特定的政治术语"复辟"(restoration)来形容 1945 年以后的德国政治环境,因为 1933 年纳粹改变了所有的体制,而战争结束后,大家认为古老的魏玛民主制又回来了。在 1945 年战争结束后的时间里,美国人调查显示绝大多数的德国人非常抵触民主制,因为他们在魏玛时期有非常糟糕的生活经历。同时,美、英、法这些民主体制国家在一战和二战中都是德国的敌人,所以德国人在此之前对民主并没有好感。

而这种状况在我们这一代人的时候发生戏剧性改变,我们想要更加开放和民主的环境,比我们更年轻的一代人很多在此时都转向马克思主义,我们想要消解主导的政治秩序,但我们从没走到 1968 年那样的地步。赫尔曼·吕波(Hermann Lübbe)和托马斯·尼颇德(Thomas Nipperdey)等学者坚持认为,不能让这些学生运动中起来的人引领德国政治文化,否则的话会毁掉民主制度,但这只是一种幻象,这些年轻学生是没有机会进入政权的。因而,"启蒙"是我们用来表现"解放"的诉求的一个时代用语,这和德国当时的时代背景是紧密相连的。

---

① Jörn Rüsen, *Zeit und Sinn*, *Strategien Historischen Denkens*, Frankfurt am Main: Fischer Taschenbuch, 1990; Aufl. Frankfurt am Main: Humanities Online, 2012.

附录　对话当代历史学家

三　历史学家的伦理和信仰

问：在中国《孟子》中有一句话说"行有不得者皆反求诸己"，在今天的学术语境中，在历史学家作为职业化以后的研究中一直内含着一个问题，就是历史学家自身的伦理性和价值问题。因为现今传统意义上的历史学者所担负的一些伦理和道德责任逐渐被消解，中国传统称之为"为天地立心，为生民立命，为往圣继绝学，为万世开太平"，这种目标在现代史学家中是基本被忽略的，因为现代史家更加讲究一整套学科规范体系。但随之而来的问题是，如果没有这种形而上的价值取向，作为历史学家的我们其终极价值和伦理合理性究竟是什么？我们该如何处理这个悖论？

吕森：历史研究是一门远远要比"真相"复杂的学科。德罗伊森在历史研究的"正确性"（Richtigkeit）和"真理性"（Wahrheit）之间作了区分：正确性指的是历史知识的正确和可靠性，可靠的、客观的、可资证明的历史知识就是历史的"正确性"；真理性指的是一个和自己现实生活有关的历史诠释和历史解释，我能从这个历史叙事或历史故事中得到什么，这就是历史的"真理性"。正确性是外在于我的，而真理性是我的实践生活的一部分，从正确性到真理性是意义的增长，是一个从"意思"（meaning, bedeutung）到"意义"（sense, sinn）的过程。而当代历史哲学家"说某事是真的（true）很容易，但要说其是正确的（right）却很难"，他们所用的概念表述和德罗伊森是相反的，但本质是一样的。

在具体的研究中，历史研究的局限就是我们能提出问题的界限，主导历史研究的问题一直都是"作为人的我们究竟是谁？"局限是历史思考过程中的构成成分，这些问题引导我们开始史学理论（或历史哲学）的研究，但在理论研究层面依然会有局限性，这就是历史意义的局限，就像大屠杀这样我们无法赋予历史意义的历史黑洞。人类一直是一种能够提出的问题总多于能提供答案的动物，所以当你一旦"成为一个人"（Be a human being）的时候，你不断涌现的问题一旦得到答案，下一个问题马上就会出现，这在我们历史研究领域尤为显现。

然而，有时候研究并不能解决一切意义的问题，这才有了宗教。在宗教对这个世界的核心理解中，总有一些事情的发生使我们对它的感觉超越了一切语言、经验、问题和时间感的东西。在这一点上，东西方是一样的，就像《道德经》开篇讲到的"道可道，非常道"一样。

当然这是神秘主义的领域，我们作为历史学家的研究是世俗的研究，我们的工作就是勾画出知识的界限。在这个界限之外就是宗教，我们的研究给宗教提供了某些必要的条件。同时，我们必须要清楚地意识到自己研究的界限，而一旦你意识到自己研究的界限和局限，你就已经突破了局限。

问：那么如何看待宗教和历史（研究）的关系呢？

吕森：所有的历史学家都会这么说：历史研究是世俗的，你可以没有宗教信仰，但可以成为一个很好的历史学家；但是如果你是一个基督徒又是历史学家，像德罗伊森和兰克那样，意味着历史中发生的一切都是在"上帝之手"中的。对一个职业历史学家来说，宗教在逻辑上其实是没有意义的，你所能相信的是历史是有意义的，你只有相信历史是存在意义并造就意义的，你才能成为一个好的历史学家——但并不是因为历史学家作为一种职业赋予了历史以意义，像怀特所讲的那样。同时，你可以成为一个信徒，但你必须谨慎地不能将宗教元素带入学术研究和学术话语中。

19世纪末以来，宗教渐渐在历史研究中褪色，这就要求我们必须重新思考是什么赋予了历史以意义，德罗伊森和兰克是不存在这个问题的，因为意义在他们那里是不证自明的。在逻辑上，宗教和历史研究有鲜明区别，但我认为，在认知中历史研究和宗教是有关系的，这样才能解决世俗的职业历史研究和意义寻求之间的矛盾。深层意义问题的寻求是需要反思宗教原则的，因为作为历史学家来讲，如果你不相信你所从事的工作后面有更深层的伦理意义的话，这会变得荒谬、无意义，而无意义则无生活。

附录二

德国与欧洲的当代历史书写
——斯特凡·贝尔格教授访谈

斯特凡·贝尔格（Stefan Berger）教授生于 1964 年，现任德国波鸿鲁尔大学社会运动研究中心（Institut für soziale Bewegunge, Ruhr-Universität Bochum）主席、鲁尔图书馆基金会执行主席、社会史教授。主要致力于现当代欧洲民族史、政党史、民族主义、民族认同以及比较史学、史学史和史学理论方面的研究。

本次访谈主要以当代德国与欧洲的历史书写，二战后德国的实践历史写作、史学论争与民族认同的关系，以及对德国"战后一代"历史学家的评价而展开。需要提到的一点是，贝尔格教授是纳粹统治结束后出生的第三代德国人，与约恩·吕森（Jörn Rüsen）这一代德国历史学家不同，在谈及历史研究中的伦理道德、历史责任、普世价值等问题时，第三代德国历史学家显得相对轻松；与吕森教授的访谈相对比，对这些问题不同的理论立场从一个侧面可以看出，纳粹及大屠杀的历史和民族创伤在战后德国历史学家精神结构中的"历史化"。

一 欧洲与德国的民族史书写

问：首先请您介绍一下您的学术背景和至今的学术经历。

贝尔格：我出生于 1964 年。我人生的头一个 18 年在德国西部的

附录二 德国与欧洲的当代历史书写

一个小镇度过，在此我完成了我的高中学业。然后，我决定要将历史研究作为我的志业，并在德国科隆大学开始我的大学学业，由此度过了两年的时间。在此之后，我获得了罗德奖学金（Rhodes scholarship），并前往牛津大学求学。在那里我开始了我的第二个本科学位的学习。一学期之后，我的导师问我是否愿意转入博士项目的学位攻读，因为当时没有太多的前期了解，在思考了一段时间后我决定转而攻读博士，我以英国工党和德国社会民主党的比较研究开始了我的博士学业。牛津毕业之后，我在普利茅斯大学（University of Plymouth）研究英国社会史，并做了一年的访问学者。然后，我转到了卡迪夫大学（Cardiff University），在那里工作了9年时间。在卡迪夫，我获得了我的第一个讲师职位，后来升任为高级讲师，研究德国历史。2000年的时候，我又转到格拉摩根大学（University of Glamorgan），也是在那里我获得了我的第一个教授头衔，研究比较史学，度过了5年的时间。在格拉摩根大学，我成立了一个国家疆域研究中心，主要致力于探索边界和疆域在比较历史视角中的经验史实及其重要性的相关研究。2005年，我转入曼彻斯特大学（University of Manchester），获得了我的第二个教授职称，从事德国现代史和欧洲历史的比较研究。2011年，我来到现在的岗位，担任德国波鸿鲁尔大学社会史的教授，兼任社会运动研究中心主席、鲁尔图书馆基金的执行主席。

问：我读您的著作，总体上看您的工作主要分为两部分：一部分是民族史和民族国家的历史书写研究，另一部分是比较史学和史学史。一般我们认为，这是属于不同领域的研究，民族史我们通常称为实践性案例研究，而比较史学更接近于史学理论领域。您如何在实际研究工作中将这两部分结合起来的呢？

贝尔格：在我至今的学术生涯中，我从事过好几个研究主题。我的第一个研究主题是英国和德国的劳工史、政党史的比较研究，当然也包括更宽泛的欧洲和全球语境中类似的比较研究。在某些方面而言，我的学术兴趣和个人兴趣是紧密联系在一起的，所以我自己包括我的家人也都是德国社会民主党的成员和长期的支持者。在个人兴趣和生活故事之外，便发展出了我学术兴趣——对劳工党、政党史和劳工阶层的比较研究。在1990年德国再次统一以后，我开始对历史理论特别是史学理论、历史书写和民族认同的关系非常感兴趣。当时我问自己"是什么触发并改变了再统一以后的德意志民族史的书写？"这就是我的那本书《追寻"正常化"》①的缘起，在其中主要研究德国再统一的历史事实对此后实践的历史写作的影响。在该书写作完成后我在想，将德国经验和其他欧洲别国的经验结合比较来看应该很有启发性，而这就有了后来关于欧洲民族史书写的欧洲科学基金会的研究项目，就此我们出版了好几辑关于民族史的著作。所以，你可以看到在个人经历和历史研究学术兴趣之间总是关系紧密的，这在我后来的研究兴趣中也是一直相关的。比如，在我来到波鸿大学之后，我开始对工业遗产和地区认同之间的关系感兴趣，而这在德国的郊区是非常普遍并和现实生活问题紧密联系在一起的。同时，我尝试在全球视角中进行多地区的比较研究，其中就包括和中国吉林满族地区的比较研究。我其他的著作，比如《"创造"德国》②，也是和我对民族认同的学术兴趣联系在一起的成果。

问：您刚刚说到民族认同问题，认同在今天的史学理论和历史记忆研究中是一个非常热点的研究主题。我认为认同概念本身包括民族认同，应该是一个动态的概念。涉及具体的历史经验，比如德国再统一以后东德和西德之间的民族认同状况如何呢？您能做一些阐述吗？

贝尔格：我认为认同确实是一个动态的概念，而且随着时间一直处于变化之中。在任何民族国家中，它都不会是一成不变的。认同是一个非常具有争议的概念，在一个民族国家的宏大叙事中有非常多元的构成元素，其中有些构成元素甚至存在持续性的相互抵牾之处。在其中有不同的机构、行政区划、思想团体、政党、压力集团、特殊的社会组织、中产阶级、商业团体乃至各种宗教，他们都以各种方式塑

---

① Stefan Berger, *The Search for Normality: National Identity and Historical Consciousness in Germany since 1800*, New York: Berghahn Books, 1997.

② Stefan Berger, *Inventing the Nation: Germany*, London: Hodder Arnold, 2004.

造并影响民族认同的景象。如果我们历时性地考察民族认同的进展，我们就可以从中识别出他们各自的构成元素。

我们将东西德国分开来看，在1949年东西德各自建立以后，他们都开始试图重新协调、商定那些看来对德国的民族认同最为重要的事物。在社会主义图景中的东德，主要建立在和苏联结盟的反法西斯的历史遗产之上，他们力图建立并实现一个不同的社会主义德国。在西德，则朝向自由民主的西方世界前进，从而建立一个资本主义经济和社会福利保障的国家。当然，如果你认同的话，西德更带有人文气息。这两个不同版本、不同意识形态的德国在冷战期间一直相互对抗。最后我们可以说，如果以"后见之明"来看的话，西德版本作为自由民主的资本主义，更成功地将社会中的绝大多数群体整合进了联邦体制，形成了民族认同。而作为民主共和国的东德，却并没有一个全社会大多数人都认同的历史叙事。事实上，在2004年出版的《"创造"德国》中，我就试图追寻并分析德国民族认同变化的这条主线。

问："寻求正常化"是战后德国历史与历史写作中一个绕不开的问题，您也出版了一些著作和论文是讨论纳粹统治结束之后德国的"正常化"议题的。在二战结束之后，德国民族史写作的语境中"寻求正常化"的特殊意义是什么？

贝尔格：我认为"正常化"是一个迄今为止都非常具有诱惑力的概念。因为它容许将德国现代消极的民族认同和民族历史"建构"放在一个线性发展的"好的方式"中去。然而，我对"正常化"这个概念持批判态度，特别是在历史比较的视野中很难确定什么构建了"正常性"元素。因而，我试图论证有很多不同的正常化路径，而就此宣称这个路径是正常的，而其他路径是非正常的，只是事关历史思考和历史写作的正常化的评判体系和标准而已；在其中可能就预设性地认为一个路径是正常的，而其他的路径都是非正常的。我想远离并抑制这种什么是正常的和什么是非常的路径二元划分，因为它阻止我们将一个事件彻底地历史化。而彻底的历史化事件是历史比较的先决条件，这样才能找出他们之间的异同。

所以，在1945年以后有过很多关于"正常化"的话语讨论。以1945年以后的西德来看，在前十几年中，这些联邦中的历史学家们主要还是以积极肯定的方式视德国的思想传统为骄傲来讨论"正常化"问题的。这就意味着，他们必须将纳粹主义剔除出德国自身的传统之外。所以，这些历史学家们认为德国存在的民族社会主义有其本身的根源，但却不隶属于德国自己的传统，而是与法国大革命和意大利法西斯等大众社会的兴起具有密切的关系。直到20世纪60年代，新一代更具有批判意识的德国历史学家们在重新评价德国传统时开始意识到，事实上德国要为纳粹民族社会主义的兴起而负责。将德国历史"正常化"对他们而言意味着"矫正"德国的历史，并使之朝向西方的议会民主制发展，其中特别是指美国、英国和法国。德国再统一之后，寻求"正常化"的话语又一次发生了转变，最好的例子是云客乐（Heinrich August Winkler）在他的《走向西方的漫长道路》①中认为，直到1990年德国才有了真正意义上的"正常化"，因为它一方面矫正了自己朝着西方的民主政治方向发展，另一方面也接受了自己过去作为一个民族国家的存在。所以1945年以后有非常多的关于德国正常化的话语讨论，但所有这些话语都是有瑕疵的，因为"正常化"的话语讨论阻止了纳粹历史的"历史化"进程。

问：就历史学家本身来看，我认为上述这个问题和史家的历史伦理和责任问题紧密相关。同时，这部分也是被约恩·吕森（Jörn Rüsen）及他那一代历史学家所特别强调的。我认为吕森这一代德国历史学家在二战后是非常特殊的一代，也处于一个德国历史非常特殊的时期。您对此怎么看？

贝尔格：我认为在讨论德国历史和德国民族认同的整体性语境中，于某些方面，约恩·吕森及他那一代德国历史学家是非常强调并

---

① Heinrich August Winkler, *Der lange weg nach westen: Deutsche Geschichte*, C. H. Beck, 2002.

重视历史的伦理思考的。因为那一代历史学家非常热衷于从德国的民族史中吸取经验,从而保证纳粹主义成为德国集体历史意识的一个重要的节点和历史经验的"高地",并获得其极端的、负面的经验可靠性和确实性。同时,确保在实践的历史研究层面,"历史"本身就能够提供并支持批判性的历史意识。就某些方面来看,历史对于普通大众而言承担着教化过去、理解现在,并具有以此为基础而开创未来的道德指南作用。这也是吕森那一代德国历史学家所一直秉持的研究准则。

二 宏大叙事与跨民族史书写

问:现今我们在谈及对过去的主导性叙事类型时,常常会涉及两个概念:"宏大叙事"和"民族—国家"叙事。您对这两个概念之间的关系如何看待?

贝尔格:在"欧洲民族历史的书写"的这个研究项目中,我们已经在使用"宏大叙事"这个概念,因为我们想据此找出在欧洲民族国家叙事模式中的主导性元素。为了达成这个目的,我们首先要清理"宏大叙事"这个概念的历史化过程,就像克瑞因·泰斯(Krijn Thijs,阿姆斯特丹大学德国研究中心高级研究员)在他的文章中所分析的那样。在《民族史的书写》系列的第三辑中[1],泰斯分析了"宏大叙事"的不同含义,而这也可以用在分析"民族—国家"的历史范式中。现在的一般情形中,我们持有相互冲突和矛盾的关于"民族—国家"的"宏大叙事"概念,并且他们是否处于主导地位很大程度上取决于不同的历史情境。首先,历史的"宏大叙事"在对待过去特定的时间过程中"民族—国家"的历史叙事方式上,并不具有唯一性。民族国家的"宏大叙事"是由不同种类和方式的历史书写模式

---

[1] *Writing the Nation*, Vol. 3: *The Contested Nation-Ethnicity, Class, Religion and Gender in National Histories*, S. Berger, C. Lorenz, eds., Palgrave MacMillan UK, 2008.

构成的，其中包括事例、传记和重要的民族人物，也包括对民族历史的各类编撰模式，以及各种对特定的民族国家的历史意识具有影响的历史书写形式等。

问：那么"民族—国家"范式的历史书写的未来学术前景如何？

贝尔格：如果我们将此放置在一个全球化的语境和视角中来看的话，我认为民族国家的历史书写和历史思考范式依然是非常强而有力的。许多人认为我们已经生活在一个后民族国家时代，但我认为这是言之过早的论断。平心而论，民族国家历史的书写在今天全世界的许多地方依然是最强有力的历史书写模式。但是，民族国家历史的书写依然没有丢掉其在过去作为民族主义者和种族主义者的历史书写最为危险的部分，在其基础上并受其支持的比如种族屠杀、种族灭绝和战争等这些负面经验在当代世界中依然在不断延续着。

所以，我们必须进入这样的一个情境之中，我们既能够将民族国家历史书写的极端重要性进行相对化，同时又能避免纯粹民族主义方法论的缺点。据此，我们可以强调跨民族史的历史书写的方法论，强调民族史研究的比较视角，强调历史的跨文化书写。所有的这些历史书写的模式都倾向于将民族史的极端重要性进行相对化处理，并且能够展现出民族和民族主义"宏大叙事"的建构性一面。但我们也不能将洗澡水和婴儿一起倒掉，在可预见的未来，民族国家的历史书写也是需要的，因为民族国家本身已经成为人类历史发展的一部分而具有其自身的重要性。因此，我们需要民族国家历史的书写，但我们需要的是一个更加具有自我反思意识的民族国家史的书写——以此意识到民族主义自身作为其方法论的一面，以更加轻松的方式而不是本质主义或实在论的方式对待民族主义和民族国家的历史，从而接受一个更加多元的视角。

问：我对此表示赞同。民族国家的历史书写对现代公民的民族认同和历史认同来讲还是极其重要的，并且它也作为认同的重要文化资源而存在。那么，在更大的范畴中，您是否对"历史"这个概念具有一个明确的定义或者认知呢？

贝尔格：我没有一个具有非常明确内涵的"历史"概念的存在。我们有高度职业化和专业化的学术性历史书写；我们也有更加通俗的历史传播形式，比如博物馆以及各种类型的公共史学；也有现代媒体的历史传播。因而，在一个既定社会中很多的历史话语是远远不限于专业的学术历史研究和历史思考的。

问：很多历史学家认为我们现今处于一个全球化的时代之中，但我们依然需要民族国家史的写作。那么，民族国家史和全球史的书写，比如大卫·克里斯蒂安的《时间地图——大历史导论》这类历史写作——之间的关系如何？我们如何看待现今这两种类型的历史书写？

贝尔格：这应该是各有所长、各有所求的问题。它们有不同的研究问题导向、不同的方法论能力来回答不同的研究问题。我们对历史中某一个特定商品的流变的考察，比如棉花，斯文·贝克特（Sven Beckert）最近关于棉花令人瞩目的研究就说明这类历史只能够以跨民族史的视角来书写，因为其中涉及北美、欧洲、非洲，只有我们将这些地点集合起来才能写出一本棉花作为商品的流通史。① 如果我们想要探究的是一个民族国家的政治结构的演变，这就需要以民族国家史为基础来看——这是因为，只有在特定的时期内对特定的民族国家中的政治程序进行近距离的探析和微观研究，我们才能理解这些政治体制的立意和未来导向的发展。当然，在绝大多数情形中，对于民族史的书写来说比较的视角总是有益的，从比较的视角和跨民族史的视角中我们总是能够发现不同的民族国家中相似的政治进程，从而进一步考察它们是各自导致了相似还是完全不同的政治结果。

总之，历史比较研究总是能够帮助我们将民族主义及其所导致的特定民族主义史学的争论相对化。但不管是民族史还是全球史，事实上都是跨民族史和区域史，它们都是我们称之为"历史"的谜团中的必要组成部分。

---

① Sven Beckert, *Empire of Cotton: A Global History*, New York: Alfred A. Knopf, 2014.

问：在您的认知中，比较史学的逻辑、方法论价值和这类历史书写的史学理论是什么？

贝尔格：我认为历史比较在历史写作中是很难避免的。当历史学家写下某时某地一件确定的事件作为历史事实时，他会潜意识地寻找其他时间和地点的事件进行相似性或相异性的比较。例如，当人们讨论认为德国的经济萧条导致德国民族社会主义和纳粹的兴起时，他们会思考其他国家的经济萧条是否也会导致同样的结果。所以，历史比较是实践历史研究中很自然的部分，但有的历史学家确实以更加隐晦而非鲜明的方式进行着。

我们需要的是理论和事实经验更加明确、明晰的历史比较，但这其实是很难的，因为这要求研究者熟悉的不再仅仅是一个历史语境，同时需要了解历史比较研究的整体性不足和缺陷。但历史比较的优势是很明显的，这就值得我们不断尝试并进行理论修正。历史比较最为突出的优点在于拓宽历史的视野，而这对规避那些造就负面经验的、民族主义的"管窥之见"的历史视角是非常有力的——尽管这些"管窥之见"至今在世界上大部分地区依然影响、塑造着历史书写。因而，比较历史研究打开了我们的历史视野，并且给历史学家的历史书写提供了一个自我反思的机制。

问：但这也是关于历史比较的基本理论问题的难题，比如要比较古代罗马和中国的政治架构时，首先要找到一些历史思考的基本共同之处或者基础性维度。我认为这是历史比较理论的一个基础性问题。您怎么看？

贝尔格：我认为所有的历史比较都需要一个具有说服力的理论架构，这也是历史比较的基点和出发点。所有的历史比较都需要一个非常准确和特定的研究问题来引导，所有的历史比较需要对现存的文本和著作及其内含的传统进行评价，因为这些文本所在的传统可能是极其不同的。因而，不同的历史比较案例所处的研究传统要求我们回答非常不同的问题，如果我们的研究仅限于文本层面，则可能得不到一个非常有意义和影响力的结果。历史比较不能把两个传统中所诞生的不同问题合二为一，并由一个简单研究问题来引导。这就是一个成功的历史比较研究范式具有的重要性及其意义所在。

三 德国史学传统与前辈史家

问：您如何看待德国的史学传统在战后以来的发展变化？

贝尔格：格奥尔格·伊格尔斯写过一部非常有名的关于德国史学传统的著作，其中他指出了历史主义在德国史学传统中的重要性，并对这个传统进行了非常正确的批判研究。[①] 德国的史学思想传统在 20 世纪 60 年代后期有一个变化，在此之后，历史学家们更加强调将德国历史融入国际普遍的历史发展轨道之中。因而，在 20 世纪 60 年代很难确切地论述关于德国史学传统的特性，但我认为此时我们在朝向一个跨民族史语境的理论和方法论的历史书写发展进程中，因而其时民族主义视角的历史书写显得并非如此重要。我近来发表在《第欧根尼》（*Diogenes*）（该杂志以英文、法文、西班牙语和中文同时出版）杂志上关于 20 世纪 70 年代以来的史学发展的论文中，编辑在我的论文法文版的主标题下加了一个副标题是"一个盎格鲁-撒克逊的视角"[②]。可以很清晰地看到，在这个法国编辑看来我的视角并不是一个法国视角，而是一个盎格鲁-撒克逊的视角。

由此看出，那些特定的民族史传统或者盎格鲁-撒克逊视角也许是作为跨民族史的视角而存在的，因为它涉及的不再仅仅是一个民族国家的史学传统。但我认为这主要说明，在那些特定的历史学家看来，民族史视角仍然是历史写作的一部分。我必须承认目前正存在一个跨民族史和跨国史写作的壮阔的发展趋势，并且随着德国 20 世纪

---

① Georg G. Iggers, *The German Conception of History: The National Tradition of Historical Thought from Herder to the Present*, Wesleyan; Revised edition, 1984; 中文版《德国的历史观：从赫尔德到当代历史思想的民族传统》，彭刚、顾杭译，译林出版社 2006 年版。

② Stefan Berger, "Écrire le passé dans le présent: un regard anglo-saxon sur l'histoire", *Diogène* 229 (1): 6 (2010).

60年代以来的历史书写的争论而来。从总体上看，起码在我的经验认知中，跨民族史书写的争论是伴随着民族痛苦的发展而来的。

问：您如何看待普遍理性在人文社会科学研究中的角色？我的意思是普世性价值在现代学术研究中的地位，您对此持何种态度？

贝尔格：这的确是一个很有意思的问题。我对历史写作中普世价值或者普世方法论持比较怀疑的态度。我理解约恩·吕森等一代德国历史学家一直以来对普世价值和普世性方法论坚决的维护和支持，因为如果不是如此的话，将会有非常现实且具有说服力的理论恐惧和学术缺失，这就是我们将会失去说"同一种语言"的能力，而正是这种能力容许我们来定义历史的职业化，并创造与树立实践的历史研究的职业标准。与此同时，这同样导致的情形是我们将规范和价值相对化，并将再次失去人类活动的普遍性和共同准则。因此，我认为这将导致一个"切实的"学术失落和担忧，并以这种刺耳而又不和谐的声音终结——每个人或学派都宣称自己的历史叙事是正确的、普遍有效的。在价值判断领域，我们遇到的状况将是我们可以任意地说"因为我的价值和你的价值是不一样的，所以我握有生杀大权"。但在另一方面，对普世价值和普世方法的一整套体系加以辩护确实极其困难，我们只有通过协商和对话来解决这个悖论。最后，我想我们可以使用跨主体性（intersubjective，也译为"主体间性"）的价值和方法来达成一致。

这种理论立场相距约恩·吕森等历史学家的立场并不是很远，但是我很怀疑这是否会导致一个问题，就是只有我们认为的价值才是真正的价值吗？我们可以发现哲学上的判决主义（Dezisionismus），例如在萨特的哲学中和卡尔·施米特（Carl Schmitt）的政治理论中可以看到的那样，这是对吕森等历史哲学家所坚持的方法和普世性价值的挑战。不过我承认，我并没有一个恰切的答案来回答这个现今的历史学家和历史哲学所面对的吊诡式问题。

问：您如何评价德国战后出现的约恩·吕森这一代历史学家在德国史学思想史和现代史学领域的地位和角色？

贝尔格：毫无疑问，他们是德国极其重要的一代历史学家，因为正是这一代历史学家打破了德国历史学的民族传统，就像伊格尔斯书中所描述的那样。你可以就此想起许多人，比如约恩·吕森、于尔根·科卡（Jürgen Kocka）、汉斯-乌尔里希·韦勒（Hans-Ulrich Wehler）等一长串的名字。甚至也包括像托马斯·尼颇德（Thomas Nipperdey）——他不仅试图以历史社会学的方式接续德国的历史主义传统，而且这也是那一代历史学家以批判的态度发展德国历史的构成部分。他们这一代历史学家将德国的学术传统向社会史、比较史学打开了门径，同时他们中的一些人试图在历史书写中确立一个新的"宏大叙事"的方法论，而这个方法论是对多元视角、多元方法论和意识形态视角封闭的。譬如，在德国社会史学派历史学家和日常生活史学派的历史学家之间发生的非常不幸的争论，因为社会史学派的历史学家想要说"我们已经找到了一个写作历史的新方法，并且我们不想以其他方法来书写历史"。他们想以此来规定历史学职业化的边界，但是我们看到过去的40年里历史写作的多元化视角已经恩荫于实践的历史写作本身。由不同问题所引导的、完全不同的历史研究方式、导向不同方法论的历史研究，比如历史人类学、日常生活史、口述史、社会史等多元的历史研究方式已经确立，并且他们有各自存在的理由。所以，我非常乐意看到并接受我们目前所拥有的历史书写和历史研究的多元视角，这也是近十几年来历史研究的整体性进展带给我们的最为有益和最为重要的成果之一。

附录三

跨文化视角、马克思主义与当代史学主要趋势
——对话王晴佳教授

王晴佳（Q. Edward Wang），北京大学长江学者，美国新泽西州罗文大学（Rowan University）历史系教授，国际史学史与史学理论委员会理事（2005—2015年任秘书长）。学术兴趣和专长为西方史学理论与史学史、东亚思想文化史、中西史学比较与文化交流。代表作有 *Chopsticks: A Cultural and Culinary History*（2015）、*A Global History of Modern Historiography*（2008）、*Mirroring the Past: The Use and Writing of History in Imperial China*（2005）、*Inventing China through History: The May Fourth Approach to Historiography*（2001）、《新史学讲演录》（2010）、《后现代与历史学——中西比较》（2003）、《台湾史学五十年（1950—2000）：传承、方法、趋向》（2002）等。

笔者于2015年7月22日对王晴佳教授进行了学术访谈。访谈主要围绕着"近二十年西方史学理论研究与历史书写"的项目内容展开，包括当前西方史学的发展趋势、世纪之交西方史学理论的变化及其对历史书写的影响、西方马克思主义史学、跨文化历史研究等方面的问题。王教授在访谈中提出，当前史学有两大平行发展的潮流，但其共同之处在于突破近代西方为我们建立的知识架构；后现代主义并非被超越了，而是很多观念已经被内化于历史研究中；马克思主义的生命力在于对现代社会和现代性的批判，这与后现代主义有一定关

附录三 跨文化视角、马克思主义与当代史学主要趋势

联,对后现代主义的认识需要从其产生的社会条件出发,这是一种唯物史观的方法;跨文化研究对当前的历史写作是一个比较好的切入点,可以提出很多新的选题;全球史研究不能停留在理论层面的讨论,而需以具体的历史写作展开大量的实践性研究;在中外史学交流中仍然存在着"不对称"的问题。

一 近二十年来的史学发展趋势

问:当前史学界似乎有两种平行发展的潮流:一是历史的"碎片化",一是全球史的复兴。您近日来首都师范大学给我们做讲座,引用了丹尼尔·沃尔夫在其《全球历史的历史》中的论述[1],您也专门发表文章讨论过相关问题[2]。今天您能否再简单谈一谈这两种史学思潮之间的关系?

王晴佳:丹尼尔·沃尔夫的这个观察我还是比较同意的。但他原来的表述并非如此,我用中文表述为"平行发展",中文的表述可能要好一些。当前史学有两大平行发展潮流,一个是越做越大,一个是越做越小。其中一个重要原因就是有一个对立面,越做越大的当然是做全球史,越做越小的就是做新文化史,这两个潮流是历史学的新潮流。新文化史在各个国家有一些不同,社会史传统孕育了新文化史。俞金尧老师的新书里谈到了这一点[3],新文化史其实是从社会史里慢慢发展出来的,它们的对立面就是要突破国别史,突破民族国家为单位的历史学。从某种意义上,这是一种在当代的背景下(不一定是后现代,但至少是在当代文化变迁的历史背景下),反省以兰克学派为代表的近代史学潮流。

当然,这个突破本身从很早就开始了,早在1931年左右,贝克

---

[1] Daniel Woolf, *A Global History of History*, Cambridge: Cambridge University Press, 2011, p. 506.
[2] 参见王晴佳《历史研究的碎片化与现代史学思潮》,《近代史研究》2012年第5期。
[3] 俞金尧:《西欧婚姻、家庭与人口史研究》,现代出版社2014年版。

尔和比尔德已经就历史的相对性、客观性问题进行了反思。后来逐渐形成了现在对史学实践的挑战，观念上的挑战和最终在史学实践上的挑战还是不同的，不管现在是越做越大还是越做越小，它们主要是想突破以民族国家为单位的历史研究模式。我认为兰克的重要性并不在于其考证方法，他的考证方法其他人也用过，他并非第一人。比如在他之前的尼布尔，也在考证方面和史学方法方面有所建树，他主要研究罗马史。兰克其实有两方面的影响力，我们一般注意的是他以民族国家为单位的史学实践，他做的是早期近代各个民族国家的历史。另外一方面是他的教学方法——"讨论班"（Seminar）。这两个方面都是比较重要的，但他的史学观念我们往往较少注意到。在兰克之后，史学界发生了很多变化，现在就形成了一种突破民族国家史的风气。至少在西方国家有一个趋势，就是突破近代以来的一些学科分类，比方说历史、哲学、文学等等。美国学界正在突破这些学科界限，像女性研究（Women Studies）、亚洲研究（Asian Studies）、跨国研究（International Studies）等。我们学校（罗文大学）也建立了跨国研究专业。所以，跨学科是一个趋势，当然，做研究的人并不一定有这么一种明确的概念，但如果我们从旁观者的角度来看的话，这就是一个怎样突破近代的知识建构的问题。

有一本书可能你们都知道，但是还没有翻译出来——迪佩什·查克拉巴蒂（Dipesh Charkrabarty）的《区域化欧洲》[1]。这本书比较难翻译，现在还没有中译本。查克拉巴蒂有一个观点，我们在《全球史学史》里面也提到了[2]，他认为印度文明的很多东西，比如吠陀，本来是活生生的，其实从某种意义上来说儒家文明也是这样，原来是活生生的，文史哲都是一体的；又跟现实生活有关——怎么样做人？怎

---

[1] Dipesh Charkrabarty, *Provincializing Europe: Postcolonial Thought and Historical Difference*, New Jersey: PrincetonUniversity Press, 2007.

[2] George G. Iggers, Q. Edward Wang, Supriya Mukherjee, *A Global History of Modern Historiography*, New York: Pearson Education Limited, 2008. 中译本参见［美］格奥尔格·伊格尔斯、王晴佳、［印］苏普里娅·穆赫吉《全球史学史：从18世纪至当代》，杨豫译，北京大学出版社2011年版。

么样跟人交往？一直与我们的生活息息相关，有现实性。但是，一旦把这些古文明的东西都分科分类地研究，它们就真的死了！变得客观化、客体化，那么就跟我们的生活没有关系了。这个就是西方学术或者说西方文化的霸权。现在的问题就是怎么样突破近代西方为我们建立的那种知识建构，这在历史学领域中非常重要。

正如你们提问所言，这两种平行的史学思潮之间的关系就是，它们有一个共同的对立面，就是近代西方为我们建立的知识架构，对历史学来说，就是怎么样突破传统国别史的研究方法和形式。

问：埃娃·多曼斯卡在《邂逅：后现代主义之后的历史哲学》中提到，后现代主义特别是叙事主义历史哲学已经完成了它的使命，如今的历史学迎来了新的任务，她预言新文化史将会成为史学界的主流①。而安克斯密特则受到微观史、日常生活史的启发，提出了"历史经验"的概念，将自己的研究重心从语言问题转向历史经验。国内也有学者在思考"语言学转向"是否已经走到尽头的问题。您认为世纪之交以来西方史学理论发生了什么样的转变？对历史研究和写作产生了哪些方面的影响？

王晴佳：后现代主义、"语言学转向"已经完成历史使命？《史学理论研究》跟《历史研究》都做过类似"超越后现代"这一类的笔谈，但我个人不怎么同意，因为很难讲什么"超越后现代"。所谓"超越后现代"，就是说你还在用一种现代性的思维考虑问题，就像中国人经常会认为博士后是一个学位一样，读一个博士再来一个博士后，但后者不是一个学位。后现代主要不是一个新的历史阶段，当然有人认为它有"历史性"，比如杜克大学的詹明信。但一般人，比如说海登·怀特，他们不会认为这是一个新的历史阶段。当然，有一些条件孕育了后现代的历史思维，那是因为现代社会的发展到了一定阶段，产生了一些问题让别人去反省、反思。从理论上来说，后现代主义是对现代社会或者现代性的一种批判和反省。现在中国也在反思现

---

① ［波兰］埃娃·多曼斯卡编：《邂逅：后现代主义之后的历史哲学》，第266页。

代性问题，坦白来说我15、20年前就已经说过中国的现代化不能完全照搬美国的模式——拓宽马路和大力发展汽车工业，这肯定会造成问题，应该多发展公共交通。当前中国正在朝这个方向努力，比如北京的地铁建设就很出色，其他城市也都在建地铁，这是好的方向。地铁有很多方便的地方——准时，而拥堵就是现代性带来的问题。美国人口只有中国的四分之一，发展汽车工业或许是一个不错的选择。但美国城市也常遭遇拥堵的问题，所以美国人到中国反而会感觉："我们是第三世界，我们在基础建设方面很弱。"这就说明现代化其实有很多不同道路，如果当时中国参照日本或者欧洲的话，我们的空气和环境等方面都可能会比现在好一些。所以后现代的讨论，当时我就感觉有很多好的地方，就是说现代化的模式不是单一的。为什么把现代化的模式看成是单一的呢？这就是现代主义，就是我们原来的思维，那么后现代就是要突破这样一种思维。所以说我为什么不喜欢这个"超越"啊什么之类的？其实后现代主义的很多观念现在都已经内化了，已经潜移默化地被人们所接受。

后现代主义对历史学的冲击主要有两个方面，一个是对"大写历史"、历史规律的冲击。关于历史规律我们要强调一下马克思的影响，马克思是19世纪诸多历史哲学家中的一位，他跟其他人有一些相似之处，就是把历史视为一种有规律的发展。中国学界不大愿意放弃这一点，这是另外一回事。但是在西方讲历史规律，通常隐含着"西方领导全世界"这样一种预设。而在后现代主义的冲击之下，他们就必须承认，其实没有一条唯一的现代化道路，没有一条线性的发展道路。现代化模式是多元的，历史发展也是这样的。

还有一点，就是对"小写历史"、对历史认识论的讨论。后现代主义的一些批评，例如"虚构跟事实没有什么太大的差别"这一类的，有的人选择接受了，有的人不接受，但并不是不接受就完全拒绝他们所有的观点。现在的历史学家不再认为历史研究可以做到完全客观，以前法国史家古朗治就说过："在我的历史著作中，不是我替历史说话，而是历史通过我讲话"，那就是把语言本身看作透明的，但

附录三 跨文化视角、马克思主义与当代史学主要趋势

现在的情况不是这样，现在大家都认为"写"本身也存在很大的问题。

对于后现代主义，有的人接受了，有的人没接受，但后现代主义的很多观念现在已经内化了，已经潜移默化地被人们所接受。当然，它像一个浪潮一样拍打过来的那个过程，确实已经过去了。我的一些美国同事，他们现在做研究也用档案，我自己也用档案，但是大家并不认为档案就是一切，或像傅斯年所说的："史学就是史料学！"① 现在西方学界没有这种观念了，这就是后现代主义的影响。所以，我部分同意你提问中所阐述的观点，但我并不认为后现代主义已经完全过时了。它已经内化了，我们不用超越，也无法超越，只要现代社会、现代性存在一天，我们知识界就有权利或者义务对它进行反思。

问：我们的课题对当代西方史学理论家，如安克斯密特、詹金斯和吕森等人及他们所提出的史学理论问题进行了研究，目前已经有了一部分研究成果，而近年来史学发展的新趋向和新流派，比如说像实验史学、微观史学、跨文化研究、历史人类学等，也是我们比较关注和重视的，您可以对我们的选题内容和研究计划提一些意见或者建议吗？

王晴佳：吕森不要跟上面这些人放在一起，因为吕森是一个比较倾向现代主义的人，他更像是结构主义的历史哲学家。他的博士论文是研究德罗伊森的"历史知识理论"（Historik），当然这只是一种简单的翻译。他还是继承了德罗伊森的衣钵，把历史学从知识的层面做了几个分类，比如"范畴""方法""思想"等，他不怎么同意怀特和安克斯密特等人的观点。詹金斯是最激进的，而安克斯密特是比较有原创性的，但怀特的东西也没有完全过时。现在有不少新书是关于怀特的，至少有两本新书，已经有人开始翻译了——荷兰裔学者赫尔曼·保罗（Herman Paul）写了一本有关怀特的专著，是专题研究②；

---

① 有关傅斯年及其史学思想，可参见王晴佳《科学史学乎？"科学古学"乎？——傅斯年"史学便是史料学"之思想渊源新探》，《史学史研究》2007年第4期。

② Herman Paul, *Hayden White: The Historical Imagination*, Cambridge: Polity Press, 2011.

另外一本是《怀特之后的历史哲学》①。怀特还是非常重要的，我们还是受惠于怀特，也有人专门研究安克斯密特，这些人是新一代的历史哲学家。在怀特和安克斯密特之后，历史哲学领域的新秀怎样继承和发扬怀特和安克斯密特？这是值得关注的一点。当然这种继承和发扬多是批判性的，西方学术界更注重批判性思维，而这一点是中式教育的薄弱之处。

当我们谈到安克斯密特和怀特的时候，不是说他们已经没有很大影响力了，影响力还是有的！现在在安克斯密特麾下的一些学者，很多都是年轻人，我们的学会（国际史学史与史学理论）现在受到他们很大的挑战。他们上次在比利时的根特（Ghent）开了一个会议，2016年好像还要再开一次。这批新秀我认为蛮好的，他们有一个独特的地方，就是并不完全从理论到理论，而是将理论和实践相结合。其中有一个人，叫巴贝尔·贝弗尼奇（Berber Bevernage），这个人主要做历史和伦理学，特别是记忆研究，他的研究很多都是在反省后现代主义。后现代主义者把事实和虚构完全等同起来，认为这两者没有很大差别，这一点是有问题的，如果这两者没有区别，那什么是真，什么是假呢？如果没有真假的话，那也就没有对错了。历史学在近代的发展跟法学有很大关系，跟审判比较相似，连语言都是一样的，如果说没有真假对错，那么这个社会还有没有正义？原告和被告各讲一个故事，从后现代主义的角度上看都是一个"文本"（text），都有可能是对的或者错的，但你最终仍然需要做一个裁决。类似"希特勒是不是好人"？"屠犹是不是真的存在"？这样一些重要问题，如果把后现代主义推得太过的话，那就有问题了。贝弗尼奇就是要讨论，现在的历史学家是不是还会有伦理方面的考虑，他这本书写得还是比较有意思的②。他认为历史理论跟历史研究还是需要有所关联，这一点还

---

① Robert Doran, ed., *Philosophy of History after Hayden White*, London, New York: Bloomsbury Academic, 2013.

② Berber Bevernage, *History, Memory, and State-Sponsored Violence: Time and Justice*, London and New York: Routledge, 2013.

是比较重要的，但目前的情况与你们的观察一致，大家对历史理论的重视还是不够。

二 从跨文化的角度看马克思主义史学

问：您最近到首都师范大学为我们做了题为"西方马克思主义史学"的讲座，主要介绍了马克思主义自诞生以来的发展流变及其对西方史学的影响，但您主编的论文集《全球视野下的马克思主义史学》所涵盖的范围似乎更广一些①，您能否介绍一下这本书的主要内容，其中是否包括中国的马克思主义史学？您是如何向国外学界介绍中国的马克思主义史学传统的？

王晴佳：此书应该说是第一本从全球的视角来考察马克思主义对史学影响的著作。2010年我在国际史学大会的史学理论组的讨论会上组织了这个论坛，其中的一些论文后来发表在《史学史》杂志上②，之后英国的劳特里奇（Routledge）出版社希望编成书出版，所以我们邀请了当时参与的作者以及其他学者共同编成了这部书。其中既有欧美，又有日本和中国，也有拉美、非洲和中东的学者。就马克思主义在学界的影响而言，20世纪80年代开始特别是1989年苏联的解体，是一个重要的转折点。西方有些学者认为马克思主义就此消亡了。我们不那么认为，因为当代史学在许多方面，都显现出马克思主义的影响，比如社会史、文化史的兴起和自下而上研究历史的角度，几乎都无法脱离马克思主义。法国年鉴学派的兴起和发展，也从许多方面受到了马克思主义的启发。但我们也认为20世纪80年代世界局势的变化值得重视，提供了我们考察总结马克思主义史学遗产的契机。

---

① Q. Edward Wang, Georg G. Iggers, ed., *Marxist Historiographies: A Global Perspective*, London and New York: Routledge, 2016.

② 参见 *Storia Della Storiografia*, Vol. 62, 2012/2, pp. 57-164, 刊载了当时讨论中的8篇论文。

附录　对话当代历史学家

有关中国马克思主义的部分不是我写的，而是李怀印教授执笔的。李怀印毕业于苏州大学，在社科院近代史所获得硕士，然后到美国随黄宗智在加州大学洛杉矶分校攻读博士，毕业之后在美国任教，现任职于得克萨斯州立大学。李怀印关注的是改革开放以后中国史学的变化，侧重如何走出革命史学到用现代化考察近代以来中国历史的视角。这是中国当代史学变化的一个方面，也不涉及最新的变迁，但却提供了一个重要的个案。

问：您觉得从跨文化的角度看马克思主义史学，西方的马克思主义史学跟国内的马克思主义史学是不是有很大的差别？我们最近遇到一些前辈学者，他们对这个问题很好奇。前两年我们去英国国王学院做访学，了解到英国的马克思主义史学对其当代史学还存在很大影响，很多学者认为马克思主义还是对他们起了比较重要作用的。我们国内原来也有一些有关英国马克思主义史学的介绍和研究[1]，这可能也是我们了解西方马克思主义史学的一个主要渠道。那么您认为中西马克思主义史学的主要差异是什么呢？您可以简单地分析一下这种差异吗？

王晴佳：在英国，马克思主义史学1989年以后遭遇了一场比较大的冲击，霍布斯鲍姆在2011年的那本书里面提到过这点[2]。但他还是认为，马克思的很多预言虽然过时了，或者没有实现，但他的很多理论依然有价值。我在首都师范大学和世界历史研究所都强调，马克思主义有他的生命力，这个生命力就是说19世纪以来的哲学家都比较肯定现代性，最典型的当属黑格尔，孔多塞也把历史发展分为十个阶段，第十个阶段就是现代社会的到来。马克思主义与他们最大的差别就在于，他认为所谓"现代社会"，即资本主义社会必然灭亡并为

---

[1] 有关国内学界对西方马克思主义史学的研究状况可参见梁民愫《中国史学界关于西方马克思主义史学研究的回顾与前瞻》，《史学理论研究》2001年第4期。

[2] Eric Hobsbawm, *How to Change the World: Reflections on Marx and Marxism*, New Haven: Yale University Press, 2011. 中译本参见［英］埃里克·霍布斯鲍姆：《如何改变世界：马克思和马克思主义的传奇》，吕增奎译，中央编译出版社2014年版。

更好的社会所取代。这样一种向前看的思维，使他一直对现代性抱有一种批判的态度。只要资本主义社会还存在，学界就永远会为马克思主义的一些观念所吸引，所以马克思主义从这个意义上讲会一直存在。从历史学本身的实践来看，有一点很明显，就是对社会下层的重视，对社会矛盾冲突的重视，对劳苦大众的同情，而不是只重视精英。自下而上的历史研究跟马克思主义史学密不可分。

另外，对历史的长程、中程的分析，马克思主义的影响也非常大。伊格尔斯就其个人而言并非马克思主义者，他太太曾回忆说，他在20世纪五六十年代曾与一些比较正统的马克思主义者有过争论。我在编的第二本论文集里对他的学术生涯做了比较细致的概括①：他的《德国的历史观：从赫尔德到当代历史思想的民族传统》②是一种典型的、比较纯粹的思想史研究，虽然他也讲到了德国历史变化的背景，但他讲得并不多。这本书影响很大，因为它在某种意义上让人们看到纳粹主义在德国的兴起是有其思想背景的，所以这本书至今仍然很有价值。但在那之后，他就想突破这样一种思想史研究的模式，所以从《欧洲史学新方向》开始③，他就比较关注物质对精神的影响，注意怎么样用一些新的方法去研究历史学。

在写《全球史学史》的时候，他跟我探讨过很多次，如何将史学思想的变迁放在社会背景中看。这个社会背景是什么？历史原因如何？我们两个人一直在讨论这个问题，特别是在写作提纲的时候。我们很多章节开头的一两段都会讲到大的社会历史背景本身的发展，这些背景跟历史研究的关系如何？这种关系也不一定是物质决定精神、

---

① Q. Edward Wang, Franz Fillafer, eds., *The Many Faces of Clio: Cross-Cultural Approaches to Historiography*, New York: Berghahn Books, 2006.

② George G. Iggers, *The German Conception of History*, Middletown: Wesleyan University Press, 1968. 中译本参见［美］格奥尔格·伊格尔斯：《德国的历史观：从赫尔德到当代历史思想的民族传统》，彭刚、顾杭译，译林出版社2006年版。

③ George G. Iggers, *New Directions in European Historiography*, Middletown: Wesleyan University Press, 1984. 中译本参见［美］格奥尔格·伊格尔斯：《欧洲史学新方向》，赵世玲、赵世瑜译，华夏出版社1989年版。

精神反映物质，或者生产关系反映生产力什么的，我们没有那么机械或者教条，但物质与精神之间绝对相关！所有观念和精神的产生都跟历史发展有一定的关系，这往往是一种互动的关系，精神也有可能会影响社会本身的发展，我们要承认这一点。但是，从长远来看，还是生产发展、物质基础变化以后，思想、精神、上层建筑这些层面，才会产生一些变化。

中国的马克思主义，我很难评论，因为在中国，马克思主义一方面是官方的意识形态，一方面是学术。我现在从域外的角度观察，我发现中央领导的一些理论研究室，还有中国政府的指导思想，其实都在变化，但是学界反而不敢提出或讨论什么变化。当年毛泽东思想其实是对马克思主义做了许多改造的，为什么我们今天对我们在20世纪五六十年代建立的马克思主义史学不能有所改变呢？我认为这是很难理解的事情。马克思主义是一种理论，理论如果没有变化的话，那不就僵化了吗？如果我们的本意是坚持马克思主义，那么不用发展的眼光来看待马克思主义，就会事与愿违。

问：国内20世纪50年代的马克思主义史学比较着重于探讨宏大的历史理论、历史规律类的问题，而当前的史学理论研究已经出现了新的转向。另一方面，唯物史观对今天来说又是一种不能忽视的学术传统，从唯物史观来审视史学理论的很多问题，您认为我们应该如何把当前后现代主义的理论转向与既有的唯物史观传统结合起来研究呢？

王晴佳：唯物史观可以从社会本身的变化来看后现代主义的兴起。戴维·哈维所著的《后现代的状况》[1]，就谈过这个问题。还有詹明信[2]，他提出了"后工业化时代"的概念，或者说是一个"消费

---

[1] David Havey, *The Condition of Postmodernity: An Enquiry into the Origins of Cultural Change*, Wiley-Blackwell, 1991. 中译本参见［美］戴维·哈维：《后现代的状况——对文化变迁之缘起的探究》，阎嘉译，商务印书馆2003年版。

[2] Fredric Jameson, *Postmodernism, or, The Cultural Logic of Late Capitalism*, Durham and London: Duke University Press, 1992. 中译本参见［美］詹明信：《晚期资本主义的文化逻辑》，陈清侨、严锋等译，生活·读书·新知三联书店2013年版。

的时代"。在美国，100年以前最大的雇主、最大的公司是通用电气公司。而现在的最大雇主是沃尔玛，是一个消费的地方。这就是变化，他们强调现在是一个后工业化时代。这不就是唯物史观的实践吗？所以这个是可以做的，而且不光你们要做，西方学者也做了，后现代主义并不是空穴来风。怀特提出来的一些观念是文学理论的东西，天才人物是可以提出很多新观念和新思想的，比如维科写出了《新科学》，但零星的讨论如果要汇成一个大的思潮的话，我认为还是需要有一个合适的社会条件。所以，从这种意义上来说我也是唯物史观的信奉者。

问：您刚刚说的这些我们也注意到了，唯物史观跟后现代主义之间是有一定关联的，后现代主义从唯物史观那里继承了对现代性的批判，它跟唯物史观一样，也包含着对社会本身发展趋势的看法。所以，我们不太同意后现代史学理论就是叙事主义历史哲学这样的观点，因为这就完全把历史观的部分给排除在后现代史学理论之外了，您怎么看？

王晴佳：只考虑认识论的问题，我是不同意的。

问：如果仅仅把怀特放在叙事主义里看，它就没有根基了。

王晴佳：怀特本人我跟他有很多接触。他的初衷其实是两个方面，一个是从知识论方面来看，他不喜欢把历史变得那么生硬、那么客观、那么冷冰冰的。你们看看《马丁·盖尔归来》，很多都是讲故事，它有很多叙述性的东西在里面。当代的历史学家还是这么写，还是这么讲故事。中国传统当然是另外一回事，我在这里暂且不表。但在西方的传统中，叙述是非常重要的！过度科学化以后，历史就成为没有人的历史了。

另外还有一点，怀特跟我私下也提到很多次，他认为兰克所建立的近代历史学，表面看起来像是在客观地叙述一个事情，其实是在肯定现代性、肯定资本主义社会，认为这是一个理所当然的历史进程，这就是兰克的历史观。研究后现代主义一定要从历史观方面入手，怀特是有历史观的，他的书不一定全对，但是他的理论关怀、终极关怀正在于此。要理解后现代主义，必须注意后现代的条件，我那本《后现代与历史学——中西比较》里面也提到过①，后工业时代的条件是存在的。一个学者在写一本专著的时候，不一定把他的思想关怀直接放进去，但我们必须注意到。

三 跨文化的历史研究

问：您主编的三本论文集《历史学的转折点》②、《克莉奥的诸多面相》和《全球视野下的马克思主义史学》，都采取了全球性和跨文化的视角，您能不能谈一谈对跨文化研究的重要性的认识？

王晴佳：我个人对跨文化研究重要性的认识，可能跟我的经历有点关系吧！如果单独讲中国历史学，就没什么人会关注，如果是讲跨文化，就能跟西方的史学传统进行对话。中国的思想文化传统自成体系，所以有时候就容易变得封闭，不太愿意接受外面的东西。很多日本学者比如佐藤正幸（国际史学史委员会前任会长）认为，日本处于文明边缘，因此对外来的东西吸收比较快，西方也同样如此。西方的知识体系已经建立几百年了，从古希腊时代就开始了，西方人有自己的原则，对外面的东西兴趣不是很大。当然也不是完全不感兴趣，而是他们总想把别人的东西纳入到他们的体系当中去，所以跨文化研究坦白说就是要从他们那里争一个话语权。但是这个话语权怎么争？就比较困难了。很多年前伊格尔斯去南开做演讲，雷海宗的学生王敦书给他做翻译，英文没有问题，但因为讲演者对中国的学术背景不了解，完全从西方的角度谈，所以听众感觉效果一般。伊格尔斯或者安克斯密特自己到中国来给大家讲学，可能还不如我来讲更容易为听众接受一些，因为我对东西方的文化背景多少都知道一点，我知道如何讲，才能让中国的学子明白一点西方学术背后的东西。这就说明了跨

---

① 王晴佳、古伟瀛：《后现代与历史学——中西比较》，山东大学出版社2003年版。
② Q. Edward Wang, Georg G. Iggers, eds., *Turning Points in Historiography: A Cross-Cultural Perspective*, Rochester: University of Rochester Press, 2006.

附录三 跨文化视角、马克思主义与当代史学主要趋势

文化的重要性，我们必须"入虎穴"才能"得虎子"，跨文化是一个比较好的切入点。

对我来说比较幸运的一点就是，伊格尔斯教授本身的知识结构是非常西方的，但他有一种非常开放的态度，于是我与他合作了好几次。这一次编《全球视野下的马克思主义史学》就是一例，现在我们又在修改《全球史学史》。我所编的第一本和第二本论文集都有同样的愿望，都是考虑如何走出西方的知识框架，让读者看到东方的或者非西方的历史研究和历史理论方面的一些成就。我觉得这是我的一个使命。因为我人在西方，当然就想做一点沟通文化、促进学术交流的工作。

问：关于历史学的跨文化比较，于尔根·科卡（Jürgen Kocka）说过一句话："比较史学无法对整体进行比较，而是必须选取某一角度或者某些方面进行比较。"① 您亲自做过跨文化的一些专题研究，也主编过这方面的论文集，您能不能谈一谈您的跨文化选题及其原因？您认为还可以选取哪些专题或对象去进行跨文化研究？

王晴佳：跨文化历史研究的专题有很多，比如我的《筷子：饮食与文化》②，也是一个尝试。此外还有很多，比如我刚刚看了一本书叫作《痛感：一部全球史》③。我的一个同事在做有关"笑"的研究，大笑或者嘲笑，这都可以做跨文化研究。发饰、眼镜、棉花……很多题目。我参加了一个全球史的计划，主要倡导者是哈佛大学的一个教授，出生于德国，现在用英文写作，他最近有一本新书出版了，影响很大，书名叫《棉花帝国：一部全球史》④。我其实想到了一个题目，不过将来是否有机会可以做，还不知道，这就是有关"丝绸"。一谈

---

① Jürgen Kocka, "Comparison and Beyond", *History and Theory*, Vol. 42, No. 1 (Feb., 2003), pp. 39–44.

② Q. Edward Wang, *Chopsticks: A Cultural and Culinary History*, Cambridge: Cambridge University Press, 2015.

③ Javier Moscoso, *Pain: A Cultural History*, translated by Sarah Thomas and Paul House, Basingstoke: Palgrave MacMillan, 2012.

④ Sven Beckert, *Empire of Cotton: A Global History*, New York: Alfred A. Knopf, 2014.

到"丝绸",往往会联想到中国,但你知道现在的丝绸大国是哪里吗?巴西!不是中国,这中间的变化就可以探讨。做这种题目一定要做跨文化研究,当然你可以做中国的丝文化史,但意义就没那么大了。像俞老师的《西欧婚姻、家庭与人口史研究》,他讲到人口,讲到18世纪,把中国跟西方做了一下比较,我认为这个意思就比较大。于尔根·科卡本来是蛮传统的一个德国历史学家,但他5月份来中国的时候,很想找研究资本主义的中国学者进行交流,他认为现在应该有一个"全球视角"(global perspective)。中国这么大一个国家,你不可能把它忽略掉。就像我们写丝绸的时候不考虑巴西的现实,那是不可能的。

从观念上去做当然也可以,女性主义、马克思主义、爱情(love)……都有跨文化的特征。历史人类学家杰克·古迪(Jack Goody)曾经说过,西方人总认为以"爱"为基础的婚姻是西方人的创造,其实这种看法是错的!当然他的观点是不是能够被接受,就是另外一回事了。跨文化研究的题目有很多,原来有人做过的题目也可以突破。

问:您在2007年的《历史与理论》杂志上参与了"中国与西方历史思想"的专题讨论[①],关于是否存在一种中国模式的历史思维问题,您的回答似乎是否定的,您在文章中说"我不认为我们能够假定一种内生的中国历史思想的模式"[②]。但是当问题涉及比较时,您的答案又有了一些变化,您能跟我们说说这其中的缘由吗?

王晴佳:《历史与理论》上面的那篇文章,中文翻译有所删节。我的意思主要是想强调,中国历史思维方式不是没有,而是说有的话,你应该如何界定?这个东西是怎么出来的?我强调的是,必须在

[①] 参见 Forum: Chinese and Western Historical Thinking, *History and Theory*, Vol. 46, No. 2 (May, 2007), pp. 180-232. 此专题由黄俊杰、Jörn Rüsen、F. H. Mutschler、王晴佳、Ranjan Ghosh、Masayuki Sato 共六位学者参与讨论。

[②] Q. Edward Wang, "Is There a Chinese Mode of Historical Thinking? A Cross-Cultural Analysis", *History and Theory*, Vol. 46, No. 2 (May, 2007), p. 207.

附录三 跨文化视角、马克思主义与当代史学主要趋势

对比的情况下，才能够显现出一种文化的独特性。有一个例子——日本近代史学，这是我现在在做的题目，我参加了台湾"中央研究院"的一个计划。考证学在19世纪的中国已经衰落，但因为传播到日本比较晚，所以有一个"时间差"。这不是我提出的，日本学者也已经注意到了，但我强调了这一点。就是在19世纪中叶日本开始接受西学的时候，他们的传统就是中国传过去的考证学传统，于是他们接受西方的各种思潮的时候，最注重的就是兰克学派，因为他们认为兰克学派就是西方的考证学，所以很容易就接受了。而我们接受的是什么？进化论。这跟今文经学传统是有很大关系的，我们讨论的是思想，康有为这些人都是今文经学家。所以，在这一点上中日是有所不同的。而且日本也承认，特别是京都学派，他们管我们的考证学叫"清学"，他们认为日本近代学术是清学的延续。这方面最著名的学者当属狩野直喜，他是京都大学汉学部的教授，你们可以注意。

问：当前关于跨文化研究的方法论大致有两种看法：第一种支持理论先行，认为必须先拟定一个跨文化比较的理论和方法论框架，再去接触各种研究材料，吕森是支持这种观点的代表性学者[①]；而第二种观点更倾向于在实践中摸索和总结研究的方法。您比较支持哪一种？为什么？

王晴佳：对！吕森确实比较注意有一个跨文化研究的框架，但我不是很同意他的一些观点，我觉得他本质上还是一个日耳曼主义者，或者说是一个西方中心论者，他把一些西方的概念提炼出来，再找中国有没有对应的东西。首先我要欢迎这种做法，因为确实有一些普世性的东西，但具体落实起来，就比较困难一点。他现在在做一个项目叫作"人文主义"，应该叫"人道主义"，跟台湾大学的黄俊杰教授

---

① 参见 Jörn Rüsen, "Some Theoretical Approaches to Intercultural Comparative Historiography", *History and Theory*, Vol. 35, No. 4 (Dec., 1996), pp. 5 – 22; "Comparing Cultures in Intercultural Communication", in Eckhardt Fuchs and Benedikt Stuchtey, eds., *Across Cultural Border: Historiography in Global Perspective*, Rowman & Littlefield Publishers, Inc., 2002, pp. 335 – 348.

一起做的。他的做法还是有值得提倡的地方，比如说他关注人和自然的关系、人和环境的关系，这些方面世界各地有很多相通的地方。

还有一个，就是人对尊严的追求。有一个医生，名叫纳耶夫（Nayef Al-Rodhan），应该是阿拉伯人，现在在美国，他出版了一本很厚的书，是关于历史哲学的，宏观的、思辨的历史哲学，跟黑格尔在架构上有相似的地方①。黑格尔提出理性、精神的扩张是人类历史的基本走向，马克思当然更倾向于生产力、生产方式，而他则认为，历史发展的持续性动力，就是"人希望过一种有尊严的生活"这么一种欲望，这当然是跨文化的。你同意不同意他的观点是另外一回事，但我确实认为有一些地方是对的。中国人为什么急着现代化？就是因为落后是要挨打的，因为我们以前的生活没有什么尊严，物质是我们尊严的一部分。但是到了物质充足的时候，有的地方还是……富到后来又穷了，穷得只剩下钱了，其实尊严还是不够。这就是一个人怎么样改善生活，怎么样让人看得起的事情，他的这一观察还是有一些道理的。但是，没有一种思潮或者一种架构是能够放之四海而皆准的！所有的理论出来以后，都一定有它的批评者。但它多少扩展了我们的思维，于是就有一定的道理。

现在全球史研究是比较热的，而且已经不是在理论的层面，已经到了实践的层面。你们学院的《全球史评论》，我建议多发一点具体的文章，不要再讨论概念了。上次我在你们学校参加的那个全球史会议，很多中国学者提交的文章都不错。全球史不要做那么大，只要你突破了国别史的研究，就可以纳入全球史的范畴。西方的那两本全球史杂志就是如此，没有人能够把世界上所有地方都研究一遍的。

问： 您和伊格尔斯教授在2006年出版的《历史学的转折点：跨文化视角》这本论文集就已经具有了一种跨文化的视野，后来又在2008年出版了《全球史学史：18世纪至当代》，对全球史学史编纂

---

① Nayef Al-Rodhan, *Sustainable History and the Dignity of Man: A Philosophy of History and Civilisational Triumph*, London and New York: Routledge, 2009.

体系的建立做出了突出贡献。您能不能谈一谈跨文化的视角对全球史学史编纂的影响？如何采用跨文化的视角去编纂一部全球史学史？

王晴佳：当时是我们开了一个国际会议，我邀请了张芝联先生去。这个跟我刚刚回答的问题有点像，就是说我们怎么样在西方的学术体系里面掺入中国的部分、东亚的部分，还有其他的。我们当时跨文化的视角里面有伊斯兰的，好像有印度的，但不是很多，中国的比较多，有几篇。而现在这个《全球史学史》，跨的东西更多，中东多一点，印度多一点，前面的文集印度的不是很多。西方人一般都认为印度是没有历史学的，这也是历史观念比较狭隘的一个地方。他们都认为历史学就是要有历史写作，那就得有纸张、有笔，但是印度文化可能跟热带气候有关系，纸张很难保存。所以，亚热带地区的史学传统是不一样的，口述史比较多，非洲也是如此。

《全球史学史》是一个更加全面的、全球范围内史学发展的一个概述，而之前的论文集只是一种尝试。文集古代部分也涉及，但《全球史学史》是比较侧重18世纪以来的部分。全球史学史的编纂目的在于做一个"互动"（interaction）的考察，"互动"是比较重要的，但我们认为在18世纪以前"互动"还不是那么显著，所以我们从18世纪开始谈。导论里面也谈到这一点，第一章就是"我们应该从哪里开始"？我们给18世纪以前做了一个简单的概括，东亚的、中东的、印度的和西方的史学。这是一个现代化、西方化的过程，不过，我们这个书也强调一点，即西方化并非单纯西方化，而是有一个互动在其中，有传统跟现代的交流、协商和相互影响的过程。当然我们也承认，西方的影响是比较大的。但是，在这个表面现象之外，或者之下，有一些不同的地方。

比如说像民族主义历史学，是从西方来的，但它在世界各地发扬光大，有着不同的表现形式。例如像顾颉刚斩断古史，这其实就是民族主义史学的一个表现；傅斯年要把历史拉长，要重建、延长古代史，这同样是一种民族主义史学。民族主义史学有不同的形式，在西方内部，在西方之外，都是不同的。中东部分也是我写的，他们有一

附录 对话当代历史学家

个怎么样"重新发现"古埃及的问题,印度也有类似的问题。中东有一个伊斯兰化的过程,印度也有。伊斯兰文化是在7世纪以后才崛起的,在伊斯兰文明笼罩着的时候,大家对古文明并不重视。后来他们要建构他们的民族国家,就开始重新发现他们原来的东西,伊斯兰文化就变为一个入侵者的角色。这些文明都有一个相似点,就是都要重新发现过去、重新解释过去、重新建立过去与现在的联系。

这本书(《全球史学史》)其实影响蛮大的,销量不错,我们马上就要出一个修订本,伊格尔斯非常认真,他已经开始做了。我们要建一个网站,把一些原始的材料放在上面,所以这一阵我一直在忙这些工作。我们本来想把钱大昕、顾颉刚等人的一些东西放上去,但是有一个版税的问题,很多东西也没有翻译。现在有一个折中方案,就是找一篇讲钱大昕的、比较好的英文文章放上去,其他的,有原始材料就放原始材料。

问:您跟伊格尔斯教授合著的《全球史学史》出版之后,丹尼尔·沃尔夫的《全球历史的历史》也出版了。我发现这两本书,无论从内容、涵盖的时间范围以及写作手法上都明显地存在一些区别,您如何评价沃尔夫的工作?您可以对这两本书做一下比较吗?

王晴佳:丹尼尔·沃尔夫的《全球历史的历史》更为宏观,考察的时段更长,从古到今。陈恒告诉我说他在翻译,翻译得差不多了。我们的书影响要大一些,销量也超过他的,因为我们有讲到文化交流、互动的普遍性。原来的世界史跟全球史的区别就是一个国家一个国家来写,把欧洲分为几个国家写,像《万国史略》一样的东西,没有谈交流。杰瑞·本特利(Jerry Bentley)的不同之处就是"碰撞"(encounter),"传统和碰撞"(the traditions and encounters),有"碰撞"才有意思,全球史要抓的地方是这个部分。我们的《全球史学史》强调的就是"碰撞"之后怎么样"互动",所以我提出一个概念叫作"交互的现代性"(Interactive Modernity),就是说非西方地区在建立现代性的时候是一种"交互的现代性"。我们承认有一些新的东西是从西方来的,但是我们同时又对它有一个回应,不是接受的一种回应，而是很主动地去把它吸纳进来，有选择地把它吸纳进来。丹尼尔·沃尔夫这本书写得蛮好的，但是也有一个问题，就是这本书怎么用？因为他的主题不够鲜明，没有强调各个史学传统之间的联系和互动，或者说没有提供比较的视角，所以读起来可能会感觉有点凌乱。

四 中外史学的跨文化交流

问：王学典在《从反思文革史学走向反思改革史学——对若干史学关系再平衡的思考》一文中提出，近30年来的中国历史学界一直在学习西方跟丧失本土话语权的悖论中前行[①]，您怎么看待这一点？随着全球化时代的到来，中国学者越来越频繁地参与到国际学界的学术交流当中，困难和机遇是并存的，您在促进中外学术的跨文化交流方面可谓身先士卒，您对此有什么建议？

王晴佳：王学典是我蛮喜欢的一位学者，他对史学理论一直兴趣很大。反思改革史学，当然跟政治有关系，就是在1989年以后，大家都学术化了。所以，他认为很多理论问题都要反思一下。从某种意义上我也同意，我以前做过讲座，讲了"我们这个时代需要什么样的历史哲学"？就是说在西方走向碎片化的时候，我们中国在崛起，中国史家应该对整个世界历史的现在跟将来的走向，以及中国在这其中可以扮演什么样的角色，做一些比较好的探索。我也同意，我认为宏观的探索还是需要的，我认为这个问题不错。

其实我认为最理想的状态就是能够写一本书，让西方学者也来引用。我在这方面有所努力，比如我与伍安祖合作的《世鉴：中国传统史学》，英文本是夏威夷大学出版社2005年出版的[②]，中文本由南开

[①] 王学典：《从反思文革史学走向反思改革史学——对若干史学关系再平衡的思考》，《中华读书报》2005年3月18日。

[②] On-Cho Ng and Q. Edward Wang, *Mirroring the Past: The Writing and Use of History in Imperial China*, Honolulu: University of Hawaii Press, 2005; 中译本参见伍安祖、王晴佳《世鉴：中国传统史学》，人民大学出版社2014年版。

大学孙卫国教授翻译、中国人民大学出版社2014年出版。不过有点遗憾的是该书的英文版出版之后,汉学界评价很好,但销路一般,现在已经停版了。而我的另一本英文书《以史寻国:五四史学的取径》出版于2001年①,现在还能买到,因为此书讨论中外史学的交流和互动。这说明什么问题呢?就是说纯粹地讲中国历史学的书,对他们西方人来说,觉得很难用,所以我觉得跨文化有时候很有必要,参与对话更有必要。孙卫国当时在《史学理论研究》发表了一个书评,说《世鉴》是从后现代主义观念来考察中国传统历史学。也许对中国学者而言,我们已经是非常西化地来看待中国史学的发展,但是对一般西方读者来说,我们的书还是比较专门。所以中外的史学交流还是存在着一个伊格尔斯所说的"不对称"问题。西方学者的学术著作翻译成中文的很多,反过来,中文著作翻译过去的却很少。所以,我现在主编的这个杂志《中国历史学》(Chinese Studies in History),就显得颇为重要,特别想全面反映中文史学界的研究动向。最近英国的劳特里奇公司收购了原来的出版公司,我还与他们特意强调了一下这个杂志的重要性,我说现在这等于是唯一一本专门将中国历史学者的论文介绍到西方的杂志,有其独特的地方。

国内的杂志要在国外产生影响的话,首先你要找一个国外的出版商帮你去发行和做一些营销,其次是英文的目录和摘要,你要做好,要找一个母语为英语的人帮你们看一下。当然我们并不是说认可这种西方的学术文化霸权,但问题是西方文化霸权是一个现状,不单是中国,所有的非西方地区都这样。印度的后殖民学派,为什么影响力比较大?就是因为他们用英文写作,英文写得比美国人、英国人还好。这是重要的一方面,如果没有语言的话,还是不行。日本的全球史研究开展得比较早,但日文著作在国际上的影响力是比较有限的。这个情况暂时很难变化,我们不要老是觉得这是中西、中英、中美的问

---

① Q. Edward Wang, *Inventing China Through History: The May Fourth Approach to Historiography*, New York: State University of New York Press, 2001.

题，其实当前整个世界都是英文的世界。国际历史科学大会在建立之初规定可以使用英、法两种语言。我 1995 年到蒙特利尔开会，蒙特利尔是法语区，用法语发表的文章还是很多的。我至今参加了四届——1995 年、2000 年、2005 年、2010 年，这四届里面，我看得很清楚，发表法语文章的人越来越少，现在可能最多占 20%，英文几乎可以说已经取得了霸权地位。咱们研究历史的都知道，文化习俗一旦形成就很难再改变，所以我们不得不进入他们的语言领域，然后才能够跳出来，这又一次说明跨文化研究比较重要。语言是比较重要的，历史研究就是要用语言，语言训练非常关键，从近代历史发展来看也同样如此。我们对语言的训练，可以说再强调也不过分！

问：非常感谢王老师接受我们的访问，耐心解答我们的问题。今天您谈了很多，让我们了解您个人的治学理念和当前国际国内学界的一些前沿动态，这对我们来说意义重大。和您对话轻松愉快，同时也获益匪浅，希望下次有机会能再向您请教。

主要参考文献

一 中文部分（以出版时间为序）

（一）著作

［英］巴勒克拉夫：《当代史学主要趋势》，杨豫译，上海译文出版社1987年版。

［法］埃曼纽尔·勒华拉杜里：《蒙塔尤：1294—1324年奥克西坦尼的一个山村》，许明龙、马胜利译，商务印书馆1997年版。

［法］克洛德·列维·斯特劳斯：《野性的思维》，李幼蒸译，商务印书馆1997年版。

［美］艾尔曼：《从理学到朴学——中华帝国晚期思想与社会变化面面观》，赵刚译，江苏人民出版社1997年版。

［法］米歇尔·福柯：《知识考古学》，谢强、马月译，生活·读书·新知三联书店1998年版。

［美］艾尔曼：《经学、政治和宗族——中华帝国晚期常州今文学派研究》，赵刚译，江苏人民出版社1998年版。

［美］劳勃·勒范恩：《时间地图：不同时代与民族对世界的不同解释》，冯克芸、黄芳田等译，台湾商务印书馆1998年版。

［美］波林·罗斯诺：《后现代主义与社会科学》，张国清译，上海译文出版社1998年版。

［苏］巴赫金：《巴赫金全集》，钱中文等译，河北教育出版社1998

年版。

［美］乔伊斯·阿普尔比等：《历史的真相》，刘北成、薛绚译，中央编译出版社1999年版。

［美］柯文：《历史三调：作为事件、经历和神话的义和团》，杜继东译，江苏人民出版社2000年版。

杨念群：《从"五四"到"后五四"——知识群体中心话语的变迁与地方意识的兴起》，广西师范大学出版社2000年版。

［德］康德：《论优美感和崇高感》，何兆武译，商务印书馆2001年版。

［德］贡德·弗兰克：《白银资本——重视经济全球化中的东方》，刘北成译，中央编译出版社2001年版。

杨念群：《中层理论——东西方思想会通下的中国史研究》，江西教育出版社2001年版。

何兆武：《历史理性批判论集》，清华大学出版社2001年版。

［美］何伟亚：《怀柔远人：马嘎尔尼使华的中英礼仪冲突》，邓常春译，社会科学文献出版社2002年版。

张文杰编：《历史的话语——现代西方历史哲学译文集》，广西师范大学出版社2002年版。

［法］保罗·利科：《虚构叙事中时间的塑形：时间与叙事》，王文融译，生活·读书·新知三联书店2003年版。

［美］海登·怀特：《后现代历史叙事学》，陈永国、张万娟译，中国社会科学出版社2003年版。

［美］杜赞奇：《从民族国家拯救历史：民族主义话语与中国现代史研究》，王宪明等译，社会科学文献出版社2003年版。

［美］彭慕兰：《大分流：欧洲、中国及现代世界经济的发展》，史建云译，江苏人民出版社2003年版。

［美］格奥尔格·伊格尔斯：《二十世纪的历史学——从科学的客观性到后现代的挑战》，何兆武译，辽宁教育出版社2003年版。

［英］诺曼·费尔克拉夫：《话语与社会变迁》，殷晓蓉译，华夏出版

社 2003 年版。

［英］卡尔·波普尔：《猜想与反驳：科学知识的增长》，傅季重、纪树立等译，中国美术学院出版社 2003 年版。

［英］彼得·伯克：《知识社会史》，贾士蘅译，麦田出版社 2003 年版。

王晴佳、古伟瀛：《后现代与历史学——中西比较》，山东大学出版社 2003 年版。

［美］海登·怀特：《元史学：十九世纪欧洲的历史想象》，陈新译，译林出版社 2004 年版。

葛兆光：《思想史的写法——中国思想史导论》，复旦大学出版社 2004 年版。

汪辉：《现代中国思想的兴起》，生活·读书·新知三联书店 2004 年版。

［德］约恩·吕森：《历史思考的新途径》，綦甲福、来炯译，上海人民出版社 2005 年版。

［英］彼得·伯克：《欧洲近代早期的大众文化》，杨豫、王海良等译，上海人民出版社 2005 年版。

葛兆光：《思想史研究课堂讲录：视野、角度与方法》，生活·读书·新知三联书店 2005 年版。

［英］玛利亚·露西亚·帕拉蕾斯－伯克编：《新史学：自白与对话》，彭刚译，北京大学出版社 2006 年版。

［波兰］埃娃·多曼斯卡编：《邂逅：后现代主义之后的历史哲学》，彭刚译，北京大学出版社 2007 年版。

［美］格特鲁德·希梅尔法布：《新旧历史学》，余伟译，新星出版社 2007 年版。

［英］彼得·伯克：《欧洲文艺复兴：中心和边缘》，刘耀春译，东方出版社 2007 年版。

［英］彼得·伯克：《意大利文艺复兴时期的文化与社会》，刘君译，东方出版社 2007 年版。

[英] 彼得·伯克：《图像证史》，杨豫译，北京大学出版社 2008 年版。

[法] 弗朗索瓦·多斯：《碎片化的历史学：从〈年鉴〉到"新史学"》，马胜利译，北京大学出版社 2008 年版。

[法] 费尔南·布罗代尔：《论历史》，刘北成、周立红译，北京大学出版社 2008 年版。

[美] 罗伯特·F.伯克霍福：《超越伟大故事：作为文本和话语的历史》，邢立军译，北京师范大学出版社 2008 年版。

陈建守主编：《史家的诞生：探访西方史学殿堂的十扇窗》，戴丽娟、谢柏辉译，时英出版社 2008 年版。

韩震、董立河：《历史学研究的语言学转向——西方后现代历史哲学研究》，北京师范大学出版社 2008 年版。

[美] 柯娇燕：《什么是全球史》，刘文明译，北京大学出版社 2009 年版。

[美] 娜塔莉·泽蒙·戴维斯：《马丁·盖尔归来》，刘永华译，北京大学出版社 2009 年版。

[英] 理查德·艾文斯：《捍卫历史》，张仲民、潘伟琳、章可译，广西师范大学出版社 2009 年版。

彭刚：《叙事的转向：当代西方史学理论的考察》，北京大学出版社 2009 年版。

[法] 雅克·勒高夫：《历史与记忆》，方仁杰、倪复生译，中国人民大学出版社 2010 年版。

王晴佳：《新史学讲演录》，中国人民大学出版社 2010 年版。

[法] 马克·布洛克：《历史学家的技艺》，黄艳红译，中国人民大学出版社 2011 年版。

[荷兰] F. R. 安克斯密特：《崇高的历史经验》，杨军译，东方出版中心 2011 年版。

[美] 海登·怀特：《话语的转义——文化批评文集》，董立河译，大象出版社 2011 年版。

[美]格奥尔格·伊格尔斯、王晴佳、[印]苏普里娅·穆赫吉：《全球史学史：从18世纪至当代》，杨豫译，北京大学出版社2011年版。

[法]安托万·普罗斯特：《历史学十二讲》，王春华译，北京大学出版社2012年版。

[美]小威廉·H.休厄尔：《历史的逻辑——社会理论与社会转型》，朱联璧、费滢译，上海人民出版社2012年版。

[法]埃曼纽尔·勒华拉杜里：《罗芒狂欢节》，许明龙译，商务印书馆2013年版。

孙圣英：《阿兰·罗伯-格里耶新小说中的时间》，人民文学出版社2013年版。

[美]大卫·阿米蒂奇：《独立宣言——一种全球史》，孙岳译，商务印书馆2014年版。

[美]格奥尔格·伊格尔斯：《德国的历史观：从赫尔德到当代历史思想的民族传统》，彭刚、顾杭译，译林出版社2014年版。

[英]埃里克·霍布斯鲍姆：《如何改变世界：马克思和马克思主义的传奇》，吕增奎译，中央编译出版社2014年版。

徐良：《美国"新左派"史学研究》，中国社会科学出版社2014年版。

何平、张旭鹏：《文化研究理论》，社会科学文献出版社2014年版。

[荷兰]弗兰克·安克斯密特：《历史表现中的意义、真理和指称》，周建漳译，译林出版社2015年版。

周建漳：《历史哲学》，北京大学出版社2015年版。

[英]彼得·伯克：《文化杂交》，杨元、蔡玉辉译，译林出版社2016年版。

[美]林恩·亨特：《全球时代的史学写作》，赵辉兵译，大象出版社2017年版。

[加]卜正民：《维米尔的帽子：17世纪和全球化世界的黎明》，黄中宪译，湖南人民出版社2017年版。

（二）论文

[英] E. P. 汤普森、刘为：《有立必有破——访英国著名史学家 E. P. 汤普森》，《史学理论研究》1992 年第 3 期。

罗志田：《立足于中国传统的跨世纪开放型新史学》，《四川大学学报》（哲学社会科学版）1996 年第 2 期。

程美宝：《地域文化与国家认同——晚清以来"广东文化"观的形成》，《中国社会科学季刊》1998 年夏季卷。

罗志田：《后现代主义与中国研究：〈怀柔远人〉的史学启示》，《历史研究》1999 年第 1 期。

杨念群：《"常识性批判"与中国学术的困境》，《读书》1999 年第 2 期。

[英] 彼得·伯克：《西方新社会文化史》，刘华译，《历史教学问题》，2000 年第 4 期。

[美] 德里克：《后现代主义与中国历史》，金衡山译，《中国学术》2001 年第 1 期。

何平：《历史进步观与 18、19 世纪西方史学》，《学术研究》2002 年第 1 期。

陈启能：《略论微观史学》，《史学理论研究》2002 年第 1 期。

[美] 海登·怀特：《旧事重提：历史编纂学是艺术还是科学》，《书写历史》第 1 辑，陈恒译，生活·读书·新知三联书店 2003 年版。

杨念群：《"后现代"思潮在中国——兼论其与 20 世纪 90 年代各种思潮的复杂关系》，《开放时代》2003 年第 3 期。

张广智：《关于 20 世纪中外史学交流史的若干问题》，《史学理论与史学史学刊》2002 年卷，社会科学文献出版社 2003 年版。

杨念群：《"后现代"思潮在中国——兼论其与 20 世纪 90 年代各种思潮的复杂关系》，《开放时代》2003 年第 3 期。

[美] 格奥尔格·伊格尔斯、王晴佳：《文明之间的交流与现代史学的走向——一个跨文化全球史观的设想》，《山东社会科学》2004

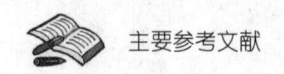

年第1期。

王晴佳：《后现代主义与中国史学的前景》，《东岳论丛》2004年第1期。

何平、陈国贲：《全球化时代文化研究若干新概念简析——"文化杂交"和"杂交文化"概念的理论内涵》，《山东社会科学》2005年第10期。

张广智：《再论20世纪中外史学交流史的若干问题》，《学术研究》2006年第4期。

周兵：《微观史学与新文化史》，《学术研究》2006年第6期。

黄兴涛：《"话语分析"与中国近代思想文化史研究》，《历史研究》2007年第2期。

周兵：《显微镜下放大历史：微观史学》，《历史教学问题》2007年第2期。

张耕华：《历史的"硬性"与解释的"弹性"——兼论安克斯密特与扎戈林的争论》，《史学理论研究》2007年第2期。

王晴佳：《从历史思辨、历史认识到历史再现——当代西方历史哲学的转向与趋向》，《山东社会科学》2008年第4期。

朱定秀：《卡洛·金兹伯格微观史学思想述评》，《史学史研究》2008年第4期。

彭刚：《从"叙事实体"到"历史经验"——由安克斯密特看当代西方史学理论的新趋向》，《历史研究》2009年第1期。

陈茂华：《安克施密特历史理论中的遗忘概念》，《学海》2009年第3期。

董立河：《安克施密特的"历史经验"理论述评》，《北京师范大学学报》（哲学社会科学版）2010年第2期。

董立河：《从"叙事"到"在场"——论安克施密特史学理论嬗变及其意义》，《江海学刊》2010年第3期。

俞金尧：《微观史研究与史学的碎化》，《历史教学》2011年第12期。

侯树栋：《西方马克思主义史学的新动向》，《史学理论研究》2012年第3期。

赵毅衡：《广义叙述时间诸范畴》，《苏州大学学报》（哲学社会科学版）2013年第4期。

徐浩：《论德国古典历史主义及其演变》，《贵州社会科学》2014年第11期。

俞金尧、洪庆明：《全球化进程中的时间标准化》，《中国社会科学》2016年第7期。

二 英文部分（以字母为序）

（一）著作

Alan Sheridan, *Michel Foucault*: *The Will to Truth*, London and New York: Tavistock, 1980.

Alexander Lyon Macfie, ed., *The Philosophy of History*: *Talks Given at the Institute of Historical Research, London, 2000–2006*, Houndmills and New York: Palgrave Macmillan, 2006.

Allan Megill, ed., *Rethinking Objectivity*, Durham and London: Duke University Press, 1994.

Alun Munslow, *Deconstructing History*, London and New York: Routledge, 1997.

Alun Munslow & Robert A. Rosenstone, eds., *Experiments in Rethinking History*, London and New York: Routledge, 2004.

Alun Munslow, ed., *Authoring the Past*: *Writing and Rethinking History*, London and New York: Routledge, 2013.

Anthony Blunt, *Art and Architecture in France, 1500–1700*, New Haven: Yale University Press, 1999.

Anthony Cohen, *The Symbolic Construction of Community*, London and New York: Routledge, 1985.

Arthur Marwick, *The Nature of History*, London: Macmillan, 1970.

主要参考文献

Arlette Farge, Jacques Revel, *The Vanishing Children of Paris: Rumor and Politics before the French Revolution*, trans. by C. Miéville, Cambridge, MA: Harvard University Press, 1991.

Art Berman, *From the New Criticism to Deconstruction: The Reception of Structuralism and Post-Structuralism*, Urbana: University of Illinois Press, 1988.

Avishai Margalit, *The Ethics of Memory*, Cambridge, MA: Harvard University Press, 2002.

Berber Bevernage, *History, Memory, and State-Sponsored Violence: Time and Justice*, London and New York: Routledge, 2013.

Beverley Southgate, *Why Bother with History: Ancient, Modern and Postmodern Motivations*, New York: Pearson Education Limited, 2000.

Brian Fay, Philip Pomper, Richard T. Vann, eds., *History and Theory: Contemporary Readings*, Malden: Black-Well Publishers, 1998.

Carlo Ginzburg, *The Cheese and The Worms: The Cosmos of a Sixteenth-Century Miller*, Baltimore: The Johns Hopkins University Press, 1992.

Cesare Segre, Tomaso Kemeny, *Introduction to the Analysis of the Literary Text*, trans. by John Meddemmen, Bloomington: Indiana University Press, 1988.

Chris Baldick, *The Concise Oxford Dictionary of Literary Terms*, Oxford: Oxford University Press, 1990.

Christopher Norris, *Deconstruction and Interests of Theory*, Norman: University of Oklahoma Press, 1989.

Claude Lèvi-Strauss, *The Savage Mind*, Chicago: University of Chicago Press, 1966.

Clifford Geertz, *The Interpretation of Cultures*, New York: Basic Books, 1973.

Daniel Snowman, *Historians*, London: Palgrave Macmillan, 2007.

Daniel Woolf, *A Global History of History*, Cambridge: Cambridge University Press, 2011.

Darrin M. McMahon, Samuel Moyn, eds. , *Rethinking Modern European Intellectual History*, New York: Oxford University Press, 2014.

David Armitage, *The Declaration of Independence: A Global History*, Boston: Harvard University Press, 2008.

David Armitage, *Foundations of Modern International Thought*, New York: Cambridge University Press, 2013.

David Lowenthal, *The Past is a Foreign Country*, Cambridge: Cambridge University Press, 1985.

Deborah Cohen and Maura O'Connor, eds. , *Comparision and History: Europe in Cross-National Perspective*, London and New York: Routledge, 2004.

Deborah E. Lipstadt, *Denying the Holocaust: The Growing Assault on Truth and Memory*, New York: Penguin Group, 1994.

Derek Attridge, Bennington, and Young eds. , *Post-Structuralism and the Question of History*, Cambridge: Cambridge University Press, 1989.

Dipesh Charkrabarty, *Provincializing Europe: Postcolonial Thought and Historical Difference*, New Jersey: Princeton University Press, 2007.

Dominick LaCapra, *Rethinking Intellectual History: Texts, Contexts, Language*, Ithaca: Cornell University Press, 1983.

Dominick LaCapra, *History and Criticism*, Ithaca & London: Cornell University Press, 1985.

Dominick LaCapra, *Representing the Holocaust: History, Theory, Trauma*, Ithaca: Cornell University Press, 1994.

Dominick LaCapra, *History and Memory after Auschwitz*, Ithaca: Cornell University Press, 1998.

Dominick LaCapra, *Writing History, Writing Trauma*, Baltimore: The Johns and Hopkins University Press, 2001.

Eelco Runia, *Moved by the Past, Discontinuity and Historical Mutation*,

New York: Columbia University Press, 2014.

Edward. H. Carr, *What Is History?* London: Penguin, 1963.

Edward Muir and Guido Ruggiero, eds., *Microhistory and the Lost Peoples of Europe: Selections from the Quaderni Storici*, Baltimore and London: The Johns Hopkins University Press, 1991.

Elizabeth A. Clark, *History, Theory, Text: Historians and the Linguistic Turn*, MA: Harvard University Press, 2004.

Elizabeth Deeds Ermarth, *Sequel to History: Postmodernism and the Crisis of Representational Time*, New Jersey: Princeton University Press, 1992.

Elizabeth Deeds Ermarth, *History in the Discursive Condition: Reconsidering the Tools of Thought*, London and New York: Routledge, 2001.

Eric Hobsbawm, *How to Change the World: Reflections on Marx and Marxism*, New Haven: Yale University Press, 2011.

Ernst Breisach, *On the Future of History: The Postmodernist Challenge and Its Aftermath*, Chicago & London: The University of Chicago Press, 2003.

Ewa Domańska, *Encounters: Philosophy of History after Postmodernism*, Charlottesville and London: University Press of Virginia, 1998.

F. R. Ankersmit, *Narrative Logic: A Semantic Analysis of the Historian's Language*, Den Haag: Nijhoff, 1983.

F. R. Ankersmit, *History and Tropology: The Rise and Fall of Metaphor*, Berkeley: University of California Press, 1994.

F. R. Ankersmit, *Historical Representation*, Stanford: Stanford University Press, 2001.

F. R. Ankersmit, *Sublime Historical Experience*, Stanford: Stanford University Press, 2005.

F. R. Ankersmit, *Meaning, Truth, and Reference in Historical Representation*, New York: Cornell University Press, 2012.

Geoffrey Elton, *The Practice of History*, London: Fontana, 1969.

主要参考文献

Geoffrey Elton, *Return to Essentials: Some Reflections on the Present State of Historical Study*, Cambridge: Cambridge University Press, 1991.

Georg G. Iggers, *Historiography in the Twentieth Century: From Scientific Objectivity to the Postmodern Challenge*, Middletown: Wesleyan University Press, 1997.

George G. Iggers, Q. Edward Wang, Supriya Mukherjee, *A Global History of Modern Historiography*, New York: Pearson Education Limited, 2008.

G. H. R. Parkinson, ed., *Routledge History of Philosophy*, Vol. Ⅳ, *The Renaissance and Seventeenth-century Rationalism*, London and New York: Routledge, 1993.

Greg Dening, *Performances*, Chicago: University of Chicago Press, 1996.

Haim Hazan, *Against Hybridity: Social Impasses in a Globalizing World*, London and New York: Polity, 2015.

Hayden White, *Metahistory: The Historical Imagination in Nineteenth-Century Europe*, Baltimore: Johns Hopkins University Press, 1973.

Hayden White, *Tropics of Discourse: Essays in Cultural Criticism*, Baltimore: Johns Hopkins University Press, 1978.

Hayden White, *The Content of the Form: Narrative Discourse and Historical Representation*, Baltimore: Johns Hopkins University Press, 1987.

Heinrich August Winkler, *Der lange weg nach westen: Deutsche Geschichte*, C. H. Beck, 2002.

Herman Paul, *Hayden White: The Historical Imagination*, Cambridge: Polity Press, 2011.

Homi K. Bhabha, *The Location of Culture*, London and New York: Routledge, 1994.

Hugh Trevor-Roper, *The Rise of Christian Europe*, Thames and Hudson, London: Harcourt, Brace & World Inc., 1965.

James Donald, Ali Rattansi, eds., *Race, Culture and Difference*, London: Sage, 1992.

主要参考文献

James Tully, ed., *Meaning and Context: Quentin Skinner and His Critics*, Cambridge: Polity Press, 1988.

Jerome Bruner, *Making Stories: Law, Literature, Life*, Cambridge, MA: Harvard University Press, 2002.

J. F. Lyotard, *The Postmodern Condition*, Manchester: Manchester University Press, 1984.

J. H. Plumb, *The Death of the Past*, Houndmills and New York: Palgrave Macmillan, 2004.

John Demos, *The Unredeemed Captive: A Family Story from Early America*, London: Macmillan Papermac, 1994.

John Mowat, *Text: The Geneology of an Antidisciplinary Object*, Durham, N.C.: Duke University Press, 1992.

John Scott, *Sociology: The Key Concepts*, London and New York: Routledge, 2006.

John Tosh, ed., *Historians on History*, New York: Pearson Education Limited, 2000.

Jonathan D. Culla, *Structuralist Poetics: Structuralism, Linguistics and the Study of Literature*, London and New York: Routledge, 2002.

Jörn Rüsen, ed., *Western Historical Thinking: An Intercultural Debate*, New York: Berghahn Books, 2002.

Jörn Rüsen, *History: Narration-Interpretation-Orientation*, New York: Berghahn Books, 2005.

Joyce Appleby, Lynn Hunt, Margaret Jacob, *Telling the Truth about History*, New York & London: W. W. Norton & Company, 1994.

Juliet Gardiner, ed., *What is History Today?* London: Macmillan Education, 1988.

Kari Palonen, *Quentin Skinner: History, Politics, Rhetoric*, Cambridge: Polity Press, 2003.

Keith Jenkins, *On "What is History?"——From Carr and Elton to Rorty and White*, London and New York: Routledge, 1995.

Keith Jenkins, ed., *The Postmodern History Reader*, London and New York: Routledge, 1997.

Keith Jenkins, *Why History? Ethics and Postmodernity*, London and New York: Routledge, 1999.

Keith Jenkins, *Refiguring History*, London and New York: Routledge, 2003.

Keith Jenkins, Alun Munslow, eds., *The Nature of History Reader*, London and New York: Routledge, 2004.

Keith Jenkins, Sue Morgan and Alun Munslow, eds., *Manifestos for History*, London & New York: Routledge, 2007.

Keith Windschuttles, *The Killing of History: How Literary Critics and Social Theorists are Murdering Our Past*, New York: Free Press, 1997.

Lloyd Kramer and Sarah Maza, eds., *A Companion to Western Historical Thought*, Oxford: Blackwell, 2002.

L. Wittgenstein, *Philosophical Investigations*, Oxford: Blackwell, 1983.

Lynn Hunt, *Measuring Time, Making History*, Budapest & New York: Center European University Press, 2008.

Maria Lucia G. Pallares-Burke, eds., *The New History: Confessions and Conversations*, Cambridge: Polity Press, 2002.

Marshall Sahlins, *Historical Metaphors and Mythical Realities: The Structure of the Sandwich Islands Kingdom*, Ann Arbor: University of Michigan Press, 1981.

Marwan Kraidy, *Hybridity: Or the Cultural Logic of Globalization*, Philadelphia: Temple University Press, 2005.

Michael Holquist, ed., *The Dialogic Imagination: Four Essays by M. M. Bakhin*, trans. by Caryl Emerson, Michael Holquist, Austin: University of Texas Press, 2008.

Mike Featherstone, Scott Lash, Roland Robertson, eds., *Global*

Modernities, London: Sage, 1996.

M. Foucault, *Power/Knowledge*, New York: Pantheon, 1981.

M. Jay, *Songs of Experience*, Berkeley: University of California Press, 2005.

Natalie Zemon Davis, *Trickster Travels: A Sixteenth-Century Muslim between Worlds*, New York: Hill and Wang, 2006.

Nayef Al-Rodhan, *Sustainable History and the Dignity of Man: A Philosophy of History and Civilisational Triumph*, Routledge: Transaction Publishers, 2009.

N. Partner, & S. Foot, eds., *The Sage Handbook of Historical Theory*, London: Sage Publications Ltd., 2013.

On-Cho Ng, Q. Edward Wang, *Mirroring the Past: The Writing and Use of History in Imperial China*, Honolulu: University of Hawaii Press, 2005.

O. R. Jones, *The Private Language Argument*, London: Palgrave Macmillan, 1971.

Patrick Gardiner, ed., *The Philosophy of History*, Oxford: Oxford University Press, 1974.

Paul A. Cohen, *Speaking to History: The Story of King GouJian in Twentieth-Century China*, Berkeley: University of California Press, 2009.

Peter Burke, *The Italian Renaissance: Culture and Society in Italy*, New Jersey: Princeton University Press, 1972.

Peter Burke, *The Renaissance*, Houndmills: Macmillan, 1988.

Peter Burke, ed., *New Perspectives on Historical Writing*, University Park, PA: Pennsylvania State University Press, 1992.

Peter Burke, *Hybrid Renaissance: Culture, Language, Architecture*, Budapest-New York: Central European University Press, 2016.

Peter Novick, *That Noble Dream: The "Objectivity Question" and the American Historical Profession*, Cambridge: Cambridge University Press, 1988.

Peter P. Icke, *Frank Ankersmit's Lost Historical Cause: A Journey from Language to Experience*, London and New York: Routledge, 2012.

Q. Edward Wang, *Inventing China Through History: The May Fourth Approach to Historiography*, New York: State University of New York Press, 2001.

Q. Edward Wang, Franz Fillafer, eds., *The Many Faces of Clio: Cross-Cultural Approaches to Historiography*, New York: Berghahn Books, 2006.

Q. Edward Wang, Georg G. Iggers, eds., *Turning Points in Historiography: A Cross-Cultural Perspective*, Rochester: University of Rochester Press, 2006.

Q. Edward Wang, *Chopsticks: A Cultural and Culinary History*, Cambridge: Cambridge University Press, 2015.

Q. Edward Wang and Georg G. Iggers, eds., *Marxist Historiographies: A Global Perspective*, London and New York: Routledge, 2016.

Quentin Skinner, *Machiavelli*, Oxford: Oxford University Press, 1981.

Quentin Skinner, *Reason and Rhetoric in the Philosophy of Hobbes*, Cambridge: Cambridge University Press, 1996.

Quentin Skinner, *Visions of Politics*, Cambridge: Cambridge University Press, 2002.

Richard Harvey Brown, *A Poetics for Sociology: Towards a Logic of Discovery for Human Sciences*, Cambridge: Cambridge University Press, 1977.

Richard Harvey Brown, *Society as Text: Essays on Rhetoric, Reason and Reality*, Chicago: University of Chicago Press, 1987.

Richard J. Evans, *In Defense of History*, New York and London: W. W. Norton & Company, 2000.

Robert Darnton, *The Great Cat Massacre and Other Episodes in French Cultural History*, New York: Vintage Books, 1985.

主要参考文献

Robert D. Kaplan, *Balkan Ghosts: A Journey through History*, New York: Picador, 2005.

Robert Doran, *Philosophy of History after Hayden White*, London: Bloomsbury Academic, 2015.

Robert F. Berkhofer, Jr., *Beyond the Great Story: History as Text and Discourse*, Cambridge, Massachusetts & London, England: The Belknap Press of Harvard University Press, 1995.

Robert M. Burns & Hugh Rayment-Pickard, eds., *Philosophies of History: From Enlightenment to Postmodernity*, Oxford: Blackwell Publishing Ltd., 2000.

Robert Young, *Colonial Desire: Hybridity in Theory, Culture and Race*, London and New York: Routledge, 1995.

Roger C. Schank, *Tell Me a Story: Narrative and Intelligence*, Evanston, IL: Northwestern University Press, 1995.

Rolf Torstendahl, Irmline Veit-Brause, eds., *History-Making: The Intellectual and Social Formation of a Discipline*, Stockholm: Almqvist & Wiksell Internat, 1996.

Rolf Torstendahl, *The Rise and Propagation of Historical Professionalism*, London and New York: Routledge, 2014.

Saul Friedlände, *Nazi Germany and the Jews: The Years of Persecution, 1933–1939*, New York: Harper Collins, 1997.

Simon Schama, *Dead Certainties (Unwarranted Speculations)*, New York: Vintage Books, 1991.

Stanley Fish, *Is There a Text in This Class? The Authority of Interpretive Communities*, Cambridge, Mass: Harvard University Press, 1980.

Stefan Berger, *The Search for Normality: National Identity and Historical Consciousness in Germany since 1800*, New York: Berghahn Books, 1997.

Stefan Berger, *Inventing the Nation: Germany*, London: Hodder Arnold,

2004.

Sven Beckert, *Empire of Cotton: A Global History*, New York: Alfred A. Knopf, 2014.

Victoria E. Bonnell and Lynn Hunt, eds., *Beyond the Cultural Turn: New Directions in the Study of Society and Culture*, Berkeley, Los Angeles & London: University of California Press, 1999.

William H. Walsh, *Introduction to the Philosophy of History*, London: Hutchinson, 1967.

William Sweet, ed., *The Philosophy of History: A Re-Examination*, Hampshire: Ashgate, 2004.

Yael Zerubavel, *Recovered Roots: Collective Memory and the Making of Israeli National Tradition*, Chicago: University of Chicago Press, 1995.

（二）论文

Allan Megill, "Recounting the Past: 'Description', Explanation, and Narrative in Historiography", *American Historical Review*, Vol. 94, No. 3 (Jun., 1989).

Allan Megill, "Jörn Rüsen's Theory of Historiography between Modernism and Rhetoric of Inquiry," *History and Theory*, Vol. 33, No. 1 (Feb., 1994).

Bernard Lepetit, "Architecture, Géographie, Historie: Usages de l'échelle", *Genéses*, Vol. 13, No. 1 (Automne, 1993).

Brad S. Gregory, "Is Small Beautiful? Microhistory and the History of Everyday Life", *History and Theory*, Vol. 38, No. 1 (Feb., 1999).

Bruce Mazlish: "Comparing Global History to World History", *The Journal of Interdisciplinary History*, Vol. 28, No. 3 (Winter, 1998).

C. Ginzburg, "Microhistory: Two or Three Things That I Know about It", *Critical Inquiry*, Vol. 20, No. 1 (Oct., 1993).

C. Ginzburg, "Latitude, Slaves and the Bible: An Experiment in

Microhistory", *Critical Inquiry*, Vol. 31, No. 3 (Mar., 2005).

David Harlan, "Intellectual History and the Return of Literature", *American Historical Review*, Vol. 94, No. 3 (Jun., 1989).

Donald R. Kelley, "Intellectual History in a Global Age", *Journal of the History of Ideas*, Vol. 66, No. 2 (Apr., 2005).

E. P. Thompson, "Anthropology and the Discipline of Historical Context", *Midland History*, Vol. 1, No. 3 (Jan., 1972).

Elizabeth Deeds Ermarth, "History Speaking", *History and Theory*, Vol. 37, No. 1 (Feb., 1995).

Elizabeth Deeds Ermarth, "Beyond the 'Subject'", *New Literary History*, Vol. 31, No. 3 (Jul., 2000).

Elizabeth Deeds Ermarth, "Agency in the Discursive Condition", *History and Theory*, Vol. 40, No. 4 (Dec., 2001).

Elizabeth Deeds Ermarth, "Time and Neutrality: Media of Modernity in Postmodern World", *Cultural Values*, Vol. 2, No. 2 (Jun., 1998).

Elizabeth Deeds Ermarth, "What If Time Is a Dimension of Events, Not an Envelope for Them?" *Time & Society*, Vol. 19, No. 1 (Mar., 2010).

Elizabeth Deeds Ermarth, "Time is Finite: The Implications for History", *Rethinking History*, Vol. 14, No. 3 (Sep., 2010).

Ethan Kleinberg, ed., "The New Metaphysics of Time", *History and Theory*, Virtual Issue (Aug., 2012).

Ewa Domanska, "Beyond Anthropocentrism in Historical Studies", *Historein*, Vol. 10 (Apr., 2012).

Frank R. Ankersmit, "Historiography and Postmodernism", *History and Theory*, Vol. 28, No. 2 (May, 1989).

Frank R. Ankersmit, "Reply to Professor Zagorin", *History and Theory*, Vol. 29, No. 3 (Oct., 1990).

Frank R. Ankersmit, "Reply to Professor Saari", *Rethinking History*, Vol. 9, No. 1 (Mar., 2005).

Geoffrey Roberts, "Postmodernism Versus the Standpoint of Action: Review of On 'What is History' by Keith Jenkins", *History and Theory*, Vol. 36, No. 2 (May, 1997).

Georg G. Iggers, "Historiography between Scholarship and Poetry: Reflections on Hayden White's Approach to Historiography", *Rethinking History*, Vol. 4, No. 3 (Dec., 2000).

Hans Kellner, "Ankersmit's Proposal: Let's Keep in Touch", *Clio*, Vol. 36, No. 1 (Jan., 2006).

Hayden White, "An Old Question Raised Again: Is Historiography Art or Science?" *Rethinking History*, Vol. 4, No. 3 (Dec., 2000).

Hayden White, "Response to Arthur Marwick", *Journal of Contemporary History*, Vol. 30, No. 2 (Apr., 1995).

Henk de Jong, "Historical Orientation: Jorn Rusen's Answer to Nietzsche and His Followers", *History and Theory*, Vol. 36, No. 2 (May, 1997).

Heikki Saari, "On Ankersmit's Postmodernist Theory of the Historical Narrativity", *Rethinking History*, Vol. 9, No. 1 (Mar., 2005).

Horst Walter Blanke, Dirk Fleischer, Jörn Rüsen, "Theory of History in Historical Lectures: The German Tradition of Historik, 1750 – 1900", *History and Theory*, Vol. 23, No. 3 (Sep., 1984).

Jörn Rüsen, "Historical Studies between Modernity and Postmodernity", *South African Journal of Philosophy*, Vol. 13 (Jan., 1994).

Julia Kristeva, "Women's Time", *Sign*, Vol. 7, No. 1 (Aug., 1981).

Jürgen Kocka, "Comparison and Beyond", *History and Theory*, Vol. 42, No. 1 (Feb. 2003).

Keith Jenkins, "Review Essay Cohen contra Ankersmit", *Rethinking History*, Vol. 12, No. 4 (Dec., 2008).

Keith Jenkins, "On Disobedient Histories", *Rethinking History*, Vol. 7, No. 3 (Dec., 2003).

主要参考文献

Lara Putnam, "To Study the Fragments/Whole: Microhistory and the Atlantic World", *Journal of Social History*, Vol. 39, No. 3 (Apr., 2006).

Lucian Hölscher, "Time Gardens: Historical Concepts in Modern Historiography", *History and Theory*, Vol. 53, No. 4 (Dec., 2014).

Marcin Moskalewicz, "Sublime Experience and Politics: Interview with Professor Frank Ankersmit", *Rethinking History*, Vol. 11, No. 2 (Jun., 2007).

Mark Bevir, "Objectivity in History", *History and Theory*, Vol. 33, No. 3 (Sep., 1994).

Michael Werner and Bénédicte Zimmermann, "Beyond Comparism: Histoire croisée and the Challenge of Reflexivity", *History and Theory*, Vol. 45, No. 1 (Feb., 2006).

Micol Seigel, "World History's Narrative Problem", *Hispanic American Historical Review*, Vol. 84, No. 3 (Aug., 2004).

Patrick Joyce, "A Quiet Victory: The Growing Influence of Postmodernism in History", *Times Literary Supplement*, 26 (Oct., 2001).

Peter Burke, "Two Crises of Historical Consciousness", *Storia Della Storiagrafia*, Vol. 33, 1998/1.

Peter Burke, "The Invention of Micro-History", *Rivista Di Storia Economica* (Nuova Serie), Vol. 24, No. 3 (Dec., 2008).

Peter Burke, "Invitation to Historians: An Intellectual Self-portrait, or the History of a Historian", *Rethinking History*, Vol. 13, No. 2 (Jun., 2009).

Q. Edward Wang, "Is There a Chinese Mode of Historical Thinking? A Cross-Cultural Analysis", *History and Theory*, Vol. 46, No. 2 (May, 2007).

Quentin Skinner, "Meaning and Understanding in the History of Ideas", *History and Theory*, Vol. 8, No. 1 (Jan., 1969).

Quentin Skinner, "Hermeneutics and the Role of History", *New Literary History*, Vol. 7, No. 1 (Autumn, 1975).

Quentin Skinner, "From Hume's Intentions to Deconstruction and Back", *Journal of Political Philosophy*, Vol. 4, No. 2 (Jun., 1996).

Ranjan Ghosh, "Interdisciplinarity and the 'Doing' of History: A Dialogue between F. R. Ankersmit and Ranjan Ghosh", *Rethinking History*, Vol. 11, No. 2 (Jun., 2007).

Richard D. Brown, "Microhistory and the Post-Modern Challenge", *Journal of the Early Republic*, Vol. 23, No. 1 (Apr., 2003).

Robert A. Rosenstone, Editorial "Film and This Issue", *Rethinking History*, Vol. 4, No. 2 (Jul., 2000).

Robert A. Rosenstone, "A History of What Has Not Yet Happened", *Rethinking History*, Vol. 4, No. 2 (Jul., 2000).

Russell Jacoby, "A New Intellectual History", *American Historical Review*, Vol. 97, No. 2 (Apr., 1992).

S. Giles, "Against Interpretation", *The British Journal of Aesthetics*, Vol. 28, No. 1 (Jan., 1998).

Sigurður Gylfi Magnússon, "The Singularization of History: Social History and Microhistory within the Postmodern State of Knowledge", *Journal of Social History*, Vol. 36, No. 3 (Spring, 2003).

Theodore Zeldin, "Social History and Total History", *Journal of Social History*, Vol. 10, No. 2 (Winter, 1976).

Thomas L. Haskell, "Objectivity is not Neutrality: Rhetoric and Practice in Peter Novick's 'That Noble Dream'", *History and Theory*, Vol. 29, No. 2 (May, 1990).

Torbjorn Gustafsson Chorell, "F. R. Ankersmit and the Historical Sublime", *History of the Human Science*, Vol. 19, No. 4 (Nov., 2006).

索　　引

a dimension of events：事件的维度　109，114—117

A Global History of History：《全球历史的历史》　250，255，307，324

AHA，American History Association：美国历史协会　179

Alonso，Harriet Hyman：哈里特·海曼·阿隆索　179，180

Anderson，Perry：佩里·安德森　18

Andrade，Tonio：欧阳泰　220

Ankersmit，Frank Rudolf：弗兰克·鲁道夫·安克斯密特　4，6，15，17—19，24，25，27，28，83，106，120—127，129—145，151—153，164，184，185，207，219，278，279，309，311，312，318

Annales School：年鉴学派　33，55，109，110，147，148，214，233，256，313

Appleby，Joyce：乔伊斯·阿普尔比　21，32，201，208

Barnes，Harry Elmer：哈里·埃尔默·巴恩斯　243，256

Barthes，Roland：罗兰·巴尔特　17，140，196，197

Baudrillard，Jean：让·鲍德里亚　17

Beckert，Sven：斯文·贝克特　301

Before the Rain：《暴雨将至》　181

Bennett，Tony：托尼·班尼特　21

Bentley，Jerry：杰瑞·本特利　324

Bentley，Michael：迈克尔·本特利　256

Berger，Stefan：斯特凡·贝尔格　294—305

Berkhofer，Robert F.：罗伯特·伯克霍夫　64，65，79，107

Bevernage, Berber：巴贝尔·贝弗尼奇 312

bifurcated history：复线历史 191—193

Braudel, Fernand：费尔南·布罗代尔 55, 109, 220

Breisach, Ernst：恩斯特·布雷萨赫 33, 243, 256

Brook, Timothy：卜正民 220

Brown, Richard：理查德·布朗 208

Burke, Peter：彼得·伯克 29, 32, 205, 222, 226—241, 245—248

Burrow, John W.：约翰·伯罗 256

Butterfield, Herbert：赫伯特·巴特菲尔德 256

Calvino, Italo：伊塔洛·卡尔维诺 178

Carr, E. H.：爱德华·卡尔 31, 41, 84

Chakrabarty, Dipesh：迪佩什·查克拉巴蒂 111, 308

Chambers, Iain：伊安·钱伯斯 17

changing the scale：变化的规模 213, 215

Chinese Studies in History：《中国历史学》 326

Cliometrics：计量史学 55

Cohen, Paul A.：保罗·柯文 194—197, 263—265, 267—270

Connected history：关联史 235

constructionism：建构主义 3, 48, 52, 54—60, 78, 176, 282

contex：语境 2, 4, 9, 10, 49, 58, 62—79, 97, 122, 152, 155, 170, 175, 181, 196, 208, 210, 213, 221, 233, 237, 238, 255, 257, 262, 275, 280, 282, 287, 292, 295, 297, 298, 300, 302, 303

corpus：语料库 75, 76

cross-culture：跨文化 7, 10, 11, 164, 191, 220—222, 225—227, 234, 239—241, 244, 245, 248, 249, 257, 264, 269, 275, 287, 288, 300, 306, 307, 311, 313, 314, 318—323, 325—327

cultural turn：文化转向 1, 10, 15, 29

Danto, Arthur：阿瑟·丹图 277, 278

Darnton, Robert：罗伯特·达恩顿 215

Davis, Natalie Zemon：娜塔莉·泽蒙·戴维斯 27—29, 206, 207, 215, 220, 226, 234

deconstructionism：解构主义 3, 4, 41, 48—52, 54, 56—61, 79,

· 351 ·

193

Demos, John：约翰·迪莫斯 219

Derrida, Jacques：雅克·德里达 17,20,24,29

Dezisionismus：判决主义 304

Diogenes：《第欧根尼》 303

Disciplinary Matrix：学科范型 6,146,149—153,155—171,277

Dosse, François：弗朗索瓦·多斯 214

Droysen, J. G.：德罗伊森 24,150—152,155,168,169,275—278,280,285,286,292,293,311

Eagleton, Terry：特里·伊格尔顿 18

Elam, Diane：戴安·伊拉姆 17

Elman, Benjamin A.：本杰明·艾尔曼 198,199

Elton, Geoffrey：杰弗里·埃尔顿 19,31,36,53,84

endism：终结论 2,3,31,35—38,45,79

Enlightenment：启蒙运动 100,101,110,116,132,147,187,201

entangled history：交叉史 235

epistemology：认识论 3,6,26,32,49—51,53,54,56,57,59,66,76,85—89,93,94,96,101,123,128,129,132,141,142,144,149,154,155,157,162,163,170,171,177,193,194,201,246,289,310,317

Ermarth, Elizabeth Deeds：伊丽莎白·厄尔玛斯 4,5,35,36,98—101,103,105,109,112—115,118,119

ethnocontext：民族语境 67

Eurosolipsism：欧元本位主义 257

Evan, Richard J.：理查德·艾文斯 20,34,37,38,40—42,44,61,119

exceptional normal：特殊的一般 213

Fonder, Philip：飞利浦·方达 55

Foucault, Michel：米歇尔·福柯 5,17,20,24,29,90,96,197,198

Fukuyama, Francis：弗朗西斯·福山 254

Geertz, Clifford：克利弗德·吉尔兹 149

general laws：普遍规律 277

Geras, Norman：诺曼·吉拉斯 18

Geschichte als Aufklärung：历史作为启蒙 290,291

Ginzburg, Carlo：卡洛·金兹伯格 19,27—29,43,205,206,208,209,213,216,218,220

global history：全球史 7—11,175,
201,202,219—221,234,235,
238,240,244,245,248—251,
255,257—260,301,307,308,
315,319,322—324,326

global perspective：全球视角 243,
296,320

Gooch,George P.：乔治·古奇
243,256

Goodman,James：詹姆斯·古德
曼 142,179,180

Goody,Jack：杰克·古迪 233,
320

Gossman,Lionel：列昂奈尔·戈斯
曼 137,140,144,145

grand narrative：宏大叙事 2,6—
9,11,27,29,98,103,105,
106,111,112,118,149,170,
202,205—209,218,234,296,
299,300,305

Grendi,Edoardo：爱德华多·格雷
迪 206

Habermas,Jürgen：于尔根·哈贝马
斯 286

Harlan,David：大卫·哈兰 17,
32,178

Harvey,David：大卫·哈维 18,
316

Hempel,Carl Gustav：卡尔·古斯塔
夫·亨佩尔 54,277

Herder,Johann Gottfriend：约翰·哥
特弗雷德·赫尔德 108,
303,315

heterotemporality：异质时间性 111

Himmelfarb,Gertrude：格特鲁
德·希梅尔法布 19,53,95

hindsight：后见之明 113,168,
297

histoire Croisée：交叉史 235

historical consciousness：历史意识
6,10,22,32,105,106,129,
130,136,144,146,152,160,
162—165,167,170,192,193,
245,250,251,253,254,257—
260,280,285,288,289,299,
300

historical experience：历史经验 6,
22,120—122,124,125,130,
132—139,141—145,163,
191,219,289,296,299,309

historical memory：历史记忆 6,8,
10,162,167,263,265,267—
269,271,296

Historik：历史知识理论 150,151,
169,311

historiography：历史编纂学 3,23,
27,49,58,60,68,77,79,85,
91,92,95,98,102,175,191,
197,202,203,208,243,247

History：大写历史 3,7,16,17,19,

36,50,52,192,193,254,310

History and Theory:《历史与理论》 98,320

Holocaust:大屠杀 22,25,42,110,119,125,169,170,203,263,281,283,292,294

Hunt,Lynn:林恩·亨特 21,28,29,32,208

hybrid:杂交 10,222—242

Icke,Peter:彼得·艾克 141

Iggers,Georg:格奥尔格·伊格尔斯 23—25,32,38,39,112,158,183,184,197,243—245,248—250,259,260,288,303,305,308,315,318,319,322,324,326

incident analysis:事件分析 215

interaction:互动 7,8,10,46,54,74,79,191,192,202,222,223,225—228,231—235,238,240,241,258,259,261,316,323—326

Interactive Modernity:交互的现代性 324

intersubjective:跨主体性或主体间性 304

intertextuality:文本间性 69

Jacob,Margaret:玛格丽特·雅各布 21,32,208

Jameson,Fredric:弗雷德里克·詹明信 18,149,309,316

Jenkins,Keith:凯斯·詹金斯 4,5,15—17,21,34,35,48—54,56,57,83—88,90—96,113,119,136,149,177,184,311

Journal of the History of Ideas:《观念史》 32

Joyce,Patrick:帕特里克·乔伊斯 45

Kelley,Donald R.:唐纳德·凯利 256

Kellner,Hans:汉斯·凯尔纳 145

Kiernan,Victor:维克多·基尔南 55

Kocka,Jürgen:于尔根·科卡 153,281,283,286,287,290,305,319,320

Koselleck,Reinhart:莱因哈特·科泽勒克 99,110,153,286,288

Kristeva,Julia:茱莉亚·克里斯蒂娃 114

Kuhn,Thomas:托马斯·库恩 146,147,149,150,152,157

Lacan,Jacques:雅克·拉康 17

LaCapra,Dominick:多米尼克·拉卡普拉 4,17,39,43,73—77,79,263

Le Goff,Jacques:雅克·勒高夫 263

Le Roy Ladurie, Emmanuel: 埃曼纽尔·勒华拉杜里 27,28,206,207,214

Levi, Giovanni: 乔瓦尼·莱维 206,208,210,213,216

Levine, Robert: 劳勃·勒范恩 111

Lèvi-Strauss, Claude: 克劳德·列维·斯特劳斯 252

linear history: 线性历史 112,188,191—193,211

linguistic action: 语言行动 71

Linguistic Turn: 语言学转向 1,6,15,16,32,37,44,139—141,145,184,208,251,309

Lyotard, Jean François: 让·弗朗索瓦·利奥塔 5,17,19,27,96,208

Marwick, Arthur: 阿瑟·马维克 53,84,87

Metahistory: 《元史学》 29,38,62

meta-narratives: 元叙述 2,3,7,17,18,27,28,35,36,41,50,117,208,251,254,257

methodology: 方法论 2,4,6,18,22,38,55,60,62,64—66,70,71,78,85—89,93,96,109,137,147,148,150,159,161,168—170,182,188,191,200,227,251,276,278,300—305,321

microhistory: 微观史学 7,9,27,28,43,55,205—221,311

Munslow, Alun: 艾伦·穆斯洛 34,48—50,59,177,182

narrative substance: 叙述实体 185

neutral container: 中立容器 116

neutrality: 中立性 5,42,103,105,110—112,116—118

new cultural history: 新文化史 1,2,7,10,15,27—29,32,55,121,175,199,205,207,215,234,263,307,309

normal exception: 一般的特殊 213

Novick, Peter: 彼得·诺维克 31

objective historical experience: 客观的历史经验 121,122,137,138

One World Hypothesis: 同一世界假说 105

Paradigm: 范式 1,4,5,8,31,33,63,70,72,75,77,78,99,104,110,118,139,147,151,156,175,187,195,199,200,206,207,210,212,218,220,247,260,299,300,303

Paul, Herman: 赫尔曼·保罗 311

pointillist approach: 点描画法 261

Poni, Carlo: 卡洛·彭尼 206

post-empiricist: 后经验主义 49

post-epistemological：后认识论 49

postmodernism：后现代主义 1—6,
8,9,15—42,44—48,50—52,
59,61,62,67,78,83,84,87,
91,92,94—98,103,107,108,
112, 113, 117—119, 137,
144—146,148,154,159,160,
163,164,170,171,176,177,
182—184, 187—190, 193,
194, 197, 199—203, 205—
209,243,244,249,251,256,
276,281,282,306,307,309—
312,316—318,326

prelinguistic：前语言 66,139,141

prosopography：群体传记 220

rationalisation of sight：视觉的理性
化 101

reconstructionism：重构主义 3,48,
52—57,59,60

reference：指涉 3,4,17,48,53,
56, 68, 69, 73, 77, 78, 185,
193—195,197,203

relativism：相对主义 18—20,23,
24,26,37,41,42,89,94,119,
184,208,251

Renaissance：文艺复兴 5,99—
101,110,129,133,137,222,
226,229,232—239,247

representationalism：再现主义 18,
57,58

representationalism：表现主义 6,
139—141,176

Rethinking History：《再思历史》
4, 8, 83, 84, 96, 175, 177—
179,181—183,185

rhythmic time：节奏时间 5,98,
99,111,113—119

Ricoeur,Paul：保罗·利科 288

Ritter-Schule：瑞塔学派 284

Roberts, Geoffrey：杰弗里·罗伯
茨 53

Rorty,Richard：理查德·罗蒂 5,
84,90,96,150

Rosenstone,Robert A.：罗伯特·罗
森斯通 177,181

Runia,Eelco：艾尔克·鲁尼亚
283

Rüsen, Jörn：约恩·吕森 4,6,
22, 39, 144, 146—171, 211,
245, 275—277, 279, 280,
282—286, 288, 289, 291—
294, 298, 299, 304, 305, 311,
321

Ruth,Michael S.：迈克尔·鲁斯
144

Samuel, Raphael：拉斐尔·塞缪
尔 21

Schama,Simon：西蒙·沙玛 219

Schank, Roger C.：罗杰·沙克
269

Schmitt, Carl：卡尔·施米特 304
Schulin, Ernst：恩斯特·舒林 286,287
Scott, Joan：琼·斯科特 17
Seigel, Micol：麦克罗·西格尔 261
Shotwell, James Thomson：詹姆斯·汤姆森·肖特韦尔 256
Sinnbildung：历史意义 276,277
Skinner, Quentin：昆廷·斯金纳 4,70—73,79
social drama：社会戏剧 214
socio-cultural history：社会文化史 29,45,226,239
speech act：言说行动 71—73
Spence, Jonathan D.：史景迁 216
Stone, Lawrence：劳伦斯·斯通 19
subaltern studies：庶民研究 55
subgroups：亚文化 270
subjective historical experience：主观的历史经验 121,122,124,129,132,133,137,138,142
sublime historical experience：崇高的历史经验 120,121,124,125,129,130,132,136—138,140,142,219
synchronization：同步化 102,103
textualism：文本主义 4,6,37,65—70,74,79,193,194

the crisis of historiography：史学危机 2,31,33,34,38,45,61,79
thick description：厚描述 62,149,215
Thompson, Edward Palmer：E. P. 汤普森 55,206
Thompson, James Westfall：J. W. 汤普森 243
Topolski, Jerzy：耶日·托波尔斯基 25,26,45
Tosh, John：约翰·托什 20
Trevelyan, George：乔治·屈威廉 55
truth：真理 2,3,5,17—19,22—24,26,29,32,33,35,41,42,53,54,57—60,78,87,90—92,106,111,140,153,177,179,183,196,205—209,211,278,284,292
Walker, Jonathan：乔纳森·沃克 178,179
Walsh, William H.：W. H. 沃尔什 63
White, Hayden：海登·怀特 5,6,17—20,23,24,29,38,39,43,51,62—64,79,83,84,94,96,120,139—141,145,155,158,168,177,179,183,184,202,203,277—279,282,288,293,

309,311,312,317

Windschuttle, Keith：凯斯·温德斯舒特 20,36

Wittgenstein, Ludwig：路德维希·维特根斯坦 92

Woolf, Daniel：丹尼尔·沃尔夫 250—253，257—261，278，307,324,325

Young, Robert：罗伯特·扬 17,242

Zagori, Perez：佩雷斯·扎戈林 19,120

Zinsser, Judith P.：朱迪斯·P.津泽 182

后　记

　　本书的选题源自业师宁可先生在多年以前对我提出的学术期许。记得那时我才刚刚留校任教，在一次有关我未来的学术规划的长谈中，宁先生提出了两个方面的设想。一是希望我花几年时间在全面了解国内史学理论研究现状的基础上，完成我的关于历史价值论的著作；二是希望我再花若干年时间对国外史学理论的前沿性问题进行深入钻研，以期能够做到结合中外思想资源推进自身史学理论研究的水准。他认为只有经过这两方面的长期积累，才能从根本上有助于当代中国史学理论学科的自我建设和发展。这之后的二十年间，我的研究工作虽然进展缓慢，但宁师的期许却始终铭记于心。2009年，我在博士论文的基础上出版了专著《历史评价的理论与实践》（人民出版社），总算是对第一个任务有所交代。恍惚之间，又过去了8年光阴，宁师也已于2014年仙逝，而今我终于可以用这本拙著聊以告慰恩师的在天之灵。

　　本书的研究前期获得了北京市社会科学研究基金重点项目的资助，后期又得到我所供职的首都师范大学历史学院的出版资助。没有这些单位的大力支持，这项成果不可能如此顺利地刊行。

　　本书的部分章节是我和项目研究成员集体智慧的结晶，是大家共同讨论、合作完成的。具体分工说明如下：我主要承担序论、第一、二、三、四、五、六、九、十、十一、十三、十四、十五章及附录三的写作，并负责最后的统稿工作。马敬（首都体育学院思政部副教

后　记

授）参与第十章的研究和部分章节的统稿；张安玉（河南师范大学历史文化学院副教授）完成第七章的写作；尉佩云（山西大学历史文化学院讲师）撰写第八章和附录一、二的内容；陈建（首都师范大学历史学院博士研究生）写作第十二章；李鹏超（首都师范大学历史学院博士研究生）参与第六章的研究和索引的编写；林漫（北京大学历史系博士研究生）参与附录三的编写；胡宇哲（首都师范大学历史学院博士研究生）完成参考文献的编写。

在此，我要特别感谢吕森教授、贝尔格教授、王晴佳教授接受了我们项目组成员的访谈，分享了他们在各自领域的学术心路历程和富有洞见的研究心得，为本书增添了鲜活的口述学术史的内容。

我要感谢邹兆辰老师，是他悉心培育了我的学术兴趣，并给予了我学术事业成长的机会。

我还要感谢这些年来相知相交的师友们，本书的很多想法直接得益于与他们的交流，特别是对他们著作的学习。感谢何兆武先生、陈启能先生、庞卓恒先生、瞿林东先生、张广智先生、陈其泰先生、于沛先生。感谢李振宏先生、李红岩先生、张耕华先生、姜芃先生、刘军先生。感谢张越、吴英、彭刚、陈新、董立河、江湄、岳秀坤、张旭鹏、吕和应、王贞。感谢曾协助和支持本书研究工作的同行、同事、编辑、朋友们，以及我亲爱的学生们。应该说是他们给予了我继续前行的勇气和力量，让我身处这个浮华躁动的周遭之中，仍然保有了一份可以直面自我、挑战知识和理论边界的初心。愿我们的共同努力能够营造出一个富有生机的思想世界，透过它可以窥见那通往未来的微光，呼吸到原属于学术之花的芬芳！

最后，感谢我的母亲、爱人、女儿，以及身边的亲人们，他们用无私的爱呵护着我，让我在灰色的理论思考的漫漫征途上，永远都随时可以体味到那绚烂多姿的生活之美。

邓京力

2018年元月于水云居